教育部人文社会科学
重点研究基地基金资助

和谐社会构建中的理论与现实问题

邢占军　主编

当代
社会主义
研究文存

Theoretical and Practical Issues in the Construction of Harmonious Society

山东人民出版社
国家一级出版社　全国百佳图书出版单位

目　录

第一章　中国和谐社会构建的动力分析

恩格斯曾经提出：“我认为，所谓‘社会主义社会’不是一种一成不变的东西，而应当和任何其他社会制度一样，把它看成是经常变化和改革的社会。”[1]中国社会主义的发展历程印证了恩格斯这一结论的正确性。中国自1978年开始的改革开放，在很大程度上是以市场的引入作为起点的，尽管引入市场的过程是艰难而又曲折的。“社会主义市场化”这一命题可谓是对中国从计划体系向市场体系转型的总结。随着市场化改革的不断推进，基于市场化逻辑而产生的诸多社会问题，开始对中国的国家治理发出严峻的挑战，从社会主义市场化到社会主义道德化的转型随之启动，而与之相伴随的则是社会主义民主化的进程。正是在这一背景下，“构建社会主义和谐社会”的命题得以提出。

按照中国共产党的战略规划，“民主法治、公平正义、诚信友爱、充满活力、安定有序、人与自然和谐相处”成为和谐社会构建的主要内容。民主化（民主法治）和道德化（公平正义）成为和谐社会构建的两个最重要的着力点。市场化不仅是我国改革开放时期鲜明的时代特征，更是和谐社会构建的重要前提和背景因素。因此，我们就可以清晰地看出：社会主义市场化、道德化与民主化，构成了社会主义和谐社会构建中具有决定意义的三重面向。

本章从改革开放以来中国社会的基本走向入手，在考察西方社会民主化进程

---

〔1〕《马克思恩格斯全集》第37卷，人民出版社1971年版，第443页。

与道德化进程相互关联的基础上，探讨我国社会主义发展过程中民主进程、市场进程和道德进程之间的勾连嵌入关系，并对中国和谐社会构建的动力和资源进行深入的理论分析，力求为和谐社会构建中一些突出现实问题的研究提供一种理论分析框架。我们对和谐社会构建动力的探讨，将集中在道德化和民主化这两个关键因素的考察上。“道德化”更可以在相当程度上被视为“和谐社会构建”的最重要变量。社会主义市场化、道德化与民主化这三重面向之间的矛盾与冲突，也多少证明了中国模式或中国经验尚处在探索之中。

一、走向和谐社会：时代发展的需要

市场经济的发展是否会自发地导致社会利益的扩大？换言之，自私自利的行为是否必然促进社会公益？对于这一问题，亚当·斯密的回答是：追求自己的利益，往往使他能比真正出于本意的情况下更有效地促进社会的利益。[1]一只看不见的手在自发地驱动社会公益的呈现。早于亚当·斯密达半个多世纪的荷兰人曼德维尔在《蜜蜂的寓言》一书中也提出了与亚当·斯密几乎是同样的判断：私人恶德即公众利益。他在书中写道：

> 无数的人们在努力，
> 满足彼此之间的虚荣与欲望，
> 到处都充满邪恶，但整个社会却变成了天堂。
> 在这种情况下，
> 穷人们也过着好日子。[2]

这是一幅多么和谐的社会景象！曼德维尔已经离我们远去达270多年了，斯密离开我们也有220年了。在人类社会两百多年的发展历程中，他们头脑中设想的和谐社会却没有实现。我们看到的仍然是富人的奢侈与穷人的困苦形成的鲜明对照。斯密所说的社会公益，更多的是表现为支撑和保障富人利益的一种功利性制度安排。即便是在今天，此种情形也没有多少改变。波兰尼在《大转型》（The Great Transformation）一书中的分析清楚地表明，广泛流行的渗透经济

---

〔1〕亚当·斯密：《国民财富的性质和原因的研究》下册，郭大力、王亚南译，商务印书馆1974年版，第25—27页；亚当·斯密：《道德情操论》，蒋自强、钦北愚等译，商务印书馆2010年版，第229—230页。

〔2〕伯纳德·曼德维尔：《蜜蜂的寓言》，肖聿译，中国社会科学出版社2002年版，第8页。

（trickle-down economics）教义——即包括穷人在内的所有人都会从增长中受益——得不到历史事实的支持。绝大多数社会都在自己的历史中演化出一些照顾穷人和弱势者（the disadvantaged）的办法。快速的转型破坏了旧有的应对机制和旧有的社会安全网，但在新的应对机制发展起来之前，它已经产生了这方面的需要。很不幸，来自19世纪的这个教训已经太经常地被华盛顿共识（Washington Consensus）——它是自由主义正统的现代版——的鼓吹者遗忘了。[1]马克思早就看到以市场经济为基础的资本主义社会所创造的一切已使它自己难以支配了，“像一个魔法师一样不能再支配自己用法术呼唤出来的魔鬼了”[2]。自从市场经济形成以来，西方现代化的进程一直在不断地向前推进，但同时也伴随着危机、瘟疫和一时的毁灭状态[3]，这种状况与人们心目中理想的和谐社会相去甚远。

在20世纪，西方中产阶级做生意获利的机会，在资本家活动的西方中心逐渐减少；而这些经济挫折对中产阶级的心理，正在发生压抑的影响。这个阶级对于工作的传统的热情，因私人企业范围的不断受到限制而被削弱。通货膨胀和赋税政策，使他们的孜孜为利和节衣缩食的传统美德变得毫无意义。[4]从1962年到20世纪90年代，美国家庭财产最少的20%的家庭平均净值实际上在缩小，但是最富的20%的家庭平均净值却增加了88%，而这20%中排在最前面的0.5%的家庭平均净值竟增加了188%。到1976年，占美国人口1%的美国最富的人所拥有的财产占到国家总财富的20%；而到了20世纪90年代中期，这1%的最有钱的人已经占有了40%的国家总财富。这一切对一个国家来说并不是什么好消息；至少，它埋下了使社会两极分化的种子。因此，美国资本主义所面临的问题与它过去所面临的问题一样，仍是如何平衡经济发展与社会代价之间的矛盾关系。[5]从20世纪末到现在发生的一系列的经济危机，在一定程度上也是资本家贪婪的本性所孕育出来的恶性结果。资本主义内在的反道德本性，使西方国家在一条不归路上越走越远。正是在这一背景下，才促使西方人对“资本主义道德化”这一命题进行重新审视，而和谐恰恰处于这一命题的核心位置。

---

〔1〕 参见约瑟夫·斯蒂格利茨为《大转型》一书撰写的前言。参见卡尔·波兰尼：《大转型：我们时代的政治与经济起源》，刘阳、冯钢译，浙江人民出版社2007年版。

〔2〕《马克思恩格斯选集》第1卷，人民出版社1995年版，第277—278页。

〔3〕 曹沛霖：《政府与市场》，浙江人民出版社1998年版，第2页。

〔4〕 汤因比：《历史研究》下册，上海人民出版社1997年版，第409页、第414页。

〔5〕 托马斯·麦克劳：《现代资本主义》，江苏人民出版社2006年版，第372—378页。

沿着同样的思路反观中国改革开放以来的发展历程，我们发现：在中国长达30多年的市场化改革历程中，邓小平讲的“贫穷不是社会主义”的命题，验证了中国的社会主义制度也可以促进经济总量的提升与人民生活条件的改善。这种情形在改革开放初始阶段，已经成为不容否认的事实。但是，随着市场化改革的推行，群体性事件的剧增说明经济发展与社会稳定、社会和谐之间没有必然的正相关性。1993年9月16日，邓小平在与其弟弟邓垦的谈话中就已经指出：

“十二亿人口怎样实现富裕，富裕起来怎样分配，这都是大问题。题目已经出来了，解决这个问题比解决发展起来的问题还困难。分配的问题大得很。我们讲要防止两极分化，实际上两极分化自然出现。要利用各种手段、各种方法、各种方案来解决这些问题。中国人能干，但是问题也会越来越多，越来越复杂，随时都会出现新问题。少部分人获得那么多财富，大多数人没有，这样发展下去总有一天要出问题。分配不公，会导致两极分化，到一定时间问题就出来了。这个问题要解决。过去我们讲先发展起来。现在看，发展起来以后的问题不比不发展时少。”〔1〕

因此，中国现在面临的严峻问题是：在一个日益断裂的社会结构中，和谐社会如何构建？一个穷人难以享受到社会公益的国家能否释放出发展的动力？当极少数人掌控大多数财富的时候，我们是否还要在遵循斯密式的教诲中，渴望富人们在追求私利的过程中释放着他们本来无意追求的社会公益？所有这些问题已经不是简单的关系某一阶层、某一集团存亡的问题了，而是关系国家存亡的问题。正是在这一背景下，和谐社会的战略构想得以提出，而这一战略构想的提出又与中国所面对的二次转型密不可分。相对于从计划经济向市场经济转型而言，这一次转型乃是致力于克服市场化可能带来的道德缺失和社会断裂。如果说第一次转型致力于经济的发展进步，第二次转型则着重关注社会的和谐发展；如果说第一次转型解决的是资源配置机制之效率的问题，第二次转型解决的则是人的生存权和发展权的问题；如果说第一次转型致力于如何实现“民富”，第二次转型则致力于如何保障“民生”。当然，第二次转型不是对第一次转型的否定。恰恰相反，第二次转型既是对第一次转型的补充，更是在政策和制度背景下推动第一次

---

〔1〕《邓小平年谱》下册，中央文献出版社2004年版，第1364页。

转型的深化。第一次转型孕育出了一个获取资源的时代，第二次转型孕育出了重新配置资源的时代，它们都为中国实现从社会主义市场化到社会主义道德化，再到社会主义民主化的发展，奠定了坚实的基础。

二、和谐社会：一个由来已久的难题

人类探索和谐社会的道路从很早便开始了。当一个社会的不和谐程度发展到几乎要将整个社会结构拖入崩溃的地步，统治者就会迫于压力尝试去解决这个问题。思想家们也会站在时代的前沿试图以自己的思想照亮未来的道路。从西周的礼乐制度到古希腊的城邦和谐思想，从秦末汉初的无为而治、与民生息到古罗马法制护民的实践，从唐朝的民贵君轻思想再到文艺复兴时期的天赋人权学说，诸如此类，不一而足。然而，对“和谐社会”这个难题所进行的系统而深入的实践，则是从近代资本主义社会开始的。资本主义道德化的过程，可以视为人类破解“和谐社会”这一难题的直接尝试。

对西方社会民主化进程与道德化进程及其勾连关系的考察，在本研究中占有重要的地位。因为西方国家的历史实践不仅能够为我们分析我国社会主义发展中民主进程、市场进程和道德进程之间的勾连与嵌入关系提供有益的思路借鉴，也可以为我们构建相应的分析框架提供丰富的思想材料。而其中，对“资本主义道德化”这个核心概念的界定更是十分必要。为了对“资本主义道德化”这个概念进行更加清晰的界定和说明，在本章中我们首先从本质上对其予以阐释，指明资本主义道德化因其自身的野蛮性本质而只是一种不切实际的期待。然后，我们对资本主义道德化的具体作用给予界定，指出其不过是资产阶级为了防止社会濒临崩溃而进行的补救性措施。资本主义道德化并非目的，而仅仅是手段。

（一）资本主义道德化：一个无解的命题

资本主义的野蛮化是其本质特征，这使得所谓的资本主义道德化成为一个无解的命题，而资本主义和谐社会的理想也不可避免地成为一种不切实际的期待。市场自身追求效率，并不必然带来道德化，而资本主义依靠市场追求利润的本性显然也无法实现道德化。对于资本主义的野蛮性，学者们进行了大量的论述。透过这些论述不难发现，资本主义野蛮性主要是由以下因素决定的。

首先，原始积累充满血腥而非勤劳致富。以伍德、米勒和布伦科特为代表的一些西方学者认为：资本主义是道德和正义的。他们的主要论点是：道德的善在于正义和权利，而正义内在于特定的生产方式。只要与特定的生产方式相一致、相适应的交换和制度就是正义。资本主义剥削制度与特定生产方式相一致，因此是正义的。[1]这种观点将道德和正义仅仅定义为一种符合某种生产方式和制度的状态，显然没有考虑资本主义生产方式形成过程的野蛮性。姑且不论资本主义生产方式这种制度安排道德与否，就资本主义剥削制度形成的过程而言，其本身就充满了野蛮的掠夺、奴役、盗窃和侵略，表明其制度道德性的可疑。正如马克思所指出的，"原始积累对劳动者的剥夺是用血和火的文字载入历史的""资本主义来到世间，从头到脚，每个毛孔都滴着血和肮脏的东西"[2]。在《资本论》第一卷第二十四章中，马克思用大量的笔墨描述了大批城市里的学徒、侍从和农民是如何被封建者用绞架、耻辱柱和鞭子强制驱离土地而成为无产者的。[3]

剥削理论研究的大师罗默在这一点上的论述也十分深刻。他从起源的角度论证了资本主义制度的不公正和非道德性，并且将导致资本主义剥削不公正的根源归结为生产资料的初始分配不平等。他指出：由于工人生产剩余产品是一系列市场交易的结果，而这一结果又源于最初不平等的生产资料所有权。因此，如果说资本主义是不公正的，那只能是因为导致剥削产生的生产资料的初始分配是不公正的；并且，这种不公正经过代代相传可以积累为巨大的不平等。[4]罗默还对新自由主义辩士将资本的不平等归因于时间效率差异、冒险倾向的强弱、企业家能力的不同等符合道德因素的观点进行了批驳。他指出起初的不平等是由社会建构的，起源于之前不平等和压迫的历史：不同所有权的初始条件在所有资本主义社会都是通过盗窃和野蛮强力的作用确立的。较之而言，天赋、企业家能力等方面的差异不过是对之前不平等历史的反映。[5]与之呼应，另一位著名学者柯亨也认为："马克思主义关于资本主义的非正义的观点是基于一组历史上不具逻辑必

---

[1] 曹玉涛：《分析"马克思主义"的正义论述评》，《哲学动态》2008 年第 4 期，第 41—42 页。

[2] 《资本论》第 1 卷，中共中央马克思恩格斯列宁斯大林著作编译局编译，人民出版社 1975 年版，第 783 页、第 829 页。

[3] 晏辉：《资本原始积累的伦理批判》，《学习与探索》2007 年第 3 期，第 1—4 页。

[4] 朱菊生：《"分析的马克思主义"对资本主义不公正起源的探讨》，《求索》2011 年第 5 期，第 108 页。

[5] 段忠桥：《约翰·罗默的非劳动价值剥削理论》，《马克思主义研究》2006 年第 3 期，第 103—104 页。

然性的环境，即基于资本的‘原始积累’是以不道德的方式进行的这一事实。”[1]从根本上讲，资本主义制度产生根源的非道德性，绝不可能为这个制度的道德性做辩护。

其次，自由竞争的市场本身常常引发非道德性的行为。在资本主义世界里，市场的逻辑就是资本的逻辑，市场化在很大程度上就是资本化，而资本化的实现过程就是原始积累这一生产者与生产资料分离的历史过程。[2]而这种生产者与生产资料分离所带来的结果就是，社会财富日益集中到资本家手中，社会财富分配不均现象严重。可以说，资本主义市场化形成的过程必然伴随着“作为权利的不平等”。

另一方面，正如胡萨米所言，完全根植于市场和资本利益的资本主义制度，由于将劳动力市场化，必然结果就是剥削，在表面的平等下导致实际的不平等。[3]市场经济的本质就是竞争，而它的动力就是利己主义。市场自由竞争的必然结果是优胜劣汰，带来的又是“作为结果的不平等”。随着生产力和技术的进步，劳动者的生活条件有了很大的提高，然而在资本主义国家里，贫富两极分化日益加剧。数据显示：扣除通货膨胀、物价上涨等因素，在资本收入不断扩大的同时，劳动者的实际工资自 20 世纪 70 年代以后开始下降。过去的 20 年中，只有最上层 1/5 的职工获得了实际工资的增长。如果把收入分配分为五个层次，越往下，工资收入下降得越多，第四层下降为 10%，最底层则下降为 23%……目前，美国最富的 1% 的人拥有全美家庭财富的 40%，比 90% 的美国人所拥有的财富还要多。在英国，最富的 20% 的人所占有的财富，是最穷的 20% 的人所占有财富的 10 倍。[4]

还有一个不容忽视的方面就是：就单纯的自由竞争而言，导致的结果便是马克思所谓的“人的异化”。由于自由竞争的逻辑就是追求资本的增值，如此就将物质生产本身当成了目的，人反而成了物质生产的手段，甚至成了手段的手段。劳动者更是成了作为物质生产手段的机器的附庸。于是，人成了异化的人，人的劳动成为异化劳动。[5]英国著名基督教社会主义思想家托尼在其经典著作《贪

---

〔1〕 段忠桥：《社会主义及其未来：约翰·罗默访谈录》，《马克思主义与现实》2002 年第 1 期，第 70—79 页。
〔2〕《马克思恩格斯选集》第 2 卷，人民出版社 1972 年版，第 221 页。
〔3〕 曹玉涛：《“分析马克思主义”的正义论述评》，《哲学动态》2008 年第 4 期，第 42 页。
〔4〕 莱斯特·瑟罗：《资本主义的未来》，周晓钟译，中国社会科学出版社 1998 年版，第 23—29 页。
〔5〕 何怀远：《“生产主义批判的”的历史逻辑》，《哲学动态》2006 年第 1 期，第 27 页。

婪的社会》中，也对资本主义这种市场特征做了深入的批判。在书中他批评亚当·斯密等人对贪婪的纵容。他指出，如果把本来健康的经济效率由手段提高到目的本身，那么财富服务于人的福利的意义就丧失了。其结果便是对底层人民的漠视和严重的社会不平等，使社会成为可怕的图画。[1]显而易见，当资本增值、物质生产和效率成为目的时，自然的结果便是社会平等和社会道德在自由市场中没有丝毫的地位，整个社会背离道德的准则，显示出野蛮化倾向。包括阿格尔在内的相当多学者也对这个问题进行了较为深入的探讨。可见，如果一个社会沿着市场化的逻辑永久地运转下去，无疑是割喉式的自杀。当一个社会无法消融因为市场化而产生的贫富分化和社会分裂时，最终结果不是穷人的死亡，而是社会整体性的毁灭。

再次，资本与权力结盟带来了等级体系。现代国家建立之后，国家权力与资本的联盟成为野蛮资本主义的又一表现形式。政府依赖资本，资本绑架政府，在现代社会成为一种通例。众所周知，裙带资本主义是亚洲许多国家经济增长困难的制度性障碍。然而已有研究成果表明，裙带资本主义（Crony Capitalism）并不单单是亚洲的产品，它与美国人也并不遥远，以致于有人讽刺说，在美国政治精英并不热心公益，他们照旧让利于他们喜欢的专攻石油问题的院外游说者，或者副总统本人（意指当时的副总统切尼）最喜欢的建筑公司。[2]美国的裙带资本主义不仅产生腐败、寻租等政治灾难，更是带来市场灾难：破坏市场秩序，使民众受到更大损害。有学者认为，2008 年美国的金融危机，相当程度上起因于裙带资本主义。由于私人资本与政府的结合，使得房地美、房利美等享受巨大特权的公司，利用与政府的密切关系，为了一己私利在相当大程度上操作美联储，从而引发巨大经济灾难。[3]权力—资本联盟比单纯的资本家追求私利的市场化运动更加野蛮，其最终结果便是产生了以公共权力作为保护伞的资本家和服务于资本家的政府官员。如此，就导致了少数人统治多数人的局面，少数人的富贵与奢侈是以多数人的辛勤劳作为前提的。这样的结果必将使社会陷入整体性的毁灭。

资本家不仅仅通过政治谋取私利，还通过知识占有、媒体宣传等方式进行思

---

〔1〕 彭小瑜：《“经济利益不是生活的全部”：理查德·亨利·托尼的资本主义批判》，《史学集刊》2011 年第 4 期，第 7 页、第 12 页。

〔2〕 克里斯蒂安·安斯贝格：《“资本主义道德化”问题初探：民主实验主义和规范的共同演化现象》，张大川译，《国际社会科学》2006 年第 3 期，第 23 页。

〔3〕 张鑫：《从次贷危机看裙带资本主义》，《文汇报》，2008 年 12 月 10 日。

想控制，以达到维护资本权益的目的。阿格尔曾指出：在资本主义技术统治阶段，早期市场资本主义自由放任的合法性已经被科技统治的合法性所取代。公民把所有控制社会的权威都让给了管理精英，从而导致了不可避免的危害。当权力日益转向那些被认为是能带领人们摆脱经济危机的技术精英时，这些权力精英便极力使自己与大众保持距离，以便更好地充当复杂社会系统的操纵者。这样，对资本的垄断与对信息和对话机会的垄断就结合在一起。[1]

通过以上分析不难发现：原始积累引发的制度原罪性[2]，单纯市场和竞争引发的诸多非道德性的行为，加之资本与政治必然联合引发的等级体系，使得整个制度从根本上服务于资产阶级的整体利益。资本、利润成为顶礼膜拜的偶像，人的需要被严重抹杀，社会结构日益撕裂，社会问题日益突出，社会和谐更是难以从根本上得以实现。因此，纯粹放任的市场经济引发的道德灾难，加上必然导致的资本家把持政府的现实，使得资本主义本身无法产生道德的结果。因此，对于资本主义社会而言，道德化成为了一个无解的命题，和谐社会更是一个无法实现的理想。

（二）资本主义道德化遭遇的尴尬

相对于资本主义野蛮化，资本主义道德化这一命题显得异常复杂且扑朔迷离，一个重要的原因就在于资产阶级的思想家们依靠貌似完美的语言系统对其进行了无数的辩护与修饰，从而导致了理论上的迷乱与模糊。资本主义道德化的核心内容是私利与公益的关系问题，或者说，资本主义的一些非道德因素能否被更加道德的资本主义所修正[3]，这一命题至少包含以下三个层面的内容：一是自由市场制度的道德化，二是企业家行为和公司行为的道德化，三是监管力量的道德化。

相对于其他两个层面来说，自由市场制度的道德化显得最为扑朔迷离。斯密显然是系统阐述这一命题的鼻祖。在斯密看来，自由交易是保障相互利益的一种手段，遵守公平游戏规则，受到公正的观察者赞许，它就是道德的。关键要看交

---

〔1〕 申治安、王平：《阿格尔对当代资本主义的多维度批判》，《毛泽东邓小平理论研究》2012 年第 2 期，第 93 页。

〔2〕《资本论》第 1 卷，中共中央马克思恩格斯列宁斯大林著作编译局编译，人民出版社 1975 年版，第 781 页。

〔3〕 帕特里克·法罗：《竞争的伦理》，李存山译，《国际社会科学》2006 年第 3 期，第 33—35 页。

易条件是否平等，从而使任何交易者在规则合理的游戏中不强迫他人或进行欺骗，以追求财富。自由、互惠以及遵守共同规则的平等交换，这些因素确保交易自由的体制具有合法性。〔1〕赫伯特·斯宾塞则倾向于从固有的“生存竞争”中寻求道德意义，因为“生存竞争”被假定为人类进化所必需的，它提供了一种自由的、负责任的社会生活模式。反对遗传进化模式、奉行文化进化模式的哈耶克把基本的道德归因于个人的自发的竞争，竞争将使每个社群自发地而非刻意地出现正当行为的规则，并使有利的行为规则得以发展。依此而论，竞争就是基本的善行和理性，因为它要求人们为了生存而理性地行动，它可以通过广义的契约而达到一种有利于多数人的社会规则。〔2〕诸如此类的论断不胜枚举，它们在某种程度上构成了对资本主义野蛮性的最美丽的辩护。流行于西方世界的院外集团、利益圈子不都是在试图以危害符合所有人的利益的普遍规则来增加私利吗？有那么多的公司通过隐瞒账目、滥用基金和内部交易来获取私利，这如何解释呢？如果在竞争过程中力量不平等，对竞争规则的遵守将直接有利于那些掌握最多资源的人，对此又怎么解释呢？

对这些问题的追问，引发了对资本主义道德化的思考。韦伯所开创的依靠宗教对资本主义注入道德灵魂的做法显然已经落伍了。在韦伯那里，获利不仅仅是一种职业，而是一种伦理义务，正是这种观点为新企业家的生活方式提供了伦理基础和正当理由。〔3〕上帝应许的唯一生存方式，不是要人们以苦修的禁欲主义超越世俗道德，而是要人完成个人在现实里所处地位赋予他的责任和义务。正因为如此，修道士放弃现世的义务是自私的，是逃避世俗责任。〔4〕在韦伯看来，不懈地劳动不仅仅是一种消极的善，也是上帝所规定的每个人借以证实自己的生活方式。利息和财富只有在导致懒散和浪费时才在道德上有害。只要它们是履行职责的结果，就应受到推崇。人不应拒绝接受上帝的礼品和成为他的管家：“你应为了上帝而非为了肉体和罪孽而劳动致富。”因此，只有不懈地努力和没有不良嗜好，干实业的人便有义务去成功地谋利。〔5〕

---

〔1〕 皮埃尔·得缪勒那埃尔：《经济行为与资本主义的规范》，秦喜清译，《国际社会科学》2006 年第 3 期，第 14 页。

〔2〕 莱斯特·瑟罗：《资本主义的未来》，周晓钟译，中国社会科学出版社 1998 年版，第 23—29 页。

〔3〕 马克斯·韦伯：《新教伦理与资本主义精神》，于晓、陈维纲等译，三联书店 1987 年版，第 55 页。

〔4〕 马克斯·韦伯：《新教伦理与资本主义精神》，于晓、陈维纲等译，三联书店 1987 年版，第 59 页。

〔5〕 莱因哈特·本迪克斯：《马克斯·韦伯肖像》，刘北成译，上海人民出版社 2002 年版，第 64 页。

但是道德化的责任和义务并不是自发地从谋利中衍生出来的，因为先赋的对资源的占有是不平等的，甚至是充满暴力的。也就是马克思所说的，在真正的历史上，征服、奴役、劫掠、杀戮，总之，暴力起着巨大的作用。但是在温和的政治经济学中，从来就是田园诗占统治地位，正义和“劳动”自古以来就是唯一的致富手段。事实上，原始积累的方法绝不是田园诗式的东西。[1]另外就现实而论，正如亨利·托尼所言，在宗教改革时期，无节制和贪婪是不能接受的。然而到了19世纪，把宗教道德排除到经济活动之外的意图变成了现实，自私自利的财富聚敛由丑陋变成了美德。在英国，这一变化主要发生在宗教改革之后的两个世纪里。[2]当今资本主义社会更是如此，市场经济的本质就是竞争，而它的动力就是利己主义。由于人们过分专注于这一原则，结果导致了所有精神的东西和文化的东西都被排挤到了无关紧要的位置上，并最终逐渐被人遗忘。正如玛利昂·格莱芬·登霍夫所言：“今天，道德、文化和精神等价值观已经退到以金钱来衡量实际成就和职业成功之后，这已经成为我们这个时代的一个可悲的特征。”[3]而这种特征正是资本主义野蛮化的明证，也是资本主义道德化遭遇的尴尬。

再进一步看，个人进入竞争和市场过程的禀赋和条件也是不平等的，这个被称之为“自然”的事实，总是处于一种供给限制状态之中。更为可怕的是，竞争过程中的优势地位表现为经济和社会竞争中的某种等级制。[4]正是这种等级制，塑造了无所不在的幕后资源垄断集团和官商联盟。事实上，在资本主义市场社会中，那些支持基本的市场制度的理论原则与其在实际中的应用步调并不一致。因此，人们尝试建立一种补充性的准则，以重新关注原理与其实践的相互关系。这是使资本主义“道德化”，或更直接说，是使资本主义更公正的一个基本内容。它建立在公正理想之上，从某种传统的角度看，这种理想被认为是激发了资本主义，并统一在非支配性的理念之下。[5]从学术界对资本主义道德化的研究中来看，其涉及的主要问题就是分配正义的问题，如何通过关心失败者的命运

---

〔1〕《马克思恩格斯选集》第2卷，人民出版社1972年版，第220页。

〔2〕彭小瑜：《“经济利益不是生活的全部”：理查德·亨利·托尼的资本主义批判》，《史学集刊》2011年第4期，第6页。

〔3〕玛利昂·登霍夫：《资本主义文明化》，赵强、孙宁译，新华出版社2000年版，第16页、第21页，转引自徐强《从经济危机到道德危机：论资本主义发展的新困境》，《江苏社会科学》2008年第4期，第48—49页。

〔4〕莱斯特·瑟罗：《资本主义的未来》，周晓钟译，中国社会科学出版社1998年版，第23—29页。

〔5〕何怀远：《“生产主义批判的”的历史逻辑》，《哲学动态》2006年第1期，第27页。

来表达一个社会的道德立场等。然而一个本质上不公正的体制只要根本上没有做出调整，无论做出何种表面的修正和粉饰，都无法改变其不公正的本质和野蛮化的行径。

同时，希望资本主义自发地展现其道德面目，无疑是痴人说梦。人们开始在前所未有的程度上意识到他们是一个拥有共同利益的阶级的成员，其利益是与另一个阶级中人们的利益相对立的。[1]汤普森认为，工人阶级意识的形成大致在1830年左右[2]，工人阶级（Working Class）作为一个术语开始与“劳工阶层”（the working classes）区别开来。尽管与他们的雇主在大约相同时期所形成或表现出来的中产阶级意识比较起来，工人阶级的意识无疑要微弱得多。但是，没有一系列工人阶级的抗争运动，就不会有1829年的天主教解放令，不会有1832年的国会改革法，甚至也不会有针对工作条件和工作时间的有效立法。组织软弱的工人阶级，利用政治激进主义的鼓动方法弥补了自己的弱点。[3]当然，也有人认为阶级利益对社会中的长期运动所能提供的解释力是非常有限的，阶级命运更多的是被社会的需求决定的，而不是反过来，社会的命运是被阶级需要所决定的。因为阶级利益并没有魔力保证让其他阶级的成员支持该阶级的行动。[4]在英国工业革命中形成的工人阶级实际上也是处于一个不断分化与重组的过程中，它以不同的群体呈现不同的境况。[5]事实上，工人阶级的集体行动与资本主义的演化呈现出一个互为因果的关系。工人阶级集体意识的崛起以及由此产生的阶级对抗激发了统治者和资本家企图通过综合性的保险政策为资本主义注入和谐的因素；反过来，这一政策也成为工人阶级分化与重组的动因。

最后，资本主义社会的一些新变化也不能为这样一个观点做论证：那就是资本主义可以通过自身科学技术的发展、生产结构的变迁和社会结构的重组而改变其非道德化本质。正如马尔库塞所承认的，当代资本主义确实出现了一些新变化：机械化日益减少消耗劳动中体力的数量和程度；职业分层中白领工人增多，

---

〔1〕 罗伯特·勒纳、斯坦迪·什米查姆、爱德华·伯恩斯：《西方文明史》第2卷，王觉非译，中国青年出版社2003年版，第709页。

〔2〕 E.P·汤普森：《英国工人阶级的形成》下册，钱乘旦等译，译林出版社2001年版，第951页。

〔3〕 艾瑞克·霍布斯鲍姆：《革命的年代》，王章辉译，江苏人民出版社1999年版，第279—281页。

〔4〕 卡尔·波兰尼：《大转型：我们时代的政治与经济起源》，刘阳、冯钢译，浙江人民出版社2007年版，第130页。

〔5〕 钱乘旦：《工业革命中的英国工人》，载侯建新主编《经济社会史评论》第一辑，三联书店2005年版。

蓝领工人减少；劳动与生产工具的变化改变了劳动者的态度，新的劳动技术手段进一步削弱了工人阶级的否定地位。[1]同时，资本主义社会管理技术也在相当大程度上有了革新，参与式管理、工人入股激励、人性化管理、人际关系激励等管理技术被广泛应用并取得成功，很大程度上舒缓了资本主义非道德性带来的社会矛盾，于是“工人资本主义”观念甚嚣尘上。然而，这也不能从根本上改变资本主义野蛮化特征。因为无论资本主义思想家如何混淆视听，都不能改变两个事实：资本对雇佣劳动剥削继续以隐蔽化的方式进行和社会贫富分化日益严重。[2]莱斯特·瑟罗在《资本主义的未来》一书中指出：“我们称之为无家可归的人——在社会上游荡的人群，以任何一晚为时间单位统计，他们在美国的人数大约为60万，以五年为时间单位统计，他们的人数为700万。这种现象已遍及整个工业化世界，法国估计有60万到80万无家可归者。在富有的工业化国家，几乎所有的主要城市都可以见到露宿街头的人。”[3]

综合上面的叙述，由于诸多社会历史条件的变化，加之资产阶级进行的一系列改革措施，资本主义野蛮化的外部表征在一定程度上得到了遏制，然而，其制度本质并无任何变化。资本主义社会既无可能在其自身内部自发演变出道德化的结果，也无意从根本上做出制度调整来产生道德化的果实。因此，这里所谓的资本主义道德化过程，不是真的要使资本主义改变其野蛮化本质而变得道德，而只是为了防止社会濒临崩溃而做出的补救性措施，是一种被迫的应对、一种权宜之计。这些补救措施集中体现在现代福利制度的建立上。资本主义试图通过福利体系的建立来缓和野蛮化带来的社会冲突，以便维持整个社会的正常运行。换句话说，资本主义道德化只不过是手段，而非目的。因此，从这个意义上讲，“道德化”“和谐社会”这些手段工具在资本主义社会根本无法上升到“剥削”和“利润”的目的之上，资产阶级也根本不可能致力于推动真正和谐社会的建设。有了对“资本主义道德化”这个概念的清晰认识，我们更能够理解“社会主义道德化”与“社会主义和谐社会构建”的本质和意义。

---

[1] 陈振明：《当代资本主义的再认识：西方马克思主义对发达资本主义社会的批判》，《理论学习月刊》1997年第5期，第16页。

[2] 张雷声：《从资本主义基本矛盾运动看资本主义历史走向》，《中国人民大学学报》2005年第3期，第13—14页。

[3] 莱斯特·瑟罗：《资本主义的未来》，周晓钟译，中国社会科学出版社1998年版，第23页。

（三）社会主义和谐社会：一个全新的课题

对于中国共产党和社会主义中国而言，和谐社会是一个全新的课题。马克思主义唯物辩证法认为：矛盾是事物发展的根本动力，矛盾的同一性和斗争性相结合，推动事物的发展。社会主义和谐社会战略构想的提出，源于改革开放后中国社会发展过程中产生的一系列矛盾和问题。随着社会主义市场经济体制的确立，利益多元化的格局逐步形成，不同社会利益群体之间的矛盾也大量出现。处于体制转换、结构调整和社会变革过程中的中国，面临的是各种政治和社会问题的易发多发期。就业问题、腐败问题、分配不公问题、社会治安问题等，成为当前人民群众关注的热点问题。[1]现有的诸多问题都与社会主义市场经济体制的建立有着密切的关系，社会主义市场化是社会主义道德化的现实前提。因此，在详细阐释“社会主义道德化”这个核心概念之前，我们有必要首先对“社会主义市场化”这个概念加以梳理。

1. 社会主义市场化：一种制度的创新

社会主义市场化是基于对传统社会主义的反思而进行的一种积极努力。将社会主义制度与市场经济融合在一起，并以此构建社会主义的市场经济体系，乃是邓小平的巨大理论贡献。邓小平开创性地提出：资本主义与社会主义的区别不在于计划还是市场这样的问题，二者都是手段。资本主义也有计划，社会主义也有市场，市场为社会主义服务，就是社会主义的。[2]早在 1979 年 12 月 26 日，邓小平会见美国和加拿大客人谈话中就明确指出：“说市场经济只存在于资本主义社会，只有资本主义的市场经济，这肯定是不正确的。社会主义为什么不可以搞市场经济，这个不能说是资本主义。我们是计划经济为主，也结合市场经济，但这是社会主义的市场经济。市场经济不能说只是资本主义的。市场经济，在封建社会时期就有了萌芽。社会主义也可以搞市场经济。”[3]

从 1978 年，我国社会主义市场化就开始进入艰难的恢复探索阶段（1978—1984）和理论形成阶段（1984—1992），陆续摸索出“计划经济为主、市场经济

---

〔1〕 杨宝生：《为什么要不断提高构建社会主义和谐社会的能力》，《求知》2004 年第 11 期，第 33 页。

〔2〕 石仲泉：《“南方谈话”与社会主义市场经济的建立和未来发展：纪念邓小平“南方谈话”发表 20 周年》，《毛泽东邓小平理论研究》2012 年第 2 期，第 2 页。

〔3〕《邓小平文选》第 2 卷，人民出版社 1999 年版，第 236 页。

为辅”“计划与市场相结合”和“有计划的商品经济”等具体实践模式。南方谈话后，我国社会主义市场化在中国才经历实质意义上的突破，1992 年我国正式确立社会主义市场经济体制。翌年党的十四届三中全会形成全党共识，将建立社会主义市场经济体制作为党的重大决策，标志着我国社会主义市场化进入体制建立阶段。之后党中央陆续制定了“社会主义市场经济 50 条”等一系列条例、法规，不断努力改善和健全社会主义市场经济体制机制，我国社会主义市场经济相应进入快速发展阶段。根据中共十五大、十六大部署原则，自 2001 年起我国社会主义市场经济进入了完善阶段。〔1〕

随着社会主义市场经济体制的确立，我国经济取得跨越式发展，产业结构不断优化，商品供应日渐丰富，城市化水平不断提高。2001 年我国加入了世界贸易组织，2010 年我国在经济发展总量上超过日本，2012 年我国 GDP 达到 519322 亿元。社会主义市场经济理论的确立和实践以及取得的一系列成就，体现了党和政府探索现代化建设规律的勇气和智慧。因此我们可以看见，社会主义市场化就是市场经济在我国确立和发展的过程。在对这个概念和过程的认识上，我们不应当遵循非此即彼的原则，而应当实事求是；不应当只看表面，而应当深入实质；不应当陷入教条，而应当解放思想。为了明晰这个概念，在这里我们要强调两点，这将有助于更加清楚地理解社会主义道德化的含义。

首先，我们要指出的是：社会主义市场化绝对不是对马克思主义经济理论和社会主义理论的背离，而是对以苏联为代表的教条化社会主义经济理论的突破。在这个问题上，陈文通的论述尤为具有说服力。他认为：“邓小平的社会主义市场经济理论始终是从中国特色社会主义出发的，广而言之，是从后发展国家社会主义出发的。这就在实际上把中国特色社会主义和马克思主义创始人所说的科学社会主义区别开来了。……共产主义社会第一阶段一开始就是生产力高度发达的社会，而中国特色社会主义初级阶段则是‘不够格’的社会主义，处于不发达状态。……以苏联为代表的‘传统的社会主义经济理论’认为，落后国家可以先行建立先进的社会主义制度，然后在这种先进制度的保护下发展生产力。这就意味着生产关系可以超前于生产力，其实质是力图超越必要的发展阶段。

换言之，我国的社会主义，既不是马克思主义创始人所说的作为共产主义社

〔1〕 毛传清：《论中共社会主义市场经济的六个发展阶段》，《当代中国史研究》2004 年第 5 期，第 73—79 页。

会第一阶段的社会主义，也不是抽象一般的社会主义，而是‘中国特色社会主义’，而且现在处于它的初级阶段。计划经济，也不能简单理解为以社会直接占有为基础的本来意义的计划经济，而是以多种经济成分并存为基础、国家计划管理和宏观调控为基本形式的计划经济。而我们所发展的市场经济，同西方经济学所说的市场经济又有不同，不仅包括不同所有者之间的商品交换（包括资本和劳动之间的交换），而且包括全民所有制内部不同企业之间的交换（准商品交换）。因此，我国的社会主义的市场经济，实际上是中国特色社会主义初级阶段的市场经济。"〔1〕明晰这些概念后，我们就能够看出社会主义和市场经济并非完全排斥的矛盾对立体。

实际上马克思在《资本论》中已经指出，人类社会可以划分为自然经济、商品经济和市场经济三个历史发展阶段，并且历史发展不可能“超阶段”进行：“一个社会即使探索到了本身运动的自然规律……它还是不能跳过也不能用法令取消自然地发展阶段。"〔2〕对此习近平也给予了确认：“经济发展落后的国家在社会制度上能够越过‘卡夫丁峡谷’，并不等于它们在经济发展上也必然能够越过商品经济的‘卡夫丁峡谷’，马克思和恩格斯从来没有这样的表述和设想。"〔3〕由此我们就可以清晰地看出，中国特色的社会主义市场经济理论是以马克思主义基本原理中的阶段论为理论基础，适应中国发展相对落后的国情，依据我国处于社会主义初级阶段这个客观实际，做出的理论和实践创新。它是对以苏联为代表的教条社会主义经济理论的突破，也是对传统马克思主义理论实质性的坚守。

其次，我国社会主义市场化绝不是对新自由主义经济学主导下的西方主流经济理论的照抄照搬，而是以马克思主义政治经济学为基础，在吸收借鉴他们的优秀成果之上进行的理论创新。中国特殊的社会主义市场经济理论不是对西方学说无选择的照搬照抄，也不是精华糟粕一齐拿来任由其侵蚀社会主义制度的本质。社会主义市场化不是西方式的资本绑架国家、控制国家的过程，将推行市场经济视为资本主义对社会主义的胜利也自然是无稽之谈。如上所示，邓小平所谓的社会主义市场化就是根据马克思主义人类社会阶段论为理论依据，并在此基础进行

---

〔1〕 陈文通：《如何科学认识社会主义市场经济》，《科学社会主义》2008 年第 1 期，第 49 页。

〔2〕《马克思恩格斯选集》第 2 卷，人民出版社 1995 年版，转引自邱卫东《从幻象到发展：当代资本主义社会财富的哲学批判》，《西南大学学报（社会科学版）》2012 年第 2 期，第 126 页。

〔3〕 习近平：《对发展社会主义市场经济的再认识》，《东南学术》2001 年第 4 期，第 29 页。

的理论创新。对此周新城也给予了认同。他指出：市场化不是改革基本制度，而是在坚守基本制度前提下改变具体的经济运行体制，“改革不是否定社会主义基本制度，而是要改变束缚生产力发展的经济体制，即社会主义基本制度在经济领域的具体实现形式，因而改革是社会主义制度的自我完善”〔1〕。他还进一步指出：社会主义市场化的理论创新就在于，在社会主义初级阶段持守公有制基本经济体制的前提下，突破旧有的公有制实现形式，实现国有企业所有权和经营权分离，按照国家所有、企业自主经营、自负盈亏的道路，将企业转型为独立的经济实体，成为独立的社会主义商品生产者和经营者，具有自我改造、自我发展能力，成为具有一定权利和义务的法人。经济体制改革的这种实现形式，使得企业成为可以进入市场的实体，为建立市场经济体制创造了必要的前提条件。〔2〕

简言之，私有制可以发展市场经济，公有制也可以在改革实现形式的条件下发展市场经济，社会主义市场经济理论创新的意义显而易见。如此看来，我国在进行经济体制改革时，确实吸收借鉴了西方国家经济理论中的精华，然而根本上还是中国共产党以马克思主义基本原理为理论基础，结合中国实际国情进行的理论创新和实践。社会主义市场化是以国强与民富为目标的双重运动过程。这在很大程度上为医治和矫正市场化的意外后果提供了资源保障和制度保障。只有正确认识这一点，才能对当今社会矛盾的性质有正确的认识，才能够帮助我们正确理解“社会主义道德化”这个核心概念。

2. 社会主义道德化：一个有解的命题

从字面上看，“社会主义道德化”这一命题是不成立的，因为社会主义本身就是道德的。只有资本主义道德化这一命题才是成立的，因为资本主义从根本上来说是不道德的，是以私利为最终依归的。不管亚当·斯密、哈耶克等人对资本主义进行多么完美的道德修饰和道德辩护，都无法改变资本主义非道德性的本质。我们在这里说的“社会主义道德化”这一命题是针对“社会主义市场化”这一命题而言的。我们知道，自由竞争必致优胜劣汰，市场自身反倒是常常引发非道德性的行为，那么拥有市场经济的我国社会主义制度何以能够维持其道德化本质呢？社会主义道德化又是特指哪个方面呢？对两个问题的准确回答关系到我

〔1〕 周新城：《关于社会主义市场经济几个理论问题的探讨》，《山西财经大学学报》2007年第10期，第2—3页。
〔2〕 周新城：《关于社会主义市场经济几个理论问题的探讨》，《山西财经大学学报》2007年第10期，第3页。

们正确认识社会主义道德化的本质和意义，也关系到我们正确认识社会主义和谐社会构建的本质和意义。

就第一个问题而言，拥有市场经济的我国社会主义制度能够维持其道德化本质，主要体现在以下三个方面。

首先，正如在对“社会主义市场化”这个概念进行界定时指出的：社会主义市场化绝对不是单单将市场化与社会主义结合，而是创新意义上的社会主义和创新意义上的市场化之结合，本质上没有改变社会主义自身的根本性质。在很多情况下，国有企业所有权模式没有变化，社会主义市场化改革改变的仅仅是公有制的实现形式及其组织方式和经营方式。因此就这个意义上讲，社会主义自身的道德性本质没有改变。不可否认，随着改革开放的推进，个体经济和私营经济的发展，我国公有制经济的比重在不断下降，似乎我国的社会主义本质正在遭到侵蚀。然而现阶段我国公有制的主体地位主要体现在主导性而非比例上。具体体现在：中国的国有经济是社会主义市场经济的主心骨，在经济运行中发挥主导作用；而西方国家的国有经济在国民经济中只能发挥从属的影响，因为在那里占主导地位的是资本主义私有经济。国有经济作为我国社会主义经济的核心力量，在改革以后仍然发挥着巨大作用。国有经济仍是国家财政收入的主要来源，是发展战略产业的主要引导力量，仍然是维护社会稳定与国家经济安全的主要力量。〔1〕

其次，拥有市场经济的社会主义制度，能够维持其道德性的根本保障在于中国共产党的领导。美国著名的未来学家约翰·奈斯比特从另外一个侧面证实了这一点：“分析中国自身的条件和优点，我们不难发现，共产党的路线方针是坚定不移地为中国人民谋利益的，这种长远策略方针的执行不会像西方国家那样因为总统任期的结束而中断，中国也没有导致国家分裂的党派斗争，没有因为路线的突然改变而使发展受阻。”〔2〕

再次，在中国共产党的领导下，相对于西方市场经济追求资本家利润最大化的目的而言，我国发展社会主义市场经济的现实目的是全体社会成员物质文化和全面自由发展，并且最终还要逐步消灭剥削、消除两极分化、实现共同富裕。在这一点上，罗莫的观点可以直接套用到中国身上：“市场只能保证效率，只是实

〔1〕 袁恩桢：《社会主义市场经济理论研究》，《毛泽东邓小平理论研究》2006 年第 6 期，第 7 页。

〔2〕 约翰·奈斯比特：《中国大趋势》，魏平译，中华工商联合出版社有限责任公司 2009 年版，转引自胡钧《不断深化和完善社会主义市场经济体制的认识》，《政治经济学评论》2010 年第 1 期，第 23 页。

现社会主义的一个手段，而只有平等才能保证实现社会主义的价值目标。强调平等胜于效率，就容易划清社会主义与资本主义的界限……资本主义由于私有制和剥削的存在，明显地形成了不公正和不平等的弊病。因此，市场社会主义在实现效率的基础上，更要突出公平和平等，以实现超越资本主义的社会主义目标。”〔1〕在美国，人们将华尔街不知餍足的行为视为现代资本文明的道德典范，是证明人性持久性美德的“范本”〔2〕；在中国，科学发展观则体现了我们的发展目的。这与以资本为核心及目的的当代资本主义价值观有着本质的区别。

早在社会主义市场化改革初期，邓小平就一再强调改革必须坚持两个根本原则。他说：“我们在改革中坚持了两条，一条是公有制经济始终占主体地位，一条是发展经济要走共同富裕的道路，始终避免两极分化。”〔3〕胡锦涛在党的十七大报告中明确指出：“科学发展观，第一要义是发展，核心是以人为本，基本要求是全面协调可持续，根本方法是统筹兼顾。”〔4〕学者赵甲明对此有深入恰当的阐释：“科学发展观进一步深入地回答了社会主义与市场经济的关系，从根本上保证了我国市场经济的社会主义性质。…… 科学发展观的理念颠覆了资本主义市场经济的三大拜物教，实现了以人为本的社会主义市场经济对以物为本的资本主义市场经济的超越。……科学发展观统领的社会主义市场经济，超越了资本主义市场经济的经济人，确立了现实的完整的社会人在社会主义市场经济中的真实主体地位。”〔5〕我国发展社会主义市场经济的现实目的、最终目的，加上科学发展观的理论指导和具体实践，实际地保障了我国社会主义道德化的根本性质。

综上所述，坚持社会主义道路这个基本方向不动摇，坚持中国共产党的领导这个政治基础不改变，坚持以人为本的发展目的和共同富裕的最终目标不妥协，使得中国特色的社会主义制度依然保持着道德化的本质。

---

〔1〕曹玉涛：《“分析马克思主义”的正义论述评》，《哲学动态》2008年第4期，第44—45页。

〔2〕赫希曼：《欲望与利益》，李新华译，上海文艺出版社2003年版，转引自邱卫东《从幻象到发展：当代资本主义社会财富的哲学批判》，《西南大学学报（社会科学版）》2012年第2期，第125页。

〔3〕《邓小平文选》第3卷，人民出版社1993年版，第16—17页，转引自吴易风《从社会主义商品生产到社会主义市场经济的理论发展轨迹》，《当代中国史研究》2005年第5期，第67页。

〔4〕《高举中国特色社会主义伟大旗帜，为夺取全面建设小康社会新胜利而奋斗》，人民出版社2007年版，第15页。

〔5〕赵甲明：《科学发展观对社会主义市场经济发展的意义》，《中国特色社会主义研究》2009年第3期，第4—9页。

既然拥有市场经济的我国社会主义制度仍旧能够维持其道德化本质，那么社会主义道德化到底指的是哪些方面呢？对于这个问题，我们从客观因素和主观因素两个方面进行阐释。首先，在坚持公有制主导地位下发展社会主义市场经济时，客观上必然会带来一些消极影响，这一点是不可否认的。习近平也指出："我们讲社会主义与市场经济是能够相容的，并不等于说二者之间不存在着任何矛盾。……特别是从市场经济的产生和发展过程来看，其与社会主义相矛盾的地方比与资本主义相矛盾的地方要更多一些。这是因为，第一，资本主义社会制度是与市场经济相伴而生的，这种相伴而生的密切关系必然要与社会主义基本制度产生一定矛盾。……第二，市场经济与资本主义社会制度之间也存在着一些不相和谐的地方，这种不和谐必然要对社会主义基本制度造成一定的消极影响。"〔1〕市场经济的这种消极作用主要体现在：市场调节有其固有的自发性、盲目性、滞后性等缺陷，无法支持公共物品的供给以及保证社会收入分配的公平，不能使社会经济发展的利益为人民共享，惠及全体人民。〔2〕

市场经济和社会主义制度之间的矛盾当然是引发当今社会问题的原因。然而除了客观原因之外，主观方面的因素也值得我们考虑。李静娟就指出："社会主义市场经济完全是新事物，没有现成的经验可照搬，只能在实践中'摸着石头过河'。由于市场经济主体是现实的活生生的人，在对事物认识时，总要受到生理条件和精神状况的制约，使人们在目标选择及实践活动中带有盲目性而要付出一定的代价。"〔3〕因此，我国在进行市场化改革的过程中，由于认知方面的有限难免造成一定的失误，产生一些改革的阵痛。臧志风进一步指出：在体制转型、市场转轨过程中，分配关系的严重扭曲也是不容忽视的原因。城乡二元体制造成城乡差距，行业垄断造成的行业差距，阻塞的企业职工参与机制造成工资增长缓慢，腐败、寻租现象造成特权阶层，都是我国在建立和完善社会主义市场经济时产生的偏差。〔4〕

主客观两方面因素导致的偏差和代价在当今的中国是清晰可见的。除了城乡差距问题、行业差距问题和腐败、寻租等问题之外，失业增多与贫富分化加剧、

〔1〕 习近平：《对发展社会主义市场经济的再认识》，《东南学术》2001年第4期，第29—30页。
〔2〕 杨圣明：《社会主义市场经济基本理论问题研究》，经济科学出版社2008年版，第247页。
〔3〕 李静娟：《辩证看社会主义市场经济的代价》，《学术交流》2006年第10期，第92页。
〔4〕 臧志风：《社会主义市场经济理论创新》，《中国中央党校学报》2007年第3期，第8—9页。

拜金主义思想和社会腐化现象回潮也是不可忽视的事实。[1]同时，在一些公共物品领域盲目的市场化带来的后果也是不容忽视的。陈晏清早在1994年就先见性地指出："人们对于社会生活的各个领域都会以经济领域的标准去衡量，这就往往导致忽视非经济领域不同于经济领域的特殊规律，使得那些不能直接带来经济效益的社会事业难以生存。"[2]当时的这种担忧相当程度上在今天成了现实：教育、医疗和住房领域私有化产生的问题已经十分突出，而这些领域又是与人民群众的实际民生息息相关的。因此可以说，主客观两方面因素导致的偏差和代价，是社会主义道德化必要性的社会需求基础。有鉴于此，习近平认为，在建设和发展社会主义市场经济的时候，特别要注意三个方面："一是要扬长避短，趋利避害，将社会主义基本制度的优越性与市场经济体制的优越性有机融合起来。二是要防止顾此失彼、'以偏概全'的倾向，使社会主义市场经济始终保持正确的发展方向。三是要纠正和防止新旧体制'劣势组合'的偏向，使新旧两种体制的转轨得以顺利实现。"[3]

总之，市场经济与社会主义制度之间的客观矛盾，我国在探索市场化道路时无法避免的主观偏差，加之公共领域盲目的市场化，使得我国在探索改革开放过程中出现了许多社会矛盾。这些突出的社会矛盾对构建社会主义和谐社会提供了迫切的现实需要。社会主义道德化包括下面两个方面。客观因素方面是对传统社会主义价值目标的延续与再生，使社会主义始终保持正确的方向；主观因素方面是对社会主义市场化运动之意外后果的道德补救，纠正和防止新旧体制"劣势组合"的偏向，其用意在于为社会主义市场经济的进一步发展奠定和谐的社会基础。简言之，市场经济为我国社会主义和谐社会的构建提供了现实需要，而社会主义本质为我国推进社会主义和谐社会提供了现实可能。

当然，在社会主义道德化的实现策略上，国家、企业、非政府组织以及社会群体在这一过程中所扮演的角色是不同的，这与资本主义国家也有共同之处。但资本主义道德化与社会主义道德化的最大区别在于，前者仅仅是对不平等体系的一种调适，是资本主义延续下去的一种保险策略；后者则是体现了中国共产党的一种价值追求，是中国共产党自身的性质和特性所决定的。在从"控制"（计划

〔1〕 李竞能：《对现阶段社会主义市场经济的考察和反思》，《南开学报》2000年第3期，第6—7页。
〔2〕 陈晏清：《关于建立社会主义市场经济的代价问题》，《求是》1994年第23期，第37页。
〔3〕 习近平：《对发展社会主义市场经济的再认识》，《东南学术》2001年第4期，第30页。

经济体系）到“发展”（解放生产力与发展生产力的统一），从“差异”（让一部分人先富起来）到“和谐”（民生政策的推行），从“专政”（对资产者实行专政）到“代表”（三个代表重要思想），从“劳动者”（剥削者和劳动者的二元化分）到“社会主义的建设者”（承认劳动的多样性）的转变中，都证明了社会主义道德化与社会主义市场化可以共生共存。这在很大程度上孕育了我们这个人口大国、世界上最大的发展中国家独特的发展道路。

三、“和谐”社会的探寻：西方的启示

在漫长的资本主义发展史中，我们看到的不是斯密式社会公益的展现，也不是哈耶克所说的自主进化秩序的扩展，反而是更多野蛮因素的扩张。在充满血泪的殖民历史中，欧洲人借助盘剥他国民众来捍卫自身的统治地位。今天的美国也不例外，它借助对全球范围内资源的操控，来保障美国人自身的优越地位，通过全球资源向美国的聚集来抵消掉其内部的反抗力量。在这里，让我们重温一下美国哥伦比亚大学以研究国家形成（State Formation）和社会运动（Social Movement）闻名于世的查尔斯·蒂利的观点，对今日之资本主义的认识可能会更加冷静与清醒：

民族国家的兴起并非一个单向直线发展的过程，倒更像是不经意的偶然和战争博弈后优胜劣汰的结果：国家强制力的催生与滋长有赖于资源的汲取，而城市（吉登斯的“权力集装器”）则为物质、组织和权力资源的积累、集中和配置提供了可能与便利，由此形成的“城市和国家的辩证法”，在理论逻辑上使“对城市和国家相互作用的探究很快变成了对资本和强制的考察”，而在民族国家兴起的历史逻辑上，资本与强制的不同结合方式——如强制密集型模式、资本密集型模式和资本强制模式——则衍生出了不同的国家类型。自 17 世纪以来，这些不同类型的国家越来越多地裹挟到了国际体系和国际竞争中，战争既成为“通过获取对其他国家资源的利用来满足统治联盟经济利益的一种手段”，同时，战争的准备和暴力的角逐也更加依赖资源的汲取、资本的积累（城市的成长）和强制的集中（国家的成长），在战争的压力下，资本化强制模式（以强力促进资本、以资本发展强力）被证明更加有效，从而为强制和资本的其他结合提供了令人信服的范本，并最终促成了基于资本化强制模式的“民族国家”

的胜出。[1]

蒂利所说的民族国家的胜出依然在延续着，这对资本主义来说是永远没有终点的。在西方国家看来，自由对专制斗争的历史可以终结，但由资本和权力结盟去获取资源的历史不会终结。自由开放的资本主义无意在商业活动中推广道德形象，但是，这样一来，掌握了资本市场权力的人很可能会滥用职权。于是，一个更为野蛮的市场环境随之出现，吞噬着弱势的、轻信的、有着迫切需求的群体。市场资本主义根本不把责任和义务放在眼里，在一些违反社会秩序的割喉式生存竞争环境中，商业活动超越了有效的社会制约。这种极端化的自由市场将个人自主权推向了极致，完全超越了法律的管束。而且，市场资本主义还认为，法律对商业和市场的规范应该降至最低限度，完全开放的买卖是最理想的状态，只有在形成最为炽烈的竞争的过程中，社会才能实现利益的最大化。这种野蛮的市场资本主义形态是所有资本主义真实而必要的面目。因而，没有任何一种资本主义能够真正为公众的利益服务。时至今日，这种野蛮资本主义消失了吗？答案很清楚：没有。野蛮资本主义限制了法律和规则的作用，因而也同步地抑制了道德的自我约束和对他人的关怀。它蔑视伦理的必要性，大局上的利益完全由你死我活的个人竞争的胜负来权衡。但事实证明，在很多情况下，如果忽略了道德规范，为全体人类谋福利就变成了一件难以完成的任务。[2]

尽管“野蛮资本主义”在今日并未完全消退，依然在为那些操纵商业引擎的人大开滥用权力之门，但是对“野蛮资本主义”的道德修正其实已经存在很长时间了。汤因比曾经说过：没有相当程度的个人自由和社会正义，人类的社会生活是不可能的。个人自由是人类做出任何成就（不管是善的或是恶的）所必要的条件，而社会正义是主宰人类相互关系的准则。放任个人自由，即强者横行，弱者向隅。没有自由，人的本性就不能有创造性；但对个人自由不加压抑，则社会正义就不可能彻底实现。所有我们知道的社会宪法，都是安放在这两个理论的极端之间的某一适当的地方。[3]从一定意义上来说，一个放任自由的社会比一个完全遏制自由的社会更难以存续下去。尽管资本主义不可能从根本上走向

〔1〕参见胡位钧为蒂利著作《社会运动，1768—2004》一书撰写的译者序，上海人民出版社 2009 年版，第 3—4 页。

〔2〕斯蒂芬·杨：《道德资本主义：协调私利与公益》，《上海三联书店》2001 年版，第 53—54 页。

〔3〕汤因比：《历史研究》下册，上海人民出版社 1997 年版，第 409 页。

道德化，但为了使社会正常延续，避免社会因为过度不和谐而走向崩溃，资本主义社会对社会“和谐”的探寻终于开始迈开步伐。

资本主义的道德化建构也经历了漫长而曲折的发展历程。为了深入揭示西方资本主义国家道德化进程，为中国和谐社会的构建提供更有说服力的参考和借鉴，在此对西方资本主义国家道德化进程进行一个分阶段概述，进而分析其道德化进程的动因，并对资本主义道德化进程和民主化进程的嵌入勾连关系进行阐释。

（一）资本主义道德化的进程

这里所探讨的资本主义道德化，在相当程度上成为了资本主义对社会和谐追寻的代名词，而资本主义道德化进程又集中体现在现代福利制度的建立上。因此在行文中为了便捷，我们将资本主义道德化进程与福利制度的建立这两个基本概念混合使用。按照一般划分方法，我们将资本主义道德化进程划分为四个阶段。虽然各国福利制度的建立有其特殊性，然而政治、经济、社会等方面的共通性和一般发展规律，加之彼此之间的联系和全球化的影响，使得各国道德化进程的发展还是遵循了一个比较清晰的阶段论模式。由于在西方各国中，英国的道德化进程具有相当的典型性和开拓色彩，因此每一个阶段我们都以英国的发展路径为典型进行描述，同时以其他欧美资本主义国家的道德化进程作为必要的补充。

1. 建立阶段（1870—1920）

虽然伊恩高夫认为现代福利政策可以最早追溯到1834年英国的《济贫法修正案》[1]，然而大部分学者还是认为，西方资本主义开始正视阶级冲突和社会矛盾，着手建立福利体系的时间大约定位在1870年至1920年之间。在这段时间里，欧洲主要资本主义国家开始正视日益明显的社会冲突，并且试图在稳定与冲突之间维系一种微妙的平衡。最为重要的迹象就是野蛮资本主义开始露出了一丝道德化的面孔。在西方，英国可能是比较早地对资本主义进行道德化加工的国家，其原因在于英国在野蛮化与道德化之间达成了某种平衡的缘故。[2]英国着手化解社会矛盾，建立现代保障制度，以期达到社会和谐，是由一系列政治、经

〔1〕 熊跃根：《社会政策：理论与分析方法》，中国人民大学出版社2009年版，第38页。
〔2〕 肯尼斯·摩根：《牛津英国通史》，商务印书馆1993年版，第5—6页。

济、社会、阶级、思想等因素共同推动的结果。

18世纪60年代英国开始工业革命，到19世纪40年代基本结束，其影响十分深远。其中之一就是英国经济和社会结构急速变迁，传统产业衰退，新兴产业崛起，城市化进程加速。工业化促进城市化，大批农民进入城市，劳动力供给迅速增加。产业结构升级又造成劳动力需求降低，其结果便是显而易见的，社会出现了严重的结构性失业。1873年，英国遭遇严重经济衰退，农业生产遭遇危机，工业产值下降，大批工厂倒闭，周期性失业问题又使得就业状况更加严峻。根据当时贸易部的记录，英国工会会员失业率1879年为10.7%，1909年为8.7%。[1]伴随着严峻失业问题而来的必然是大面积的贫困问题。根据当时的调查，伦敦地区贫困人口比例高达30.7%，约克则高达28%。在广泛调查基础上，有人推算19世纪末英国城市人口25%—30%生活贫困。[2]不仅失业人口经历贫困问题，大量就业人口和半就业人口也忍受着贫困的折磨。1896年普通工人年收入不足100英镑。[3]对于如此规模大、程度深的贫困问题，当时落后的济贫制度显得软弱无力。

面对当时严重的社会问题，恩格斯在全面调查研究英国工人各方面情况后，出版了著名的《英国工人阶级状况》一书，引发巨大社会反响。除此之外，19世纪英国大批现实主义作家也在他们的作品里不加粉饰地描写了资本主义的英国，揭发社会的不公道，暴露资产阶级的罪行并描绘人民群众的艰苦的状况。[4]这一时期著名的作品包括萨克雷的《名利场》、狄更斯的《艰难时世》和伦勃朗的《简·爱》。他们对其所处时代存在的社会道德问题犀利的批判，以及对道德纯洁和人道主义的宣传，得到了马克思和恩格斯的赞扬。马克思曾说："他们以明白晓畅和极为动人的描写向世界提示了政治的和社会的真理，比起所有的政治家、理论家和道德家合起来所做的还要多。"[5]这些现实主义的作品影响巨大，在工人阶级和普通大众那里取得强烈反响，极大地触动了当时资产阶级

---

〔1〕丁建定:《英国现代社会保障制度的建立1870—1914》,《史学月刊》2002年第3期，第82页。

〔2〕丁建定:《英国现代社会保障制度的建立1870—1914》,《史学月刊》2002年第3期，第81—82页。

〔3〕丁建定:《从济贫到社会保险》，中国社会科学出版社2000年版，第32页。

〔4〕马娅《十九世纪英国现实主义小说与伦理道德》,《贵州大学学报（社会科学版）》2005年第5期，第110—111页。

〔5〕马娅:《十九世纪英国现实主义小说与伦理道德》,《贵州大学学报（社会科学版）》2005年第5期，第112页。

统治者。

另外，工业革命的进步使得英国工人阶级组织性、先进性有了很大的提高。这一时期，非熟练工人工会、妇女工会等各类专业工会相继建立，为工人运动提供了良好的组织基础。面对严重失业、贫困和社会分化问题，英国工人运动此起彼伏，相继出现1899年伦敦码头工人罢工、1906—1910年的南威尔士矿工、克莱德造船工人罢工和1912年全国百万矿工大罢工。工人运动的蓬勃发展刺激了资产阶级，进而迫使统治阶级出台一系列政策措施来缓和矛盾。这些政策包括1871年的《工厂法》、1880年的《雇主责任法》、1890年的《住房法》、1897年的《赔偿法》和1912年的《最低工资法》。这个时期工人运动发展的另外一个贡献就是催发了工人阶级政党的建立。1893年英国独立工党出现，1900年建立工人代表委员会，1906年工人代表委员会改称工党，同年取得29个议席，到1910年，工党已经拥有42个议席。[1]

工党的成立对于资产阶级无疑是巨大的震动，在推动建立现代福利体系上所起到的作用是显而易见的。工人阶级争取自身权利的方式从体制外深入到体制内，使得资产阶级道德化进程成为一种政治现象和政治博弈。自成立之日起，英国工党便开始为了争取工人阶级的社会福利不遗余力地努力，并极大地影响到英国福利制度。英国工党在这一时期对社会福利的影响主要是作为压力集团发挥作用。工党的社会政策深得普通大众的认同，使得自由党和保守党陷入被动并对其造成政治压力，间接促进了自由党和保守党一系列道德化政策的出台。1905年工党组织成立“劳动权全国委员会”，要求政府解决失业问题，直接影响了当年《失业工人法案》的颁布。1907年以后工党数次提出“劳动权法案”并直接导致了1909年政府建立劳动介绍所制度。1906年促使养老金问题成为议会重要议题，1907年更加频繁的院外活动和1908年工党召开养老金专门会议，直接促使了1908年养老金法案的通过。[2]同时，在工伤赔偿、医疗改革、国民最低生活标准、均等化教育、儿童福利等问题上，工党也是进行了一系列卓有成效的工作。[3]

这一时期，面对严重的经济危机，以亚当·斯密《国富论》为基础建立起

---

〔1〕 丁建定：《英国现代社会保障制度的建立1870—1914》，《史学月刊》2002年第3期，第83页。
〔2〕 段会平：《英国工党社会保障政策研究》，硕士学位论文，新疆大学政治学系，2004年，第3—5页。
〔3〕 段会平：《第一次世界大战前工党社会保障思想》，《消费导刊》2008年第3期，第209页。

来的传统自由主义理论开始被反思甚至受到质疑。在传统自由主义经济学理论占据主导地位时，出现了一些“不和谐”的声音，比较著名的有格林的新自由主义。他强调自由是有限的，也是社会共享的，因此主张为了社会全体成员的利益，社会本身应该对社会生活进行干预。格林的新自由主义理论后来成为自由党在这一时期的理论基础。80 年代，费边社会主义出现，其思想受到边沁功利主义和欧文合作社主义的影响，主张渐进式的社会主义，通过和平的方式过渡到社会主义阶段。在经济上主张国家公有制或者市郡公有制，在福利制度上，主张消除贫困、救济失业、建立国民生活最低标准，实行合理工资制度，并且致力于保障公民教育和老年保障问题。费边社会主义对英国产生深刻影响始自 1889 年《费边论丛》的出版〔1〕。由于工党领袖多半是费边社会主义者，因此这种理论成为当时工党的基本理论。

在技术层面上，知识分子对英国现代社会保障制度的建立也起到了不容忽视的作用，“他们积极从事社会调查，为现代社会保障制度的建立提供有价值的资料。这一时期最著名的调查有：布思在伦敦的调查，鲍利在南安普顿、沃灵顿、斯坦利及雷丁的调查，曼恩在贝特福德郡的调查，巴克斯顿在牛津郡的调查以及朗特利在约克城的调查和对全国农村的抽样调查。这些调查连同这一时期至少 18 次政府同类调查所得资料，为制定有效的社会保障制度提供了可靠的依据。在广泛调查的基础上，他们对社会问题的产生的根源进行了探讨。知识分子群体还提出了各种各样的建议和方案。B. 韦伯在 1909 年的关于济贫法的报告中建议取消《济贫法》，济贫委员会的权力转归各郡的委员会，儿童福利由教育委员会负责，老年及疾病问题由健康委员会负责，失业由国家采取统一对策，并指定一名大臣专门负责。经济学家马歇尔建议，为了防止失业和疾病保险者的装病和懒惰行为，应该让工人也参加社会保险的管理工作。教育工作者麦克米伦建议政府通过法令在学校为贫困儿童提供免费食品。马特兰则积极要求在学校建立医务所，对学生提供医疗保健服务”〔2〕。

在这一时期，其他资本主义国家也先后建立起各自的福利制度雏形。单就时间先后而言，德国被公认为最早通过立法建立社会保障制度的西欧国家。从

〔1〕 丁建定：《从济贫到社会保险：英国现代社会保障制度的建立 1870—1914》，中国社会科学出版社 2000 年版，第 74 页。

〔2〕 丁建定：《英国现代社会保障制度的建立 1870—1914》，《史学月刊》2002 年第 3 期，第 87 页。

1883年到1889年，德国陆续颁布具有历史意义的《疾病保险法》《工伤事故保险法》和《养老保险法》等重要福利法规[1]，建立起较为完整的福利体系。德国建立社会保险体系的社会原因虽然有着特殊性，但同英国相比具有相当多的类似性。学者们总结起来大体有以下几方面：阶级斗争发展到政府不得不采取相应政策以避免社会对抗的激化，德国的国家行政具有权威性[2]，德国具有“社会国家”思想和悠久的“君主社会主义”传统[3]，强大的经济实力是德国最早建立社会保险制度的基础，德国政治与经济生活中自由主义倾向相对薄弱，工人阶级团结及不懈斗争是德国率先建立社会保险制度的推动力，改良学说的传播为德国保险制度的建立提供了理论前提[4]，为削弱新兴的工人阶级社会民主党而采取的怀柔政策[5]。也有学者指出，德国最早建立社会保障制度在很大程度上得益于德国天主教的社会福利传统和德国社会与政治的近代化[6]。

法国、瑞典、丹麦等西欧国家在这一时期也开始着手进行道德化进程，虽然方式不同，发展水平各异，然而其主要推动力均可以从经济结构、政治结构、社会结构、政治文化、思想意识、阶级斗争等方面找到归因。相对于西欧而言，美国道德化进程的动因则较为特殊，表现出更多的历史偶然性。正如斯科特尔指出的：美国社会政策的早期实验始于政府在19世纪内战时期对士兵、母亲和儿童的一系列保护政策上……独特的阶级结构与对福利、政府和国家干预的社会价值观，使得美国并未发展出像欧洲国家那样全面福利国家体系。[7]可见，西方国家追求社会和谐的起因并非是一种价值观上的空泛执着追求，而是根源于深刻的社会、经济和政治结构的变迁，并且受到阶级斗争和思想意识等多种因素的推动。

2. 发展阶段（1920—1946）

如果前一阶段的目标是建立一个与传统济贫制度和慈善救助根本不同的保障制度，那么在这一时期主要资本主义国家对这个制度进行了进一步的发展与完

[1] 丁建定《英国在西欧现代保障制度建立过程中的历史地位》，《欧洲》2000年第2期，第74页。
[2] 周建明：《社会政策：欧洲的启示与中国的挑战》，上海社会科学出版社2005年版，第63页。
[3] 王杰：《德国社会保障制度的建立原因》，《华章》2012年第13期，第8页。
[4] 桂莉：《简论德意志第二帝国的社会保障制度》，《武汉大学学报》2005年第5期，第618—625页。
[5] 俞贺楠、方涛：《德国现代社会保障制度建立的历史考察》，《科学社会主义》2008年第4期，第146页。
[6] 丁建定：《西方国家社会保障制度史》，高等教育出版社2010年版，第151页。
[7] 熊跃根：《社会政策：理论与分析方法》，中国人民大学出版社2009年版，第51页。

善。英国的道德化进程在这一时期取得了较为显著的成就。上一个时期的道德化措施取得了初步的效果，英国城市就业人口的收入有了显著的提高，一些福利政策对于最低收入人群也起到一定作用。然而第一次世界大战使得这些成果变得暗淡无光。1918 年第一次世界大战后，英国经济非常低迷，战争期间英国在海外的投资损失了 1/4。战争大量的军备借款，使得英国从世界最大的债权国变成债务国，累计债务负担高达 12.85 亿英镑。[1]由此而产生的直接后果是：1920 年英国爆发了席卷资本主义世界的经济危机。英国贸易严重受损，工业生产大幅度下降，失业人数激增。在危机期间，英国工业生产下降了 46%，英国在世界工业中所占比重又一次大幅下降，由战前的 14.5% 下降到 1921 年的 9%。[2]除了 1934—1939 年短暂的经济复苏之外，英国在这一阶段大部分时间里国民经济都是处于低迷状态。

产业萧条导致了失业大增，直接推动了英国失业率居高不下，即使在经济状况较好的 1929 年和 1937 年也没有太大的改观。1921 年英国失业率已经高达 16.9%，1931 年失业人口较之 1921 年翻了一倍[3]，1934 年之后才开始缓慢下降，1940 年后失业人口开始迅速减少[4]。从 1921 年到 1939 年将近 20 年的时间里，英国平均失业率高达 14%，远高于上一个阶段。这一时期英国不仅维持着高失业率，长期的萧条更使得英国长期失业人口在失业总人口中的比重居高不下[5]，这使得英国产生了一大批长期陷入贫困的最低收入阶层。这一群体的生活状况最为悲惨，令人担忧。严重的失业问题特别是长期失业问题，使得英国城镇低收入群体生活水平急速下降，这一时期的几个著名的调查报告都显示，英国普通民众的生活状况不容乐观。伦敦有 14% 的人口处于贫困状态，利物浦则有超过 16% 的人口生活在贫困状态，博尔顿、南安普顿、约克等城市的贫困人口均超过 15%。[6]英国的失业问题、贫困问题以及伴随而来的国民健康问题在这一时期异常严峻，使得普通民众和低收入群体对政府福利的期待也迅速增高，甚至达到政府不得不处理的地步。因此，英国政府在财力不很充沛的情况下，也必须进行社会福利投入，完善社会福利制度，缓解社会矛盾，维护社会稳定并推动经济发展。

---

〔1〕 陈晓律、于文杰、陈日华：《英国发展的历史轨迹》，南京大学出版社 2009 年版，第 181—182 页。
〔2〕 高英彤：《帝国夕阳：日渐衰微的不列颠》，吉林人民出版社 1998 年版，第 49 页。
〔3〕 钱乘旦、陈晓律等：《日落斜阳：二十世纪英国》，华东师范大学出版社 1999 年版，第 53 页。
〔4〕〔5〕 丁建定、杨凤娟：《英国社会保障制度的发展》，中国劳动社会保障出版社 2004 年版，第 73 页。
〔6〕 丁建定、杨凤娟：《英国社会保障制度的发展》，中国劳动社会保障出版社 2004 年版，第 75 页。

面对严重的失业、贫困和健康问题，工人阶级争取自身权利的热情持续高涨。由于工党的成立，工人们的争取方式从体制外深入到体制内，其结果便是工党在这一时期获得迅速发展，会员人数和影响力不断上升。借助于一战后自由党日趋分裂的时机，工党终于在1924年上台执政，翻开了英国政治和福利制度史上新的一页。然而1929年英国爆发经济危机，严重的危机使得福利保障对象激增，税收锐减，引发财政危机。费边社会主义政策难以为继，工党被迫下台。保守党则审时度势地一面维持原有福利体系，一面采取削减开支的做法，并且将传统价值观（诸如个人独立性、自立自主）提高到英吉利民族美德和爱国主义的高度，废弃之前的民生主义，恢复自由主义执政理念。[1]这些举措当时在工人中间赢得了广泛的支持，使得保守党在这一时期长期执政，并将社会福利体系维持在较低的水平。因此，在长达30年的时间里，英国工党主要是作为压力集团起作用，工党的两次短暂执政无法摆脱其传统的自由主义政策的束缚。1931年大选失败后，工党开始反思自己的纲领，并于1934年提出纲领性文件《为了社会与和平》，1937年又发布《工党现实纲领》。这些党内改革推动了工党自身理论和组织上的成熟，为其将来顺利执政打下了坚实的根基。1940年工党参加丘吉尔的联合政府。1941年《贝弗里奇报告》发布后，工党推动联合政府着手实施《贝弗里奇报告》中的部分内容。[2]

这一时期，以亚当·斯密自由主义经济学为基础的自由主义理论受到根本挑战，挑战主要来自凯恩斯1936年出版的《就业、利息和货币通论》。凯恩斯认为，斯密曾经坚持的供给自动产生需求的萨伊定律已经在经济危机中被否定。失业问题主要原因不在于自愿失业，而在于供给不足导致的非自愿性失业。所以，应当降低利率、实行收入再分配政策，刺激消费。放弃自由放任主义、实行政府干预成为凯恩斯的政策主张。似乎一个时期发展酝酿的治理理念总是需要到了下一个时期才能开花结果。在凯恩斯主义推动下，1941年一份具有划时代意义的报告出台：《贝弗里奇报告》。这份报告在战争期间发布出来似乎不合时宜，然而却为人们描绘了令人神往的未来社会的蓝图，给战争中的英国民众带来了期望。这份报告提出消除匮乏、疾病、贫困、愚昧和失业五大社会弊病，推行全面的社会

---

〔1〕 陈晓律主编：《英国研究》第一辑，南京大学出版社2009年版，第9—10页。

〔2〕 钱乘旦：《英国工党与公有制》，江苏人民出版社2002年版，第20—21页。

保障计划，形成系统化的社会福利体制，建立“从摇篮到坟墓”的福利国家。[1]“福利国家”的治理理念在这一阶段已经受到普通大众的热烈欢迎，预示着它将在下一个历史时期被决策者所接纳并付诸实践。

其他国家在这一个时期的发展路径也大体相同。第一次世界大战后，德国的道德化进程迅速推进。1919 年颁布了《魏玛宪法》，之后德国通过规范劳动市场、协调劳资关系、改革保险和救济制度、解决住房问题等一系列措施[2]，基本建立了现代福利国家制度的框架。与英国类似，处于经济危机中的德国，其福利制度也面临着巨大压力，政府不得不提高失业保险缴费率，降低失业保险领取期限[3]，其他领域也是展开紧缩步伐。这种紧缩政策不仅受到自由工会和社会保障局的抵制，更是引发民众强烈不满[4]，迫使魏玛共和国垮台。法西斯上台后，在中央集权体系下反倒推动了社会保障的发展，经济状况的好转也为法西斯时期社会保障体系提供了财政保障。德国社会保障体系在发展过程中，受到多种重要因素的综合影响，这些因素包括经济周期以及随之而来的财政收入状况、居民生活状况、民众压力、政治博弈、政策渐进等，许多方面同英国的境况具有明显的相似之处。

由于自身特殊性，美国资本主义道德化进程开始于 20 世纪初。美国人曾经自豪地宣称：除了有一段奴隶制历史之外，美国一直是一个崇尚自由、开放、和平的国家。1776 年美国独立时，它没有像欧洲那样受到特权阶级的束缚，从一开始美国就没有封建传统，没有宗教制约，没有贵族特权，也没有军人专权。美国宪法的起草者们甚至剥夺了联邦政府和州政府为富人加封贵族头衔的权力。因此，从一开始，美国就是朝着建立一个主要由中产阶级组成的国家的方向发展。[5]限制权贵、培育中产阶级还不能完全反映美国资本主义道德化的一面。事实上，美国资本主义的道德化主要表现为对工人和穷人权益的保护上。历史的起点大约是在 20 世纪初，不妥协作家的强烈影响和逐渐觉醒的大众，促使政治领袖采取实际措施，以克服美国资本主义的野蛮倾向。自 1902 年开始，美国各

---

〔1〕 陈晓律：《英国研究》第一辑，南京大学出版社 2009 年版，第 11 页。

〔2〕 孟钟捷：《试论魏玛“福利国家”的早期时间（1918—1920）》，《安徽史学》2008 年第 5 期，第 5—8 页。

〔3〕 李工真：《德国魏玛时代社会福利政策的扩展与危机》，《武汉大学学报》1997 年第 2 期，第 76—82 页。

〔4〕 孟钟捷：《魏玛德国失业保险体制的兴与衰》，《武汉大学学报（社会科学版）》2012 年第 6 期，第 105—111 页。

〔5〕 托马斯·麦克劳：《现代资本主义》，江苏人民出版社 2006 年版，第 371 页。

州开始建立自己的社会保障立法，这也呼唤着联邦社会保障制度。[1]1929 年至 1933 年，资本主义世界爆发了历时最长、损失最大的经济危机，极大地震动了美国。这次危机给美国造成严重影响，1929—1933 年，美国发生了 2700 次罢工，整个社会陷入混乱，以致于有人如此描述：“仅仅一颗火星儿，美国社会就会陷入万劫不复的境地。”[2]这不仅从客观上为美国社会保障制度的建立提供了现实需要，而且也引发人们对自由市场的反思。

1934 年，一个重要人物出场了，他就是富兰克林·罗斯福。他发动了美国历史上著名的“进步主义”运动，主张用联邦政府的权力对现行秩序加以改革，使美国社会重新走向和谐。这一运动把反垄断作为改革的主要内容。罗斯福认为在工业化社会，社会保障问题日渐突出，因此社会保障方式需要根本变革，社会保障制度需要建立并不断完善。[3]在罗斯福推动下，在凯恩斯发表他的经典著作的前一年，美国具有划时代意义的《社会保障法》正式生效，内容涉及老年福利、母亲儿童福利、公共健康、失业补偿等诸多方面。由于补贴幅度还是相当有限，补贴范围依旧相当狭窄，普通民众仍旧不满，社会舆论也呼吁更加完备的保障体系。社会舆论和罗斯福总统的支持，极大推动了《社会保障法》的修改议程[4]，1939 年，《社会保障法修正案》正式通过。需要指出的是，这个过程中一些有远见的议员所起的作用也不容忽略。因此，美国社会保障体系在建立过程中，不仅受到经济周期、财政收入、居民生活状况、民众压力、政治博弈的影响，政治家的作用也是值得关注的。

加拿大、瑞典、丹麦等国社会保障制度的发展，大体也受到上述因素的影响。值得一提的是，法国社会保障制度具有一定的特殊性。在诸多因素的推动下，法国保障制度取得了显著进步。1930 年，法国颁布了《社会保障法》，为工资低于一定水平的全部劳工提供预防疾病、孕产、残疾、退休和死亡的社会保障。[5]较为特别的是，这一时期政治传统和政策学习在道德化进程中起到了重要而独特的作用。由于《人权宣言》和《拿破仑法典》所规定的自由原则在法国根深蒂固，任何政府干预都会受到巨大的阻力。这使得法国的道德化进程始终

---

[1] 黄今年：《当代美国社会保障政策》，中国社会科学出版社 1998 年版，第 11 页。
[2] 威廉·曼彻斯特：《大萧条与罗斯福新政》，海南出版社 2009 年版，扉页。
[3] 黄今年：《富兰克林·罗斯福和 1935 年社会保障法》，《史学月刊》1993 年第 5 期，第 39—40 页。
[4] 丁建定：《西方国家社会保障制度史》，高等教育出版社 2010 年版，第 213 页。
[5] 李姿姿：《法国社会保障制度变迁中国家作用及其启示》，《欧洲研究》2008 年第 51 期，第 147 页。

在争议中发展。同时，从德国手中收回的阿尔萨斯和洛林已经建立起了完善的社会福利体系，该地区民众要求政府保持原有的社会保障制度，并推行至全国。[1]于是，这两个地区的政策经验又自然地被整个国家所学习。这是法国社会保障体系发展中的独特之处。总之，在这个时期，西方各国社会处于极为动荡和迅速变迁的过程中，经济危机、贫困失业、世界大战、工人运动、凯恩斯主义经济学崛起成为这一时期鲜明的时代特征。在上述各种社会因素的推动下，西方各国的道德化进程也轰轰烈烈地推行开来。这一时期，现代福利制度虽然还有很多需要完善的地方，然而整体框架已经大体建立起来。

3. 成熟阶段（1846—1979）

二战后，西方各资本主义国家均遭遇重创，英国也不例外。整个战争时期，英国死亡近 40 万人，经济损失了 70 亿英镑，占国民财富的 1/4。出口贸易损失了 2/3，四年间的军费开支均超过国民收入的 50%；[2]英国的债务增加了近一倍，高达 33.55 亿英镑。[3]因此，二战刚刚结束时，英国居民生活条件大幅下降，失业人口激增，这客观上要求政府有所作为。工党艾德礼政府审时度势顺应民意，致力于大力促进就业，借助于财政赤字来保障经济增长和充分就业，使得英国的就业状况有了很大的好转：在 1950 年至 1970 年二十年间，英国总体的失业率处于相对较低的水平。面对满目疮痍的英国，工党政府上台后将恢复生产作为首要任务，取得了显著的成就。从 1951 年到 1979 年，英国国内生产总值年平均增长率高达 2.6%，英国工业产值也有了大幅发展。特别是到了 1960 年至 1969 年，英国经济进入黄金时期[4]，国内生产总值平均增长率为 3%，高于战前水平，工业发展速度更是高于国内生产总值，达到了 3.5%，高于历史上任何一个时期。[5]经济的进步为英国福利的发展提供了充足的资金支持，在这一时期英国也迅速建立起福利国家的大厦。

如果说英国工党在 1924 年的短暂执政具有标志性的历史意义的话，那么 1945 年工党以压倒性的胜利再次执政，则具有实质性的历史意义。工党领袖艾

[1] 丁建定：《西方国家社会保障制度史》，高等教育出版社 2010 年版，第 199 页。

[2] 倪学德：《和平的社会革命：战后初期英国工党艾德礼政府的民主社会主义改革研究》，中国社会科学出版社 2005 年版，第 65—66 页。

[3] 金重远：《战后西欧社会党》，上海人民出版社 1997 年版，第 3 页。

[4] 钱乘旦、陈晓律：《日落斜阳：20 世纪英国》，华东师范大学出版社 1999 年版，第 138 页。

[5] 孙洁：《英国的政党政治与福利制度》，商务出版社 2008 年版，第 75 页。

德礼上台执政，并大规模推行“福利国家”政策，开启了英国现代福利制度由雏形走向成熟的大门。新上台的工党政府虽然没有完全按照《贝弗里奇报告》进行福利国家建造[1]，却延续了报告精神和在报告中公众对政府的期待。在战后民众的巨大期待和支持下，工党艾德礼政府接连出台了一系列具有奠基性意义的重要法律。1945年通过《家庭津贴法》，试图结束战争时期造成的贫困。1946年发布《国民保险法》，给予临时或永久失去收入能力的人引入范围广泛的津贴，诸如退休养老金、寡妇养老金、孕妇津贴、失业津贴等，构建起强制性全民保险制度。1948年继续通过《国民救助法》，作为《国民保险法》的补充。不久，政府发布《国民健康服务法》，实行国有化的免费医疗服务。[2]到了1948年7月5日，上述五部法案正式生效的时候，英国实际上已经建立起来了初级意义上“从摇篮到坟墓”的福利国家。[3]其中《国民保险法》成为福利国家的基石。[4]

之后上台执政的保守党，很大程度上吸收了英国工党的福利政策甚至是国有化的主张。[5]在随后保守党执政的十三年里，虽然在福利政策上不如工党那么积极，然而迫于政党竞争压力及争取选民好感还是继续推动福利建设。因此英国的福利制度实际上还是在按照原有的轨迹不断地发展和完善。这一时期重要的法案包括1959年《国民保险法》和同年通过的《精神健康法案》。保守党时期对福利体系所做的最大的贡献当属教育贡献，保守党发布的《罗宾斯报告》以及之后的措施，使得教育福利系统化并快速发展。[6]工党的第二个任期内，虽然力图推行“回到贝弗里奇报告”的政策[7]，然而受制于较差的经济形势和党内“右翼”势力的牵掣，效果一般。

之后保守党再次上台执政，借助于较好的经济情势，完善了政府养老金计划，这是一个了不起的成就。随后上台的工党内部，以托尼为首“左翼”势力开始占据主动并控制工党，从而使得政府提出了更为激进的福利政策，[8]直接

---

[1] 丁建定、杨凤娟：《英国社会保障制度的发展》，中国劳动社会保障出版社2003年版，第106—107页。

[2] 孙洁：《英国的政党政治与福利制度》，商务出版社2008年版，第41—42页。

[3] 孙炳耀：《当代英国瑞典社会保障制度》，法律出版社1999年版，第31页。

[4] 倪学德：《和平的社会革命：战后初期英国工党艾德礼政府的民主社会主义改革研究》，中国社会科学出版社2005年版，第174页。

[5] 刘成：《英国工党与公有制》，江苏人民出版社2003年版，第71页。

[6] 孙洁：《英国的政党政治与福利制度》，商务出版社2008年版，第57页。

[7] 孙洁：《英国的政党政治与福利制度》，商务出版社2008年版，第65页。

[8] 金重远：《战后西欧社会党》，上海人民出版社1997年版，第26页。

导致了1975年具有重要意义的《社会保障法案》的出台，这部法案是继1946年《国民保险法》以来最重要的一部社会保障法案。同时，工党还致力于改善不良的医疗制度，在教育领域致力于建设中等综合教育制度，在住房领域提出增加住房建设的目标〔1〕，从而将福利国家的建设推向最后的高潮。至此我们可以看出，英国工党和保守党的福利政策在这一时期出现较大的趋同化趋势，两党的福利政策差异不是非常明显，达成所谓的“共识政治”，这就使得英国政府在这一时期对于现代福利国家的建设出现整体性的支持态度。据此我们不难理解，为何英国现代福利国家制度在这一时期没有经历较大的反复，进而迅速建立起来。〔2〕

在思想领域，如果说有一种经济思想主宰了西方主要发达国家的经济学领域，那个思想就是凯恩斯主义经济学；如果说有一份报告对战后30年的许多西方国家社会保障制度产生深远影响，那么那个报告就是《贝弗里奇报告》。20世纪30年代经济危机的爆发，使得英国基于不平衡增长的经济理论陷入崩溃，凯恩斯主义出现并迅速占据主导学说的地位，这为工党福利国家和国家干预的治理理念提供了经济学基础。《贝弗里奇报告》的作用也是不可小觑。工党政府于1945年至1950年在遭遇了非常大的困难和危机（比如1946年春的食品危机、1946年秋的燃料危机、1947年的兑换危机和1949年英镑贬值）的情况下，依然能够大规模推行福利建设，一个至关重要的原因就是：战前发布的《贝弗里奇报告》为民众提供美好远景，在这一时期受到民众热情的支持。

《贝弗里奇报告》的影响不止如此，它使得工党的费边社会主义深入人心。受到工党的影响，保守党执政之后吸收了工党时期很多的福利政策，使得保守党这一时期采取了较为“左”的执政理念，即“托利社会主义”。〔3〕于是这一时期，“新左派”福利思潮迅速崛起，主张国家干预是对社会共识的反应并有利于社会发展。“新左派”的福利思想产生巨大的影响〔4〕，基本上主导了这一时期的国家治理理念，在很大程度上深刻影响了保守党政府的执政理念。20世纪70—80年代，“新右派”福利思想崛起，认为国家过多地干预经济会阻碍市场经济的自然运作，并减缓国家财富的积累。因此应当取消政府在福利供应方面的主

〔1〕 孙洁：《英国的政党政治与福利制度》，商务出版社2008年版，第94—102页。
〔2〕 金重远：《战后西欧社会党》，上海人民出版社1997年版，第23页。
〔3〕 陈晓律：《英国研究》第一辑，南京大学出版社2009年版，第14页。
〔4〕 刘波：《当代英国社会保障制度的系统分析与理论思考》，学林出版社2006年版，第98—102页。

导作用，使之仅起辅助作用。[1]“新右派”在社会上产生非常大的影响，不仅保守党赞成其主张，工党内部极其活跃的“右翼”势力同样认同“新右派”的某些理念。这就不难理解，在这个时间段里，无论保守党执政还是工党执政，政府的治理理念都开始向右转，远离国家干预，削减福利开支。到了70年代后期，英国工党左翼上台执政之后，“福利国家”的执政理念才得到短暂的恢复，并接近尾声。总之，英国这一时期政党政治、福利思想和福利发展具有相当高的拟合性，英国执政党大体经历了左翼工党、左翼保守党、中间偏右工党、中间偏左工党四个历史阶段，思想界相继经历了“福利国家”“新左派”福利思想、“新右派”福利思想和“福利国家”思想四个阶段，福利政策也相继经历了繁荣、维持、紧缩和繁荣的更替。关于“新右派”福利思想崛起的原因，我们将在后面的章节加以阐释。

极为类似的是：欧美各发达资本主义国家的道德化进程在这一时期也快速发展。作为战败国的德国，由于深受法西斯专制之苦，德国联合管制委员会起初拒绝了英国提议的按照《贝弗里奇报告》的原则对其福利体系进行改造的建议，采取了一种恢复和重建的态势，标志就是1949年《德意志联邦共和国基本法》的颁布。经济的快速发展，加之社会民主党的积极作用[2]，使得德国社会保障体系迅速发展，逐步形成福利国家的态势。1957年，德国政府颁布具有重要意义的《养老金改革法》，1956年对《手工业者保险法》进行修改，1963年推出《工伤事故改革法》，此外德国还逐步完善其社会救助制度。[3]德国福利国家得以最终形成原因是多方面的：德国具有国家干预和社会立法的传统，关注国家社会福利津贴的选民政治影响力越来越重，社会民主、正当竞争与选举对社会福利产生极大影响，战后一些特殊问题需要国家强制干预，经济持续增长使得分配空间扩大，现行财政可以应对社会需求增长。[4]这些因素大体可以解释德国社会保障制度何以走向成熟。

这一时期美国社会保障制度也是快速发展。虽然其间自由主义传统对《社会保障法》所确立的保障制度提出过反对意见，然而进步运动对美国的巨大影

[1] 刘波：《当代英国社会保障制度的系统分析与理论思考》，学林出版社2006年版，第105页。
[2] 邓大松：《论战后德国社会保障制度发展及其意义》，《经济评论》1998年第3期，第80—85页。
[3] 丁建定：《西方国家社会保障制度史》，高等教育出版社2010年版，第239—242页。
[4] W. J. Mommsen, *The Emergence of the Welfare State in Britain and Germany*, London, 1981, p332.

响依旧存在，其社会保障制度还是沿着 1935 年《社会保障》法颁布以来的路线不断发展。[1]在杜鲁门总统的推动下，美国分别于 1945 年、1946 年、1947 年、1950 年和 1952 年推出《社会保障法修正案》，不断扩大保险制度覆盖面，提高津贴标准。艾森豪威尔总统大体承袭其前任做法的同时，更加强调个人责任。约翰·肯尼迪总统提出“新边疆”口号，并提出一系列有进取心的改革措施。虽然他于 1963 年遇刺身亡，但他的继任者约翰逊总统继承了他的遗愿，继续大力推动保障体系建设，并将社会福利保障推向了最高峰。[2]鉴于当时社会贫困和收入差距问题十分严重，约翰逊总统向国会提交《向贫困宣战》的咨文。之后美国颁布著名的《反贫困经济机会法》，要求建立各种组织以解决不同人群贫困问题。约翰逊总统还于当年 5 月提出“伟大社会”的构想，提出建立一个有舒适住房、优质的医疗保健服务、充分就业、良好教育的“伟大社会”。[3]在这一构想的推动下，美国《医疗照顾和援助法案》得以颁布实施，这对于医疗保障制度薄弱的美国是一个重要进步。[4]于是，在这一时期美国的养老金制度、失业保险制度、医疗保险制度、公共援助制度、最低工资制度取得了显著的进步，美国社会保障支出占 GDP 的比重从 1945 年的 8.4% 飞升至 1970 年的 47.8%[5]，美国贫困人口比例则从 1960 年的 22.2% 降至 1979 年的 11.7%[6]，达到美国历史上贫困人口和贫困人口比例的最低水平[7]。

美国社会保障制度的发展，一方面与之前的进步运动密切相关，另一方面也与凯恩斯主义盛行、美国经济实力雄厚和人民期待有关。美国福利制度自身具有两个鲜明特点：一是美国的福利制度始终强调个人责任，这与该国政治社会传统密切相关；另一个特点就是美国福利制度特别强调各州的责任，国家责任和各州责任互为补充，这与美国的政治体制密切相关。

法国战后社会保障制度发展也非常迅速，与美国不同的是法国社会保障制度

---

〔1〕 丁建定：《西方国家社会保障制度史》，高等教育出版社 2010 年版，第 269 页。
〔2〕 黄安年：《当代美国社会福利保障政策的历史演进》，《史学月刊》1996 年第 1 期，第 97 页。
〔3〕 周云红：《美国、德国和瑞典的社会保障建设及启示》，博士学位论文，山东大学社会主义科学系，2012 年，第 57 页。
〔4〕 丁建定：《西方国家社会保障制度史》，高等教育出版社 2010 年版，第 266—275 页。
〔5〕 Hewey C. Dethloff, *Americas and Free Enterprise*, New York 1979, pp306-307.
〔6〕 陈恕祥：《美国贫困问题研究》，武汉大学出版社 2000 年版，第 104 页。
〔7〕 朱平：《美国的贫困与反贫困斗争：美国社会福利保障制度述评》，《安徽师范大学学报哲学与社会科学版》1998 年第 1 期，第 30 页。

的发展既体现出一定的综合性[1]，又体现出一定的行业化特征，“碎片化”特点明显[2]。这既与法国自由主义政治传统和手工业发达的社会结构相关[3]，又与法国的行业互助传统与较多的自我雇佣者密切相关[4]。

总之，这一时期是西方各国道德化进程的黄金发展时期，从摇篮到坟墓的现代福利体系在许多国家得以建立，并且在维系社会稳定方面起到巨大作用。除了民族、宗教和种族冲突较为严重外，西方各国似乎达到了前所未有的“和谐”局面。战后经济的飞速发展、凯恩斯主义的影响、左翼政党的崛起、福利共识的建立和民众的期待，成为这一时期道德化进程的主要推动力量。

4. 改革阶段（1879—1997）

在这一阶段英国的道德化进程仍然具有标杆意义，似乎它始终在引领资本主义社会道德化进程发展方向。同之前的几个阶段一样，英国社会保障制度在这一时期出现了巨大的改革，而这种改革有着深厚的社会、政治、经济、阶层、文化、思想根源。英国经济在经历二十年的繁荣后，于1970年以后开始放缓，整个20世纪70年代连续爆发了自1931年以来最为严重的经济危机[5]，更是使英国经济雪上加霜。这一阶段英国经济遭遇的危机固然与中东石油危机密切相关，也与其自身的状况密不可分。由于缺乏产业推进政策，在传统产业衰落的同时新兴产业发展缓慢[6]，高失业率和不断恶化的财政使英国背上了沉重的包袱[7]。

当英国处于经济衰退、增长乏力的态势时，最为人诟病的便是它的福利体系。庞大的福利体系不仅拖累经济的发展，更使得英国在参与国际竞争中处于不利的地位。[8]福利开支的快速增长不仅提高了劳动力成本，更是同整个经济争夺资本，使得国家无法在技术和资本积累上进行投资[9]，减少了经济领域扩大再生产的物质基础。庞大的福利体系还使得相当一部分能够工作的群体选择逃避工作，变成了主动“失业”人口，成为“食利阶层”，给经济和政府财政造成了

[1] 周弘：《欧洲社会保障的历史演进》，《中国社会科学》1989年第1期，第101页。
[2] 郑秉文：《法国高度“碎片化”的社保制度》，《天津社会保险》2008年第3期，第41—44页。
[3] 丁建定：《西方国家社会保障制度史》，高等教育出版社2010年版，第250页。
[4] 米尔斯：《社会保障经济学》，社会保障出版社2003年版，第3—4页。
[5] 钱乘旦、陈晓律：《日落斜阳：20世纪英国》，华东师范大学出版社1999年版，第85页。
[6] 高英彤：《帝国夕阳：日渐衰落的不列颠》，吉林人民出版社1998年版，第53—55页。
[7] 刘成、刘金源：《英国：从称霸世界到回归欧洲》，三秦出版社2005年版，第326页。
[8] 王振华、刘绯：《变革中的英国》，社会科学文献出版社1996年版，第220页。
[9] 孙洁：《英国的政党政治与福利制度》，商务出版社2008年版，第114页。

沉重的负担。[1]与此同时，社会福利体系中数额巨大的养老金津贴也飞速增长，这使得英国财政难以为继。不仅如此，为了维持庞大的福利体系，英国政府还需要花费巨额资金雇佣数量庞大的公务员。到了20世纪80年代初，英国福利开支已经占到GDP的30%。[2]国民经济的衰退，福利开支的剧增，经济危机的困扰，国际竞争的无力，使得英国经济在80年代步入艰难时期。挣扎中的英国经济再也无法像过去30年那样支撑起如此庞大的福利体系。

20世纪70年代的三次严重经济危机，导致英国在70年代末失业率激增，失业人口从1975年的100万增加到1980年的150万，到1982年更是高达300万。此前在完善的福利体系的帮助下，英国民众的生活状况已经有了非常大的好转，因此比起收入和物价问题，民众更为关注的是就业问题和国家经济问题。[3]随着人民收入的不断提高，过于庞大的福利体系意味着高额的税负，这打击了人们自由追求经济成就的积极性。1983年保守党大臣诺曼富勒主持发布的绿皮书显示，大部分人希望政府在为自己提供更为合理的社会保障服务的同时，能够尊重个人在为自己创造机会并承担责任方面的能力。[4]在严酷的现实面前，英国相当大一部分“中产阶级”民众出于自身利益的考量，对待福利体系的态度也出现了相应的变化。[5]70年代末的一项调查显示，主张增加福利的调查对象从1963年的41%下降到1970年的27%，主张削减福利支出的调查对象从1974年的33%上升到1979年的49%。

这一时期，英国政党格局发生巨大变化：工党于1981年分裂，从工党分裂出去的社会民主党与自由党联合，使得工党蒙受巨大损失。随着英国工人阶级人数规模的不断缩小，工党的选举基础也在不断缩减。[6]上述变化与二战后英国产业革命引发的工业结构变迁密切相关。1971年至1996年，英国制造业从业人口比例从30.6%下降到18.2%，矿产和供水业从业人口比重从9.5%下降到1.1%，服务业比重却从52.6%上升到75.8%。这就使得英国城市工人阶级收入出现分化，传统夕阳行业工人收入明显比新兴服务业和高科技行业工人低许多。

---

〔1〕 王振华、刘绯：《变革中的英国》，社会科学文献出版社1996年版，第219—222页。
〔2〕 孙洁：《英国的政党政治与福利制度》，商务出版社2008年版，第114页。
〔3〕 丁建定、杨凤娟：《英国社会保障制度的发展》，中国劳动社会保障出版社2003年版，第168页。
〔4〕 丁建定、杨凤娟：《英国社会保障制度的发展》，中国劳动社会保障出版社2003年版，第169页。
〔5〕 孙炳耀：《当代英国瑞典社会保障制度》，法律出版社2000年版，第33页。
〔6〕 崔树义：《当代英国阶级状况》，浙江大学出版社2006年版，第239页。

到了1976年，英国城市工人最高收入阶层比最低收入阶层的年工资高出2.5倍之多。[1]这是导致英国工人阶级分化、工党内部分裂以及工会会员人数缩减的直接原因。

英国工党在这一时期无法组织对保守党有力的竞选攻势，从1980年到1997年，保守党一直处于执政状态。这一时期政治因素对英国福利体系的影响是直接而连续的。保守党的连续执政，在历史上是极为罕见的，无疑增强了保守党政府改革的决心[2]，使其可以进行大刀阔斧的改革。英国保守党的改革主要包括三个方面：缩减福利开支，压缩福利体系；实行民众资本主义，推行国有企业私有化；实行货币主义降低通胀，促进经济增长。这一时期影响最为深远的就是1983年颁布的《社会保障改革——行动纲领》。该纲领明确提出英国这一阶段福利改革的三个主要原则：社会保障必须能够满足真正的需要，社会保障制度必须与国家整体经济目标相一致，社会保障制度必须得到简化，避免重叠。《社会保障改革》的报告在社会上引起了广泛的支持和回应。民众的支持增强了政府推动改革的决心。因此，在这样的改革计划面前，英国政府对福利开支的缩减和福利体系的压缩是不难理解的。

之后工党调整施政策略，执政理念转离原有的费边社会主义，向新保守主义靠拢，塑造“全民政党”形象。利用保守党高失业率的社会弊端，工党顺利上台执政。布莱尔上台后，在延续了保守党大部分政策的基础上，提出中间偏左的“第三条道路”的执政方针。[3]第三条道路与撒切尔主义的区别在于使公共事业和公共部门扮演核心角色，与社会民主主义的区别在于主张公共部门要尽力与私人部门和民办部门结成合作关系。[4]第三条道路是要建设一个“积极的福利国家”，并在风险和安全、个人责任和集体责任之间建立新的关系。中间偏左的、以民主社会主义为纲领的新工党，对福利制度也产生了一些影响。

在前一阶段，由于受到“新左派”的福利思想的巨大影响，保守党的执政理念基本上延续了工党的“福利国家”思想。然而到了这个阶段，高昂的福利体系弊端日渐显现，持续不断的经济危机，使得原有的“新左派”福利思想受

[1] 刘波：《当代英国社会保障制度的系统分析与理论思考》，学林出版社2006年版，第137页。
[2] 孙炳耀：《当代英国瑞典社会保障制度》，法律出版社2000年版，第34页。
[3] 王振华、刘绯、陈志端：《重塑英国：布莱尔主义与第三条道路》，中国社会科学出版社2000年版，第61页。
[4] 杨雪东、薛晓源：《第三条道路与新理论》，社会科学文献出版社2000年版，第119页。

到很大的冲击。其思想基础“凯恩斯主义”也受到了质疑，取而代之的是以弗里德曼为代表的新自由主义经济学思想。新自由主义认为，英国持续通胀的根本原因在于经济的自由不够，税收过高，造成劳动力成本增高，公司利润不足，直接导致投资不充分，妨碍经济增长。[1]新保守主义者认为，福利开支是非生产性的，依赖于经济中的生产部分，日益增长的福利开支是对经济效益和竞争能力的威胁。它会损害生产部门，打击企业家进取精神。[2]甚至在更高层面上，福利国家侵蚀了人们的经济和精神创造性，意味着个人自由的消失，甚至是走向被奴役的境地。因此，“新保守主义”福利思想家主张，应该大大减少国家对福利的干预：缩小公共服务的范围，缩减财政补贴水平，并且在存在干预的地方使之转向，实行福利服务私有化。[3]工党上台执政后，提出所谓“第三条道路”主张。这是介于工党传统的费边社会主义和撒切尔政府时期的“新保守主义”之间的一种折中方案。[4]该方案大体包括三个方面：第一，责任权利平衡原则——不承担责任就没有权利；第二，政府责任方式——建设投资型国家；第三，风险安全平衡原则——国家、企业、职工共同参与。不得不指出的是，工党政府无论在执政理念还是在具体政策上，都在很大程度上延续和借鉴了撒切尔政府的做法，带有非常强烈的新自由主义和新保守主义色彩[5]，以至于有学者认为，布莱尔新政标志着以新保守主义为基础的第二次福利共识政治的形成[6]。

上述诸多因素的出现似乎意味着英国福利体系遭遇巨大削减，然而这一时期英国的社会保障并没有被大幅度削减，反倒得到维持。原因是多方面的：保守党的货币主义经济政策不强调充分就业，其代价也就是高失业率。在主要发达国家中，英国失业率是最高的，1979年至1989年十年间平均失业率为9.1%。[7]持续走高的失业率和不断增加的失业人数，使得这一时期英国失业救济的开支不仅没有被削减，反而大量增加。同时在这一时期，英国出现老龄化倾向，老龄化人口持续增长，使得这一部分群体对国家养老金和健康服务的需求迅速增长。另外

---

〔1〕孙炳耀：《当代英国瑞典社会保障制度》，法律出版社2000年版，第32页。

〔2〕王振华、刘绯：《变革中的英国》，社会科学文献出版社1996年版，第217页。

〔3〕刘波：《当代英国社会保障制度的系统分析与理论思考》，学林出版社2006年版，第104页。

〔4〕王振华、刘绯：《变革中的英国》，社会科学文献出版社1996年版，第45页。

〔5〕阮宗泽：《第三条道路与新英国》，东方出版社2001年版，第14页。

〔6〕孙洁：《英国的政党政治与福利制度》，商务出版社2008年版，第238页。

〔7〕钱乘旦、陈晓律：《日落斜阳：20世纪英国》，华东师范大学出版社1999年版，第161页。

单亲家庭比例的提高，使得单身母亲和单身父亲对于国家最低收入保障和收入津贴的需求快速增长。[1]由于受到上述人口特征的影响，英国政府在其他方面（主要是住房方面）削减的福利开支被这一部分需求增长的额度所抵消。其结果是，纵使保守党政府竭力削减社会开支，其作用也只能尽可能抑制福利开支过快增长的势头。[2]需要指出的是，在这一时期，英国民众对福利体系的态度是波动而矛盾的：一方面，支持政府促进经济的削减措施，另一方面又有着根深蒂固的福利主义观念。[3]因此，在这个问题上我们不得不考虑福利政策的路径依赖效用：当一个国家的社会政策被建立起来后，任何想要削减的举措都会举步维艰。

高昂的福利制度不仅让英国难以为继，德国也是不堪重负。德国社会保障支出从1960年到2002年增长了20倍，而GDP增长了不到10倍。[4]同英国一样，“福利病”在德国也十分明显。社会保障制度的扩张使得企业经营成本提升、自愿性失业问题严重、政府背上了沉重的财政负担。1994年德国财政赤字达到900亿马克，1995年达到1226亿马克，到2002年德国财政赤字已经超过欧盟的警戒标准，总债务达到12398亿欧元，人均1.5万欧元。[5]社会福利的快速发展引发了财政负担沉重、经济效率低下、利益集团化、社会团结受损等严重问题。[6]为此，科尔政府从1977年开始对疾病保险制度、养老金制度和失业保险制度进行改革，更加强调个人责任。之后的施罗德政府采用温和渐进的方式策略性地削减福利，推行积极促进就业政策，取得了一些效果。2003年之后改革步伐加大，政府推出《2010年议程》，试图对包括社会福利体制、社会保险制度、社会救济制度和福利补贴制度等进行全面改革。然而这些措施引发社会强烈反应，绿党基层联盟和基督教联盟予以强烈抵制，德国福利改革在曲折中进行。

法国的情况也极为类似。与1960年相比，1985年社会支出占GDP的比重增加了35%，政府财政面临巨大压力，高失业率和人口老龄化使得情况更加恶化，

---

〔1〕 孙洁：《英国的政党政治与福利制度》，商务出版社2008年版，第140页。
〔2〕 王振华、刘绯：《变革中的英国》，社会科学文献出版社1996年版，第229页。
〔3〕 孙洁：《英国的政党政治与福利制度》，商务出版社2008年版，第136页。
〔4〕 柴野：《德国政府对福利体制进行改革》，光明日报，2003年5月7日。
〔5〕 周茂荣：《德国社会市场经济与中国经济改革》，武汉大学出版社1999年版，第452页；郭小沙：《看施罗德如何走出地雷阵：解读3月14日德国政府声明》，《德国研究》2003年第3期，第4—8页。
〔6〕 徐健：《社会国家思想、公众舆论和政治家俾斯麦：近代德国社会保障制度的缘起》，《安徽史学》2007年第4期，第5—13页。

于是削减福利成为必要。[1]从1982年的养老金改革法到1995年的朱佩社会保障制度改革计划，都体现了这一趋势。削减政府责任，提高个人责任，促进就业同样成为改革方向。这种紧缩、改革的趋势在瑞典、美国等国家也较为明显。[2]总之，在这一阶段，西方社会的各个层面上的巨大变迁基本上终结了其道德化进程发展的黄金时期。经济危机、新自由主义经济理论崛起、产业升级、高失业率、人口老龄化、全球化下的竞争压力，成为西方资本主义国家福利制度改革的根本原因。福利国家发展黄金时期的社会“和谐”局面似乎难以为继，取而代之的还是资本主义制度固有的顽疾：贫困、失业、罢工和贫富差距。对于西方各国而言，“不和谐”的问题似乎又一次卷土重来。

（二）资本主义道德化进程的动因分析

我们不难发现，资本主义道德化的进程是在曲折中不断发展的。然而，我们也应当意识到道德资本主义并不是对野蛮资本主义的替代，而仅仅是一定程度降低了资本主义的风险。资本主义道德化的目的在于提高资本主义的保险程度，它无意也不可能根本上扭转资本主义社会的根本矛盾，更无法实现真正意义上的社会和谐。就像德国铁血首相俾斯麦推行的综合社会保险政策，乃是围绕着保险原则而不是围绕着以济贫为主的福利或慈善原则进行社会改革的。[3]历史地分析，这种道德化进程有着深刻的社会原因，研究这个历史过程中各种动因的作用关系能够帮助我们厘清资本主义道德化的主要推动力量。历史分析为我们展现了一幅西方追寻社会和谐，推进道德化进程的鲜活画面。以下我们尝试在上述分析的基础上总结出资本主义道德化的主要推动力量。

1. 民族政治传统

民族政治传统对资本主义国家道德化进程的影响是长期而显著的。埃斯平·安德森在他的名著《福利资本主义的三个世界》中将资本主义福利制度划分为三类：自由主义国家（盎格鲁—撒克逊国家为代表，包括美国和英国）、社会民主国家（北欧斯堪的纳国家为代表，包括挪威、瑞典）和保守主义国家（欧洲

---

〔1〕 李培林：《法国福利体制的危机原因何在》，《中国社会保险》1997年第8期，第42—44页。

〔2〕 李小岗、王珊：《战后美国社会福利政策的发展》，《陕西师范大学学报（社会科学版）》，1992年第4期，第85—89页。

〔3〕 托马斯·麦克劳：《现代资本主义》，江苏人民出版社2006年版，第164页。

大陆国家为代表，包括德国、法国）。[1]自由主义国家的社会福利以社会救助为主导。在这类国家里，去商品化效果被抑制，市场的作用被强调。社会民主国家的去商品化表现最为明显，福利体系也最为完备。保守主义国家奉行强制国家保险，并有相当严格的享受条件。这种政治传统对道德化进程的影响是显而易见的。例如，美国作为自由主义国家的典型，在构建福利国家的过程中，始终强调个人责任和个人自由，尽量发挥市场机制的作用。与之对应的是，美国的福利政策相对于社会民主国家而言较为薄弱。因此民族政治传统对道德化进程的影响是基础性的，能够一定程度上抵消其他因素的影响。

然而我们不得不指出的是，国家的政治传统并非一成不变的，而是会受到国内政治势力变迁和博弈的影响。英国就是一个鲜明的例子。作为社会民主国家代表的英国，在20世纪80年代改革后逐渐朝自由主义国家的方向发展，由一个社会民主福利国家摇身一变成为自由主义福利国家。

2. 经济周期

经济周期对福利政策的影响也是显而易见的。经济周期显示资本主义经济发展会循着繁荣、危机、繁荣的周期循环推进。经济危机可以说是现代资本主义道德化开端的一个导火索。经济危机导致的失业问题、贫困问题、健康问题为道德化进程提供现实需要和政策压力，因此经济危机成为促进道德化进程的推动力。然而当资本主义国家道德化进程走上正轨之后，经济危机就只能减缓道德化进程的步伐。其原因也是容易理解的：经济发展能够为道德化进程提供财政保障，高速的经济发展与高福利能够实现融合，使得福利国家政策更能够得到认同；而新型的滞涨型经济危机则会提高失业率，削减财政来源，使得现实状况无法继续担负已经高昂的福利开支。这样，福利政策只能成为被指责的众矢之的，福利开支被削减也就理所当然了。

因此，在福利政策被建立起来之后，经济状况直接影响到道德化进程的走势。经济状况越好，道德化进程发展越快；经济遭遇危机，道德化进程就会受阻。我们可以看出，西方资本主义国家福利政策发展、道德化进程快速推进的两个时期，是20世纪30年代中后期和20世纪50年代至70年代。这两个时期都是经济增长、贸易繁荣的时期。可见，经济基础决定上层建筑这个理论，在某种

---

〔1〕 埃斯平·安德森：《福利资本主义的三个世界》，苗正民、滕玉英译，商务印书馆2010年版，第37—40页。

程度上也同样适应于分析资本主义道德化的进程。

3. 经济理论和福利理论

经济理论的变迁根源在于经济危机的发生和经济状况的变迁。1929 年之前，主导经济学理论界的无疑是亚当·斯密的自由主义经济学。资本主义世界性经济危机的爆发给自由主义经济学提出了难题，凯恩斯主义应运而生，并通过研究失业问题给出了答案。之后相当长的一段时间里，凯恩斯主义主宰着经济学发展潮流。20 世纪 70 年代新型滞涨型经济危机的爆发又给凯恩斯主义提出挑战，新自由主义才得以大行其道。经济理论的变迁直接来源于经济形势的变迁，二者共同作用于政府福利政策。

从历史经验中我们可以看出，经济理论和福利理论之间的关系是相当密切的。以至于在历史上凯恩斯主义盛行的时期，费边社会主义理论也较为盛行；自由主义经济理论盛行的时期，自由主义和保守主义福利政策也大行其道。然而我们也不可过度抬高经济理论的作用，更不可将其置于决定意义层次上。实际上经济基础通过作用于经济理论和福利理论，影响到资本主义国家的道德化进程。

4. 经济结构变迁

经济结构变迁作为一种基本社会变迁，对社会福利的影响虽然是间接的，然而却是不可忽略的。工业革命使得传统农业在国民经济中的比重迅速降低，直接的结果便是城市化，与之密切相关的便是结构性失业问题。这构成了西方资本主义国家道德化进程的现实需要。第二次和第三次工业革命，使得传统工业在国民经济中的比重迅速降低，第三产业崛起。直接的后果便是结构性失业和工人阶级的分化，中产阶级的崛起使得工人阶级对福利的需求在相当程度上被稀释。这无疑对西方国家道德化进程和福利政策的发展造成了不利影响。显然，经济结构对福利政策的影响是通过阶级、阶层变迁起作用的。

5. 民众状况

民众状况始终是西方国家道德化进程的现实需要。当经济遭遇危机的时候，或是产业升级引发结构性失业的时候，民众对福利的需求就会迅速上升。从上可知，这种需求曾经在推动西方资本主义国家道德化进程起步的过程中起到巨大作用，在福利政策建立之后它的作用也不可小视。然而这里就产生了一个悖论：经济状况越好，国家财政越丰沛，道德化进程发展越快；经济遭遇危机，国家财政陷入危机，道德化进程就会受阻。然而当经济遭遇危机的时候，往往是失业率较高的时期，底层民众对福利需要的提高，也就给政府造成巨大的政策压力。在这种情况下，政府往往左右为难。在20世纪20年代末30年代初和70年代后的两次经济危机中我们可以清晰地看出这种张力的存在。在第一个危机时期，民众的需要压过了财政的拮据，促进了福利政策的推进；在第二个危机时期，财政和发展经济的需要压过了民众的需要，使得福利政策在某种程度上被缩减。其中的原因可以从第二个危机民众生活水平整体提高和工人阶级的分化等因素中找到答案。

6. 政党政治

政党政治对福利政策的影响是直接的，然而这个因素也不具有绝对的主动性。因为它不是单独在起作用，其自身也是受到经济周期、经济理论和民众需要等多种因素的影响。这一点在英国道德化进程中可以非常清晰地看见。工党执政时期，道德化进程在相当大程度上被推进，保守党的政策则是尽量避免过度福利化。然而两党执政对福利政策的影响是非主导型的。当经济周期、经济理论、民众支持有利于道德化进程的推进时，就连保守党的福利政策也会向费边社会主义靠拢；当经济周期、经济理论、民众支持不利于道德化进程时，就连工党的福利政策也会向保守主义靠拢。这正说明资本主义社会无论谁执政，其根本目的都是为了维护资产阶级利益。无论是工党还是保守党，其政策制定的出发点除了考虑党自身纲领外，如何能够竞选得胜才是他们最关心的。我们不排除政党会在一定程度上对福利体系产生推动作用，然而根本上政党所做的无非是顺应经济、社会情势，推出相应的政策。

7. 工会和舆论

工会和工人运动在资本主义国家道德化进程中的作用同样不可小觑。从1870年到1920年这一时期的历史我们可以看出，工人运动的蓬勃发展给资产阶级政府造成巨大压力，启动了道德化进程的开端。就是现在，罢工等工人运动在西方资本主义国家也时有发生，给政府造成巨大压力。2010年，法国连续爆发了六次大罢工，抗议总统萨科齐提出的将退休年龄由60岁提高到62岁的改革计划，给政府造成巨大压力。新闻媒体和社会舆论对政府的影响也是不容忽视的。工人运动和媒体舆论往往共同作用，将民众需要呈现在政府面前，迅速推动政策议程的建立。不得不指出的是，工会和舆论也不是单独起作用的，会受到经济形势、自身状况和阶层分化等一系列因素的影响。

8. 其他因素

从历史解析中我们可以看出，影响西方主要资本主义国家道德化进程的其他因素包括：政治体制、政策学习、路径依赖等。例如，美国属于联邦制国家，其福利政策体现为联邦和各州共同承担福利的责任。法国在福利制度发展过程中，也是通过政策学习借鉴了德国的保障制度，英国的《贝弗里奇报告》更是影响到许多西欧和北欧国家道德化进程，福利政策的学习效应不应被忽视。路径依赖也是需要考虑的，任何政策都会有政策惯性，福利政策表现得尤为明显。这是因为福利政策中的收益群体一旦享受到收益后，政府任何试图收回福利的举动都会遭到既得福利获益群体的激烈抵制。福利政策的政策惯性还在财政预算上得到体现。例如，英国撒切尔政府对福利政策进行大刀阔斧的改革，然而其结果也只能是一定程度上抑制福利开支的继续增长，福利依旧被维持在较高的水平上。

（三）资本主义道德化进程和民主化进程的勾连关系

民主化是西方各国为了维护统治而采取的政治安排。查尔斯·蒂利认为，“民主化意味着增强政府代理人和政府所管辖之人口同呼吸共命运的平等关系，增强政府所管辖人口对政府人员、资源和政策的有约束力的协商，增强对人口特别是少数人口的保护使之免遭政府代理人独裁行动的侵害”〔1〕。埃里克艾因·霍恩的观点或许更加简明易懂，在他看来，民主化大体可以理解为公民权利和政治权利的扩展以及宪制政府取代独裁统治的过程。〔2〕然而，历史上西方各主要资本主义国家的情况差异较大，“1800 年后英国主要是通过对抗走上民主化的，斯堪的纳维亚也是这样。法国提供了一个通过革命来实现民主化的典型例子，然而欧洲的大部分，在 1848 年都经历了相似的循环”〔3〕。因此，为了研究资本主义道德化进程和民主化进程的勾连关系，我们首先对英国、美国和德国等几个典型的资本主义国家民主化进程及其与道德化进程的勾连关系进行简要叙述，然后梳理出民主化进程发展的一般规律，并在此基础上探讨民主化进程与道德化进程的一般性勾连关系。

---

〔1〕〔3〕　查尔斯·蒂利：《欧洲的抗争与民主：1650—2000》，格致出版社、上海人民出版社 2008 年版，第 13 页。

〔2〕　霍华德·威亚尔达：《民主与民主化比较研究》，北京大学出版社 2004 年版，第 21 页。

1. 英国

就英国而言，民主化和道德化进程的勾连关系，有学者曾对此做过生动的概述：“工业革命引发民主化进程的推动力主要表现在两支力量上：一是以工业资产阶级为主体，努力在框架内进行上层议会改革以推进政治民主化；一是以工人阶级为主，以集会斗争为主要形式，走下层激进路线，试图获得权利，推进社会民主化。历史上多数革命或改革往往发起于中上层阶级，然后向下动员，引起下层阶级的更激进运动。下层人民的压力往往是最强大的，在民主化进程中始终是整个变革阵营的稳固支柱。中等阶级在工业革命中赢得了经济权，便向贵族索要政治权力，以保护经济利益；工人阶级在工业革命中失去了经济权，为生存而争取政治权利以保护自身利益。”〔1〕

可以看出，资产阶级和工人阶级在反对贵族专制这一点上有着共同点，二者试图一同推进民主化进程，打碎贵族专政。然而资产阶级和工人阶级又有着对立面，资产阶级想要获得政治权利以更好地保障已经获得的经济利益，带来的结果就是所谓的民主化。而工人阶级也试图获得政治权利以保障自身利益，带来的结果就是所谓的道德化。因此在英国民主化进程中，两个阶级是既对立又合作的统一体。可以看到，1815 年英国政府颁布有利于贵族的《谷物法》时，资产阶级拉拢工人阶级一同进行抗争，最终通过了议会改革法，成为民主化的开端，英国成为通过改革而非革命推动民主化的典型。然而广大工人阶级仍旧被排除在选民之外，资产阶级与工人阶级继续进行斗争，其结果便是 1867 年经过议会改革，城市工人阶级也被赋予了选举权。就这样，英国资产阶级通过联合工人阶级以打击贵族权势，逐步取得了在议会中的统治地位；工人阶级也在改革中打破了贵族特权，取得自身选举权。

工人阶级追求道德化的过程促进了民主化改革，民主化改革不仅给资产阶级带来利益，也给工人阶级带来两方面的积极结果。第一，随之诞生的议会民主制为工人阶级提供了一个平台，为他们日后通过工人运动甚至组建自己的政党来争取自身权利提供了条件。可以看出，在 1867 年议会改革后的 25 年，英国独立工会便宣告成立，为争取自身利益进行斗争。第二，工人阶级在斗争中不断确立自

〔1〕 王同彤：《工业革命对英国民主化的影响》，《江苏社会主义学院学报》2007 年第 6 期，第 31 页。

己的阶级意识和公民意识，市民社会随之形成[1]，这为他们进行阶级斗争准备了政治素质。就连马克思也称赞道，“英国是唯一的这样一个国家：它的工人阶级的发展和组织程度，使这个阶级能够利用普选权来为自己谋利益”[2]。值得一提的还有，当时由于资产阶级与工人阶级的联合关系，这个时期英国资产阶级推出了世界上第一个社会立法《1802 学徒的健康和道德法案》，这是日后英国成为福利国家的最早萌芽。[3]

随后，工党在政治体制中的地位不断上升，以至于一度“代表”工人阶级的利益执政，大力推动道德化进程，英国民主化和道德化齐头并进。正如有学者所指出的，在英国“当民主的基本任务基本完成时，第三个问题就必须解决了。那就是社会保障制度化问题。这是现代社会的第三块积木（其他两块他认为是民主和法制）”[4]。因为民主所要达到的平等，“只有当同一性存在时才具有意义”[5]。随着道德化进程的发展，到了第二次世界大战后民主的含义超越了政治的界限。正如埃里克艾因·霍恩所言：“经济民主这个概念与上述问题有着紧密联系。它主要是在 20 世纪下半叶成为关注的焦点。此处的主要口号是经济权利、经济安全和经济平等。”[6]可见，到了 20 世纪下半叶，包括英国在内的西欧各国民主化进程虽然也伴随着诸如少数族裔权利等政治诉求，然而普通大众却并不满足他们已经获得的普选权等政治权利，经济诉求和经济民主始终是他们关注的焦点。

2. 德国

相对于英国而言，德国的民主化和道德化之间的勾连关系显得较为奇特。正如埃里克艾因·霍恩指出的：“具有讽刺意味的是，第一个欧洲福利国家是由德国首相俾斯麦在 1883 年通过《失业、残疾和老年保障法案》建立起来的。俾斯麦不是一个民主派，但却是个伟大的战略家。……他还通过温和的、但却是创新性的社会保障计划来寻求获得工人阶级的支持，从而削弱作为其对手的社会主义

---

[1] 李济时：《英国民主制度建立的方式与条件研究》，博士学位论文，山东大学社会主义科学系，2008 年，第 3 页。
[2] 《马克思恩格斯选集》第 3 卷，人民出版社 1995 年版，第 26 页。
[3] 宋延萍：《英国工业资产阶级与英国的民主化进程》，《徐州师范大学学报（社科版）》2004 年第 4 期，第 112 页。
[4] 陈晓律：《法制化、民主化、社会保障化：英国发展经验的启示》，《探索与争鸣》，2009 年第 6 期，第 16 页。
[5] Richard Bellamy, *Rethinking Liberalism*, *A continuum Imprint*, London 2000, p29。
[6] 霍华德·威亚尔达：《民主与民主化比较研究》，北京大学出版社 2004 年版，第 22 页。

者的力量。”[1]德国最早的道德化不是和民主化齐头并进的，而是领先于民主化进程。换句话说德国是在“实行逆时代而动的君主制的半专制主义”情况下开始道德化进程的。这与当时国情有关：德国本身具有专制主义传统，当时资产阶级出世太晚依旧弱小，为了统一德国需要强大的带领者，恰好俾斯麦承担了这样一个角色。[2]

德国民主化进程是由于一个偶然因素推动的：第一次世界大战。战争中军国专制主义的德国战败，为了避免德国再次贻害世界，美国对战败的德国施加强大的压力，推动德国的“十月改革”。在战后欧洲民主化浪潮中，德意志建立了资产阶级共和国。美国的影响甚至渗透到《魏玛宪法》的制定上，直接作用于德国的政体。然而民主体制的不完善，加之封建主义、专制主义、军国主义文化根深蒂固的影响[3]，使得希特勒有机会控制国会并最终通过“授权法”掌握了行政权和立法权，取缔了除纳粹党以外的所有政党，建立了法西斯独裁统治的中央集权制[4]，德国民主化进程发生了重大逆转。二次大战后，德国开始了民主化快速发展时期。军国主义势力被清洗，德国资产阶级政党迅速崛起，政党政治不断完善。“西方盟国的对德改造从一定意义上说是一场政治革命，它完成了德国资产阶级本应完成的任务。”[5]由此我们可以看出，德国民主化进程受到外部因素作用非常大，然而它的道德化进程却一直较为顺利。在英国表现出来的道德化进程和民主化进程相互促进的景象在德国没有强烈表现。也就是说，虽然德国工人阶级运动也起到了巨大的作用，然而这种作用对于道德化影响明显，而对民主化进程却影响较小，以致于形成道德化和民主化进程一定程度上的割裂。德国道德化进程的重要推动力量是其悠久的互助传统和赏赐传统。德国虽然具有专制主义传统，然而是一种被康德形容为“善意的警察国家的慈父式暴政”。

因此，德国的民主化进程受到外部因素的作用较大，道德化进程受到民族互助传统的作用较大，工人阶级的作用空间没有英国那么大，这与德国工业革命发展落后于英国密切相关。然而这不是否认德国工人阶级的作用。德国有像卡尔·

---

[1] 霍华德·威亚尔达：《民主与民主化比较研究》，北京大学出版社 2004 年版，第 29 页。

[2] 陈从阳、桂莉：《从皇帝到礼仪元首：从德国国家元首地位的嬗变看德国政治民主化》，《武汉大学学报》2009 年第 6 期，第 672 页。

[3] 顾銮斋：《如何认识宪政讨论中纳粹上台与现代民主的关系》，《文史哲》2010 年第 3 期，第 94 页。

[4] 吴友法：《论德国法西斯统治的确立》，《武汉大学学报》1996 年第 6 期，第 114 页。

[5] 吴友法：《关于对德国历史进程产生影响的几个问题》，《武汉大学学报》2004 年第 3 期，第 300 页。

李卜克内西和罗莎·卢森堡这样的著名工人领袖。1890 年德国社会民主党诞生，同年德国工人的罢工次数为 226 次，参加人数 38536 人，1900 年达 1500 次，参加人数为 131888 人。[1]社会民主党也很快发展成为德国政治生活中具有举足轻重的两大政党之一，对俾斯麦颁布社会保障法案给予了相当的政治压力。工人通过共决制参与企业的管理，不仅成为近代以来德国政治生活民主化的一个显著特征，更在一定程度上成为德国道德化的表现。

3. 美国

在讨论美国的民主化进程和道德化进程时，我们首先引入一个前提：就美国自由主义传统而言，民主化和道德化具有一定的不相容性。在欧洲，“西欧正将民主的前沿扩展到人权、社会和经济领域中。与美国以及亚洲新兴的几个民主国家相比，欧洲人并不严格区分政治、社会和经济民主”[2]。然而类似于法国，美国崇尚的民主乃是对个人自由的保护，目的是为了避免政府侵犯个人自由。因此自由主义原则实际上成为美国非常重要的政治和社会传统，这反映出“古典自由派和经常支持社会民主党政府的社会自由派之间的不一致”[3]，这与美国民主的起源有关。在美国这样一个移民国家，民主不是内生的，而是随着反对宗教迫害、反对封建统治的英国清教徒移民而来到的。因此，《五月花号公约》这一在不经意间缔结的公约便成为美国民主的基石。美国民主的特殊性还在于没有反封建这个历史任务，正如恩格斯所言：“美国从一诞生起就是现代的、资产阶级的，美国是由那些为了建立纯粹的资产阶级社会而从欧洲的封建制度下逃出来的小资产者和农民建立起来的。”[4]

然而并不是说美国的民主没有障碍，它的敌人就是英国的干涉。也并非说美国的民主在建立之初就是完美的，实际上远非如此：奴隶制度、对印第安人的迫害和对妇女权益的侵害，使得美国的种族问题成为其民主的伤疤。独立战争的胜利使得美国扫清了第一个障碍，建立了独立自主的共和国，制定了美国宪法，确定了三权分立的代议制民主体制。另一个障碍则需要美国几代人的努力，以至于 20 世纪 60 年代我们还听到马丁路德·金为种族平等所做的著名演讲。因此美国

[1] 胡财珍、吴友法：《浅析第二次世界大战后德国民主化的内因》，《教学与研究》2004 年第 4 期，第 26 页。
[2] 霍华德·威亚尔达：《民主与民主化比较研究》，北京大学出版社 2004 年版，第 36 页。
[3] 霍华德·威亚尔达：《民主与民主化比较研究》，北京大学出版社 2004 年版，第 34 页。
[4] 《马克思恩格斯全集》第 39 卷，人民出版社 1974 年版，第 147 页。

的民主化进程是比较特殊的，因为没有一个强大的封建势力的拦阻，民主化和道德化的勾连关系就变得非常微弱。民主化的过早确立，使得道德化进程几乎成为独立的过程。

4. 法国

说到法国民主化进程，不得不提到影响世界的启蒙运动。启蒙运动批判专制主义和封建特权主义，高举天赋人权、自由平等和人民主权，这给法国的政治和人民带来深刻而长远的影响。这种影响使得法国民主化进程充满了革命的气息。我们看到，法国在经历了从1791年人权宣言、1792年巴黎人民起义、1830年七月革命、1848年二次革命、1870年革命，才最终建立了民主制度的框架。[1]法国民主化道路的革命倾向体现了法国不折不扣的中央集权和自由平等的启蒙思想之间巨大而不可调和的张力。

法国民主化进程充满暴力，还与其阶级结构有关。同美国一样，法国的政治变革是工业革命之前突然发生的。民主化进程在美国容易实现，在法国就困难得多。这是因为美国资产阶级虽然弱小，然而没有一个强大而根深蒂固的贵族阶级，而法国的情况则恰恰相反。资产阶级力量弱小，无力的资产阶级的意志在相当程度上受到诉求暴力的多数人的意志左右。这就意味着法国革命，不是一种完全意义上的资产阶级为了获取政治权利而促进其经济权利的过程，而是一种底层民众追求自由、平等、人民主权的民粹主义运动。人民群众表现出来的非理性倾向和由资产阶级领导表现出来的理性倾向之间的差异，使得法国民主化进程充满了反复和血腥，其中还经历过雅各宾派时期的多数人暴政。

在建立民主制度后，法国民主化进程和道德化进程的关系非常类似于英国。民主化进程使得法国工人阶级政党、工会和工人能够通过非暴力渠道争取自身权益。其中法国总工会的作用较为突出，在维护和争取工人阶级利益，推动法国道德化进程中起到重要的作用。[2]

5. 各国民主化进程差别的原因及其一般规律

如何解释上述各国民主化进程的差异呢？马克思主义经典学说可以给我们提供合理的解释，那就是生产力决定生产关系，经济基础决定上层建筑。各国的民

---

〔1〕 王国平：《法国式民主道路探析》，硕士学位论文，苏州大学政治学系，2001年，第11—26页。
〔2〕 李姿姿：《法国社会保障制度变迁中国家作用及其启示》，《欧洲研究》2008年第5期，第142—154页。

主化发展水平上的差异主要可以从经济基础这个因素上得到解释。美国著名政治学家李普塞特在1960年出版的《政治人》一书中也指出，就经济发展水平与民主化之间的关系而言，经济发展水平越高，民主的发展空间越大。[1]亨廷顿也指出，经济发展除了带来高度的城市化、识字率和教育水平的提高，造就更为复杂、国家越来越难以全面控制的经济体系，带来对外开放和广泛的国际影响，最重要的也许是引起社会经济结构的变化，促进了中产阶级的扩大和市民社会的发育。[2]因此经济发展所造成的阶级结构变迁为民主化进程提供阶级基础，经济发展造成的城市化为市民参与提供平台，经济发展提高了教育水平，造就了更有自尊的市民，也为民主化和民主参与提供智力支持，而这些都是民主健康发展的必要条件。德国之所以在民主化进程中处于落后，完全可以从经济发展的因素中找到根本原因。英国GDP在19世纪后半期始终保持德国一倍半的水平，1851年城市人口已经超过农村人口，而德国直到1900年才达到相同的水平。[3]

除了经济因素之外，另外一个影响民主化进程的重要因素是政治文化。如果说经济因素决定民主化进度的话，那么政治传统则影响民主化方式。这从英、德、法三个国家的对比中可以看出。德国民主化进程一直处于被动和落后的境况中，其中原因除了资本主义经济发展缓慢以外，德国自身浓厚的封建专制主义传统也使得它“自甘落后”。所以民主化方式缓慢而平和，甚至需要借助外力。法国在经济发展上与德国相似，甚至更落后一些，到第二帝国末期，农村人口仍然占69%，直到1910年前后，农村居民仍然占人口半数。[4]然而法国民主化进程却是惊人地超前，甚至提前于英国，在工业革命尚未来临之前就爆发了。这与受启蒙运动影响而孕育的强烈的自由主义传统密切相关，超前民主化注定了法国的民主发展之路充满反复曲折和暴力冲突。英国经济发展水平最高，政治文化甚至民族性格中，既有悠久的自由主义传统，又有保守主义传统，二者相互融合。[5]保

〔1〕牟洪章：《政治人的困境与困境中的政治人》，《人民论坛》2012年第8期，第212—213页。

〔2〕李济时：《英国民主制度建立的方式与条件研究》，博士学位论文，山东大学社会主义科学系，2008年，第16页。

〔3〕李济时：《英国民主制度建立的方式与条件研究》，博士学位论文，山东大学社会主义科学系，2008年，第21页。

〔4〕皮埃尔·米盖尔：《法国史》，蔡鸿滨等译，商务印书馆1985年版，第391、463页。

〔5〕李济时：《英国民主制度建立的方式与条件研究》，博士学位论文，山东大学社会主义科学系，2008年，第78页。

守主义的目的是为了保护自由，保守主义不反对改革，但主张对变革采取审慎态度。这就使得英国的民主化虽然也有斗争，但总体来说比较温和，最终采取了议会斗争这种和平的过渡方式。

6. 各国民主化进程和道德化进程勾连关系的一般性解释

各国民主化进程和道德化进程之间的巨大差异，使得构建道德化进程和民主化进程之间的勾连关系变得不太容易。我们尝试从以下几个方面进行总结和概括。

第一，二者都受到工业革命的巨大影响，这一点是毋庸置疑的。工业革命使得经济结构和阶级结构发生巨大变化，资产阶级和工人阶级产生并发展壮大，城市化加剧，结构性失业问题严重。这种经济、社会结构的巨大变迁，造成了社会政策调整的多种需要：资产阶级不单单满足于经济利益而需要参与政权，这产生了打击封建集权的民主化需要；工人阶级为了摆脱自身生活窘况的状况，一方面提出政治上的诉求，产生扩大选举权的民主化需要，一方面提出经济上的诉求，产生扩大公民福利的道德化需要。工业化引发的城市化，推动了工人阶级意识和公民意识的形成，打碎了原有的封闭体系，这为民主化和道德化进程提供了现实条件。

第二，二者都受到政治传统的影响。在强自由主义传统的国家中，民主化和道德化表现为更多的冲突性，例如法国。在弱自由主义传统的国家中，民主化和道德化表现为更多的相合性，例如德国。因此，在强自由主义传统的国家中，人人平等、天赋人权、人民主权式的民主会被推崇。这在一定程度上加速了民主化进程的推进，虽然代价可能是革命和冲突。然而道德化进程往往会以侵犯自由的名义遭到抵制，法国和美国就是这样的例子。在弱自由主义传统的国家中，社会民主派比较强调政府责任，不严格区分政治、社会和经济民主，这或许会在一定程度上表现为太多的妥协性，减缓民主化进程的脚步，然而民主化会变得更加稳健，道德化进程会走得更远。在这些国家里道德化进程不会受到政治传统的质疑，德国和北欧国家就是这样的例子。

第三，二者具有相互推动的效应。从各国历史可以看出，民主化进程的结果便是普选权的确立，这对于道德化进程而言至关重要。普选权的确立不仅极大地提高了工人阶级和普通大众的公民意识和阶级意识，还为工人阶级成立自己的政党提供了前提条件。而工人阶级政党的斗争和工人阶级运动会给资本主义国家道德化造成巨大推动力，当然这种压力可能是直接的，也可能是间接的。这从英国、德国的历史可以清晰地看出。同时，道德化进程也推动了民主化进程的发展，扩展了民主化的外延，并为民主化进程提供新的动力，将形式上的政治民主扩展到实际上的经济民主。在20世纪后半期，西欧和北美道德化进程也被看作是经济民主化的进程。这从最近资本主义国家几次大的罢工可以看出：工人阶级不再为争取已经获得的政治平等而斗争，而是为争取他们还未获得的经济平等而斗争。

第四，封建阶级、资产阶级和无产阶级在道德化和民主化进程中具有复杂的冲突、合作与博弈关系。从资产阶级和无产阶级来看，两个阶级在民主化上有着相合性，在道德化上却有着冲突性。资产阶级为了获取政治上的地位，需要利用工人阶级；工人阶级为了获取普选权，需要联合资产阶级，二者在推翻中央集权、打击贵族专权上有着一致性，这使得民主化进程快速发展。当民主化进程确立之后，资产阶级得到了他们想要的政治权利，失去了道德化的主动性；无产阶级却生活在贫困和失业之中，于是仍旧需要为自身利益而斗争。因此道德化就成了这样一个过程：工人阶级为自己的利益做出的斗争，资产阶级为了避免社会整体性崩溃而做出让步和妥协。与此同时，封建阶级也会试图拉拢无产阶级来对付资产阶级，这种情况在英国和法国历史上均有体现。封建阶级会利用资产阶级对无产阶级的剥削来离间二者，并且通过一定的福利允诺来试图收买无产阶级。历史上，英国封建贵族政党辉格党曾经拉拢无产阶级推动了限制资产阶级的法令。

第五，理论意义上说民主化进程发生在道德化进程之前。但也有许多反例，例如美国和法国。然而，这仍然不失为一种理想化意义上的概括。这种概括可以从上述资产阶级和无产阶级之间的关系中得到解释：两个阶级在民主化上有着相合性，在道德化上却有着冲突性。当然这一点是就资本主义发展的一般情况而言的，并非是绝对的。由于各国资产阶级和工人阶级发展的成熟度不尽一致，所以导致了各国之间的显著差异。

第六，二者之间有一定的差异性。就当今在西方资本主义国家而言：民主化体制大体已经确立，而道德化进程却仍在曲折中行进；民主化进程相对来说有一个终点，一旦确立之后任务则告一段落，而道德化进程似乎没有明确意义上的终点；民主化进程较少地受到经济危机的影响，道德化进程较多地受到经济危机的影响。

四、和谐社会构建：当代中国的实践

以上我们梳理了西方各国探寻社会“和谐”、推进“道德化”的历史进程，并对其根本动因进行了探讨。对西方各国发展过程中道德化进程和民主化进程之间勾连关系的分析，使我们对这些国家历史进程的推动力量有了更为深入的了解。然而，这些国家的基本国情和历史背景同当代中国显然有着相当明显的差异。我国现有的基本国情是什么？那些推动西方各国道德化进程和民主化进程的关键因素对中国是否会起作用？我国与西方各国基本国情的差异能够在多大程度上影响到我国和谐社会构建？这些问题都有待于我们回答。本节在借鉴西方各国民主化进程与道德化进程相互关联的基础上，试图对当代中国和谐社会建构的动力和资源进行探讨，同时也尝试为我国和谐社会构建的相关研究提供一种分析框架。

我们大体上可以用“社会主义市场化”来概括20世纪后二十年里中国的发展历程。特别是当中国从理论上解决了社会主义与市场经济的关系问题之后，社会主义市场化以势不可挡之势席卷了整个中国。在市场化的进程中，资本的力量、物质的力量随着对金钱的某种程度的崇拜，近乎成为一个时代的总体特征。原来被奉为神圣的东西在市场化的洗礼中黯然失色。社会主义市场化促成了中国作为最具活力的经济体在世界市场体系中独树一帜，但也催生了诸多意想不到的社会问题。

今天，几乎每一个中国人都浸润在市场化的洪流之中，社会主义市场化不仅改变了经济运行机制和资源配置方式，改变了政府的职能和政府的行为方式，更是改变了人们的价值观念和生活方式。地方政府之间的竞争诱发了席卷全国的疯狂的招商引资运动，在这场运动中人们几乎分不清哪些是公司行为、哪些是政府行为。著名经济学家张五常认为，许多问题集中反映在县这个层面上。作为地方政府的县，因为具有明确的地理界线，而且又是最具竞争力的一级商业机构，在通过串连承包合约而形成的权力结构中，占有极其重要的地位，县之间的竞争是中国经济得以保持高度活力并获得长期快速增长的重要根源。[1]时至今日，我

---

〔1〕张五常：《中国的经济制度》，中信出版社2009年版，第158页。

们已经很难听到社会主义是否应当实行市场经济的争论了。生活在当下的中国人已经理所当然地将市场视为一种合理的、不容置疑的存在物。而那些被称之为“90后”的年轻人，从降生到这个世界的那一刻起，就已经沐浴在市场化的进程之中。也许只有年龄稍微大一点的人，才会偶尔去追忆一下20世纪80年代市场经济与社会主义是否相容的争论。

进入21世纪之后，中国的社会主义现代化建设开始经历从社会主义市场化向社会主义道德化的转变。“社会主义市场化”这一命题，不仅从理论上解决了社会主义与市场经济的关系问题，更为重要的是它直接导致了中国式社会主义市场经济体系的确立。社会主义市场化在释放着效率、发展、富裕、财富信号的同时，也把基于计划体系构建起来的均质化社会撕裂开来。在计划性的社会主义体系中，没有富人与穷人之间的分野与对立。但在市场化进程中，任何价值最终都要还原为“收入”“金钱”或者“物质财富”这类原始的符号。穷人与富人的分野不可避免，而且跨越这道鸿沟的难度也变得越来越大。在冷酷的市场体系下，人的尊严被金钱的尊严所替代，对人的尊重变成了对资本的尊重。如果社会沿着这样一种趋势发展下去，在城市化进程中诞生的横向联合的各大集团，就会因为资源分配的不公而演化为阶级性对抗的主体。在野蛮资本主义发展的过程中，这种情形是屡见不鲜的。这一趋势即便在今天也仍然在延续，以等级界定权利的制度转向以资产界定权利的制度几乎遍布全球。从中衍生出来的等级制，将富人与穷人镶嵌在一个难以逾越和通融的固定结构之中。于是，道德资本主义的呼吁者试图让贫困走开。贫困是野蛮资本主义眼里的腐肉，是丧生于交易和商贸滚滚车轮下的蝼蚁；与之相对，贫困在极端的社会主义者眼里是如此的无能、无助与无望，永远只能在社会的救济中获取些许的安慰。[1]

（一）中国和谐社会构建的动因分析

正如西方主要资本主义国家道德化进程中所经历的，一个道德化社会的建立，受制于多种因素的共同作用。这些因素包括经济结构变迁、民众状况、经济周期和经济发展、经济理论和福利理论的发展、民族政治传统、政党政治、工会和舆论等主要方面，以及政治体制、政策学习、路径依赖等次要方面。显然，这

---

〔1〕 斯蒂芬·杨：《道德资本主义：协调私利与公益》，余彬译，上海三联书店2010年版，第77页。

里的动力并非单指具有主观能动性的动力，还包括客观因素催生的推动力。将这两种动力结合在一起分析，不仅可以更好地对这些动力因素加以整合、构建分析模型，还有助于为政府提供相应的政策建议，以便于对道德化的进程加以有效引导。当然，影响西方资本主义国家道德化进程的推动力量并非都能够直接套用到我国和谐社会构建的实践。以下对我国道德化进程的各种推动力量进行尝试性的分析。

1. 经济和社会结构的变迁

政府道德化的政策需要，首先来自经济基础发生了某种程度的变化，这个定理无论在西方还是在中国都同样适用。与西方发达国家一样，我国的和谐社会构建战略同样是在市场化不断推进的过程中提出的。1978 年我国迈开了改革开放的步伐，社会主义市场经济随之开始萌发、发展以至于壮大成熟。市场化的进程对经济和社会结构变迁产生的作用是深刻而巨大的，主要表现为国民经济中三大产业比例的变迁和城市化的快速推进。正如前文在对“社会主义市场化”和“社会主义道德化”进行定义时所阐释的，市场化是我国社会主义和谐社会战略提出的最重要的社会背景，也构成了社会主义道德化最深层次的动因。

改革开放以来，我国国民经济三大产业之间的比重不断优化，产业升级取得了明显的效果。三大产业的国民生产总值分别从 1978 年的 1027、1745 和 872 亿元跃升至 2012 年的 47486、220412 和 204982 亿元。[1]农业在国民经济中的比重迅速降低，工业和服务业比重迅速提高，这是社会进步的显著标志。与此同时，我国的就业结构出现了一些新的变化：第一产业吸纳劳动力数量迅速降低，第二、第三产业吸纳劳动力数量迅速提高。当第一产业过剩的劳动力不能够被第二、第三产业有效吸纳时，或者第一产业过剩的劳动力没有足够的素质进入第二、第三产业时，产业升级带来的结构性失业问题也会随之而来。失业会对社会和谐带来难以避免的负面作用，然而这却是我国市场化进程中必然要付出的代价。城市化进程是市场化的必然结果。当第一产业劳动力出现过剩时，必然导致农村人口向城市的迁徙。从 1949 年到 1978 年，我国城镇人口比例由 10% 缓慢提升到 17% 左右。然而从 1978 年开始，我国城市人口比重便开始快速提升，到 2012 年城镇人口比重首次超过 50%，城镇人口的绝对数量也从 1978 年的一亿七

〔1〕 中国统计年鉴 2012 年，国家统计局网站，http：//www. stats. gov. cn/tjsj/ndsj/2012/indexch. htm

千万上升到2012年的六亿九千万。[1]城镇人口的迅速扩张，带来的一个明显的结果便是：城镇地区劳动力的就业问题、医疗问题、健康问题、教育问题越发突出。当城市公共资源增长的速度滞后于城镇化的速度时，有限的资源便无法满足人民群众的现实需要，城乡差别以及由此而衍生的社会主义道德化问题便不可避免地提到了议事日程。总之，我国社会深层结构的变迁，导致了民众生存状态的变化，这是我国道德化进程的直接而现实的需要。和谐社会战略构想的提出，恰恰适应了经济结构变迁对社会主义道德化的要求。

2. 民众状况

三大产业比重的变迁和城市化进程的推进，导致了我国城镇居民结构性失业问题尤为突出。与西方国家相同的是，有相当一部分原农业人口由于缺乏技能和适应能力而成为最贫困人口。2003—2007年，城镇登记失业率分别是4.13%、4.12%、4.12%、4.11%和4.10%，然而现实情况或许不如统计数据那么乐观。美国普林斯顿大学的程晓农博士估计，中国城市的实际失业率达到20%，失业人数约有4000万至5000万人。这个数字可能高估了中国的失业率水平，但是中国现实生活中的失业现象比国家公布的数字要高得多却是不可否认的。[2]除了失业问题，住房问题、医疗问题、教育问题已经成为公认的社会难题。

不仅如此，与西方国家同一发展阶段不同的是，我国还面临三大特殊情况：老龄化问题、继续城市化问题和人口基数问题。从西方主要资本主义国家福利发展的历程看，这些国家大多在20世纪80年代进入老龄化时期，而这个时期它们的国民经济已经步入发达水平，并且建立了完善的社会保障体系。然而时至今日我国尚未步入发达国家行列，在尚未建立起比较完善的社会保障体系之前，便已迈入了老龄化社会。这将给我国的道德化进程带来相当的压力。同时，欧美发达国家在20世纪初城市化比例已经达到80%的水平，并在相当长的时期比例保持不变，因此它们所面对的是固定的福利需求对象。然而我国直到2012年城镇化比例才突破50%，并且城市化进程呈快速推进之势，这将会在相当大的程度上扩大我国道德化进程的需求范围。更加棘手的是，我国拥有比任何国家都庞大的人口基数。譬如就住房问题而论，欧洲国家建造几百万套公共住房就能够在很大

[1] 中国统计年鉴2012年，国家统计局网站，http：//www.stats.gov.cn/tjsj/ndsj/2012/indexch.htm

[2] 吴云勇、李玲：《现阶段我国失业问题的成因及对策分析》，《中国市场》2011年第35期，第93页。

程度上缓解住房短缺的问题，而这种情况在我国是难以设想的。庞大的人口基数将会对我国道德化进程造成更大的压力。因此结合我国特殊国情可以预见：基于老龄化问题、继续城市化问题和人口基数问题的客观现实，在未来相当长的一段时间内，我国道德化进程都会面临持久而深刻的问题，我国和谐社会的构建也将面临更大的压力。

3. 国民经济

这个因素包括两个方面：我国国民经济发展水平和我国经济所处的周期。经济发展水平是和谐社会构建的财力基础。在落后的经济发展水平下建立和维持现代福利制度，是不可想象的。就西方国家而言，经济发展水平越高，经济所处的周期越有利，道德化进程推进的速度越快。如果说经济社会结构变迁和民众状况是和谐社会构建的需求动力的话，那么国民经济状况便是和谐社会构建的推动动力。改革开放以来，我国国民经济取得了举世瞩目的成就，根据我国 2012 年统计年鉴，1978 年我国国民生产总值约为 3645 亿元，人均国民生产总值仅为 381 元。然而到 2011 年，我国国民生产总值约为 472115 亿元，人均 GDP 约为 35181 元，折合成美元约为 5833 美元。国民经济的发展为我国和谐社会的构建提供了基本的财力基础。

同时我们还应当看到，相对于西方发达国家而言，我国国民生产总值还处于比较低的水平。1960 至 1965 年间，英国在道德化进程快速推进时期，国民生产总值约为 300 亿英镑，约合 2005 年的 5500 亿英镑，人均 GDP 约为 10000 英镑，即 16000 美元。同时期的美国国民生产总值当时约为 6000 亿美元，折合现价约为 28300 亿美元，按照当时美国人口约为 1 亿 8000 万的估计，人均 GDP 约为 15000 美元。而我国现阶段人均 GDP 还仅为 5833 美元，仅为西方发达国家的 1/3。可见，就国民经济发展而言，我国还是处于工业化时期，还未达到中等发达国家水平。中国目前的人均 GDP 大约相当于西方发达国家 20 世纪 40 年代的水平。

尽管如此，国民经济的发展仍然为我国道德化进程提供了基本保障。虽然在绝对数额上我国较之西方国家有显著差异，然而我国道德化还是有很大提升空间，这个空间就是提高福利支出占 GDP 的比重。自 2001 到 2010 年，我国福利支出占据 GDP 的比重从 1.8% 快速提升到 4.0%，显示出我国开始重视推进道德化进程。然而，西方资本主义国家在福利发展的高速时期福利支出占据 GDP 比重一般都达到 10% 至 15%，这表明我国还有较大的提升空间。我国经济发展相当于西方资本主义国家20世纪40年代水平，而福利支出占据GDP比重仅相当于英国1920年的水平。[1]因此将我国现阶段的道德化进程，同西方资本主义国家道德化进程发展时期的较早阶段进行类比，似乎更为合理。在那一时期，西方资本主义国家福利开支一般出现爆炸式的增长，这也意味着我国福利支出还具有相当大的提升空间。总之，经济发展水平的提高，为我国的道德化进程提供了基本的前提，也是我国和谐社会构建的重要条件。

4. 经济理论和福利理论的发展

我国现阶段的经济理论是社会主义市场经济理论。改革开放以后，我国的发展理论明显受到全球范围内“新自由主义”经济学理论的影响，在处理效率与公平的关系时，确定了“效率优先，兼顾公平”的发展原则。认为效率能够促进生产力，并且能够总体上提高人民的生活质量。在把蛋糕做大和把蛋糕分好的问题上，比较注重把蛋糕做大。这既与全球范围内“新自由主义”经济理论占据主导优势有关，也与我国自身发展阶段有关。可以说，在当时我国国民经济极其落后的条件下，极大地促进了我国经济的发展和现代化进程。这在各国发展过程中是一般性的规律。我国的发展理论之所以受到新自由主义经济学理论的影响，有着深刻的现实原因。第一，根源于国际经济环境。由于一段时期内没有出现较大规模、波及世界范围的经济危机，自由放任市场经济的弊端没有显著体现，使得新自由主义的经济理念被世界各国所接受。各国将发展经济放在首要位置，我国也不例外。第二，与我国发展阶段有关。我国处于向中等发达国家迈进、经济快速发展的关键阶段，经济发展是主要目标，国富和民富是社会主义市场化的基本目标之一。第三，庞大的福利开支必定加大人力成本，减少国家在科技、研究等方面的投入，加大经济的负担，不利于我国参与国际竞争。而我国正处于跨越式发展，实现小康社会的关键时期。

然而，在促进效率的同时，公平问题日渐突出。于是我国政府根据新时期新情况，在发展理念上做出了调整。2005年，中共十六届五中全会通过的《中共中央关于制定国民经济和社会发展第十个五年规划的建议》中，提出“特别关注分配过程的公平”。2006年，中共十六届六中全会通过的《中共中央关于构建社会主义和谐社会若干重大问题的决定》，首次提出“在分配政策上，更加注重

---

〔1〕 H. Gennerster. *Paying for Welfare: the 1990s Wheatsheaf*, 1992: P64.

公平”。在2007年中共十七大通过的《高举中国特色社会主义伟大旗帜，为夺取全面建设小康社会新胜利而奋斗》的报告中，抛弃过去一直坚持的“效率优先，兼顾公平”的发展理念，将效率和公平放在了同等重要的地位上。这表明我国治国理念发生了重大转变和回归。

之后，我国发布“十二五规划”的指导思想中特别提出在深化改革开放的同时，要保障和改善民生。党的十八大报告更是首次将民生问题作为单独的一章进行阐述，并提出要“在改善民生和创新社会管理中加强社会建设”“努力让人民过上更好的生活”。2013年3月17日，习近平总书记在十二届全国人大一次会议闭幕式上发表的重要讲话中更是提出：“我们要随时随刻倾听人民呼声、回应人民期待，保证人民平等参与、平等发展权利，维护社会公平正义，在学有所教、老有所得、病有所医、老有所养、住有所居上持续取得新进展，不断实现好、维护好、发展好最广大人民根本利益，使发展成果更多更公平惠及全体人民，在经济社会不断发展的基础上，朝着共同富裕方向稳步前进。”这些都表明我国发展理念和福利理念在强调经济建设的同时，更加注重民生建设和道德化进程的推进，为我国构建社会主义和谐社会提供了极为重要的理论和思想保障，成为我国道德化进程向前推进的思想动力。

5. 政治传统

我国在历史上，相当长的一段时间处于封建社会，虽然在某些朝代出现过“民贵君轻”的民本政治思想，甚至有学者认为儒家经典具有国家宪章属性，民本思想是中华帝制的根本法则[1]。然而从根本上看这只是封建统治阶级维护其自身统治的策略。到了近代，康有为的《大同书》是中国第一个全面阐释平等主义的纲领，它和努力衍绎其平等主义的谭嗣同的《仁学》，共同构成了现代平等主义的早期经典。[2]这些经典著作虽然总体上停留在空想的层面，然而对现代中国民本主义政治传统起到了一定的促进作用。之后的“五四”运动，无论从政治层面还是大众层面，都是一次极大的震撼。经过这场运动，封建思想被民众所唾弃，民主、平等、科学等思想深入人心，同时民本思想也得到了极大的发展。

---

〔1〕 张分田：《儒家的民本思想与帝制的根本法则》，《文史哲》2008年第6期，第18页。

〔2〕 高瑞泉：《平等主义的纲领及其衍绎：〈大同书〉〈仁学〉的一种解读》，《社会科学》2011年第11期，第122页。

中国共产党的执政地位和马克思主义作为执政党指导思想的确立，使得民本思想在实践中得到实质性的推进。中华人民共和国成立后，我国接连实行土地改革、生产资料私有制的社会主义改造，并建立起一整套与之相适应的保障制度，体现了党领导人民为争取劳动和社会保障权的努力探索。这种社会保障制度，强调在国家、单位和个人利益高度一致的原则下，由国家扮演社会保障制度的确立者和保证者的角色，再由国家（通过政府）和单位共同扮演社会保障的供给者与实施者的角色。国家与单位相互依存，承担共同责任；而社会成员则被分割在各个单位，无偿地享受着相关社会保障待遇，从而是一种典型的"国家—单位保障制模式"[1]。中国共产党人关于社会保障的理念，其思想渊源首先来源于马克思、恩格斯创立的科学社会主义学说和在这一学说指导下的无产阶级运动，来源于以毛泽东为主要代表的中国共产党人在领导中国革命的长期斗争中所创立的毛泽东思想。[2]因此我们可以看出，我国政治传统和福利传统有着很强的民本主义历史传统。特别是经历过"国家—单位制模式"的中国民众，对这种民本传统也有着相当高的认同感。由此不难理解，我国民众对于和谐社会的战略构想具有相当高的认同度和支持热情。可以说，深入人心的民本主义政治传统，是我国构建社会主义和谐社会的一个十分有利的因素。

6. 政党政治

我们可以看到，政党政治在西方国家道德化进程中起到了相当积极的作用。政党政治曾为工人阶级政党成立、工人运动发展提供了基本的平台。然而这种体制正在受到越来越多的挑战：议会地位的动摇导致西方政党政治功能衰弱，寡头政治和政党腐败加剧了政党政治的异化，政党间恶性竞争导致政策极端化，利益集团崛起进一步削弱了政党政治的功能。[3]现今流行于西方的草根政治就是对政党政治作用衰落的一种无奈反应。

我国的政党政治不同于西方国家的多党制，而是中国共产党领导下的多党合作政治协商制度，这取决于我国社会主义国家的本质特征。党的领导保证了中国特色社会主义的发展方向；多党合作是中国共产党历史传统，可以充分发挥民主

---

〔1〕 郑功成：《从国家一单位保障制走向国家社会保障制》，《社会保障研究》2008 年第 2 期，第 1—21 页。

〔2〕 马杰、郑秉文：《新中国社会保障制度建立与演变的必然性及其评价》，载朱佳木主编《当代中国与它的外部世界：第一届当代中国史国际高级论坛论文集》，当代中国出版社 2004 年版，第 348 页。

〔3〕 胡筱秀：《正确认识西方政党制度》，《江苏社会主义学院学报》2002 年第 1 期，第 4—9 页。

党派参政和履行监督的作用；政治协商更是为民主党派的参政议政和民主监督提供了顺畅的平台。[1]在西方，政党政治表现为各个政党进行政策竞争来推动福利制度的进步；在中国，政党政治则体现在中国共产党的创新力和修复力。

7. 舆论传媒

关于现阶段我国舆论传媒对道德化的推动作用，我们主要从两个方面进行阐释：城市化过程中市民社会的成长和互联网产业发展带来的变革。如前所示，经济发展不仅带来了高度的城市化、识字率和教育水平的提高，更是引起社会经济结构的变化，促进了中产阶级的扩大和市民社会的发育。城市化为市民表达需求提供了平台，教育水平的提高造就了更有自尊的市民。而互联网的迅速发展更是为市民表达意见和需求提供了全新的平台，使得意见表达超越了地域，甚至超越了城乡分割。市民社会的形成和互联网产业的发展，为道德化进程中底层民众需求的表达提供了强有力的平台。

例如，在2003年6月18日，国务院正式宣布废止1982年5月发布实施的《城市流浪乞讨人员收容遣送办法》，并通过了体现人文关怀的新型管理规范《城市生活无着的流浪乞讨人员救助管理办法》，其最大的起因就在于发生在深圳的孙志刚事件。2005年12月29日，十届全国人大常委会第十九次会议经表决决定，自次年1月1日起废止第一届全国人民代表大会常务委员会第九十六次会议于1958年6月3日通过的《中华人民共和国农业税条例》，这意味着9亿中国农民将依法彻底告别延续了2600年的“皇粮国税”。农业税的废止与当时中国上下对“三农”问题的讨论与关注是有很大关联的。第十届全国人民代表大会常务委员会第二十八次会议于2007年6月29日通过《中华人民共和国劳动合同法》，则是与各方面对工人生存状况日益恶化、权益无从保障这一严重社会问题的强烈关注联系在一起的。

中国的第一次转型更多依赖的是自上而下的驱动，甚至包括1992年邓小平南方谈话之后市场化转型的再次深化，都是在自上而下的命令机制和放权运动中得以实施的，自下而上的压力机制基本上没有扮演重要的角色。但中国的第二次转型显然是自上而下与自下而上双重运动相互联结的产物，换言之，是中央政府代表人民利益进行的制度变革和政策调整。在此，我们看到了底层利益和高层决

[1] 戴小江：《论我国政党制度的三大特征》，《广西社会科学》2006年第5期，第15—18页。

策之间的联结与融合。来自底层的社会抗争在很大程度上是被中央政府的政策绩效稀释掉的。如果说在社会主义市场化阶段，政府通过与资本的联姻，在项目化的经济发展模式中缔造了特殊的官商关系的话，那么，在社会主义道德化阶段，政府则是通过与人民的联结，奠定促使社会主义从市场化转向道德化的法律基础和政策基础。正是在这一基础之上，企业从单纯的厂商化组织、营利性组织向公益性组织、“法人公民”转变。可以说，城市化过程中市民社会的成长和互联网产业发展带来的变革，打通了政府和民众的固有隔阂，使得经济结构变迁、民众状况、经济周期和经济发展、经济理论和福利理论、民族政治传统等诸多推动力量能够顺畅地汇集到政治系统中。市民社会的成长和互联网产业的发展，可以形象地称之为我国和谐社会构建过程中诸多推动力量的黏合剂。

在上述因素分析的基础上，我们尝试对多种动力因素加以整合，在吸收借鉴美国乔治华盛顿大学教授、中国政策研究中心主任沈大伟的共产党创新力理论基础上，构建出我国和谐社会构建动力的系统分析模型。

（二）中国和谐社会构建动力的系统解释：中国共产党的修复力与转型力

当我们将过去90年中国政治发展的历程视为一个整体来审视时就会发现，中国共产党自身对传统的延续和对新型要素的吸收构成了一个完整的坐标系。在这一坐标系中，对经典原则的捍卫构成了中国共产党的修复力，对新兴要素的吸收构成了中国共产党的创新力，由此构成了中国政治发展进程中非常独特的动力机制和修复机制。能力（capacity）意指完成某一任务的可能性。我们把修复和创新界定为一种能力，就是说中国共产党能够在秉故与纳新所构成的坐标系中，具有固守传统经典和开发新型动力的能量，使中国的发展能够在由创新力和修复力组合而成的区间中加以伸缩和调整。中国共产党之所以能够将创新力和修复力融为一体，在很大程度上是其独具一格的特性所决定的，在其他国家由不同要素所承担的创新功能和修复功能，在中国则与共产党这一功能等价物相对应。

我们把创新力（capacity of innovation）界定为突破传统约束、吸收新型要素的能力，“innovation”一词在英文中有引入“新事物”的含义。传统约束包括多种层面，有观念性约束、体制性约束、习惯性约束、心理性约束等，而创新力正是对这些约束的突破。创新力不仅取决于客观情势，更取决于创新主体的使命与追求。正是中国共产党的创新力决定了中国的强烈“求变”的欲望。也就是说，中国并没有在传统的革命模式和社会主义模式中故步自封，这与某些社会主义国家固守于僵化的意识形态而与国际社会相隔绝的状态形成了鲜明的对照。在革命时期，创新力体现为对经典马克思主义革命理论的突破；在改革和发展时期，创新力体现为对以苏联为代表的教条化社会主义模式的突破。实事求是地说，改革开放时期共产党的创新力是在与资本主义世界的交往中展开的，这一点集中体现在市场经济与社会主义制度的嫁接上。

“文革”结束之前，一些中国高级领导人已经在思考如何突破传统社会主义模式的束缚了。后来，这一突破逐渐演化为对人类文明所有优秀成果的吸收。美国乔治华盛顿大学教授、中国政策研究中心主任沈大伟（David Shambaugh）用“适应力”（Adaptation）来表达中国共产党与其外在情境之间积极的互动关系。“适应力”这一概念与“创新力”有一定的相通性，但它弱化了中国共产党所具有的创造性和主动性。他认为，适应力是一个特别关键的概念。政党，即便是共产主义政党，都像植物，如果他们不能吸收足够的营养与阳光，他们就将僵化甚至死亡。如果他们吸收这样的促进因素，就会以富有生机的方式继续生长下去。的确，僵化与死亡的威胁乃是适应与生长的刺激因素。中国共产党在许多领域都表现出了这样一种强大的适应能力和变革能力，这可以说是中国能够开创出独特发展道路的重要原因所在。[1]以至于张五常在《中国经济制度》一书中认为，如果要想复制中国的经济发展模式，需要该地区没有顽固的利益阶层，也要有像中国共产党那样的组织来推行。[2]“如果没有政府或共产党的主持，中国的经济制度不会近于奇迹般地发展起来。”[3]中国共产党的创新力体现在多个方面，社会主义与市场制度的结合，既是观念性创新又是制度性创新；“允许一部分人先富起来”是典型的政策性创新；“民营企业家入党”则是集观念性创新与政策性创新于一体；多种所有制并存、多样化和异质性的社会结构与政党—国家体系并存，是结构性创新；发挥计划、政府干预与市场在资源配置中的作用，是机制性创新。显然这些创新都与以苏联为代表的教条化社会主义模式不相容。

一般来说，政权修复力（regime resilience）指的是面临挑战的时候，一个政

---

〔1〕 David Shambaugh, *China s Communist Party: Atophy and Adaption*, Washing, D. C., Berkeley, Los Angeles, London: Woodrow Wilson Center Press, University of California Press, 2008, p5.

〔2〕 张五常：《中国的经济制度》，中信出版社 2009 年版，第 151 页。

〔3〕 张五常：《中国的经济制度》，中信出版社 2009 年版，第 66 页。

权具有快速恢复到其原初制度安排（original institutional arrange-ment）的能力以及保持这一状态的期望。[1]我们在本文中把修复力（capacity of resilience）界定为使日益变革的社会不偏离或脱离中轴价值轨道的能力。对于中国而言，政党修复力意味着中国的发展不能偏离经典的社会主义轨道，也不能背弃经典的社会主义价值。正是这一点，使中国与苏联东欧等传统社会主义国家完全区别开来，也使“中国特色”的革命道路和现代化道路得以确立。当然，修复不是对创新的否定，它既是对创新之意外后果的补救，又是对某些经典社会主义原则的捍卫。修复力试图把创新力安放在一个稳定、有序的空间之中。如果修复力替代了创新力，或者说修复行动构成了对创新行动的否定，则是传统僵化的社会主义模式的重新复制。所以，中国共产党的修复力不是像某些社会主义国家那样，对僵化的社会主义模式进行顽固性捍卫。

因此，单纯具有修复力则会导致对传统模式的被动依附，单纯具有创新力则会导致偏离中轴线甚至会走向反面。对于一个执政党来说，如何将创新力与修复力统一在一起，如何实现修复机制和创新机制的组合与共处，则是至关重要的。因此，本文的解释框架可以通过如下图示得以展示：

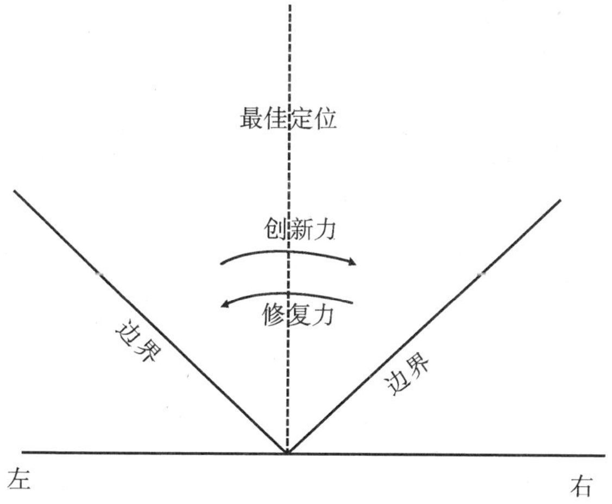

图 1.1　修复力、创新力图示

〔1〕 参见 Netina Tan 工作论文，*Institutional Hegemonic Party: The resilience of the People s Action Party (PAP) in Singapore.* Netina Tan 是加拿大英属哥伦比亚大学政治学系教授。

在创新边界和修复边界所构成的区间内，最为理想的模式是居于这一区间的中点线。当然，因客观情势的影响，理想的中点线是不会一直出现的。社会要求、市场需求、政策绩效、国际形势等多种客观因素会导致执政党对创新力和修复力进行不同比例的配置。修复力导致的不是对经典社会主义原则的否定，恰恰是对这些原则的捍卫使得中国的政治体系能够锁定一些关键问题，动员和组织人力资源去解决这些问题。这就说明，一定程度的弹性是这一体系的一种重要力量〔1〕；而创新力又确定了修复力不能退守到僵化社会主义模式中去。修复边界与创新边界组合而成的区间构成了中国特色社会主义的生长空间。

按照这个解释模型，我们可以清晰梳理出中国“创新”进程和“修复”进程的发展脉络。1978 年，为了达到国富和民强的发展目标，为实现中华民族的伟大复兴，中国共产党开始运用创新力突破原有陈旧的苏联教条社会主义模式，探索中国特色社会主义发展道路，探索将社会主义道路和市场经济模式相结合的发展模式。社会主义市场化改革使中国没有固守于僵化的意识形态而与国际社会相隔绝，继续处于落后局面，反倒取得了一系列辉煌成就。

然而，我国在建设社会主义市场化过程中，由于市场化自身和社会主义制度之间固有的矛盾，加之摸着石头过河式的改革所造成的不可避免的人为失误，引发了一系列改革的代价和阵痛。在体制转型、市场转轨过程中，分配关系的严重扭曲、城乡二元体制造成城乡差距、行业垄断造成的行业差距、阻塞的企业职工参与机制造成工资增长缓慢、失业增多与贫富分化加剧、腐败寻租现象造成特权阶层、某些公共部门过度市场化导致的教育医疗和住房问题，成为政府不得不面对的客观难题。这又激发了党和政府使用修复力来更正改革过程中产生的失误，并在最大程度上降低不得不付出的改革代价。于是我们看见政府在施政纲领中，开始逐步放弃原有的“效率优先、兼顾公平”的发展策略，更加关注民生需要，将效率和公平摆在同等重要的地位上，回归原初的社会主义民本政治传统，并采取一系列措施改善民生，建立现代福利制度。和谐社会的战略构想正是在这样的背景下提出来的。

因此就我国现实状况而言，社会主义道德化进程并非只是一种政府行动，社会主义和谐社会的构建更不是决策者突发奇想的产物，而是根基于深刻的政治、

〔1〕 巴里·诺顿:《中国经济：转型与增长》，安佳译，上海人民出版社 2010 年版，第 10 页。

经济、社会、阶层和文化原因，受到多种力量的推动。在这场运动中，国民经济推动力、公民状况的现实需要、市民社会的成长、网络空间的崛起和中央政府有远见的修复力共同构成了这次转型的复合动力机制。其中，国民经济推动力、市民社会的成长、网络空间的崛起和传统民生政治文化构成了这次道德化进程的推动力；社会结构的变迁、居民状况的需要构成了这次道德化进程的拉动力。推动力因素和拉动力因素在政治系统内被我党的创新力和修复力所整合，产生实际的政策结果。如此，综合动力解释模型可以进一步图示如图 1.2。

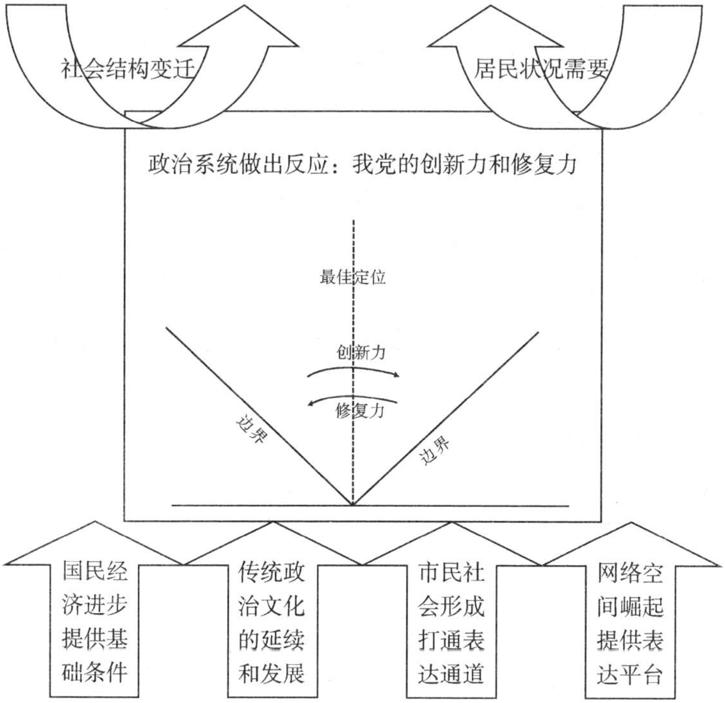

图 1.2　和谐社会构建的综合动力解释模型

五、社会主义和谐社会构建的三重面向

总之，中国的市场化进程是沿着两个层面进行的：一是市场化要服从于国家力量的崛起，二是要服从于民众生活质量的提升。这与欧美资本主义早期的发展进程是完全不同的。中国的市场化是中国共产党在实事求是的基础上运用创新力的体现，其进程遵循着富国和富民的双重逻辑。并且，中国的市场化不是对马克思主义经济理论和社会主义理论的背离，而是对以苏联为代表的教条化社会主义经济理论的突破；不是对新自由主义经济学主导下的西方主流经济理论的照抄照搬，而是以马克思主义政治经济学为基础，吸收借鉴国外优秀成果后进行的理论创新。市场化的现实目的是全体社会成员物质文化和全面自由发展，以达到富国和富民，并且市场化最终还要逐步消灭剥削、消灭两极分化、实现共同富裕。这不仅为我国市场化改革确定了一个边界，也为我国运用修复力实现道德化进程提供了空间，为和谐社会的构建提供了物质保障。

经过三十年的发展之后，由于市场化自身和社会主义制度之间固有的矛盾，在坚持公有制主导地位下发展社会主义市场经济时，客观上必然会带来一些消极影响。市场经济的这种消极作用在我国也有不同程度的体现。同时，由于社会主义市场经济完全是新事物，没有现成的经验可以照搬，只能在实践中摸着石头过河。人们认识事物时，受主客观因素的制约，其实践活动总会带有一定的盲目性。这就意味着市场化改革必然要付出一定的代价，引发一系列改革的代价和阵痛。因此，主客观的代价使得中国又面临着社会主义道德化的挑战，社会主义和谐社会的构建势在必行。

市场化为我国道德化进程提供的挑战主要来自社会结构的变迁和居民状况的需要。具体来说包括就业、贫富差距、城市化、医疗、教育等一系列现实问题。然而市场化不仅带来道德化的需要，同时也为道德化进程提供基础，为和谐社会的构建提供物质保障。这些基础条件和推动力量包括：国民经济进步提供基础资源，市民社会形成打通民众需求表达通道，网络空间崛起为民众需求表达提供更便捷的表达平台等，这些因素共同成为我国构建和谐社会的社会基础。中国共产党凭借其执政能力，在整合这些社会力量的同时，借助于传统的社会主义民本思想，其结果便是如今道德化进程的快速推进。

另一方面，市场化的作用和影响是深远而广泛的，它不仅引发经济结构和阶级结构的巨大变化，还使得城市化进程快速推进。经济发展不仅带来高度的城市化、识字率和教育水平的提高，更重要的是引起社会经济结构的变化，促进了中产阶级的扩大和市民社会的发育。民众在市场化过程中，在产生经济诉求的同时，公民意识逐渐形成，产生了政治表达的诉求。因此我国市场化在产生道德化需要的同时，必然产生民主化的需要。并且道德化和民主化进程有着相互推动、相互连接的复杂勾连关系。因此，可以说目前中国面临着三重面向的延展：社会主义市场化、社会主义道德化、社会主义民主化。也就是说，这三重面向之间的关系是极为复杂的。今日之中国正处于从市场化社会主义向道德化社会主义的转变阶段，而道德化运动又必然伴随着民主化运动，经济发展、民生改善和民主成长相互叠合在一起，使得中国面临着社会主义市场化、社会主义道德化与社会主义民主化三重面向的复合、交错与冲突。

如前所述：在民主化和道德化过程中，资产阶级、封建阶级和无产阶级具有复杂的冲突、合作与博弈关系。资产阶级和无产阶级在打击封建势力、推动民主化进程上有着大体一致的利益诉求，因此二者之间的合作使得民主化进程快速推进。然而二者在道德化进程中则是有着对立的利益诉求。封建贵族也会利用资产阶级对无产阶级的剥削关系打击新兴的资产阶级。虽然我国的国情与西方有着本质的差异，然而在现存的社会主义市场经济条件下，权贵利益集团的地位和动机与西方资本主义国家中原有的封建阶级有着一定程度的相似性，而民间利益集团的地位和动机与西方资本主义国家中的资产阶级也有着一定程度的相似性。

社会主义道德化更多的是反映了民间和中央政府的意愿。在这一运动中，我们看到的是中央政府与底层民众的结盟。而作为市场经济之主体地位的地方政府，其推进道德化进程的动机和意愿是不能一概而论的。特别是在市场化运动中产生的既得利益集团，如果说他们可以在阻滞道德化运动这一层面上达成共识的话，那么，在社会主义民主化这一问题上，则呈现出不一致的一面：权贵利益集团试图通过阻滞民主化运动来捍卫自身的特权地位，而民间利益集团则试图通过民主化运动来获取权力或保障其财产的安全，因为既得利益集团不是一元的，而是二元或多元的。与此同时，来自底层的民主化运动显然是与民生改善这一动机相联，其民粹化的特征也是不容否认的。如果说社会主义市场化运动的逻辑和动力是单一性的，即所有人都可能被纳入市场化的逻辑之中，那么，道德化与民主化运动的逻辑和动力则是极为复杂的。这三重面向的共存对中国和谐社会的构建提出了严峻的挑战。

西方国家的发展历程证明，民主是需要有诸多条件限制的，例如理性的公民社会、健全的法制以及负责任的政治行动、政治妥协的勇气与修养等。而这些条件恰恰需要雄厚的资源储备。西方国家通过制度建构起来的民主化进程，也基本上是在对资本主义进行道德化改造的过程中渐进推行的。虽然西方的民主制度在

19 世纪末和 20 世纪初在全球范围内蔓延开来，但是取代名人政治的民主政治，并没有以人民取代权势，而是以组织——亦即委员会、政党名人、少数积极分子——取代权势。[1]这个充满矛盾的事实证明，民主化的实质乃是权力结构和组织体系的转换与替代。但是，道德化运动又必然伴随着民主化运动，换言之，资本主义道德化运动既与国家的主动战略相关，更与社会的民主压力相关。从这一角度看，中国社会主义道德化运动与民主化运动的关联性是不容否认的，而这两重面向又可能与市场化运动相左。社会主义市场化、道德化与民主化之间的相生相克，说明中国意义上的和谐社会构建模式和路径还处于探索之中。

〔1〕 艾瑞克·霍布斯鲍姆：《帝国的年代》，江苏人民出版社 1999 年版，第 98—135 页。

第二章 和谐社会构建中的生活质量问题

从国家层面来看，提升民众的生活质量不仅是对“以人为本”价值理念的秉承和彰显，更是构建社会主义和谐社会的必然要求。本章从对生活质量的理解和界定出发，着力探讨以下三个问题。第一，为什么构建和谐社会要强调生活质量的提升？这个问题是关于生活质量提升在和谐社会构建中的重要意义。在这一部分里，我们着力探讨生活质量提升与和谐社会构建有着怎样的理论联系，和谐社会构建的现实又对生活质量提升有着怎样的诉求。第二，从生活质量评价状况来看，当前和谐社会构建中存在哪些弊端和问题？这个问题旨在探讨我国居民生活质量的发展现状，为后续的政策拟定提供解决思路。在这一部分里，我们以山东省为例深入分析城市居民生活发展的现状与主要不足，以此为基础探究我国社会主义和谐社会构建进程中存在的主要问题。第三，在构建和谐社会的实践中，如何推动生活质量的全面提升？在这一部分中，我们以前述分析为基础从公平和发展两个主要视角，探寻和谐社会构建中生活质量提升的必要选择。公平问题是隐藏在具体问题背后的深层次社会矛盾，发展则是解决所有生活质量问题的关键。公平和发展是根本问题。只有解决了根本问题，才能实现生活质量的提升，社会才能更加和谐。

一、生活质量提升在和谐社会构建中的重要意义

自 1958 年美国经济学家加尔布雷斯（Galbraith）提出“生活质量”概念不

久，政府和学界便迅速发现了它的政策意义。在1960年发表的《总统委员会国民计划报告》，以及鲍尔等人1960年发表的有关美国社会第二次实施的全国规划的文献中，特别提到这个新兴的术语。[1]而后不同学者对此也进行了大量的研究。[2]我国学界对生活质量的研究起步于20世纪80年代，这些研究同样重视生活质量在推动政策创新和社会发展中的重要意义。[3]进入21世纪，国内学者开始关注和谐社会构建中的生活质量问题，研究的视角主要是社会主义和谐社会构建背景下的生活质量研究。这些研究对生活质量的提升在和谐社会构建中的地位作用进行了探讨，并提出和谐社会构建进程中生活质量提升的政策回应。[4]在本节中，我们首先对生活质量的确切内涵予以清晰的说明；然后以马克思主义的社会发展目标理论为视角，从理论和实践两个方面，深入探讨生活质量提升在和谐社会构建中的重要意义。

（一）何为生活质量

生活质量研究最早出现在20世纪30年代的美国。当时，生活质量被作为一个纯粹的社会学指标来使用。较早的相关研究见于1933年胡佛研究中心Ogburn主编的《近期美国动向》，该书探讨和报告了美国生活各方面的状况和走势。1958年，美国经济学家Galbraith在其《丰裕社会》(The Affluent Society）一书中首次对生活质量概念进行了界定。在他看来，生活质量是指人们在生活舒适、便利程度以及精神上所得到的享受或乐趣。自此以后，生活质量逐渐成为一个迅速发展的专门研究领域。不同领域的研究者从各自的视角出发，对生活质量进行了

---

〔1〕 易松国：《生活质量研究进展综述》，《深圳大学学报：人文社会科学版》1998年第1期，第102—109页。

〔2〕 Lester W. Milbrath. *Policy Relevant Quality of Life Research.* American Academy of Political and Social Science，1979（444）；David C. Hadorn. *The Oregon Priority-Setting Exercise：Quality of Life and Public Policy.* The Hastings Center Report，1991（21）；Michael R. Hagerty，Robert A. Cummins，Abbott L. Ferriss，Kennethland，Alex C. Michalos，Mark Peterson，Andrew Sharpe，Joseph Sirgy and Joachim Vogel. *Quality of Life Indexes for National Policy：Review and Agenda for Research.* Social Indicators Research，2001（55）；J. Allister McGregor. Needs，Wants and Goals：*Wellbeing，Quality of Life and Public Policy.* Applied Research Quality Life，2009（4）.

〔3〕 风笑天：《生活质量研究：近三十年回顾及相关问题探讨》，《社会科学研究》2007年第6期，第1—8页。

〔4〕 韩淑丽，安鑫辉：《和谐社会中的居民生活质量宏观因素分析》，《财经问题研究》2005年第10期，第18—22页；柯燕：《从生活质量指标看澳门和谐社会构建的难度与方案》，《西北人口》2007年第4期，第27—37页；王培刚，李光勇：《和谐社会视野下的生活质量：社会需求与政策回应》，《社会科学研究》2010年第2期，第137—141页。

界定和研究，并以此为基础发展出各具特色的生活质量评价体系。[1]

从20世纪50年代生活质量研究兴起至今，国内外对生活质量的界定可谓众说纷纭。2000年，德国著名生活质量研究专家Noll根据生活质量研究的层面不同，将生活质量研究总体概括为两大类，即个体层面的个体生活质量（Individual Quality of Life）和群体层面的社会生活质量（Societal Quality of Life）。其中，个体生活质量主要关注个体层面的生活环境和主观感受，社会生活质量则强调那些直接或者间接影响个体生活质量的社会因素，比如公平、自由、平等、团结等。社会生活质量关注的是整个社会的福利分配和群体关系，目前主要形成了宜居程度理论，社会凝聚、社会排斥、社会资本理论，可持续发展理论，人类发展理论和社会质量理论。[2]

国内学者从我国文化背景和现实条件出发，对生活质量进行界定和研究，厉以宁、林南、周长城等人的研究贡献较为突出。目前对生活质量的研究主要呈现出三个不同角度：经济学角度、社会心理学角度以及综合角度。综合角度实际上是以社会学为内核，对主客观生活质量进行整合理解。这种观点认为，生活质量就是“社会提高国民生活的充分程度和国民生活需求的满足程度，是建立在一定的物质条件基础上，社会全体对自身及其社会环境的认同感”。如果将生活质量按两对变量（生活的机会和生活的结果、外在的生活质量和内在的生活质量）进行区分，则可得出生活质量四个方面的主要内容，分别是：环境的承载能力、生命的效用、个体的生存能力和个体对生活的评价。[3]这个定义强调，社会作为满足国民生活需求的提供者，其角色履行的好坏程度体现了社会是否为国民生活提供了各种充分的资源和价值；体现了在一定经济条件下，社会成员、全体国民所组成的“社会全体”，对内我和外我的接受程度；也体现了社会作为生活质量研究主体的出发点和切入点。

邢占军等人在整合已有研究的基础上，用“福利”概念对生活质量进行了界定。在他们看来，“生活质量指的是人良好存在（well-being）的质量，它是指生活在特定环境中的人们所享有的客观福利和主观福利，体现为人们所处的生存与发展状态以及人们对自身生存发展状态的主观体验。从人与自然和谐共处的角

〔1〕 邢占军等：《公共政策导向的生活质量评价研究》，山东大学出版社2011年版，第1页。

〔2〕 邢占军等：《公共政策导向的生活质量评价研究》，山东大学出版社2011年版，第6—9页。

〔3〕 周长城、饶权：《生活质量测量方法研究》，《数量经济技术经济研究》2001年第10期，第74—77页。

度出发，可以将生活质量视为人的生命质量与生存环境质量的有机统一”[1]。这一界定强调了“福利”概念，但又区别于福利经济学中的福利概念。生活质量的“福利”认为人既是手段也是目的，人的发展乃是最高的原则和最终的目标。以“生存发展状态”来概括生活质量，是对主观和客观两个层面的综合。用一种积极的眼光看待“存在质量”，是对当前国际盛行的人文主义的回应，符合人类追求“幸福”的目标。这一界定也突出了环境与人的交互作用，即构成生活质量的两大核心系统——人的生命质量与生存环境质量之间的相互影响和作用。

从这一界定来看，公共政策导向的生活质量研究主要有三个重要内容。首先，注重对人们所享有的客观福利状况以及因此而体验到的幸福感水平（主观福利）进行研究[2]。其次，注重研究公共政策对人们的客观福利状况产生的影响作用和影响机制，并以此为基础考察公共政策如何通过影响客观福利状况，进而影响人们的幸福感。最后，生活质量研究能够为政策的制定和实施提供现实依据。当生活质量状况成为政策制定时的参考来源时，便会帮助公共政策朝着更有针对性、更具时效性的方向改进。这也是公共政策导向下生活质量研究的应有内容。

（二）生活质量与和谐社会在理论上的一致性

和谐社会的构建，是一条贯穿当前时期社会建设和改革理论的主旋律。构建社会主义和谐社会，是我们党从建设中国特色社会主义事业总体布局出发提出的重大战略部署。构建和谐社会的奋斗目标，是针对经济转型期各种经济社会矛盾加剧、社会问题凸显而提出来的，目的在于消除各种不和谐的问题，实现经济社会全面、协调、可持续发展。和谐社会理论已经成为指导我国改革、发展和实践的基本思想。

生活质量在和谐社会构建中占有重要地位。提高人民生活质量既是经济社会发展的根本目标，也是和谐社会建设的题中之义。在和谐社会构建背景下关注“生活质量的提升”问题，是“以人为本”科学发展观的重要体现，是经济与社会全面发展的最终目标。新世纪新阶段，党和政府基于对人类社会发展规律、社会主义建设规律、共产党执政规律的深刻认识和经验总结，提出科学发展观的发

---

[1][2] 邢占军等:《公共政策导向的生活质量评价研究》，山东大学出版社 2011 年版，第 26 页。

展战略，其核心就是以人为本。真正的发展，从本质上说就是人类社会即人类自身的发展。发展的最终目的必须是以人为本、以公民为本。发展不仅要保证人类的基本生活，还必须注重生活质量的提高。目前，党中央带领全国人民努力构建“和谐社会”，建立宜居和谐的生存环境，提高人的生活质量，这就是以人为本的科学发展观。这样看来，和谐社会、科学发展的最终目的就是人类自身的发展，而生活质量就是衡量社会与人类发展的有效评判标准。

马恩经典著作里关于人类社会发展的论述表明，社会发展的终极目标是每个人全面而自由的发展。为实现这个终极目标，具体体现在社会发展各阶段的目标则是不断满足人民群众日益增长的物质文化需要。生活质量不仅体现了和谐社会构建的终极目标，而且还反映了和谐社会构建的阶段性目标。因而，生活质量与和谐社会在理论上是契合的。生活质量与和谐社会在理论上的一致性，主要体现在以下几个方面：

1. 生活质量体现和谐社会构建的终极目标

和谐社会必须具备一种良好的社会秩序与结构，社会中的个人和群体之间能够形成一种良性的互动关系。要实现这种良性的互动状态，根本上有赖于人自由而全面的发展程度。生活质量本身就是实现人自由全面发展这个终极目标的必由路径，生活质量提升与人的自由全面发展是手段与目的的关系。因此不难看出，生活质量与和谐社会发展的终极目标，在价值原则上是相互契合的，这是二者理论一致性的基础和根基。

和谐社会构建的最高原则和终极目标是人的自由全面发展。2004 年 9 月 19 日，中国共产党第十六届中央委员会第四次全体会议正式提出了“构建社会主义和谐社会”的概念。社会主义和谐社会就是“以人为本，全面、协调与可持续发展的新型社会”，其基本特征就是“民主法治、公平正义、诚信友爱、充满活力、安定有序、人与自然和谐相处”。和谐社会的构想体现了科学的发展观，其目的和着眼点就是人的全面发展。从构建社会主义和谐社会的指导原则中，我们也可以清晰地看见它的最终目标就是实现全体民众的全面发展。坚持以经济建设为中心，能够为人的全面发展提供物质保障；坚持以人为本、始终把最广大人民的根本利益作为党和国家工作的根本出发点和落脚点，能够为人的全面发展提供制度保障；尊重人民群众的创造精神，能够为人的全面发展提供现实基础；注重社会公平，确保人民群众安居乐业，确保社会政治稳定和国家长治久安，能够为人的全面发展提供基本前提；保持经济持续快速协调健康发展，加强生态环境建设和治理工作，能够为人的全面发展提供未来保障；发展社会主义民主、落实依法治国的基本方略、加强思想道德建设，能够为人的全面发展提供政治、法制和思想保障；加强社会建设和管理、处理好新形势下的人民内部矛盾、做好保持社会稳定的工作，则对人的全面发展起到直接的促进作用。

生活质量研究的价值取向，就是人的生存条件更加完善，人的生存体验更加积极，人格素质更加完满，社会关系更加健全；就是人的自由全面发展和人类幸福体验的最大程度获得。它完美地契合了人的自由全面发展这个社会发展的终极目标。生活质量研究本身，实践着人的自由全面发展的理念。生活质量提升是人自由全面发展的现实表现和必要条件，人的自由全面发展一定程度上就表现为生活质量的提升。生活质量评价的目标指向是人的发展和人类幸福，生活质量评价结果的应用是以增加人的发展机会和提升人类幸福水平为目的。故此，生活质量与人的自由全面发展，在价值理念上是高度契合的。总之，人的自由全面发展是社会发展所追求的终极目标和最高原则，是一种社会发展取向的价值理念。生活质量的提升与和谐社会的构建，同样是人自由全面发展的现实体现。在和谐社会构建的背景中研究生活质量的提升，就是对和谐社会构建终极目标——人的自由全面发展的高度契合。

2. 生活质量体现和谐社会构建的阶段性目标

生活质量提升在本质上是对人的生存与发展状况的关照，根本上体现了“人是目的”的价值理念，契合马克思主义中人的自由全面发展观，符合当代社会“以人为本”的发展模式。在马克思主义理论中，人的自由全面发展是社会发展到生产力高度发达、生产关系高度发达、生产力与生产关系高度和谐阶段所能实现的终极目标，这个终极目标落实到现阶段社会主义发展的实践中，就是不断满足人民群众日益增长的物质文化需要。这个需要的满足程度，或者说这个阶段性目标的实现程度，就是通过生活质量得以全面、系统而科学地反映。

人的需要是马克思主义唯物史观的逻辑起点之一，是唯物史观的一个基本范畴。人的需要就是人的本性，是客观的。“人们为了能够‘创造历史’，必须能够生活。但是为了生活，首先就需要衣、食、住以及其他东西。”[1]人的需要就

〔1〕《马克思恩格斯选集》第1卷，人民出版社1972年版，第32页。

是人为了自身的生存与发展，对衣、食、住、行以及其他东西所产生的需求，体现在主观上就是人的生物性欲望和社会性愿望等需要的体验。“在现实世界中，个人有许多需要。”〔1〕“他们的需要即他们的本性。”〔2〕作为人本性的需要，是客观的，是不以任何人或者其他力量为转移的。人们追求需要的满足，是人类一切实践活动的内在驱动力，也是推动社会不断进步的内在驱动力。对人类自身所处的社会关系进行结构、组织等方面的探索，就是为了获得更大的物质和精神文化的利益。

不断满足人民群众日益增长的物质文化需要，是我们党的宗旨和执政合法性的基础。〔3〕不断满足人民群众日益增长的物质文化需要，是马克思主义政党的根本宗旨和价值原则，是关系到党执政合法性的重大问题。《共产党宣言》里这样规定了马克思主义政党的根本宗旨和价值原则：“无产阶级的运动是绝大多数人的、为绝大多数人谋利益的独立的运动。”〔4〕为人民谋福利，是党的根本宗旨和价值原则；满足人民群众的物质文化需要，是党在不同历史时期的相同价值取向，是党的执政合法性的根基。因此，不论就社会发展的现实目标而言，还是从党的宗旨和执政合法性的基础出发，不断满足人民群众日益增长的物质文化需要都是当前构建社会主义和谐社会的目标。〔5〕构建社会主义和谐社会，必须以不断满足人民群众日益增长的物质文化需要、促进人的全面发展为价值目标。〔6〕

生活质量既是对一个社会中民众总体生活水平的综合描述，也是衡量一个社会整体发展阶段和水平的重要指标。〔7〕生活质量涵盖了民众生活领域的各个方面：从健康、基本生存、经济、政治、环境、文化、社会等客观生活质量，到以主观幸福感为代表的主观生活质量。生活质量是衡量和谐社会构建进程中民众不断增长的物质文化需要满足程度的有效尺度。故此，生活质量作为一种政策工具，可以作为和谐社会构建阶段性目标实现程度的评价尺度。将生活质量作为评价社会发展尺度的做法，国外已有先例。2008 年，包括 5 位诺贝尔奖得主的斯

〔1〕《马克思恩格斯选集》第 3 卷，人民出版社 1960 年版，第 326 页。
〔2〕《马克思恩格斯选集》第 3 卷，人民出版社 1960 年版，第 514 页。
〔3〕郭华茹：《论人的需要与改善民生》，《学术论坛》2008 年第 2 期，第 156 页。
〔4〕《马克思恩格斯选集》第 1 卷，人民出版社 1972 年版，第 283 页。
〔5〕曲夏夏：《生活质量提升与和谐社会构建》，《理论学刊》2013 年第 11 期，第 80 页。
〔6〕汪信砚：《构建社会主义和谐社会的价值诉求》，《马克思主义研究》2005 年第 4 期，第 20 页。
〔7〕刘晶：《城市居家老人生活质量评价指标体系研究》，博士学位论文，华东师范大学人口学系，2005 年，第 25 页。

蒂格利茨委员会（Stiglitz Commission）受当时法国总理萨科齐委托，对社会发展和进步状况做出测量和评价。2009 年，他们发布了关于社会发展的各项指标测量报告，其中明确指出，生活质量应当作为社会发展的目标被明确下来，生活质量是评价社会发展的有效度量。[1]

3. 生活质量是衡量和谐社会构建阶段性目标实现的优化尺度

生活质量能够科学、完整、有效地反映人民群众的物质文化需要的满足程度，因此成为衡量和谐社会构建阶段性目标实现程度的有效尺度。这对于现阶段的中国还有着更加迫切的实践价值。就目前而言，我们对于发展评价的模式仍旧以 GDP 为中心。然而，GDP 只能够评价经济增长的好坏，却无法衡量民众生活质量的高低。目前 GDP 的首要指标地位遭到越来越多的质疑。[2]它虽然仍旧是各种福利评估的关键指标，但是若要全面反映一国民众的生活质量，就必须结合其他社会指标进行综合评价。[3]近几年来，国家统计局、国家发展改革委员会、中国社科院，以及一些省、地区和直辖市都在尝试提出运用更加科学的指标体系来评估社会发展的进程。生活质量评价作为衡量社会发展程度的工具，正在不断显现出其优越性。关于这一点，我们有必要进行较多的介绍和说明。

生活质量的测量指标包括客观生活质量指标体系和主观生活质量指标体系两大部分。客观生活质量指标体系的优越性主要体现在三个方面。第一，客观性。生活质量评价的客观性，体现在评价指标体系中客观指标通常能够相对容易地进行定义和量化，而不必过多依赖研究者个人的理解和认知。第二，全面性。客观生活质量指标体系涵盖了各个生活领域，是对社会生活的全面反映。第三，通用性。生活质量为国际社会提供了一个国家间相互学习的平台。经济学家常常运用经济学理论来解释诸如人权、污染等问题，但这样的研究取向往往不足以令人信服。生活质量指标所代表的社会指标，能抓住社会的重要“质量”，这些“质量”正是各种经济指数未能充分说明的。

主观生活质量指标是对民众的主观感受进行测量，它的优越性同样明显。第一，这项指标看似具有很强的主观性色彩，实际却具有很强的有效性。比如，全

---

〔1〕 Mariano R. *The Measurement of Economic Performance and Social Progress Report and Quality of Life: Moving Forward.* Social Indicators Research, 2011 (102): 169-180.

〔2〕 Takayoshi K. *Rethinking of Economic Growth and Life Satisfaction on Post-Ww ii Japan-A Fresh Approach.* Social Indicators Research, 2007 (81): 79-102.

〔3〕 OECD. *Alternative Measures of Well-being.* Economic Policy Reforms: Going for Growth, 2006: 129-142.

球范围内的研究表明，在追踪研究几年的时间里，自我报告的主观生活质量，其时间稳定性（Temporal Stabilities）大约在 0.5 到 0.7 之间（Diener，1994[1]；Suh et al.，1996[2]）。第二，主观生活质量评价抓住了虽然难以测量，但对每个个体十分重要的主观体验，这无疑具有重要的价值。主观生活质量评价的优势，是在生活质量客观指标的基础上，以主观感受来衡量客观指标所综合反映的状况。当把主观指标和客观指标综合起来加以应用时，研究者们还可以总结出对生活质量定义性的结论。第三，这项指标同样具有较高的通用性。主观生活质量指标能够很容易地在各个人口统计学范围内进行比较。从这个意义上说，一套国家层面的、有效的主观生活质量指标也可以用来进行国际比较。

客观生活质量指标和主观生活质量指标是相互补充的。从测量上来看，主观生活质量评价和客观生活质量评价都存在缺点，二者的结合能够为社会质量的科学评价提供多重视角，避免被共同的测量误差所影响。生活质量评价主观指标和客观指标的结合问题，是生活质量领域里的热点问题。来自 40 个国家生活质量主客观指标的研究表明，主观指标和客观指标的相关程度为 0.57，且在 0.001 水平上呈现显著性。[3]生活质量主观指标和客观指标的显著相关关系进一步说明，二者的结合使用，对于综合评价社会发展状况具有极大的优越性。

4. 生活质量强调和谐社会构建中个人幸福与社会幸福的有机统一

马克思主义认为，个人幸福和社会幸福是辩证统一的，个人幸福和社会幸福的统一是马克思主义幸福观的核心。个人幸福是实现社会幸福的基础，对社会幸福起到促进作用，并赋予了社会幸福更为丰富生动的内涵；社会幸福是个人幸福的保障，社会幸福决定个人幸福，并能使个人幸福得以提升。马克思这样表述个人与社会的关系："首先应当避免重新把'社会'当作抽象的东西同个人对立起来。个人是社会存在物。因此，他的生命表现，即使不采取共同的、同其他人一起完成的生命表现这种形式，也是社会生活的表现和确证。人的个人生活和类生活并不是各不相同的，尽管个人生活的存在方式必然是类生活的较为特殊的或者

[1] Diener，E. *Assessing Subjective Well-being：Progress and Opportunities.* Social Indicators Research，1994（31）：103-157.

[2] Suh，E.，E. Diener and F. Fujita. Events and Subjective Well-being：Only Recent Events Matter. Journal of Personality and Social Psychology，1996（70）：1091-1102.

[3] Diener E.，Eunkook Suh. Measuring Quality of Life：Economic，Social，and Subjective Indicators. Social Indicators Research，1997（40）：208.

较为普遍的方式，而类生活必然是较为特殊的或者较为普遍的个人生活。”[1]这足以说明，个人是社会性的个人，个人需要社会为其提供生存所必需的各种条件，社会需要个人去发展和完善社会本身。因此，个人幸福与社会幸福相互依存、互为前提，社会幸福制约并决定个人幸福，个人幸福具有社会性，是社会幸福实现的直接驱动力。“那些为最大多数人们带来幸福的人，经验赞扬他们为最幸福的人”，“我们的事业并不显赫一时，但将永远存在；而面对我们的骨灰，高尚的人们将洒下热泪”。[2]

生活质量既是个人幸福的直接表现，又是社会幸福的具体反映，它强调了个人幸福与社会幸福的有机统一。构建社会主义和谐社会，为的是实现共产党人孜孜以求的社会理想。和谐社会建设的目标，应当归结到人的发展上，归结到生活质量提升上来。和谐社会的构建，应当以人的发展为导向，以人的和谐为依托，实现人和谐发展的社会存在状态。

（三）生活质量与和谐社会在实践上的一致性

民众生活质量的提升是社会发展的主题，是人类理想社会得以实现的基础，对于当前我国社会主义和谐社会的构建具有多方面的促进作用。从宏观社会问题的破除和解决，到和谐社会构建主体能动性的发挥，生活质量的提升都能产生积极的影响和推动作用。生活质量提升是当前经济社会发展的必然要求，是和谐社会构建的本质要求。

我国社会从20世纪80年代进入转型期，到现阶段“十二五”规划发展期，经过30年的发展，已从改善居民基本生存条件走向居民生活质量的提升。和谐社会最本质的特征是和谐的社会关系。培养这种和谐社会关系，必然要求社会提供给人们健全和完备的福利体系，要求人民生活水平的提升和主观幸福感的增强。构建社会主义和谐社会，更应当重视不断提高生活质量，以增强社会和谐的动力与活力。将生活质量提升到战略高度来重视，实施生活质量战略，是当前构建和谐社会的重心。[3]现阶段强调提高生活质量来构建社会主义和谐社会，既不是脱离实际的幻想，也不是过度福利化的倾向，而是经济社会发展的必然选

---

〔1〕《马克思恩格斯全集》第42卷，人民出版社1979年版，第122—123页。
〔2〕《马克思恩格斯全集》第40卷，人民出版社1982年版，第7页。
〔3〕《实施生活质量战略加快和谐社会建设步伐》，《领导决策信息》2006年第43期，第4—6页。

择。[1]构建和谐社会的过程就是提高生活质量的过程，构建和谐社会的实现程度，在很大程度上通过提高生活质量的速度、改善生活质量的稳定度和生活质量结构的升级度来得到反映。[2]生活质量与和谐社会的构建，在实践上具有高度的一致性，这主要体现在下面两个方面：

1. 生活质量反映和谐社会六个方面的和谐程度

生活质量是一个包含诸多子领域的复杂概念，其中客观生活质量就是由经济生活质量、政治生活质量、文化生活质量、生态环境生活质量、医疗卫生生活质量、社会综合生活质量六个方面构成。每个具体领域里又包含若干具体的指标，以对该领域进行全面而具体的反映。生活质量评价的几大领域，实际上反映了和谐社会的六个基本特征。具体来看，政治生活质量实质上反映了社会的民主法治和公平正义；主观生活质量评价，一般以生活满意度为代表性的指标，反映了人们对社会的总体感受，它与经济生活质量和文化生活质量一同，对社会诚信友爱和充满活力进行反映；社会综合生活质量是对社会为民众提供的产品、服务和生活保障进行评价，它与医疗卫生状况一起，反映了社会的安定有序；生存环境质量是对人与自然和谐相处的反映。因此从实践角度看，生活质量六大领域以及其下属指标，几乎涵盖了社会发展，尤其是和谐社会构建的各个方面。我们甚至可以说，生活质量的提升在相当大的程度上就能代表我国社会和谐程度的提升。

2. 生活质量是对和谐社会构建中现实问题的回应

生活质量，是社会领域里的一个基础性概念。社会的发展取决于人的发展，社会的和谐需要人的努力去促成。民众生活质量的提升是社会和谐的必要条件，社会和谐的具体体现正是民众生活质量的提升。不仅如此，生活质量也是和谐社会构建的归宿，社会的发展最终是为了增进人民福祉。故此，生活质量不仅是现阶段和谐社会构建的出发点和落脚点，生活质量水平的高低更是社会和谐程度的具体反映。就我国现阶段而言，生活质量也是对和谐社会构建中现实问题的回应。具体而言，包括以下三个方面。

第一，是对民生问题的回应。生活质量研究从学理上是对民生问题的关注。

---

〔1〕 白津夫：《构建和谐社会应当重视提高生活质量》，《学习与探索》2007 年第 1 期，第 9—11 页。

〔2〕 冯立天：《提高生活质量，实现社会和谐》，《中国教育报》，2005 年 9 月 20 日。

民生问题是关系经济发展、社会进步和政权兴亡的重大实践问题。自古以来我国就有“国计民生”的说法，把民生与国计相提并论。古人云：“以人为本，本治则国固，本乱则国危。”（《管子·霸业》）在我国改革开放30年后的今天，关注民生就是要保障民生和提高人民生活质量。党的十七大报告中强调：加快推进以改善民生为重点的社会建设，完善社会管理，促进社会公平正义。改善民生由此被正式提上了决策者的议事日程，成为政府制定公共政策的基本价值选择。十八届三中全会重申：以促进社会公平正义、增进人民福祉为中国特色社会主义事业的出发点和落脚点。这样，生活质量研究以民生问题为现实依托，在构建和谐社会的历史进程中就具有了重要实践意义。民生的社会性、普遍性和重要性，决定了生活质量在和谐社会构建中的重要地位。

第二，是对社会变革负效应的回应。现阶段，我国正处于社会转型的加速期，从计划经济体制向市场经济体制转变，从农业的、乡村的、封闭半封闭的传统社会，向工业的、城镇的、开放的现代型社会转变。转型的主体，就是社会结构、社会形态和社会体制。在当前社会转型的加速期，转型的目标是过渡到社会主义现代化社会，转型的主要形式是改革开放，转型的内容包括结构转变、机制转轨、利益调整和观念更新等多个领域，转型的速度与过去相比大大加快。在经济社会发展日新月异的同时，一系列社会问题随之而来。社会结构急剧分化，贫富差距不断扩大，社会冲突加剧，社会整合削弱。大量的社会边缘群体被离心到了社会主流生态圈之外，掌握核心资源的精英团体逐渐成长壮大，垄断了大量社会资源，使得有限的社会产品被相对剥夺，阻碍了发展的成果惠及全体人民。在这个关键时期，强调生活质量提升是对社会变革所带来的一系列负效应的积极应对，也是对某些社会问题的防范。这是一项基础性的工程，也是和谐社会构建的目标。

第三，是对不和谐问题的回应。近十几年来中国经济飞速发展，人民群众物质生活水平不断提高，但方方面面也累积了许多问题和矛盾，概括而言就是不和谐问题层出不穷。不和谐问题几乎涵盖了社会发展过程中的主要方面，不和谐问题也成为阻碍我国居民生活质量提升的主要瓶颈。生活质量回应和谐社会构建进程中的不和谐关系，回应社会继续发展的紧迫要求。譬如，我们存在经济发展与社会发展失衡的问题，经济快速增长与人民生活质量缓慢提高出现了失衡现象，提高收入水平与提高生活质量不对称等问题非常突出。譬如，我们存在利益分配不合理的问题。社会主义市场经济体制的建立，必然打破原有的利益分配格局，社会不同的利益群体逐渐分化，利益多元化的格局将逐步形成。收入差距的进一步拉大，成为社会发展面临的严重问题。这种差距不仅体现在个人之间、阶层之间，也体现在行业之间、地区之间。再譬如，我们存在资源与环境问题。我国在发展经济时，往往是以牺牲环境为代价的。长期沿袭粗放型的经济增长方式，使环境污染问题不断加剧，生态破坏程度不断加深。

总之，生活质量在和谐社会构建中具有重要的地位，生活质量是和谐社会构建的现实诉求。和谐社会构建，是时代提出的一个重大课题。在当代中国，构建社会主义和谐社会已经成为执政党的战略目标和现实任务，与和谐社会构建有关的许多理论和现实问题亟待突破和回答。生活质量与和谐社会构建问题具有理论和实践上的紧密联系。在当前社会主义和谐社会构建的大背景下，找出制约生活质量提升的主要问题并加以解决，无疑具有重大的意义。

二、和谐社会构建进程中的客观生活质量

客观生活质量是生活质量的客观部分，是国家和社会为民众提供的客观福利状况。邢占军等人的研究表明，客观福利状况是人们从社会系统中所获得的生存与发展条件，主要包括人们所享有的健康与基本生存福利、经济福利、政治福利、社会福利、文化福利。由于环境是人们赖以生存与发展的重要条件，因此环境福利也包含其中。构成客观福利的各个要素分别对应着健康与基本生存质量、经济生活质量、社会生活质量、文化生活质量、生存环境质量。[1]对客观生活质量的研究和分析，是对当前我国和谐社会构建进程中客观生活质量发展状况的具体呈现。这不仅能够揭示当前影响和制约和谐社会构建的客观福利条件存在哪些不足，也是指导和谐社会构建进程中生活质量提升的重要依据。

山东省在经济社会发展的诸多方面，与当今中国的发展状况具有很强的同构性。因此，该省在取样上具有一定的代表性。[2]本部分以山东省为例，对2002年到2008年七年间居民的客观生活质量进行评价研究，探讨客观生活质量总体

〔1〕 邢占军等：《公共政策导向的生活质量评价研究》，山东大学出版社2011年版，第26页。
〔2〕 邢占军：《我国居民收入与幸福感关系的研究》，《社会学研究》2011年第1期，第210页。

发展趋势，揭示发展过程中呈现的特点及问题。同时，我们也会分别探讨健康与基本生存质量、经济生活质量、生存环境质量、社会生活质量的发展趋势和主要问题，并具体分析问题产生的主要原因。

研究工具采用《中国居民客观生活质量指标体系（46项）》[1]及调整后的《中国居民客观生活质量指标体系》作为客观生活质量评价体系（见附录）。研究方法采用统计资料分析的方法，收集国家统计局和山东省统计局编制的统计年鉴数据（2002—2008）作为统计资料进行分析。政府统计数据有着权威性、连续性、全面性以及可得性等诸多优点。但是由于种种原因，政府统计数据公信力遭到不断质疑，给我国政府统计声誉造成了负面影响。近年来，我国对政府统计数据进行了立法规范，对统计数据公信力进行建设，不断提高信度和效度[2]，统计数据的质量有了很大程度的提高。

由于46项指标数据各自有其不同的单位，在利用数据进行综合评价之前，要对这些带有不同单位的原始数据进行无量纲化处理。只有统一各个指标的量纲，我们才能以此为基础综合地运用这些指标数据。具体方法如下：

正指标的无量纲化计算公式为：

$$Z_i = (X_i - X_{min}) / (X_{max} - X_{min})$$

逆指标的无量纲化计算公式为：

$$Z_i = (X_{max} - X_i) / (X_{max} - X_{min})$$

两个计算公式中的 Z_i 是指各指标原始数据无量纲化后的数据值，X_i 代表某个指标原始数据，X_{max} 代表某个指标所有数据中的最大值，X_{min} 代表某个指标所有数据中的最小值。

缺失数据的处理方法根据每个指标实际情况以及各种方法的运用特点选用，具体如下：A3为产儿死亡率，2002年和2003年没有数据；A5农村自来水普及率，2002年没有数据；A8农村卫生厕所普及率，2002年、2003年没有数据；C2城市空气质量达标率，2002年没有数据；C6工业固体废物综合利用率，2002年没有数据；D6万人接入互联网的用户数，2003年、2004年没有数据；D7万人拥有图书报纸期刊数目，2004年、2005年没有数据；F3城镇低保平均支出水

〔1〕 邢占军等：《公共政策导向的生活质量评价研究》，山东大学出版社2011年版，第30—32页。
〔2〕 陶然：《我国政府统计数据公信力问题研究》，硕士学位论文，长春工业大学行政管理系，2011年，第10—11页。

平，2002 年没有数据；F7 万人社会组织数 2002 年至 2005 年无数据。以上缺失值以 SPSS Linear trend at point 方法进行补全。F4 农村低保平均支出水平，2002 年无数据，则以 SPSS Series Mean 方法补全。

（一）客观生活质量总体分析

首先，我们呈现客观生活质量年度得分表（表 2.1）、客观生活质量发展环比速度表（表 2.2）和客观生活质量趋势图（图 2.1）。图 2.1 中 Z 所代表的客观生活质量总分呈现总体上升的趋势。表 2.2 中，客观生活质量每年的发展速度都大于 1，这说明了总体的发展方向是不断上升的。但每年的发展速度却是不同的，其中 2006 年的发展速度最快。2003 到 2005 年三年间，我国处于“十五”期间，山东省居民客观生活质量的平均发展速度为 1.23；2006 年到 2008 年，我国处于“十一五”期间，客观生活质量的平均发展速度为 1.26。由此可见，“十一五”期间山东省居民客观生活质量的提升速度比“十五”期间有了小幅提高。因此，总体而言，客观生活质量的提升速度是缓慢的。

表 2.1　　客观生活质量得分

	A	B	C	D	F	Z（总分）
2002	0.00	4.17	2.74	2.03	0.62	9.56
2003	1.58	3.11	3.64	1.98	1.49	11.80
2004	3.28	2.68	3.79	2.95	3.06	15.77
2005	4.62	4.03	3.11	3.16	2.91	17.83
2006	6.66	4.86	3.73	5.14	4.49	24.88
2007	8.22	4.84	5.02	5.67	6.66	30.41
2008	9.80	3.36	5.28	7.00	10.15	35.60

表 2.2　　客观生活质量发展速度（环比）

	2003	2004	2005	2006	2007	2008
	1.23	1.34	1.13	1.40	1.22	1.17

通过表 2.1 和图 2.1 直观的数据结果，我们可以清楚地看到山东省居民客观生活质量总体提升的趋势。那么，这种提升是否达到了统计学上的显著性？对这个问题的解决，可通过多配对样本的协同系数检验来实现。多配对样本的 Ken-

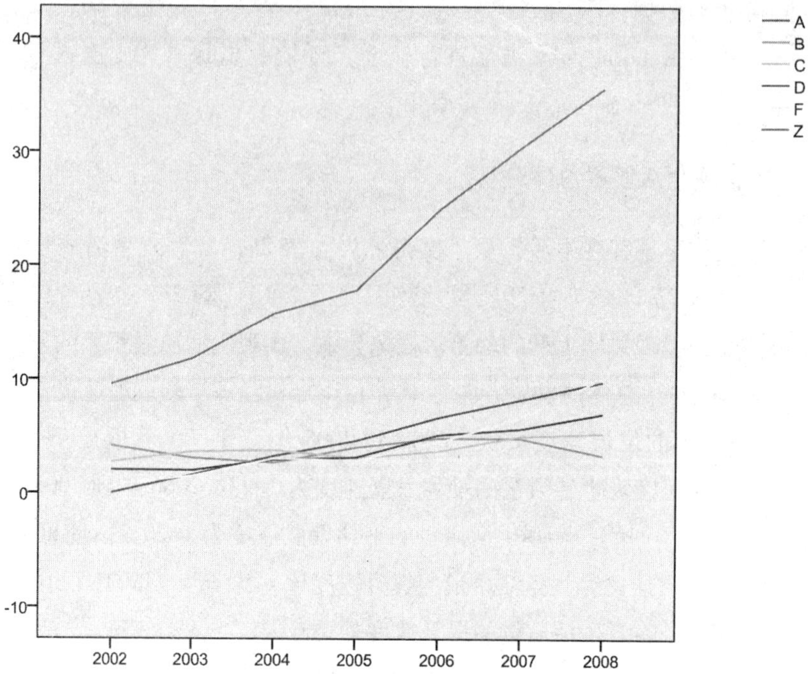

图 2.1 客观生活质量趋势

dall 协同系数检验是一种多配对样本的非参数检验方法。该方法与 Friedman 检验方法结合使用，可方便地检验客观生活质量五部分得分在彼此之间是否存在显著的差异，以及七年间客观生活质量五部分得分是否存在年度上的显著性差异。下面，我们通过协同系数 W 对七年间山东省客观生活质量的五个部分（即健康与基本生存质量、经济生活质量、生存环境质量、文化生活质量、社会生活质量）做显著性检验，并考察 2002 年至 2008 年五个部分客观生活质量之间是否存在显著性差异。SPSS 统计软件输出的结果如下：

表 2.3 协同系数 W 检验结果

N	Kendall W	卡方	df	渐近显著性
7	0.078	2.171	4	0.704

由表 2.3 可知，$p = 0.704$ 大于显著性检验的临界值 0.05。这说明 A B C D F 五部分之间不存在显著性差异。协同系数 $W = 0.078$ 接近于 0，说明客观生活质量五部分的表现在不同年度上存在显著性差异，进行追踪研究的意义较大。综

上，山东省居民客观生活质量总体提升的趋势达到了统计上的显著性，年度差异达到显著性水平，然而提升的速度较为缓慢。

造成客观生活质量提升速度缓慢的原因，在于公共政策对客观生活质量的促进效用尚未充分发挥。而客观生活质量的年度差异性则可以从年度特征分析中窥见原委。我们就这两点分别予以分析和说明：

1. 客观生活质量提升速度较为缓慢的原因探析

通过对山东省居民2002年到2008年客观生活质量提升的速度进行分析后可以发现："十一五"期间山东省客观生活质量提升速度（1.26）比"十五"期间（1.23）有所提高，增速最快的是2006年（1.40）。2006年经济生活质量表现突出，是七年间经济生活质量水平最高的一年。在当年，各项经济生活质量指标发展均衡协调，城乡居民家庭恩格尔系数达到7年间最低值。2006年也是第十一个五年规划开局之年，政策的引导和扶持有力地促进了经济领域各项事业的发展，这是保证经济生活质量显著提升的关键。尽管如此，客观生活质量提升的速度是比较缓慢的，政策对客观生活质量的促进效用并没有充分发挥出来。

政策工具是最直接、最有效的政府治理手段之一，是政策目标与施政效果之间的直接桥梁。在构建和谐社会的历史进程中，以政府为主导，充分利用公共政策的公共性、强制性和持续性，是促进民众生活质量提升的有效途径。公共政策对生活质量的影响机制主要存在于以下三个方面：第一，公共政策强制力的适度运用能消解社会对抗力，规范社会行为，为民众提供经济、政治、文化、公共服务和社会保障等方面的政策性福利，从而有利于民众生活质量的提升；第二，公共政策能够促进社会产出、过程和机会方面的公平公正，营造和谐的社会环境，这无疑能够提高民众的生活质量；第三，公共政策能够体现民众的主人翁地位，同时也有利于增强民众的主人翁意识，这对于民众主观生活质量水平的提升具有政策性的引导作用。因此，应当充分重视并发挥政策对生活质量的促进作用，进一步提高政策绩效。

2. 客观生活质量呈现年度差异的原因探析

山东省居民2002年到2008年客观生活质量从纵向来看，呈现不断提升的态势。以年份为单位分析可以发现，2003年经济生活质量和文化生活质量得分比2002年有所下降，2005年环境生活质量和社会生活质量得分比2002年有所下降。下面，我们分别以2003年和2005年为例进行具体分析。在2003年，经济生活质量部分的B4居民消费价格指数比2002年上涨1.8%，B5城乡居民家庭恩格尔系数环比上涨0.3‰，B7第三产业增加值占GDP比重比2002年下降1.95%，B8工资收入占GDP比重比2002年下降0.55%。山东省在2003年消费领域和劳动就业领域的表现有所降低。文化生活质量部分，D2成人识字率比2002年下降2.43%，D3平均受教育年限比2002年下降0.23，D4文化教育娱乐占生活消费支出比重比2002年下降1.25%。2003年客观生活质量的经济部分和文化部分在具体指标的表现上均不及2002年。其中，教育领域的指标下降突出，基础教育资源的均衡分配问题值得关注。

2005年的情况。生存环境质量部分的指标C3城市万人绿地覆盖面积下降到7年间的最低值，C4工业废气排放总量比2004年升高3772亿标立方米，C8城市生活垃圾无害化处理率降低到7年间最低值。其中，C3城市万人绿地覆盖面积（W=0.1713）和C4工业废气排放总量（W=0.1208）是权重较大的指标，对总分的影响较大。这直接拉低了2005年生存环境质量的总得分，表明污染治理领域的问题十分突出。社会生活质量部分F2失业保险金覆盖率比2004年下降3.31%，F4农村低保平均支出水平比2004年降低89.21元，F6人均社会捐赠款数比2004年小幅降低，F9城镇每万人便民利民网点数比2004年小幅降低，F11社会安全指数比2004年降低0.97%。其中，F4农村低保平均支出水平是社会生活质量权重较大的指标（W=0.1191）。以上五个指标共同导致了2005年社会生活质量的得分比2004年有所降低。

综合2003年和2005年的情况来看，这两个年份中都存在客观生活质量两个部分的得分较上年有所下降的情况。但是，2003年和2005年尽管有两个部分的得分下降，但并未影响客观生活质量总分在2003年和2005年的表现。它们均处于不断上升的总趋势中，因为相对于A健康与基本生存质量部分而言，其余四部分的权重较小，对总分的影响较小。

此外，协同系数检验结果表明，客观生活质量五部分（即健康与基本生存质量、经济生活质量、生存环境质量、文化生活质量和社会生活质量）之间不存在显著性差异。五个部分的发展比较均衡协调，并未出现短板和突出的方面。但是，2002年到2008年间，客观生活质量五部分存在年度的显著性差异。也就是说，依据年份，客观生活质量各部分表现的差异达到了统计学上的显著性，进行纵向分析是十分必要的。

造成客观生活质量年度差异的原因是多方面的、也是十分具体的，主要与当年经济社会发展各领域里的突发性事件、人口增长速度、产业结构、工业发展水平等因素有关。2003 年非典型性肺炎疫情的爆发，与居民消费价格指数、城乡居民家庭恩格尔系数的上涨有密切的联系。具体表现为居民购买的生活消费品和服务价格水平相对提高，居民生活成本提高，收入相对缩水，生活压力增大，居民福利水平相应下降。同时，非典疫情影响了第三产业尤其是服务业发展，运输、旅游、餐饮、酒店等行业首当其冲。第三产业增加值占 GDP 比重，以及工资收入占 GDP 比重均有所下降，经济领域中民众所能享有的社会福利缩水。这使得消费和劳动就业领域的经济生活质量受到明显影响。在文化生活质量方面，文化教育娱乐占生活消费支出的比重指标，也受到影响出现下降；教育领域的文化生活质量水平下降突出。

有研究表明，经济发展水平与人均受教育年限存在显著的正相关关系。一个地区的人均受教育年限越高，该地区的经济状况越好；人均受教育年限低，则经济发展相对缓慢。〔1〕山东省的数据表明，2003 年山东省人均受教育年限比 2002 年有所下降，这与经济生活质量 2003 年的下降趋势一致。

工业废气排放总量自 2002 年到 2008 年呈现随年递增的态势。山东省经济发展的特点、产业结构和工业化水平、财政收入状况等因素，直接影响山东节能减排任务的完成状况和环境治理的投入力度。其中，产业结构和工业化水平很大程度上决定了工业废气排放的总量和构成。山东省发展速度快，经济总量大，但产业结构偏重，高耗水、高耗能、高污染行业较多。2001 年至 2002 年，山东省工业二氧化硫排放量连续两年处于相对低值，但到 2005 年上升至 171.5 万吨的最高点，工业烟尘排放量也比上一年增加了 2.69 万吨。山东省能源结构以煤炭为主，煤燃烧、煤化工成为山东省二氧化硫等工业废气排放的主要来源。〔2〕工业二氧化硫、工业烟尘排放的激增等原因，造成了 2005 年山东省工业废气排放总量比 2004 年进一步增加的局面。不可否认，山东省工业污染治理也取得了一定成效。但仍应看到，山东省面临着更加严峻的污染治理形势和更为艰巨的经济转型任务。

〔1〕张邦辉，谭伟，邓淼：《从人力资本角度看人均受教育年限对区域收入差异的影响》，《石家庄经济学院学报》2007 年第 3 期，第 128—129 页。

〔2〕公务员之家，http：//www. gwyoo. com/lunwen/gylw/gyfzlw/201302/548152. html

（二）客观生活质量五大领域具体分析

1. 健康与基本生存质量稳步提升

由表2.1和图2.1可知，2002到2008年7年间，山东省居民客观生活质量的总分和五部分得分都呈总体上升趋势。具体而言，七年间：A健康与基本生存质量接近直线提升，B经济生活质量有升有降。其中，2003年和2004年经济生活质量得分连续下降，2005年有所恢复，2006年在2005年的基础上继续上升并且达到了7年间的最高点，从2007年开始又出现小幅下降趋势，到2008年下降较为明显（幅度达到30.58%），接近2003年的经济生活质量水平。总体而言，客观生活质量五部分中，经济生活质量波动最为频繁，健康与基本生存质量发展最为稳定，并呈持续增长的态势。山东省居民在健康和基本生存质量上的不断提高，得益于三个次级指标的不断优化。平均预期寿命、千人拥有医生数、5岁以下儿童平均死亡率，这三个权重较大的指标，都表现出了逐年向好的发展态势。

2. 经济生活质量波动频繁

表2.4　　经济生活质量评价指标权重[1]

评价指标	权重W
B1 居民人均收入	0.2833
B2 基尼系数	0.1266
B3 城乡居民人均生活消费支出	0.0727
B4 居民消费价格指数	0.0542
B5 城乡居民家庭恩格尔系数	0.0731
B6 城镇登记失业率	0.1388
B7 第三产业增加值占GDP比重	0.0584
B8 工资收入占GDP比重	0.1929

为了便于分析，我们在表2.4中列出了经济生活质量部分各指标的权重。相对于其他客观生活质量部分而言，七年间经济生活质量部分的波动比较频繁。2003年出现第一个下降的拐点，2004年比2003年更低，2005年有所回升，到

[1] 邢占军等：《公共政策导向的生活质量评价研究》，山东大学出版社2011年版，第147页。

2006 年达到最高点，2007 年又出现下降的拐点，2008 年继续下降。导致经济生活质量水平频繁波动的原因是多方面的，下面我们总结并梳理了五个方面的主要原因：

第一，贫富差距不断扩大。

基尼系数（B2）是国际上用来综合考察居民内部收入分配差异状况的一个重要分析指标，可以反映出社会贫富差距程度。基尼系数全球平均水平大约在 0.44 左右，国际社会通常把 0.4 作为贫富差距的警戒线，大于这一数值容易出现社会动荡。山东省七年间的基尼系数处于 0.38—0.41 之间，按照联合国有关组织的划分，基尼系数处于 0.3—0.4 之间代表了社会发展处于“收入相对合理”阶段。中国居民收入的基尼系数，2003 年为 0.479，2004 年为 0.473，2005 年为 0.485，2006 年为 0.487，2007 年为 0.484，2008 年为 0.491。与全国相比，山东省的基尼系数 2003 年到 2008 年均低于全国水平，但从 2002 年起基尼系数在不断增大。随着“十二五”规划的全面展开，解决贫富差距拉大将是重要任务。另外，表 2.4 显示基尼系数是经济生活质量部分八个指标中权重较大的指标（W = 0.1266），这表明它的数据情况会对经济生活质量的总体表现影响较大。数据显示，2007 年和 2008 年山东省基尼系数与之前相比较大，这是造成经济生活质量 2007 年和 2008 年总分下降的主要原因之一。

实际上，基尼系数不断扩大的情况不仅发生在山东省。有研究表明，我国居民总体收入分配差距呈现显著扩大的趋势，群体之间分配的差距明显加速。[1]造成收入分配差距扩大的根源是多维度的。我们可以从市场主体之间的经济关系[2]、收入分配体制不完善、经济发展模式不平衡、市场经济体制不完善[3]、税收调节体系的不健全[4]等多个方面找到原因。收入差距进一步扩大会带来严重的经济和社会后果。这不仅引发国内消费需求不足、消费动力不足、消费断层出现等问题，增加了经济过热和失衡的风险；还会使得经济发展的地域差距越发明显，严重影响经济的协调发展，增加宏观经济不稳定因素。同时，收入差距进

〔1〕 彭昇：《构建和谐社会的分配公平问题研究》，博士学位论文，中南大学政治学系，2010 年，第 76—82 页。
〔2〕 孙浩进：《我国收入分配公平的制度变迁》，博士学位论文，吉林大学政治经济学系，2009 年，第 107 页。
〔3〕 王堃：《促进我国收入分配公平的政策取向研究》，硕士学位论文，沈阳师范大学政治学系，2013 年，第 21—23 页。
〔4〕 邓双双：《促进我国居民收入分配公平的税收政策研究》，硕士学位论文，集美大学财政学系，2012 年，第 13 页。

一步扩大会严重影响人力资本的形成和人口质量的提升。收入分配不公平带来的社会动荡，也会成为社会不安定因素，影响和谐社会的构建和小康社会的全面建成。

第二，通胀压力仍然存在。

居民消费价格指数（B4）是以年为单位对城乡居民购买支付生活消费品和服务项目的价格变化数值，通常作为观察通货膨胀水平的重要指标。它同人民生活密切相关，影响着我们每一个人的生活质量。一般来说，当居民消费价格指数同比增长大于3%时我们称为通货膨胀，大于5%时称为严重的通货膨胀。现实生活中，不同的国家对通货膨胀的临界值和通胀程度区段的划分有不同的标准。比如，我国学者提出居民消费价格指数上涨幅度在4%—7%之间属于“温和通货膨胀”类型〔1〕。不论以什么标准衡量，居民消费价格指数增幅都是一种重要的经济信号，它在警示人们防范严重通货膨胀上的作用不可替代。山东省的数据显示，2003年居民消费价格指数增长1.8%，2004年增长2.5%，2005年和2006年连续两年下降，2007年和2008年连续两年升高。其中，2007年山东省居民消费价格指数同比增长达3.4%，表明2007年山东经济通货膨胀压力相对较大，影响了2007年经济生活质量的表现。研究资料显示，2003年到2007年，我国出现建国以来第五轮通货膨胀，其特点之一是居民消费价格上涨主要集中于居民居住消费领域和食品消费领域，尤其是食品消费价格的上涨最快。〔2〕

第三，消费结构不合理。

城乡居民家庭恩格尔系数（B5）的波动与经济生活质量的波动趋势基本一致。恩格尔系数是指食品支出总额占消费支出总额的比重，主要反映用于购买食物的消费支出在一个家庭的消费结构中占有多大比例。用于购买食物的消费支出占比越多，说明一个家庭的消费水平越低；用于购买食物的消费占比越小，说明一个家庭的消费层次越高。城乡居民家庭恩格尔系数反映城乡居民日常消费结构和居民的消费水平，可有效体现居民生活质量的层次。山东省的数据显示，2003年恩格尔系数较2002年有所升高，2006年达到最低点，2007年出现升高的第二个拐点，2008年继续升高。可以看出，城乡居民家庭恩格尔系数是经济生活质

〔1〕国家发展改革委价格司课题组：《通货膨胀问题研究（上）》，《中国物价》2005年第1期，第12—18页。
〔2〕张晓霞：《外部因素对我国本轮通货膨胀影响的研究》，硕士学位论文，山东大学经济学系，2009年，第9页。

量在2003年、2007年和2008年出现下滑的原因之一，2006年低点的出现也为经济生活质量在2006年达到最高水平有所贡献。

山东省居民客观生活质量的实证研究表明，消费价格指数和恩格尔系数的波动较为频繁。这表明在具体指标背后，公共消费品供给能力、消费品有效需求、居民消费层次、经济发展水平、收入差距等方面均存在一定问题，这些问题都会影响消费公平。譬如，消费资源是否充足、消费资源供给是否公平、供给能力能否满足社会消费总需求，这些都是影响消费公平的重要方面。[1]而居民消费层次也会较大程度地影响消费公平，这个因素又会受到个人客观经济条件、消费者素质、消费者的公平意识等因素的影响。经济发展水平与消费公平之间亦存在密切联系。经济发展水平是一切经济活动的宏观条件，决定着生产、消费、分配等各个领域里经济活动的质量和效益，是实现消费公平的必要条件和首要前提。此外，收入差距过大必然造成居民消费差距不断扩大[2]。这些都是不得不考虑的原因。

第四，失业率出现攀升势头。

城镇登记失业率（B6）从2002年起不断下降，却在2008年达到七年间的最高点。表2.4显示，在经济生活质量的八个指标中，城镇登记失业率是权重相对较大的一个指标（W=0.1388），这意味着它的变动对经济生活质量的总体表现影响较大。再者，失业率代表了闲置中的劳动产能，它敏感又直观，被视为整体经济状况的重要指标。山东省2002年到2007年，城镇登记失业率一直呈不断下降的趋势，在2008年突然升高，达到七年间的最高点。这能够帮助解释，为何经济生活质量的总体表现在2008年会出现较低分数。城镇登记失业率敏感而直观地反映了城镇居民就业方面的主要状况，是整体经济状况的重要指标之一。它的变动会直接带来经济生活质量的变动。

失业率的问题实质上反映的就是就业公平的问题。从20世纪80年代开始，中国社会逐渐拉开了社会结构转型升级的大幕。社会利益再分配，社会结构分化重组，都使得改革面临巨大的压力，下岗失业人员增加等问题成为影响就业公平的焦点问题。党和国家积极应对新形势下的新问题，在就业权利公平立法、取消

〔1〕 汤跃跃：《现阶段我国居民消费公平问题研究》，博士学位论文，西南财经大学经济系，2008年，第48页。
〔2〕 赵成涛，李元旭：《收入公平、消费公平与经济增长》，《社会科学研究》，2009年第3期，第77页。

对特殊群体的就业歧视政策、保障残疾人就业等多个方面均取得了历史性的进步。但是，受到政治、经济、社会、文化等多方面因素影响，就业不公平问题仍然广泛存在。就业不公平问题产生的根源，大多能够从制度方面找到原因。这些原因包括制度供给不健全、责任设置不均衡、调节机制不完善、行政权力行使不公正等诸多方面。[1]这些都是值得我们反思和应对的。

第五，产业发展不均衡。

第三产业增加值（B7）占 GDP 比重总体呈下降趋势。这个指标是一个社会的发展繁荣程度和发展均衡程度的重要衡量指标之一。山东省 2002 年到 2008 年在本指标的数据显示，第三产业增加值占 GDP 比重呈现了总体下降的趋势，从 2002 年的最高点下降到 2005 年的最低点，自 2006 年起恢复到 2004 年的水平，2007 年在 2006 年的基础上略有提升但幅度较小，2008 年较 2007 年略有下降。2003 年和 2004 年的下降趋势与经济生活质量自 2003 年起的下降趋势较为一致；2006 年本指标的小幅回升也贡献了经济生活质量在 2006 年达到高峰值的表现；2007 年和 2008 年第三产业增加值占 GDP 比重在七年间的数据低点，也是造成经济生活质量在这两年表现低迷的原因之一。

综上所述，2002 年到 2008 年山东省经济生活质量受到多方面因素的影响，出现了波动较为频繁的现象。基尼系数 2007 年和 2008 年相对较高；居民消费价格指数 2007 年同比增长较大；城乡居民家庭恩格尔系数 2006 年达到最低点，2007 年和 2008 年小幅升高；城镇登记失业率逐年下降，但在 2008 年突增到最高点；第三产业增加值占 GDP 比重整体下降。也就是说，山东省居民 2002 年到 2008 年经济生活质量受到的影响因素主要有以下几点。收入方面：社会不平等程度加大，社会贫富差距面临拉大的压力，收入分配公平的实现还有很长的路要走。消费方面：通货膨胀的压力仍然存在，居民日常消费水平还不太稳定，消费结构存在更加合理化的发展空间，背后的消费公平问题亟待解决。劳动就业方面：失业率增加是经济疲软、放缓衰退的信号，就业公平问题是成因、也是解决问题的路径之一。产业方面：第三产业发展滞后，没有形成推动经济发展的主动力，工业化发展还不成熟，综合经济实力和现代化发展均衡程度有待进一步提升。

---

〔1〕 蒋阳飞：《我国就业公平及其制度保障研究》，博士学位论文，中南大学伦理学系，2010 年。

3. 生存环境质量总体提升但2005年下降

表2.1和图2.1中，C代表了生存环境质量。2002年到2004年，生存环境质量不断提升，2005年有所下降，之后的2006年到2007年是上升的趋势，2008年更是达到了7年间的最大值。从绝对值上看，2007年和2008年的生存环境质量明显高于往年，表现最好。生存环境质量总体提升，仅在2005年小幅下降。具体原因在于，C3城市万人绿地覆盖面积2005年得分处于最低点，且指标权重（W =0.1713[1]）较大，这对生存环境质量总分的影响较大；C8城市生活垃圾无害化处理率2005年得分也在最低点。这两个指标在2005年的低分是导致生存环境质量在2005年出现下降的主要原因，反映出当前城市环境基础设施建设在绿化和生活垃圾处理等环保设施方面存在薄弱环节。

4. 文化生活质量总体提升但2003年下降

文化生活质量逐年提高，仅在2003年小幅下降。这是由于D2成人识字率在2003年是最低值，D3平均受教育年限在2003年也出现了比较低的值，而这个指标是文化生活质量部分权重最大的指标（W =0.2727[2]），这势必对文化生活质量的总分产生消极影响，使基础教育问题凸显。成人识字率和平均受教育年限两个指标都是涉及教育资源公平分配的重要指标。教育资源是否在各个层面上公平分配，直接影响着成人识字率这类反映基础教育水平的指标；同时，平均受教育年限是国民素质整体水平的重要反映，也会受到教育资源是否公平分配的直接影响。教育资源的配置是指教育资源的结构和分配状况，教育资源分配不均主要表现在公共教育支出结构不合理、教育资源配置的地区差异和基础教育的城乡差距[3]三个方面。下面，我们就每一方面分别予以说明。

首先，我国公共教育的支出结构不合理。三级公共教育支出结构不合理，体现了三级教育结构之间的教育资源分配不公，以及教育资源配置在教育层次之间的差距。教育的层次差距主要是指初级、中等、高等教育的结构及其资源配置问题，这反映了政府如何看待三级教育结构所产生的不同的社会效益和经济效益，是对教育公平与效益的权衡和抉择。教育资源中的教育经费是指教育领域内的国

---

〔1〕 邢占军等:《公共政策导向的生活质量评价研究》，山东大学出版社2011年版，第185页。

〔2〕 邢占军等:《公共政策导向的生活质量评价研究》，山东大学出版社2011年版，第228页。

〔3〕 刘欣:《由教育政策走向教育公平——我国基础教育政策的公平机制研究》，博士学位论文，华中师范大学教育经济系，2008年，第90页。

家公共教育支出。举例来看，“十一五” 期间，我国三级普通学校教育经费状况如下表所示。我们发现，政府预算内教育经费中高等教育的占比仍然超过20%，这与世界平均水平相比，仍然过高。[1]高等教育投入经费高，而基础教育投入经费相对较低。

表2.5　　预算内教育经费三级普通教育的分配比例　　单位:%

	2006	2007	2008	2009	2010
普通高等学校	20.834	20.305	20.078	19.189	20.155
普通高中	9.814	9.013	8.651	8.629	8.717
普通初中	20.137	20.923	21.562	22.307	21.774
#农村初中	11.266	12.706	13.254	13.572	12.951
普通小学	31.992	32.888	32.134	33.011	32.538
#农村小学	21.182	22.664	22.057	22.286	21.666

数据来源：中国统计年鉴

其次，我国教育资源的配置存在较大的地区差异。仍然以国家预算内的教育经费为例，比较我国东、中、西部地区的预算内教育经费占比情况（表2.6）。数据显示，教育资源中的教育经费在我国东、中、西部地区的配置显示了巨大的差异。东部地区教育经费的占比虽然近年来有所下降，但是仍然占据全部教育经费的一半左右；中部地区教育经费的占比近年来有所提高，但是也只占到28%左右；西部地区近年来教育经费的占比提升幅度明显，但从全国范围来看，比例最低，平均占比为22%。与东部地区相比，中西部地区在教育经费的所得配置上远远落后。不仅如此，除了教育预算经费之外，受教育程度、义务教育普及率、生师比、师资水平等方面，中西部地区也远远落后于东部地区。[2]另外，省际之间、省域内的教育资源配置不公平现象也十分凸显。数据显示，教育经费最充裕的广东（1327.86亿元）与排名最后的西藏自治区（80.74）相差16倍多。[3]

---

〔1〕刘欣:《由教育政策走向教育公平——我国基础教育政策的公平机制研究》，博士学位论文，华中师范大学教育经济系，2008年，第114页。

〔2〕刘欣:《由教育政策走向教育公平——我国基础教育政策的公平机制研究》，博士学位论文，华中师范大学教育经济系，2008年，第106，108页。

〔3〕教育部、国家统计局、财政部:《关于2011年全国教育经费执行情况统计公告》，教财［2012］11号。

表 2.6　　我国东、中、西部教育经费差异　　单位:%

	2006 年	2007 年	2008 年	2009 年	2010 年
东部	53.63	51.86	49.98	48.54	49.38
中部	26.28	27.73	28.10	27.94	27.71
西部	20.09	20.41	21.92	23.52	22.90

最后，我国基础教育存在城乡差距。仍然以预算内教育经费为例来看城乡基础教育的巨大差距，教育经费的多寡直接影响办学条件的优劣。上表的数据显示，预算内教育经费在城乡之间的分配上是非常不均衡的：城乡差距显著，城市义务教育预算内教育经费是农村义务教育预算内教育经费的近两倍。农村教育经费严重不足，会严重影响农村的办学条件和农村学生的学习环境。此外，教育资源配置的城乡不公平还表现为师资水平、学龄儿童入学率以及城乡人口平均受教育年限等诸多方面。

表 2.7　　2010 年城乡预算内教育经费的差距　　单位：元

	城市	农村	城市/农村（倍）
小学	43892287	29227117	1.50
初中	29372793	17469915	1.68

数据来源：中国统计年鉴

教育公平问题的表现是十分具体的，造成教育不公平的原因也是十分有针对性的。有研究总结了影响我国教育公平的原因，主要由以下几个方面：优先发展教育战略尚未真正成为我国政府发展的价值理念，贫富差距是制约我国教育公平的现实阻滞，教育资源分配的城市化取向加剧了教育不公的程度，城乡二元分割是制约我国教育公平的体制性障碍，教育经费投入不足成为制约教育公平的最大瓶颈，教育法治的不健全影响到教育公平的发展环境，市场机制介入引发了许多教育公平新问题，“重点学校制度”倾斜背后的不公平利益，教育特权和教育腐败加剧了教育不公平的程度。[1]

〔1〕 朱金花:《教育公平：政策的视角》，博士学位论文，吉林大学政治学系，2005 年，第 96—110 页。

5. 社会生活质量总体提升但2005年下降

F代表了社会生活质量，在总体呈现上升趋势的同时，2005年小幅下降；2007年和2008年增幅较大，增长明显。社会生活质量逐年提高，仅在2005年小幅下降。主要原因在于F4农村低保平均支出水平在2005年达到最低值，且这个指标权重较大（W=0.1191[1]），对社会生活质量总分的影响比较大，这反映出公平保障方面的问题。指标F9城镇每万人便民利民网点数在2005年与2004年相比下降。这两个指标在2005年的变化是造成社会生活质量在2005年下降的主要原因。农村最低生活保障平均支出水平较低，折射出财政对农村社会保障供给水平的不足，体现了城乡分离的二元化社会保障制度难以适应和谐社会的要求。

当前，社会保障存在的主要问题是保障资金不足，这主要是因为国家财政投入与市场物价上涨和人民生活水平普遍提高状况不相适应。近年来，国家增加了对农村社会保障的投入，但其增加的速度远远低于物价上涨的速度。[2]数据显示，城乡居民在最低生活保障平均支出水平上仍旧存在较大差距，并且差距正呈不断扩大的趋势。[3]一项中国城乡社会保障公平判别的实证研究表明，城乡社会保障的确存在制度和结果的不公平，财政性社会保障仍然具有农村歧视的特点。[4]综上所述，本研究所关注的农村社会保障的核心问题，在于二元经济结构造成的农村社会保障制度改革严重滞后，在于公共财政对农村社会保障的投入水平较低、供给不足。因此，必须依靠制度的改革和创新逐步实现城乡社会保障的公平和共同发展。

$$Y=0.4185A+0.1671B+0.1706C+0.0755D+0.1683F$$ [5]

上式为客观生活质量评价函数，A、B、C、D、F分别代表了健康与基本生存质量、经济生活质量、生存环境质量、文化生活质量和社会生活质量，字母前的数字为各部分的权重系数。总体而言，客观生活质量五部分中健康与基本生存

---

〔1〕 邢占军等：《公共政策导向的生活质量评价研究》，山东大学出版社2011年版，第271页。
〔2〕 朱凌：《构建和谐社会下的社会保障公平问题研究》，硕士学位论文，南昌大学社会保障系，2007年，第29—30页。
〔3〕 曾宪影：《公共财政视角下中国农村社会保障问题研究》，博士学位论文，南京农业大学农业经济系，2011年，第74页。
〔4〕 江华：《中国城乡社会保障公平判别体系构建、验证及路径选择》，硕士学位论文，重庆理工大学劳动经济系，2009年，第27页。
〔5〕 邢占军等：《公共政策导向的生活质量评价研究》，山东大学出版社2011年版，第36页。

质量的权重最大（W = 0.4185），对客观生活质量总分的影响最大。这部分在2002年到2008年的总体增长趋势最稳定，为客观生活质量总分呈现逐年稳步增长奠定了基础。

三、和谐社会构建进程中的主观生活质量

主观生活质量即人们因享有客观福利状况而体验到的主观福利水平，它的核心指标是主观幸福感。[1]主观幸福感是人们对自身生存与发展条件的主观体验，是满意感、快乐感和价值感的有机统一。[2]人的生存和发展条件通过社会提供给人们的客观福利条件反映出来。然而，客观生活质量并不能涵盖人们生活质量的全部内容。人们对客观福利的主观反映也是生活质量的重要内容：它是人们的生活质量在精神层面的表现，需要通过主观生活质量来反映。对和谐社会构建进程中人们的主观生活质量进行评价研究，是对社会所能提供给人们的主观福利进行关注，也是对人们生活的是否满意、是否快乐、是否有价值的重视。

本部分以山东省为例，对2002年到2008年七年间居民的主观幸福感进行评价研究，探讨以下三个方面的问题。第一，探讨主观幸福感发展的总体趋势和年度特征及其背后的原因。第二，探讨人际适应体验、心理健康体验、目标价值体验、心态平衡体验、身体健康体验、家庭氛围体验、社会信心体验、成长进步体验、知足充裕体验、自我接受体验等10个具体幸福指数发展的趋势及水平，并分析具体幸福指数表现较好和较差的原因。第三，结合客观生活质量的研究结果，将主观幸福感与客观生活质量的发展趋势进行对比，探讨不同发展趋势产生的根源。

采用二次分析的方法，对2002年到2008年所收集的主观幸福感数据进行再分析。二次分析的方法更加适合纵向研究。纵向研究即追踪研究，是指在一段相对长的时间内对同一个或同一批被试进行重复的研究。它能够比较完整地分析发展过程，以及发展过程中的一些关键转折点。研究工具采用《中国居民幸福感量表（简本）》[3]作为主观生活质量评价工具进行研究。

---

〔1〕 邢占军：《沿海某省城市居民主观幸福感纵向研究》，《心理科学》2005年第5期，第1072页。
〔2〕 邢占军等：《公共政策导向的生活质量评价研究》，山东大学出版社2011年版，第25页。
〔3〕 邢占军，刘相等著：《城市幸福感——来自六个省会城市的幸福指数报告》，社会科学文献出版社2008年版。

《中国居民幸福感量表（简本）》又分成十个分测验，即下图 2.2 左边部分的十个项目。对这十个项目经过高阶因素分析得到两个特征根大于 1 的公共因子，命名为“身心健康体验”和“享有发展体验”。《中国居民幸福感量表（简本）》具有良好的同质信度，内在一致性系数为 0.8475；与中国居民幸福感全量表、单项目自陈幸福感量表、生活领域满意感量表和总体生活满意感的得分四个效标的相关系数分别为 0.972、0.561、0.696 和 0.478，说明该量表具有良好的效标效度；拟合度检验结果表明主要指标达到了较为理想的拟合指数水平，表明量表具有较好的构想效度。

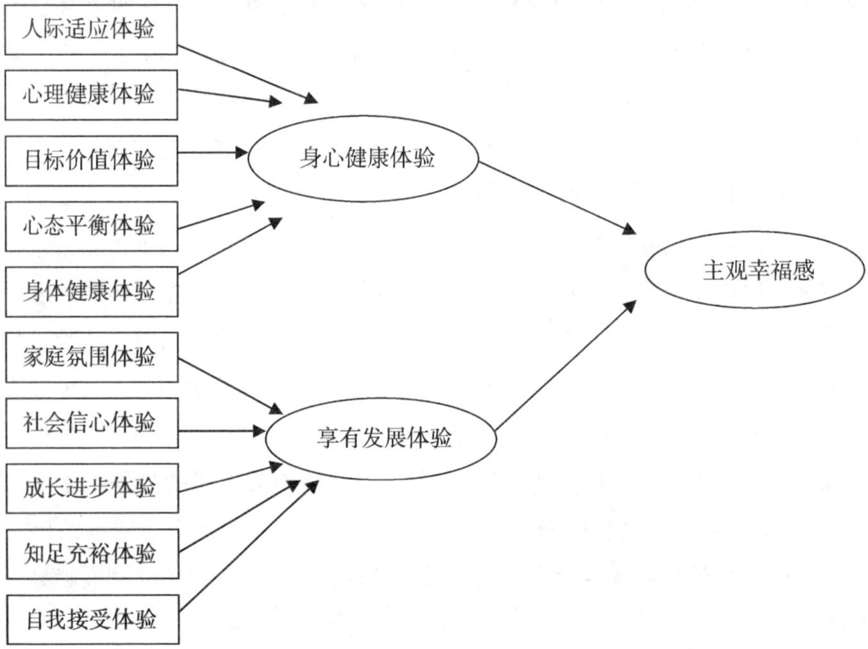

图 2.2　修正后的我国居民主观幸福感结构假设模型图

（一）主观生活质量的总体分析

首先，我们呈现主观幸福感的年度趋势图（图 2.3）、主观幸福感两部分得分表（表 2.8）和主观幸福感两部分的趋势图（图 2.4）。从上述三个图、表中我们可以看到：山东省居民 2003 年身心健康体验和享有发展体验两部分的得分和总分都达到了 2002 年到 2008 年七年间的最低值，2006 年身心健康体验、享有发展体验和总分都达到了七年间的最高值；2007 年身心健康体验、享有发展体验和总分有所降低，其中，身心健康体验的得分降低到 2004 年水平；2002 年到 2008 年间，山东省居民主观幸福感发展中的两个下降的拐点出现在 2003 年和 2007 年，2003 年下降得最为剧烈，2004 年到 2006 年持续走高，2006 年达到最高点后，2007 年出现下降的第二个拐点，2008 年小幅回升。

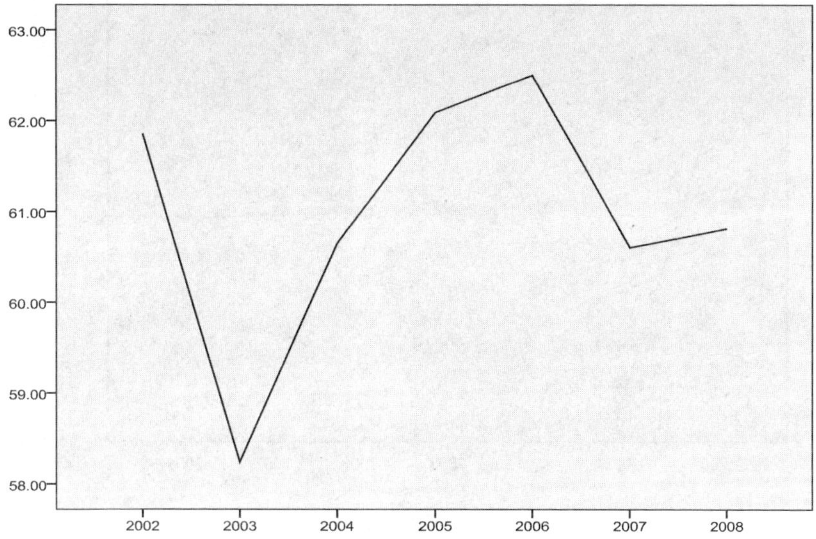

图 2.3　主观幸福感趋势图

表 2.8　　主观幸福感两部分得分

年份	身心健康体验	享有发展体验	总分
2002	29.93	31.92	61.86
2003	28.05	30.19	58.25
2004	29.28	31.37	60.65
2005	30.10	31.92	62.09
2006	30.43	31.98	62.50
2007	29.28	31.32	60.60
2008	29.35	31.45	60.81

表 2.8 和图 2.4 依据原始分数呈现了主观幸福感结构中的两个组成部分在 2002 年到 2008 年的发展趋势。位于上方的折线代表了身心健康体验的发展趋

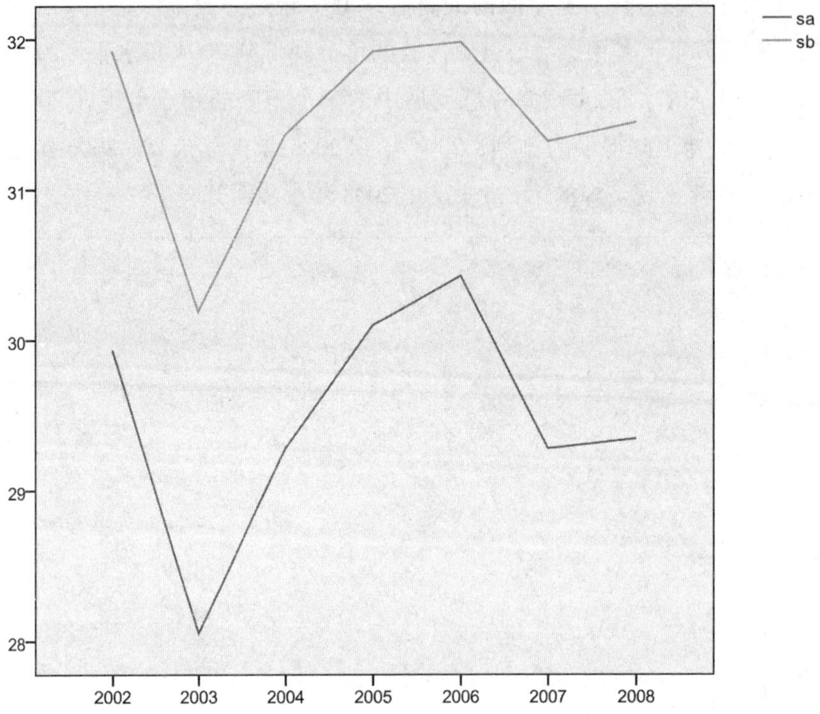

图 2.4　身心健康体验和享有发展体验趋势

势，下方的折线代表了享有发展体验的发展趋势。可以看出，身心健康体验和享有发展体验的趋势与主观幸福感趋势总体一致，说明主观幸福感结构模型的内部一致性较好，每个组成部分与总体的一致性程度较高。2003 年和 2007 年的拐点需要进一步解释。我们还可以看到，身心健康体验部分和享有发展体验部分在总体趋势一致的情况下，享有发展体验部分每年的得分均高于身心健康体验的得分。

身心健康体验和享有发展体验是否存在显著性差异，则要依靠两配对样本的 Wilcoxon 符号秩检验方法进行检验。这种方法是一种两配对样本的非参数检验方法之一，其基本思路是，按照符号检验的方法用第二组样本的观察值减去第一组样本的对应观察值，将差值按升序排列，求出差值变量的秩。如果正秩之和与负秩之和大致相当，则说明一组样本值大于另一组样本值和该组样本值小于另一组样本值的幅度大致相当，两组样本数据差的正负变化程度基本相当，两配对总体的分布无显著性差异。

表 2.9 身心健康体验和享有发展体验 Wilcoxon 符号秩检验结果（一）

		N	秩均值	秩和
Wsb - Wsa	负秩	1[a]	1.00	1.00
	正秩	6[b]	4.50	27.00
	结	0[c]		
	总数	7		
a. Wsb < Wsa				
b. Wsb > Wsa				
c. Wsb = Wsa				

表 2.10 身心健康体验和享有发展体验 Wilcoxon 符号秩检验结果（二）

	Wsb - Wsa
Z	-2.197a
渐近显著性（双侧）	0.028
a. 基于负秩	
b. Wilcoxon 带符号秩检验	

由表 2.9 结果（一）和表 2.10 结果（二）可知，享有发展体验得分小于身心健康体验得分的有一组数据，享有发展体验得分大于身心健康体验得分的有六组数据，不存在二者得分相等的数据组。负号的秩和统计量为 1，正号的秩和统计量为 27。Z 检验统计量为 -2.197，对应的概率 p 值为 0.028。由于概率 p 值小于显著性水平 0.05，可以认为身心健康体验和享有发展体验的总体分布在 0.05 水平上存在显著性差异，人们的享有发展体验优于身心健康体验。

通过上述对主观幸福感总体水平，以及主观幸福感两个组成部分的统计分析可以发现，影响和制约和谐社会构建的问题主要在于主观幸福感水平存在年度差异。这表明人们的主观生活质量呈现出年度特征，不同年份中的具体情况是导致主观生活质量年度特征的原因。从主观幸福感趋势图中可以看见，在 2003 年、2006 年、2007 年和 2008 年这四年中，主观幸福感发生了较为突兀的变化。因此我们有必要对这四年的情况做进一步的分析和说明。

1. 2003 年主观幸福感降到最低水平

2003 年山东省居民目标价值指数、心态平衡指数、身体健康指数、家庭氛围指数、成长进步指数和自我接受指数等 6 个具体幸福指数明显低于 2002 年和 2004 年，分别下降了 4. 94%、17. 12%、4. 4%、12. 07%、1. 34%、8. 08%。其中，心态平衡体验下降幅度最大，达到 17. 12%。目标价值指数、心态平衡指数和成长进步指数是与社会公平和发展问题密切联系的重要主观指标，是社会公平与发展问题在人们主观上的反映，具有重要的研究价值。

目标价值体验的降低，表明人们的充实感降低，甚至产生了空虚感。对手头正在做的事情兴趣减退，对自己人生的长期目标产生怀疑。心态平衡体验的降低是指人们对自己目前的生活现状产生不满，有向运气不好、命运不公方面归因的倾向。心态平衡体验是公平感的直接体现，导致心态平衡体验降低的最直接因素是人们对目前生活现状的不满意，并将这种不满意归因为非理性因素。事实上，社会不公平往往是导致人们心态失衡的重要原因。

家庭氛围体验的降低是指与之前相比人们感受不到家庭的温暖，与家人的沟通出现问题，家庭成员之间的包容程度降低、家庭氛围无趣冷淡。成长进步体验的降低，表明人们在面对生活中的消极情绪时，失去了在生活中不断提升自我、不断学习并感受不断进步的心理动力。成长进步体验是个体的发展体验，实际上却是对社会进一步发展的广度和深度的反映。自我接受体验的降低是指，与之前相比对自己不那么满意也不那么自信了，甚至开始对自己持否定态度。需要指出的是，社会不公平也会影响人们的自我接受体验。

2003 年，SARS 危机作为一个十分敏感的社会心理事件，对民众心理、社会心态产生了强大的冲击，引发一系列的社会性的心理问题，如过度恐慌心理与行为、盲目从众心理与行为、迷信心理与行为、流言传播心理与行为。[1] 与之相伴的，是以抢购、群体性惊恐、民工和大学生无序溃散为主要表现形态的社会恐慌现象。当群体性的焦虑和恐慌蔓延在整个社会时，人们的主观幸福感必定受到巨大的负面影响。反映在数据上，居民身心健康体验和享有发展体验都受到不同程度的严重影响，身心健康体验所遭受的负性影响更为明显。“非典”十年后的今天再回首，我们需要面对更多政治体制的公共管理职能、权力运行机制、社会

〔1〕 时勘：《危机突发事件的社会心理预警研究》，《北京社会科学》2003 年第 4 期，第 51—59 页。

动员和制度资源整合能力的课题[1]，如政府危机管理、政府公信力提升、政府公共管理规范化、政府职能观念的转变、政务信息公开、中央与地方关系等。

心态平衡体验（比2002年下降17.12%）、家庭氛围体验（比2002年下降12.07%）下降幅度非常大。这反映出人们在大的自然灾害和流行疫情面前感到无能为力，开始向命运和运气方面归因，产生迷信、盲从、侥幸、恐慌等不正常的心态，以及听天由命等消极悲观的处世态度。反映在家庭这个特殊的单元中，就会影响家庭关系的和谐度和家人之间相互理解。面对“非典”，家庭成员间不同的态度反应和行为主张也会引起观念以及行动的冲突和矛盾。故此，2003年突发性的公共卫生事件直接影响了民众的目标价值体验、心态平衡体验、自我接受体验、成长进步体验和家庭氛围体验这五个具体的幸福指数，以及身心健康指数和享有发展指数的水平。

2. 2006年主观幸福感达到最高水平

2006年是“十一五”开局之年，人际适应体验、目标价值体验、心态平衡体验、社会信心体验、成长进步体验等5个指标比2005年和2007年明显要高，与2005年相比分别提升了3.54%、1.38%、2.27%、0.8%、3.03%。但是，社会信心体验却低于七年的平均数。家庭氛围体验、自我接受体验也高于七年的平均分。

在2006年主观幸福感中的人际适应指数、目标价值指数、成长进步指数达最高值，主观幸福感的第一部分“身心健康体验”也达到最高水平。这说明，人们比以往拥有更加融洽、真诚的人际关系；拥有心心相印、紧密无间的朋友关系；能够相互理解、互谅互让。人们比以往更有充实感；感到自己正在做的事情很有意义，能够体会到其中的乐趣；清楚自己一生的追求，并正在为之付出努力，肯定努力的意义和价值。人们比以往更能够积极地面对生活，把生活当作一个不断学习提高的过程；能够经常感受到自己在生活中所取得的进步；更加清楚自己前进的目标，并能够克服各种困难去实现目标。与以往相比，人们觉得身心健康状况更好，健康的体验更加明确。对比发现，“目标价值体验”和“成长进

[1] 程竹汝，杜连梅：《论非典事件对我国政治的影响》，《政治与法律》2003年第6期，第3—7页。

步体验”是2003年主观幸福感的最低水平与2006年主观幸福感的最高水平共同涉及的因素，这两个因素对主观幸福感水平的高低有重要的影响力。

2006年，山东省居民主观幸福感达到了研究时段中的最高点，其中原因可以从社会存在和社会意识的关系理论找到解释。马克思主义哲学认为社会存在决定社会意识，社会意识是社会存在的反映。[1]因此，主观幸福感必然会受到客观生活质量的影响，主观幸福感的提升都会受到社会所能提供给民众赖以生存和发展的客观条件的优劣的影响。2006年山东省居民经济生活质量达到研究时段中的最高点，我们在这里都充分肯定客观生活质量部分的经济生活质量在2006年的高水平表现对2006年主观幸福感的积极影响，它是主观幸福感在这一年水平最高的原因之一。关于客观生活质量对主观生活质量的作用机制，我们有必要做更进一步的说明。

Manfred Max-Neef在1995年提出生态经济学的门槛假说（Threshold Hypothesis）[2]，这一假说揭示了经济增长与生活质量提升的动态关系：在每一个社会中，似乎都存在那么一个时期，在这个时期中，经济增长会带来民众生活质量的提升。但是，这种情况只存在于一定的阈值范围内，一旦超过一定的阈限值，经济的继续增长会引发生活质量下降。Kubiszewski等人最近的一项研究表明，经济发展所带来的纯粹福利指标GPI（Genuine Progress Indicator）在中国的人均GDP达到＄5000时，开始呈现下降趋势（见图2.5）。[3]虽然GPI只是一个不计其他方面而只强调经济发展带给民众福利的指标，并不能反映人们全部的福利水平，但它却比GDP这个并不反映民众福利的指标纯粹得多。

综上所述，客观生活质量在一定程度上能够促进主观幸福感的提升，但在特定条件下，客观物质条件的提高会带来主观幸福感的下降。当前，山东经济社会发展已经进入门槛效应的临界值。因此，必须加快转变经济增长方式，加快产业结构调整升级，在福利门槛到来之前做好转型准备，防止落入幸福陷阱。

---

[1]《马克思恩格斯选集》第1卷，人民出版社1995年版，第30页。

[2] Max-Neef, M. Economic growth and quality of life: a threshold hypothesis. Ecological Economics, 1995 (15): 115-118.

[3] Ida Kubiszewski, Robert Costanza, Carol Franco, Philip Lawn, John Talberth, Tim Jackson, Camille Aylmer. *Beyond GDP: Measuring and Achieving Global Genuine Progress*]. Ecological Economics, 2013 (93): 66.

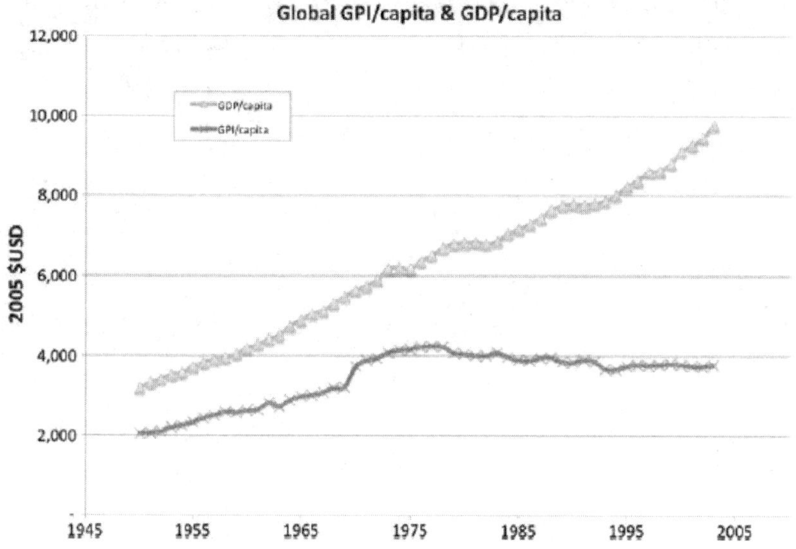

图 2.5　人均 GDP 与人均 GPI 的发展趋势

资料来源：Ida Kubiszewski，Robert Costanza，Carol Franco，Philip Lawn，John Talberth，Tim Jackson，Camille Aylmer. *Beyond GDP：Measuring and Achieving Global Genuine Progress.* Ecological Economics，2013（93），66.

3. 2007 年主观幸福感小幅下降

"社会信心体验"（比 2006 年下降 1.55%）和"知足充裕体验"（比 2006 年下降 1.05%）指数在 2007 年最低。这说明人们对社会发展的信心不足，对社会发展趋势的判断比较悲观，不能确定社会发展将来是否会对人们有利。人们对个人及家庭客观物质条件感到不满，经济生活水平不尽如人意；对生活的期许在经济方面产生了更多；也因为经济条件的不足而感受到了某种压力。省会城市济南 7·18 特大暴雨造成城市内涝，交通瘫痪，至少 34 人死亡，6 人失踪，171 人受伤，直接经济损失超过 12 亿元。[1]突降的灾害暴露了城市规划建设的短板，人们突然意识到，在他们居住的城市里危险会不经意间降临。从惊恐中清醒的民众开始对政府、对社会产生质疑，不信任与信心指数降低随之而来。以段义和案为典型的公职人员贪腐等中国社会顽疾，也使民众对社会发展是否为民谋利产生质

〔1〕 中国天气网，http：//www. weather. com. cn/zt/kpzt/372771. shtml

疑，对山东省的社会形象产生了恶劣影响。天灾人祸的背后暴露的是社会发展的不均衡和政府公信力的下降，这势必带来民众社会信心体验降低。

知足充裕体验反映了人们的分配公平感，居民知足充裕体验的下降与2007年经济生活质量水平出现下降的趋势是呼应的。经济生活质量下降，人们的分配公平感加剧，对主观幸福感产生了十分显著的影响，这与上述2006年的状况是一致的。

4. 2008年主观幸福感小幅回升

2008年人际适应体验（比2007年提高1.57%）、心理健康体验（比2007年提高0.47%）、成长进步体验（比2007年提高1.41%）高于2007年水平，同时也超过了七年的均值。目标价值体验（比2007年降低0.59%）、身体健康体验（比2007年降低1.11%）、家庭氛围体验（比2007年降低0.51%）不仅低于2007年水平，也低于七年均数水平。

2008年，提升较为明显的是人际适应体验和成长进步体验。下降较为明显的是身体健康体验。北京奥运会的积极筹办和成功举办，把全社会的积极性调动了起来，弘扬了竞技体育的精神内涵和文明健康的生活方式，创造了文明和谐的社会环境。这大大促进了人们的人际和睦、互帮互助和团结友爱。山东青岛作为协办城市、帆船赛事基地，深受奥运精神和它所带来的社会效应影响，山东居民的人际适应体验明显提升。同时，奥运不仅带来了更多的就业机会，也带来了许多岗位的提升机会。奥运经济成为一种新的经济增长点，有力推动了人们成长进步体验的提升。奥运也带动了一股全民运动的潮流，以往被忽略的各种身体健康方面的问题也开始受到人们的重视。身体检查暴露出的身体健康问题等因素，会使民众身体健康体验有所下降，但它是十分积极的，有利于今后全民身体素质提高。

综合以上对主观幸福感的年度分析来看，在主观幸福感的十个具体幸福指数中，人际适应体验、目标价值体验、心态平衡体验、社会信心体验和知足充裕体验等都与社会公平感有直接的关系，体现了人们在“与他人比较”“与自己过去比较”中所获得的主观评价性的体验，也体现了组织公平感、分配公平感以及对社会的信心和期望。与公平感联系密切的几个具体幸福指数都存在不同程度的问题。这也在一定程度上说明，幸福评价反映出的公平感问题，即社会公平问题值得全社会关注。

（二）主观生活质量具体指数分析

下面是山东省居民10个具体幸福指数均值表（表2.11）和主观幸福感各具体幸福指数趋势图（图2.6）。由图我们发现，心理健康体验在追踪研究的七年间发展较为平稳并呈现总体上升趋势，社会信心体验在经历了2003年的小幅下降之后维持了平稳的水平，知足充裕体验总体平稳，但“十五”时期逐年提高，“十一五”时期有所下降。3个具体幸福指数七年间的水平相对其他7个而言最为稳定。

表2.11　　山东省居民10个具体幸福指数均值

项目	年份							
	2002年	2003年	2004年	2005年	2006年	2007年	2008年	七年汇总
人际适应体验	4.7289	4.5218	4.4438	4.7400	4.9076	4.6349	4.7078	4.6693
心理健康体验	5.2901	5.4672	5.5344	5.5102	5.4336	5.4906	5.5164	5.4632
目标价值体验	6.0073	5.7106	6.1612	6.3300	6.4174	6.1542	6.1177	6.1283
心态平衡体验	7.4071	6.1390	6.8331	7.0900	7.2512	6.8352	6.9078	6.9233
身体健康体验	6.5014	6.2154	6.3106	6.4300	6.4197	6.1668	6.0982	6.3060
家庭氛围体验	6.7888	5.9691	6.5819	6.8000	6.7103	6.5470	6.5139	6.5587
社会信心体验	5.9601	5.6729	5.5981	5.6200	5.6651	5.5774	5.6165	5.6729
成长进步体验	5.7335	5.6268	5.6825	5.9100	6.0888	5.7460	5.8269	5.8021
知足充裕体验	6.3944	6.4460	6.4494	6.4600	6.4076	6.3402	6.3890	6.4124
自我接受体验	7.0471	6.4775	7.0556	7.1300	7.1128	7.1125	7.1052	7.0058

需要注意的是，与具体幸福指数理论均值（5.8[1]）比较，主观幸福感的10个具体幸福指数中，人际适应指数（4.6693）、心理健康指数（5.4632）、社会信心指数（5.6729）3个具体幸福指数七年的均值均低于理论均值。下面，我们就这三个方面分别予以分析和说明。

1. 人际适应水平最低

人际适应体验指数七年间一直处于最低水平，七年均值低于理论均值

〔1〕 邢占军：《城乡居民主观生活质量比较研究初探》，《社会》2006年第1期，第138页。

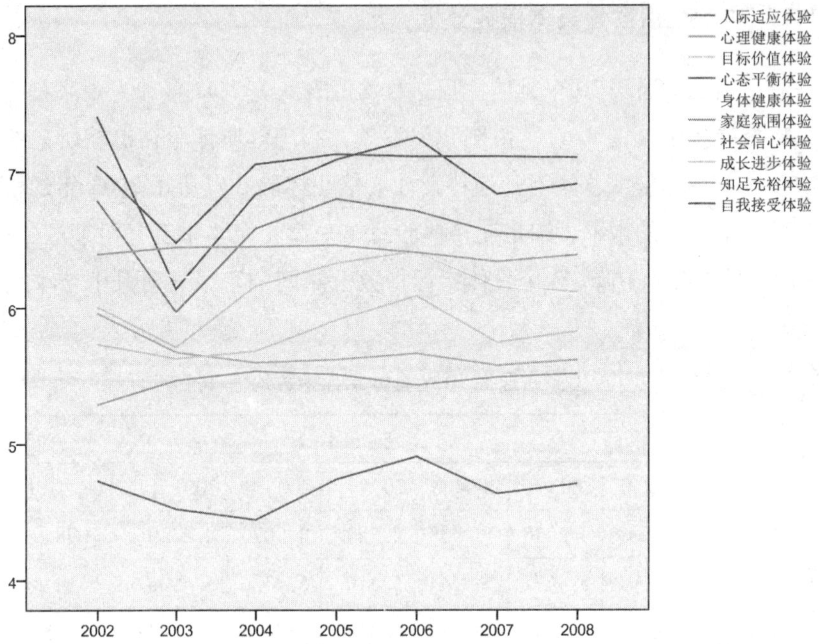

图 2.6　主观幸福感各具体幸福指数趋势图

19.49%。这与山东省作为中国传统文化重要发祥地，及其浓厚而淳朴的文化传统大相径庭。但也许正是民众生活在这种文化氛围中，对人际间的和谐融洽才有了较高的期许。保守、内敛、内向性的认知习惯，加之人际过度自我保护等“集体潜意识”，也造成了高期许与低心理开放度之间的矛盾。现代社会市场经济下新的价值取向与人文传统发生碰撞，人们需要重新审视人际关系，重新定位自我在人际中的位置。在更加多元化的挑战下，人们感到了人与人之间的竞争和隔阂，也就产生了对主流意识、主流价值观的社会诉求。

另一方面，近年来社会不公问题愈演愈烈，人们对各种不公平现象的认识也越来越深刻，不公平感越来越明显。反映在人际之间的适应问题上就会演变成人与人之间相互比较产生的不公平感，也即人际适应困难。此外，社会不公平影响人与人之间的相互信任，人际间的信任水平也是人际适应体验的直接影响因素。社会公平程度较高，人际间信任水平高，人们在与人交往的时候就会带有更少的社交面具，相应而言心理开放度比较高；如果社会不公平存在于社会的方方面面，那么势必会造成人际间的信任水平比较低，人际冷漠与防范的意识就比较普遍，最后会带来人际适应困难。

2. 心理健康水平较低

心理健康体验指数七年均值低于理论均值5.8%，总体水平较低，反映了民众的社会适应状况堪忧。心理健康是当前转轨中我国社会普遍面临的突出问题。[1]现代社会变迁会给民众带来诸多人际适应和心理健康方面的社会压力，比如价值冲突压力、社会变动压力、社会文化震荡、生活事变压力、付出回报错位的压力、角色冲突的压力等。[2]我国社会专业分工越来越细，造成人们的心理机能的片面使用；人口密度增加，人际冲突增加；家庭结构和功能发生变化，支持和维护成员心理健康的作用在下降，引起冲突和压力的作用在上升；教育日益片面化，忽视个性和谐发展；人际直接交往减少，情感联系淡化；价值观的多元化引发价值冲突和混乱，从而造成心理困难。改革开放以来，中国正在成为世界上社会变迁最剧烈的地区之一，民众的心理正在经历着巨大的适应性压力和困难。[3]

此外，社会不公平也会导致民众心理健康水平低下。这是因为心理健康水平受到如何看待自我和如何看待他人两种态度的影响。能够以客观的态度看待自我、并且以正确的态度看待他人，是心理健康的表现。事实上，社会不公平恰恰是影响人们如何看待自我和他人的重要因素。因为无论因社会不公而起的自我贬损还是对他人的贬损，都会影响人们的心理健康水平。所以说，社会不公平也会对人们的心理健康产生消极的影响。

3. 社会信心不足

社会信心指数是民众对社会发展前景的信心问题，是当前社会发展状况在人们主观上的反映。社会信心在纵向研究的七年间一直处在较低的水平，七年均值低于理论均值2.19%。从和谐社会构建的角度来看，社会信心指数是民众看待发展和改革成就的态度，是民众对当前社会发展和改革评价的最直观的反应。社会信心水平低下，表明人们对未来社会发展表现出担心、不确定和信心不足。而民众的信心是影响和谐社会构建的重要凝聚力要素，它会直接或间接影响人们在构建和谐社会过程中的积极性、主动性和创造性，尤其要引起重视。

研究表明，社会领域的公众信心与政府机构的公信力有密切的正相关关系。

---

〔1〕邢占军：《城乡居民主观生活质量比较研究初探》，《社会》2006年第1期，第138页。

〔2〕马尔塞拉等编：《跨文化心理学》，肖振远等译，吉林文史出版社1991年版，第256—258页。

〔3〕江光荣：《社会变革与人的适应》，《华中师范大学学报（哲学社会科学版）》1995年第6期，第20—21页。

社会信心低落主要来自政治精英的权力失范与基层政府公信力的丧失。[1]另外，公平问题也是不得不考虑的突出问题。当前各种社会不公平的问题被媒体剖析和挖掘，使不公平问题加倍放大地呈现在了人们的视野中。不公平的现象加剧了人们的不公平感，这样一来人们对社会发展的信心就会进一步降低。此外，民众对社会发展的信心不足也可能与强烈的社会责任感和较强的反思意识有关。近年来，国民素质整体上不断提高，人们的社会参与在深度和广度上有了明显的提升，对社会进行监督和观察的意识也在不断增强。随着信息获得途径的日趋多样化，人们较为容易地走入放大社会弊端而忽视社会主流的误区。当人们的思想被各种负面信息所占领的时候，积累下来就会产生对社会失去信心的态度。

4. 公平问题的发现

综合以上对具体幸福指数的分析可以看出：人际适应指数、心理健康指数、社会信心指数是水平较低的幸福指数，这三个水平落后的幸福指数都与社会不公平有关。实际上，主观幸福感的人际适应体验、目标价值体验、心态平衡体验、社会信心体验、知足充裕体验五个维度是与公平感密切联系的重要因素。上述实证研究表明，主观幸福感领域里存在影响民众公平感的各种问题。社会不公带来的不公平感体现在人际间时，会表现为人际适应出现困难；不公平感会通过影响个人对自己收入、地位和声望的期望程度，来降低目标价值体验[2]；不公平感会通过减弱人们对未来期待的美好程度，来影响社会信心体验；不公平感会通过提高人们被剥夺感的程度，来对知足充裕体验带来消极影响[3]。

有研究表明，主观幸福感调节了分配公平、程序公平、信息公平三个因素与组织认同的关系，主观幸福感是组织公平与组织认同之间建立联系的必要条件。[4]可以说，只有在继续提升客观生活质量的同时，着重提升民众的主观生活质量，才有利于民众建立起社会公平感。反过来，多数人的社会公平感铸就了社会的整体公平，而公平恰是提升生活质量的必由之路。无论是以公平的视域看待幸福，还是以幸福的视域看待公平，公平都是实现幸福的必要条件，人类社会对幸福与

---

[1] 朱力：《公众信心聚散的社会心理学解读》，《人民论坛》2013年第2期，第10页。

[2] 赵琼：《影响社会公平感的心理因素和社会因素》，《光明日报》2005年5月10日。

[3] 翁定军：《阶级或阶层意识中的心理因素：公平感和态度倾向》，《社会学研究》2010年第1期，第85—110页。

[4] 周琳：《劳务派遣工的主观幸福感对组织公平与组织认同关系的调节作用》，硕士学位论文，吉林大学管理系，2011年。

公平的理性追求都将诉诸制度革新。

（三）主观生活质量与客观生活质量偏离的分析

图 2.8 展示了 2002 年到 2008 年山东省居民主观幸福感和客观生活质量的总体趋势。其中，位于上方的折线表示客观生活质量发展趋势，下面的折线代表主观幸福感的发展趋势。我们以 2002 年的数据为基准（100），对主客观数据进行归一化处理。由图 2.7 可知，山东省居民客观生活质量呈总体上升趋势；而与客观生活质量相比，主观幸福感呈总体持平、略有浮动的趋势。从总体而言，2002 年到 2008 年间，山东省居民主观幸福感与客观生活质量在发展趋势上出现了不一致的现象，山东省居民主观幸福感并未随着客观生活质量的提升而同步提升，且差距不断扩大。

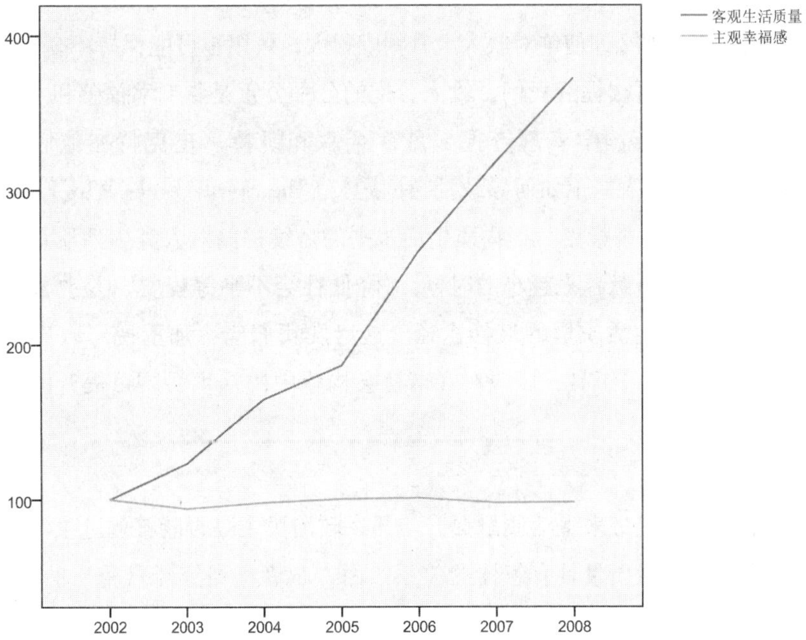

图 2.7　主观幸福感和客观生活质量对比图

上述结果证明，经济增长带来了客观生活质量的提升，但并未使主观幸福感得到相应提升；客观生活质量与主观生活质量的发展趋势大相径庭。究其原因，既可能是生活水平的提高速度落后于社会各阶层需要负担的生活成本增长速度，也可能是社会的急剧转型使得人们的评价系统获得了多重参照系，不仅仅以客观物质条件为标准来体验幸福。下面，我们列举五个能够影响主观幸福感的潜在变量。

1. 经济：相对收入

Kubiszewski 等人 2013 年最新的一项研究表明，虽然当前全球 GDP 已经比 1950 年翻了三番，但人们从经济发展中获得的福利实际上自 1978 年达到峰值后开始下降。这项研究以 1950 至 2003 年世界上 17 个国家（包含了全球 53% 的人口和 59% 的 GDP）为研究对象，揭示出这样一个事实：几乎所有的国家自 1975 年开始生活满意度（Life Satisfaction）就没有显著增长过；全球范围内来看，人均 GDP 在超过 7000 美元以后福利水平就不再提高。[1]对于这种较为“奇怪”的现象，20 世纪 60 年代出现的相对福利学说似乎提供了一种合理的解释[2]。相对收入理论认为，效用最终的大小，取决于相对收入或者参考收入的高低。如果参考收入也在变化，那么即使绝对收入上升幅度很大，效用也可能保持不变。[3]

相对收入理论再次提醒我们，收入分配的公平公正是影响幸福感和主观生活质量的重要因素。英国学者理查德·威尔金森和凯特·皮克特在他们的著作《不平等的痛苦：收入差距如何导致社会问题》（The Spirit Level：Why Equality is Better for Everyone）中指出，当物质生活水平的持续提高对人类生活质量和幸福程度进一步提高的贡献越来越小的时候，“降低社会不平等程度”是改善社会环境、提高每一个人生活质量的最佳途径。这启发我们应更加重视“政府的主导作用”，充分运用政策工具，以应对和谐社会构建中民众生活质量提升的这个复杂问题。

2. 政治：民主

经济增长不一定带来生活质量提升，那么政治民主是否能够促进生活质量的提升呢？民主与生活质量具有怎样的关系？西方学者的研究经常得出的结论是，

---

〔1〕 Kubiszewski I.，Costanza R.，Franco C.，Lawn P.，Talberth J.，Jackson T.，Aylmer C.. *Beyond GDP：Measuring and Achieving Global Genuine Progress.* Ecological Economics，2013 (93)：57.

〔2〕 吴淑凤：《多元视野中幸福理论及其对主观生活质量研究的现实意义》，《武汉大学学报（哲学社会科学版）》2004 年第 5 期，第 588 页。

〔3〕 杜卫华：《经济增长会带来生活质量的提高吗？——对近 20 年来中国数据的经验透视及解释》，《上海经济研究》2005 年第 6 期，第 18—19 页。

生活质量与政治民主之间是具有一定联系的，政治民主在一定意义上能够促进生活质量的提升。[1]政治民主与生活质量的相关关系，正在被越来越多的研究所证实。[2]那么，民主是如何促进生活质量提升的呢？对于“民主促进生活质量提升的机制问题”，在西方发达国家学界存在着不同的理解。其中有四种机制最为学界所广泛接受，分别是竞争选举/差额选举机制（Competitive Elections）、政治参与机制（Political Participation）、自由媒介机制（A Free Press）、反对党机制（Opposition Parties）。[3]

竞争选举/差额选举制度，是一种有利于健全和发扬政治民主，充分体现选举人意志的制度安排。这种制度使得普通民众的各种需求能够进入政治精英的视野，随之而来的政治实践行动有助于满足民众的这些需求。政治参与在西方理论领域常被作为一种为政治决策机构（如国会）和政策执行机构（如政府）提供他们所需关于民众需求和意愿信息的有效途径。政治决策机构和执行机构据此可以制定出适宜的公共政策，来满足民众的各种需求和意愿。[4]这不仅能够实现公共服务的再分配，也能够使民众在参与与自身生活休戚相关的政策制定过程中获得心理诉求上的满足。[5]

支持自由媒介机制的研究者认为，在一个真正自由的大众传媒环境中，各个领域的问题都有机会被暴露出来，相应的政策措施也就能够被及时有效地制定出来并付诸实施。这对生活质量各个方面的提升无疑具有很大的贡献。反对党机制对“民主促进生活质量提升”问题的解释是，存在的反对党派，会在现存的各种社会弊端和执政党的疏漏之处大做文章，这实际上是对关乎民众生活质量的各种问题得到迅速解决的有效敦促。在整个过程中民众往往成为受益者，民众的生

---

〔1〕曲夏夏，邢占军：《民主与生活质量》，《国外社会科学》2013年第3期，第19—25页。

〔2〕Moon BE. and Dixon WJ., *Politics, the State, and Basic Human Needs: A Cross-National Study.* American Journal of Political Science, 1985 (29): 661; London B. and Williams BA., National*Politics, International Dependency, and Basic Needs Provision in Non-core Countries: A Cross-National Analysis.* Social Forces, 1990 (66): 565; Wickrama K. and Mulford CS., *Political Democracy, Economic Development, Disarticulation, and Social Well-being in Developing Countries.* The Sociological Quarterly, 1996 (37): 375.

〔3〕Frey R. and Al-Roumi, *A Political Democracy and the Physical Quality of Life: The Cross-National Evidence*, Social Indicators Research, 1999 (47): 75.

〔4〕Spalding NL. *The Relevance of Basic Needs for Political and Economic Development*, Studies in Comparative Inernational Development, 1990 (25): 104.

〔5〕Szal JR (ed.), *Popular Participation, Employment and the Fulfillment of Basic Needs*, International Labor Review, 1979 (118): 27.

活质量也会随之提高。近年来，研究者们在解释民主与生活质量关系的研究时，还提出了其他理论模型，比如外部援助（Foreign Aid）机制[1]、公共政策（Public Policy）机制[2]、民主传统（Stock Democracy）机制[3]等。

3. 社会：社会变革

社会学强调幸福的社会普遍性和社会过程的产出性，认为幸福是社会过程的产物，是一定社会背景的衍生品。改革开放30多年来，中国社会一直处在社会变革中。社会变革在推动社会文明进步的同时，却也对文化、传统、习俗甚至集体潜意识造成无法挽回的伤害。与这种“传统丢失”相伴的，是工业化、现代化的积极作用越发减弱，人们从社会变革的两大基本动力，即经济增长与政治民主化中获得的社会幸福感将越来越小。边际效用递减原理也证明，随着工业化程度的提高，经济增长对社会幸福的贡献力却相对降低。[4]而激进的社会变革可能带来更消极的影响。它不仅会降低社会幸福感、使得社会财富的不断积累和幸福感水平停滞相伴而生，也会带来社会各个方面的失范。可能正是社会变革本身，造成了主观幸福感与客观生活质量提升的不断脱节，造成了发达国家民众的主观幸福感随着社会变革的进一步深入而开始出现下降。当跨越经济增长的那道“门槛”时，人们无奈地发现幸福在渐行渐远。提升生活质量，要重新以审慎的态度考量社会变革对于人类进步的意义和价值。

4. 文化：文化结构

文化结构失调理论认为，制度文化、精神文化和物质文化是三种文化载体，在社会发展过程中相依相符、相伴而生。三种文化均衡的状态是文化结构的理想状态，任何一种文化的滞后都会造成文化结构的失调，进而会影响生活在这个社会中个体的生活体验。当前，物质文化的加速度发展恰恰导致了三种文化结构的失调，造成了客观条件加速发展的同时，制度文化、精神文化显得相对落后的局面。而制度文化和精神文化恰恰决定了人们的生活体验。不断变化的客观生活条

---

[1] Kosack S. , *Effective Aids: How Democracy Allows Development Aid to Improvement the Qulity of Life*, World Development, 2003 (31): 1.

[2] Michael D. Stroup, *Economic Freedom, Democracy and the Quality of Life*, http://www.ncpa.org/pdfs/ba695.pdf.

[3] Gerring J, Strom C. Shacker, Rodrigo Alfaro. *Democracy and Human Development*, http://people.bu.edu/jgerring/documents/DemocracyHumanDevelopment.pdf.

[4] 吴淑凤:《多元视野中幸福理论及其对主观生活质量研究的现实意义》,《武汉大学学报（哲学社会科学版）》2004年第5期，第590页。

件无时无刻不在挑战着现代人的适应潜能，而社会文化却迟迟生产不出与之相适应的、支持个体应对挑战的体制条件和精神产品。适应困难在增加，适应条件却相对落后。因此，相对于加速发展的客观生活质量，主观幸福感发展停滞也就不难理解了。

5. 心理：社会焦虑

焦虑和价值缺失是现代人普遍面临的、社会性的心理问题。虽然这些社会性的心理困难产生的原因是多方面的，包括个体的、群体的和社会的，但终究与社会条件有关。工业文明造就了繁荣的景象，但同时也给人们带来了人性调适的压力。调适本身是十分困难的，人性又存在不可改变的可能。那么，工业文明与人性之间就产生了根本性的冲突：工业文明越发达，人们越焦虑、越迷茫、越不幸福。

积极心理学主观幸福感是积极心理学的重要组成部分，是一种积极的体验和一种积极的品质，主要受到人格、年龄、婚姻、社会支持、生活事件、性别、宗教信仰、受教育程度、职业、身体健康状况、人际交往等因素的影响。从国家层面来看，文化对以主观幸福感为核心的主观生活质量的影响是存在的。积极心理学认为，主观幸福感是主体对客观生活的主观感受，这种主观感受受经济因素的影响不是很大。[1]在体验论幸福感的理论框架下，经济增长对人们是否拥有主观上的积极体验显得没那么重要。积极心理学一改传统心理学主要注重消极心理问题解决的学科特征，主张以积极的态度重构心理世界，培养积极的人格，增进积极的情绪体验。在强调个体积极力量的同时，提倡对问题进行积极的解释。积极心理学具有很强的能动性和主动性，号召人们积极行动起来并主动地去培养积极的人格、积极的体验以及积极的社会组织和社会制度。因此，积极心理学对主观幸福感的解释，相对于经济增长和客观生活质量而言具有相当程度的独立性，更为人们所接受。

上述五点要素，无疑是我国主观幸福感继续提升的障碍性因素。除此之外，国内外理论界还认为，中国社会的经济增长模式一般以收入分配差距拉大和资源环境的高损耗为代价。这两个因素是影响民众福利和主观生活质量提升的主要动

〔1〕 任俊:《积极心理学思想的理论研究》，博士学位论文，南京师范大学心理学系，2006 年，第 70 页。

因，甚至随着经济的进一步发展，民众生活质量会下降。[1]故此，为了实现我国居民主观幸福感的持续提高，我们还有很长的路要走。

四、和谐社会构建进程中生活质量的提升：公平的视角

和谐社会背景下的生活质量提升必定是既强调效率带来的福利条件提升，又在效率之外倡导公平核心价值的重要性。生活质量提升是社会大多数成员生活质量的总体提升，不是特殊群体生活质量提升。公平或者作为公平本质的分配公平，是将社会资源在全社会范围内按照相对差异的原则进行分配的根本保障。只有将社会发展的成果更全面、更公平地分配给全体社会成员，生活质量的总体提升才能实现。因而，在和谐社会构建的背景下讨论生活质量提升问题，必须诉诸于社会公平价值观，以推动社会全体成员健康与基本生存福利、经济福利、政治福利、社会福利、文化福利和环境福利的发展。

（一）公平的梳理与分析

马克思主义认为，公平问题根源于人类社会实践的发展，其中最根本的实践是劳动实践。人类劳动实践过程中形成了各种关系，对各种社会关系的调节，就形成了公平问题。[2]公平属于人类在劳动实践过程中所形成的社会关系的范畴，是人与人、人与社会关系的一种。“虽然一个社会是一种为了相互利益的合作冒险，它却同时具有利益冲突和利益一致的特色。由于社会合作使所有人都通过一种比他们各自努力、单独生存所能过得更好的生活，就存在一种利益的一致；又由于人们谁也不会对怎样分配他们的合作所产生的较大利益无动于衷，这样就又存在一种利益的冲突。如此就需要一些原则来指导人们在决定利益划分的各种不同的社会安排中进行选择，来签署一份有关恰当的份额的协议。”[3]在利益冲突和利益一致之中寻求协调共生，反映了公平之所属——社会关系范畴。

---

〔1〕 Kubiszewski I., Costanza R., Franco C., Philip Lawn, Talberth J., Jackson T., Aylmer C.. *Beyond GDP: Measuring and Achieving Global Genuine Progress.* Ecological Economics, 2013 (93): 66.

〔2〕 周庆国：《公平的一般含义和基本特征》，《哈尔滨学院学报》2009 年第 11 期，第 37 页。

〔3〕 罗尔斯：《正义论》，何怀宏等译，中国社会科学出版社 1988 年版，第 121 页。

公平正义是人类社会千百年来孜孜以求的一种美好社会理想和愿望，是社会主义的核心价值。公平是中国特色社会主义共同理想不可或缺的价值目标。经过三十年的改革开放，公平正义这一价值目标已经凸显，成为广泛的社会诉求。[1]作为一种生存理念，观念公平具有评价功能，是调节人与人之间社会关系的一种价值评判标准，属于社会价值评价系统和社会准则，是利益关系的衡量标尺。在本章中，我们有必要首先对社会公平做一个详细的梳理与分析。

1. 公平的核心是机会公平与权利公平

人类社会对公平有着天然的诉求，公平是人类社会共同追求的价值问题。关于公平理论的研究由来已久：从古典自由主义的收入公平观到福利经济学的功利主义公平观，从罗尔斯的公平观到马克思恩格斯的社会主义的公平观，从阿玛蒂亚·森的能力主义公平观再到行为科学关于公平理论研究的新进展。公平理论对当代社会发展产生了重要影响，具有重要的实践借鉴意义。从公平的不同层次上来看，代表性的理论有两个分析思路，即以罗尔斯为代表的“机会公平”和以德沃金、诺奇克为代表的“权利公平”。

机会公平是美国哲学家、论理学家约翰·罗尔斯提出的一项重要的公平理念。它已经成为现代意义上公平价值追求的一项重要准则。[2]在 1971 年出版的《正义论》（A Theory of Justice）一书中，罗尔斯对传统功利主义进行了批判，并在此基础上从道德哲学的层面对公平正义问题做了系统的阐释。罗尔斯的公平理论可以概括为两大原则：“平等自由原则”和“机会平等原则”。第一个原则实际上是说公民具有平等的自由和权利[3]，第二个原则在允许一定程度的不公平前提下，使得最少受惠者的最大利益要从这种不平等中得到保障，同时保证所有的公职和其他职位向所有人开放[4]。这一点就是所谓的机会平等。

机会公平更多的是针对人们的发展权而言。人们参与社会活动之前，面临的第一个问题就是是否有机会参与进来。比如信息获得方面的公平，就涉及参与公平问题。然后，人们也会面临发展机会的公平问题；到了收获结果的阶段，人们还会面临享受机会公平的问题。这就要求社会需要在一定程度上充分公开透明，

---

〔1〕 赵修义：《公平正义：中国特色社会主义共同理想不可或缺的价值目标》，《毛泽东邓小平理论研究》2010 年第 11 期，第 1 页。

〔2〕 周庆国：《公平的一般含义和基本特征》，《哈尔滨学院学报》2009 年第 11 期，第 38 页。

〔3〕 罗尔斯：《正义论》，何怀宏等译，中国社会科学出版社 1988 年版，第 7 页。

〔4〕 罗尔斯：《正义论》，何怀宏等译，中国社会科学出版社 1988 年版，第 7—8 页。

杜绝信息垄断和机会垄断，公平地为每一位社会成员提供机会和平台。此外，在现今社会机会公平还意味着对弱势人群的扶持和帮助，并为他们优先提供发展的机会。这既是社会主义价值取向优越性的体现，也是当前构建社会主义和谐社会的内在要求。

权利公平是福利经济学家诺奇克和德沃金在与罗尔斯论辩的基础上，提出的另一项公平理念。诺奇克以“持有正义论”闻名于世。该理论认为：如果一个人按获取和转让的正义原则，或者按矫正不正义的原则对其持有是有权利（Entitlement）的，那么他的持有就是正义的。如果每个人的持有都是正义的，那么持有的总体（分配）就是正义的。〔1〕在诺奇克看来，个人权利是首要的，国家最基本的职责在于维护个人权利。因此，他反对罗尔斯把社会合作看作实现分配正义的必要前提。他认为若要实现社会分配的正义，不能只注重结果和现状。过程的公平才是实现公平结果的关键环节。国家无权干预社会产品的分配结果，而应当去关注分配过程的公平问题。

德沃金与诺奇克一样，反对简单注重分配结果公平，而是主张起点公平，并且力求这种公平的设计能够对分配的起点、过程和结果一以贯之。他的理论可以概括为“资源平等理论”。资源平等理论中的“平等”是一种平等权利，即每一个公民都有权从统治权力集中团体那里要求平等的关怀和尊重。换句话说，这种权利对每一个公民来说是平等的。在社会资源进行分配的过程中，公民应当被平等地对待。这是实质上的平等，也是最基本的起点公平。把平等放在起点上来加以重视，这本身就体现了对权利的尊重。〔2〕

可见，在诺奇克和德沃金那里，权利公平意味着社会赋予其成员参与社会各项活动时享有平等的权利，使社会成员从最基本的生存权开始，到政治、经济和发展权利，都处在同一条起跑线上。它保证了人们的命运绝大部分都取决于自我的奋斗和努力，尽可能地摒弃因社会成员所属的种族、阶层、性别、社会地位、家庭背景等先天或者后天因素造成的影响。权利公平是公平的内在要求。“数百年来，权利平等和权利自由成为反对专制、促进法治、保护人权的旗帜，现在已经成为世界普世价值标准的基本组成部分”。〔3〕

---

〔1〕 罗伯特·诺奇克：《无政府、国家和乌托邦》，何怀宏等译，中国社会科学出版社 1991 年版，第 1 页。
〔2〕 德沃金：《认真对待权力》，信春鹰、吴玉章译，中国大百科全书出版社 1998 年版，第 262 页。
〔3〕 姚洋：《转轨中国：审视社会公正和平》，中国人民大学出版社 2002 年版，第 643 页。

2. 公平是一个动态循环的系统

人们关注公平是从结果开始的，结果公平常常意味着经济分配领域里的所得均等。在中国社会发展的具体实践过程中，仅仅以结果公平为理念所做的权力集中的制度安排和体制设计，不仅抹杀了贡献大小的差异，导致效率低下的沉重代价，而且带来了政治上的不平等。[1]再度面临抉择，我们该如何看待公平？我们认同罗尔斯机会公平理念中对结果公平的重视，也赞赏诺奇克和德沃金权利公平理念对过程公平和起点公平的强调。公平实际上是由起点公平、过程公平和结果公平组成的、协同合作的动态循环系统（如下图 2.8）。公平系统内的三个要素中，其中的任何一个要素都会影响到社会公平的实现过程。起点公平、过程公平和结果公平相互影响、相互制约，为社会公平的实现而协同运作，形成良性循环的公平系统。

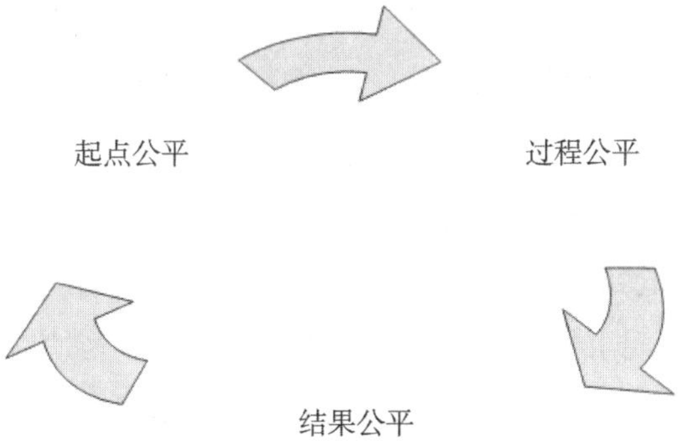

图 2.8　公平系统

第一，起点公平指个体在面对各项社会活动时的初始条件是公平的，人们因为有同样的参与机会而站在同一起跑线上。初始条件公平主要是指人们在天赋、能力、家庭、受教育程度、生存环境等方面的实际状况是公平的。社会对起点公平的调节——社会环境的改变——能够带动社会相关领域的协同发展。对国家而言，起点公平意味着为民众创造进一步发挥个体潜能价值的机会：提供相同的教育机会、相同的医疗服务、相同的就业机会等。当然，这里的起点公平并不是绝对的完全一样，不是指人们具有完全相同的外在资源和同等水平的内在禀赋条件。我们可以尽可能地缩小差异，但必须承认差异存在这一事实。

---

〔1〕 鲁鹏：《公平问题三思》，《江海学刊》，2013 年第 1 期，第 53 页。

第二，过程公平即社会成员参与经济活动、获取权益过程中遵循的程序、形式和竞争规则是同一的，因此也可以称为程序公平或规则公平。[1]社会成员在参与经济活动、获取权益时，应当遵守相同的规则、享有平等的权利、受到同样的对待。诺奇克持有正义理论的“获取正义”与“转让正义”，实际上就是过程公平的具体表现。过程公平就本质上而言，是指各种社会活动的主体是平等的。因此，享有平等的权利是过程公平的基本含义，也是社会活动主体的基本要求。每一个社会成员，都有存在的权利、发展的权利、遵守相同的规则追求个性化的目标的权利。过程公平并非要抹杀使社会更加多元的个体差异，而是充分尊重社会成员个性化的选择，在此基础上社会成员也有责任担负自己的选择带来的后果。可以看出，过程公平非常关键的一环在于对公平规则和公平制度的设计和安排。制度公平是根本的公平，制度不公是彻底的不公。人类文明从古至今的发展历程，沉淀下来的正是制度文明。它承载着国家与社会、政府与个人关系的变迁史，是人类追求崇高公平理想的印证。

第三，结果公平，是指社会对于分配结果的过度不公进行一定调节的理念和机制。起点公平和过程公平虽然有其重要价值，然而同样存在一定缺陷。社会可以创造相对公平的起始条件，可以创造相同参与社会活动的机会，但人们仍然会因为各种原因收获不同的结果。有成功就有失败，有丰裕就有贫穷。起点公平之后，自由竞争所导致的早期资本主义社会的情形证明了这一点；中国社会在发展市场经济过程中出现的贫富差距不断扩大等现象，也证明了这一点。前者引起了马克思对资本主义的强烈批判，后者引起了当代中国人对公平问题的强烈关注。[2]人类文明发展到今天，追求生活质量的不断提升是每个人的权利，这其中就包含着拒绝贫富差距悬殊的社会诉求。故此，政府的调节作用非常重要。政府应当对结果进行再分配，从社会保障的角度增进公平。

3. 公平的目标和准则是生活质量的提升

无论是机会公平还是权利公平，其价值旨归都是生活质量提升。通过以上分析可知，机会和权利从根本上说，都是一种社会性资源。机会公平和权利公平就是对社会性资源的合理配置，其立足点和目的都是人的发展和人需要的满足。而

---

〔1〕 郑岩:《社会保障与公平、效率相关性的理论分析》，博士学位论文，辽宁大学经济学系，2011 年，第 42 页。
〔2〕 鲁鹏:《公平问题三思》，《江海学刊》2013 年第 1 期，第 56 页。

人的发展和需要的满足都通过生活质量提升体现出来。

考量社会公平有许多不同的方式，比如福利、自由、德性。[1]当代社会伦理以人发展和需要的满足为主要关怀，重视人本身的价值和诉求，这就为我们认识公平提供了新的视角，启发我们以生活质量为价值导向，去重新认识公平的核心和本质，探索衡量公平的准则，寻求公平的目标和归宿。有研究指出，民生幸福是公平分配的合理准则[2]。对政治、经济、文化、社会、生态环境等各种福利的分配是否公平，关键要看社会成员的大多数是否获得了幸福，是否获得了生活质量的全面提升。人们真正需要的公平，是最大多数人的利益都能得到保障，并因此获得幸福和尊严。[3]故此，当代意义上的公平应当接受民生幸福的检测并以促进民生幸福和提升民生幸福为圭臬。[4]当然，公平作为一种价值理念，具有工具性和目的性的二重性。[5]然而比起工具性，公平的目的性更加强调以人本身的发展和需要的满足。从这个意义上讲，生活质量提升作为人全面发展和需要满足的现实表现，是公平的现实目标和归宿。

机会公平和权利公平是公平的核心，而机会和权利是人类活动的基本条件与前提，是民众生活质量提升的重要内容，是需要公平分配的关键要素。应当如何将机会与权利分配给社会生活中的个体和群体，就涉及公平的分配标准问题。分配的目的就是要实现经济效用最大化，而分配公平应当以生活质量为合理准则。经济效用最大化要服从生活质量提升这个根本目标。人们真正需要的公平是能够促使最大多数人利益的公平，是能够提升生活质量的公平。生活质量是公平的基本导向，当代意义上的公平应当接受生活质量的检验，并以生活质量提升为目的和归宿。

以生活质量提升作为公平分配的准则，实际上反映了民众对公平的普遍认同程度，是主观生活质量的公平感问题。民众的公平感普遍较强，说明社会公平在一定程度上得以实现；民众普遍产生了不公平感，则说明社会不公平问题凸显，公平分配没有实现。如果这种不公平感不断加剧，生成了相对剥夺感，那么就会对社会各种关系的和谐和问题产生十分不利的影响。从这个意义上来说，民众主

---

〔1〕 迈克尔·桑德尔：《公正——该如何做是好》，朱慧玲译，中信出版社 2012 年版，第 19 页。

〔2〕〔3〕 王泽应，贺汉魂：《民生幸福视域下的效率、公平观探讨》，《湖南社会科学》2011 年第 1 期，第 8 页。

〔4〕 王泽应，贺汉魂：《民生幸福视域下的效率、公平观探讨》，《湖南社会科学》2011 年第 1 期，第 7 页。

〔5〕 高凤群：《公平的二重性：工具性与目的性》，《理论学刊》2008 年第 6 期，第 77 页。

观上的公平感高低，就是对社会公平、公平分配的评价准则，生活质量作为公平分配的准则也就成为必然选择。

（二）公平是追求生活质量提升的动因

1. 美英等国的弊端：不公平制约生活质量提升

当人类攀登在通往物质和技术的巅峰之路时，竟然发现自己的内心充满了焦虑和压抑。生活变成了一场心理战争，需要理智不断地与焦虑、压抑和痛苦等情绪作斗争，人们正在变得越来越分裂。人们开始担心别人投来的眼光到底包含了什么意义，开始怀疑朋友是否一如当初那般真诚，焦虑充斥着原本宁静的内心世界。为了解脱，人们开始疯狂消费，过度饮食甚至吸毒，或者远离人群，与现实社会中断联系，活在虚拟的世界中。这些问题并不是个体心理学领域的单纯问题，而是越来越严重的社会问题，是影响着社会和谐的全社会的健康问题。试问幸福又从何谈起？

实证研究表明，在经济发展和客观生活质量不断提升的条件下，主观幸福感停滞在几乎水平的发展状态上。以物质条件提升作为提高人们生活质量的最直接途径，这样的时代已经终结。我们不得不回过头去重新审视在物质条件不断丰裕的现代社会，到底是什么让我们付出了沉重的幸福代价。英国学者理查德·威尔金森和凯特·皮克特在《不平等的痛苦：收入差距如何导致社会问题》（The Spirit Level：Why Equality is Better For everyone）一书中回答了这个问题，即不平等是造成“物质生活水平的继续提高”与“人们主观生活质量提升停滞”脱节的根源。不平等到底导致了哪些严重的社会问题，并阻碍生活质量进一步提升？作者给出了七个方面的原因。

第一，不平等影响社会成员之间的相互信任程度，进而会危及社会凝聚，带来社会分裂。信任是一个重要的社会变量，信任不仅影响到个人的幸福，同时还影响到公民社会的幸福。第二，社会不平等与社会成员的心理健康也存在密切联系，不平等影响人们的心理健康水平。第三，不平等与违禁药物之间也存在明显的相关关系，在不平等程度较严重的国家中，毒品的使用情况更为泛滥。第四，不平等与身体健康之间存在密切联系，这无疑也会降低社会成员的生活质量。第五，收入不平等也会影响教育成绩和学业表现。第六，不平等带来的另一个严重的社会问题在于青少年怀孕。第七，严重的社会不平等状况和较高的暴力犯罪率之间也存在密切联系。[1]

所有的研究结果已经证明，不平等导致了严重的社会问题。这些问题已经普及到国际社会，深入进了我们每一个人的生活中。不平等造成了严重的后果，导致人们社会焦虑感和社会不安全感增加，自尊水平降低，社会自我面临威胁。此外，在不平等的社会中，穷人通过自身努力改变生活境遇的机会也比较小，造成社会流动性非常低，社会结构相对呆板。理查德·威尔金森和凯特·皮克特由此指出，在物质生活水平提升对人类生活质量和幸福程度提高的贡献越来越小的时候，降低社会不平等程度，倡导社会公平、公正、平等是改善社会环境，进而提高每一个人生活质量的最佳途径。[2]

2. 我国以公平促进生活质量提升的决策实践

中国共产党第十六届中央委员会第六次全体会议指出：社会和谐是中国特色社会主义的本质属性。把社会和谐明确为中国特色社会主义的本质属性，是对中国特色社会主义理论的重大创新，是中国共产党把马克思主义基本原理同我国社会主义现代化建设的具体实践相结合的又一重大理论成果。和谐社会的构建是我国在探索经济、政治、文化、社会、生态五位一体全面发展道路上的最大优越性。

对和谐社会的认识是一个不断深化完善的过程。党的十六大报告指出：我们要在本世纪头二十年中，集中力量全面建设惠及十几亿人口的更高水平的小康社会，社会和谐作为小康社会建设社会领域的一个重要内容被提出。党的十六届三中全会提出了以人为本、全面协调可持续的科学发展观，社会各方面和谐均衡发展的理念逐渐显现。党的十六届四中全会通过的《关于加强党的执政能力建设的决定》进一步明确提出：要适应我国社会的深刻变化，把和谐社会建设摆在重要位置，注重激发社会活力，促进社会公平正义，维护社会安定团结。至此，构建社会主义和谐社会的重大决策被正式确定下来。在进一步阐述和谐社会六大特征时，公平正义作为构建和谐社会的重要特征被明确地确定下来。经过三十年的改革开放，公平正义这一价值目标已经凸显，并成为广泛的社会诉求。[3]

---

〔1〕 理查德·威尔金森、凯特·皮克特著：《不平等的痛苦：收入差距如何导致社会问题》，安鹏译，新华出版社2010年版，第56，71，80页。

〔2〕 理查德·威尔金森、凯特·皮克特著：《不平等的痛苦：收入差距如何导致社会问题》，安鹏译，新华出版社2010年版，第80页。

〔3〕 赵修义：《公平正义：中国特色社会主义共同理想不可或缺的价值目标》，《毛泽东邓小平理论研究》2010年第11期，第1页。

和谐社会是全体人民各尽其能、各得其所又和谐相处的社会，是良性运行和协调发展的社会。社会要保持和谐，就需要有良好的秩序。维护社会秩序，则需要完善的规则。一个社会中最重要的规则体系则是制度。要想建立科学的社会制度，就必须以基本的价值理念作依据，公平正义就是最核心的价值理念。〔1〕以制度公平实现社会公平是必然选择。制度能够规范社会主体盲目随意的恶性竞争，实现社会财富的最大化。〔2〕在实现社会公平的道路上，制度公平更具有根本性，因为社会公平的价值追求可以借助制度这个载体得以充分彰显和实现。制度公平能够体现公平的本质和核心。

总之，公平是和谐社会的重要特征和核心价值。公平是现代社会制度设计和制度创新的重要依据，是协调社会各个阶层相互关系的基本准则，也是一个社会凝聚力、向心力和感召力的道义源泉。〔3〕公平正义规定着社会成员的基本权利和基本义务、引导着每个个体的行为和意识，规定着社会资源如何在不同利益群体之间的安排和分配。公平正义对于和谐社会构建至关重要，对于实现社会的和谐有序，保证社会充满活力有序发展至为关键。

（三）公平视角下提升生活质量的政策建议

社会公平与最广大人民的根本利益息息相关，与最广大人民的生活质量息息相关。社会公平能够充分调动人们投身社会建设的积极性、主动性和创造性，对于政治、经济、文化、社会和生态环境等社会建设的方方面面都有积极的促进作用。社会公平为人们的心情舒畅提供了社会氛围，对人们的主观生活质量具有重要的提升作用。

1. 以公平促进客观生活质量提升的思考

十八届三中全会提出，让发展的成果更多更公平惠及全体人民，其中包含了两个重要含义。第一，提升生活质量、增进人民福祉是一切改革和发展的最终目的。第二，享有更高的生活质量不是少数人的特权，而应是全体人民的普遍权利。全体人民共享发展成果，共享生活质量提升，是生活质量提升惠及全体人民的本质要求，而要实现这一点就必须依靠更加公平来实现。

---

〔1〕 赵素卿：《公平正义是构建和谐社会的必要条件》，《中共山西省委党校学报》2005 年第 4 期，第 46—47 页。
〔2〕 诺思：《经济史中的结构与变迁》，陈郁、罗华平译，上海三联书店 1991 年版，第 225—226 页。
〔3〕 张道全：《发展与公平是构建和谐社会的两大基石》，《经济问题探索》2005 年第 12 期，第 137 页。

通过前面章节的研究我们发现，当前影响和制约我国和谐社会构建的诸多问题，集中表现在以下几个方面。经济领域，贫富差距不断扩大、通货膨胀和通货紧缩的压力循环存在、消费结构不合理、失业率出现攀升势头、产业发展不均衡；环境领域，城市环境基础设施建设存在薄弱环节；文化领域，教育资源分配不公；社会领域，农村社会保障投入水平较低等。这些问题都与社会不公平有着直接或间接的联系，对民众生活质量的提升产生了消极的影响，尤其对低收入群体和弱势群体生活质量的提高产生了严重影响。这些问题主要涉及了分配公平、环境公平、教育公平、保障公平等公平问题，表明我国和谐社会构建过程中还存在许多不和谐的因素，民众生活质量提升还需要很多工作去促进。维护和促进社会公平正义，就是对这些问题的解决，就是对客观生活质量提升的贡献。针对影响和谐社会构建中生活质量领域里的突出问题，从公平的视角我们具体提出以下建议：

第一，充分发挥市场在资源配置中的决定性作用，推动经济更加公平、更加可持续。针对贫富差距不断扩大、通胀和通缩循环的压力仍然存在、消费结构不合理、失业率不断攀升、产业发展不均衡等问题，要继续依靠深化经济体制改革去解决，处理好政府和市场的关系。一方面使市场在资源配置中起决定性作用，另一方面要更好地发挥政府作用，加快完善现代市场体系、宏观调控体系，转变经济增长方式，使经济发展兼顾效率与公平，可持续性得到保证。

第二，加强制度文明建设，尤其是社会主义民主政治制度建设。继续深化政治体制改革，解决体制问题带来的不公平和效率低下问题，以公平正义提升生活质量。民主是现代制度文明的本质体现和重要内容，直接体现了现代制度文明的要求。[1]社会主义民主、公平正义与人民幸福直接相关，是人民幸福的基本保障。制度是推动和实现整个社会公平正义的基础，制度创新是解决问题的主要途径。政治体制改革走到今天所面临的重大问题——政府与市场的关系，政府与社会的关系，不同社会阶层之间的关系，政府职能机构之间的关系，中央政府与地方政府的关系等——必须依靠制度创新才能够得到解决。机会不平等、收入分配不公、司法不公等公平正义缺失现象，也只有通过制度创新才能够得到根治。

第三，加大基础教育投入力度，公平分配教育资源，进一步促进教育公平。提高中央和省级财政对基础教育的投资和财政供给水平，解决贫困地区和农村地

〔1〕 张立进：《政治学视域的制度文明研究》，博士学位论文，中国社会科学院研究生院，2012年，第91页。

区等教育落后地区的教育经费不足问题。必须大幅度提高对基础教育投入的总量，改变我国目前基础教育公共投资占比较低的状况。创新教育投入模式和教育资源配置模式，根据教育公平的补偿性原则，调整基础教育投入的重点区域，促进教育资源向农村和西部偏远地区、向弱势群体倾斜。这些都是促进教育公平的关键环节。

第四，增加农村最低生活保障投入，推进城乡最低生活保障制度统筹发展，促进保障公平。目前，农村社会保障是我国社会保障问题的薄弱环节，制约着我国保障公平的实现。只有继续增加农村社会保障的财政投入，才能够真正解决问题。面对农村低保的资金不足问题，国家财政专项资金要继续加大投入力度，地方财政要升级对中央拨付资金的利用效率，加强监管。地方政府要调整财政支出的原有结构，增加对农村低保的投入比例，将农村低保资金列入地方财政年度预算，并确保专款专用。调动社会力量，为农村低保引入新的资金筹措渠道，广泛吸纳社会资金。只有这样，才能实现城乡社会保障的统筹发展，实现保障公平。

第五，继续加强城市生活垃圾处理设施等城市基础设施建设，完善城市绿地功能，维护和促进环境公平。进一步加大城市生活垃圾处理设施建设力度，提升设施处理能力，加强生活垃圾循环利用和资源化能力建设。城市绿地是城市重要的基础设施，要在进一步提升城市绿地、维持生态平衡功能的基础上，进一步建设公园绿地，加强公园防灾避险的功能建设。同时，应当着力实现代际内、代际间的环境公平。代际内环境公平的根源在于经济发展不平衡导致一部分人对另一部分人环境权利的侵害，代际间环境公平则是当代人对环境的污染使得子孙后代承受代价。对城市生活垃圾的综合处理，以及对城市绿地功能的提升，都是对环境不公平状况的直接改善，对于维护和促进环境公平有重要意义。

第五，提高相对收入水平，提升人们的公平感。民众的相对收入水平不仅是影响主观生活质量对客观生活质量偏离的重要原因，而且会直接影响民众的公平感。想要提升民众的公平感，就要从提升相对收入水平入手。提高民众的相对收入水平是刺激消费、促进经济转型的重要途径。而提高居民相对收入水平的关键，就在于收入分配体制改革，降低企业和政府的相对收入水平，提高广义国有经济的居民分享度。[1]只有提高了居民的相对收入水平，人们才能享有分配的

〔1〕 熊唯伊、熊海斌：《提高居民的相对收入水平与消费需求扩张》，《消费经济》2010 年第 1 期，第 43 页。

相对公平，才能从根本上提升人们的公平感。

第七，倡导公平的价值理念，积极应对社会变革产生的负效应，缓解社会焦虑。在全社会积极倡导公平的价值理念，使公平公正的价值理念深入到社会的方方面面，深入到民众的观念之内，使民众能够以公平的价值理念积极应对社会变革带来的负效应，积极应对社会变革本身对民众的社会适应和发展提出的各种挑战，缓冲人们因社会变革而产生的各种适应障碍和困难，缓解社会焦虑的负性体验。公平作为一种价值理念，是民众提升幸福体验的精神层面保障，对于提升主观幸福感具有重要的意义。因此，倡导公平的价值理念是提升民众主观生活质量的必然要求。

第八，提高社会公平程度，让人民生活的更有尊严，增进人民的幸福感。通过分配公平、环境公平、教育公平、社会保障公平等具体领域里的公平公正，提高社会公平程度。从公共行政上而言，要将公平的价值取向体现在组织设计和管理形态在内的一系列活动中，体现在政府提供服务的平等性中，体现在公共管理者在决策和组织推行过程中的责任与义务中。这一切的工作，都是要推动政治权力和各项福利转向弱势群体，通过政府观念与行为的公平革新，来解决社会存在的尖锐矛盾。只有提高了社会公平程度，才能提高社会成员的自尊体验，人民才能更有尊严地生活，幸福感才能得到提升。

2. 以公平提升主观幸福感的作用机制：自尊的中介效用

实现社会公平的过程本身，就是民众客观生活质量的提升过程。同时，社会公平也能够通过提升民众的主观生活质量，作用于和谐社会构建的实践，进而促进客观生活质量提升。那么，公平是如何促进主观生活质量提升的？以公平提升主观幸福感的机制是怎样的呢？是否存在中介变量对公平与幸福感之间的关系起到调节作用？

已有的研究已经证明，自尊（self-esteem）在社会学和心理学领域有重要的研究地位[1]，自尊经常扮演一种中介变量的角色，在多种关系中发挥作用。比如，社会测量学理论认为，自尊常常作为一种计量标准来测量个体对他人看待自己的感知。大量研究表明，自尊是对幸福起关键作用的缓冲因素[2]，而公平是

〔1〕 Heatherton, T. F., and Polivy, J.. *Development and Validation of a Scale for Measuring Selfesteem* J. Personality and Social Psychology. 1991 (60): 895-910.

〔2〕 马克·拉普勒:《生活质量研究导论》，周长城等译，社会科学文献出版社 2012 年版，第 243 页。

影响自尊水平的重要决定性因素。不公平会导致人们认为他们自身对于所属的组织没有价值或者不值得尊重，从而使自己面临被拒斥的威胁大大增加。[1]因此，我们有理由提出一个幸福模型："公平—自尊—幸福"，即自尊在公平和幸福的关系之间扮演了中介机制的作用，公平通过影响自尊水平对主观幸福感产生积极的促进作用。下面，我们分两步对这个机制进行说明。

第一，公平能够显著影响人们的自尊水平。自尊（self-esteem）是人们对自己的社会价值的评估，是一个受到"体现了社会期许和社会价值观的"社会性事件影响的主观判断。[2]研究表明：公平与自尊之间存在密切联系。公平尤其是过程公平，显著地影响人们的自尊水平；过程不公平会降低人们的自尊水平。[3]这是因为不公平不仅是对社会规范的侵犯，更会对社会成员造成伤害。[4]不公平也会导致人们产生焦虑的情绪体验，这种体验对人们的自尊是一种威胁。[5]同时，社会参与过程的本质，隐含了被这个过程所影响了的人们的评价信息。这些隐含的评价信息也会影响人们的自尊[6]。除了过程公平，结果公平对自尊的作用也得到了学者们的证实。Kees Van den Bos 通过研究证实：结果公平和过程公平对人们的自尊水平都有影响。[7]这个研究结果也证实了前人的研究：对于不公平的结果，人们会表现得更加愤怒。[8]当然也有学者认为，自尊与过程公平

---

〔1〕 Betia M. Wiesenfeld, Brockner J. and Thibault V., *Procedural Fairness, Managers' Self-Esteem, and Managerial Behaviors Following a Layoff.* Organizational Behavior and Human Decision Processes, 2000 (83): 27.

〔2〕 Leary, M. R., and Baumeister, R. F.. *The Nature and Function of Self-esteem: Sociometer Theory.* Advances in Experimental Social Psychology, 2000 (32): 1-62.

〔3〕 Folger, R. *Rethinking Equity Theory: A Referent Cognitions Model.* In H. W. Bierhoff, R. L. Cohen, & J. Greenberg (Eds.), Justice in Social Relations. New York: Plenum Press, 1986; Koper, G., Van Knippenberg, D., Bouhuijs, F., Vermunt, R., &Wilke, H.. *Procedural Fairness and Self-esteem.* European Journal of Social Psychology, 1993 (23); Tyler, T., Degoey, P. &Smith, H.. *Understanding Why the Justice of Group Procedures Matters: A Test of the Psychological Dynamics of the Group-value Model.* Journal of Personality and Social Psychology, 1996 (70); De Cremer, D., Sedikides, C. *Self-uncertainty and Responsiveness to Procedural Justice.* Journal of Experimental Social Psychology, 2005 (41).

〔4〕 Bies, R. J.. *The Predicament of Injustice: The Management of Moral Outrage.* Research in Organizational Behavior, 1987 (9): 293.

〔5〕 Walster, E., Walster G. W. and Berscheid E.. *Equity: Theory and Reaearch.* Allyn and Baron, 1979.

〔6〕 Lane, R. *Procedural Goods in a Democracy: How One is Treated versus What One Gets.* Social Justice Research, 1988 (2).

〔7〕 Kees Van den Bos, *Reactions to Perceived Fairness: The Impact of Mortality Salience and Self-Esteem on Ratings of Negative Affect.* Social Justice Research, 2001 (14).

〔8〕 Adams, J. S.. *Inequity in Social Exchange.* In Berkowitz, L. (ed.), Advances in Experimental Social Psychology, Academic Press, New York, 1965 (2).

的联系要强过与结果公平的联系。[1]这种观点越来越被后来的学者认同。[2]

综观以上研究可以发现：公平尤其是过程公平，的确能够对人们的自尊水平起到积极的促进作用。公平对人们在社会参与过程中社会互动的知觉和行为是十分重要的，比如：对分配结果的满意度、人们的社会接受程度、人们感知到的权威合法性、人们完成任务的表现、组织内的公民关系、人们的报复性行为、人们对失业的反应、工作满意度、人们对组织社团和社会的责任感等。这些感觉和行为因素都与人们的自尊水平有着千丝万缕的联系。社会公平与自尊的关系已经得到大量研究的证明，社会公平是提升自尊水平的重要影响因素，自尊受到社会公平的影响而提高或者降低。

第二，自尊促进主观幸福感水平提高。公平对个体的自尊感产生显著作用，同时自尊也能够促进主观幸福感水平的提高。大量研究表明，人们如何看待和解释生活中发生事情的方式，与主观幸福感紧密相关。高自尊水平会产生较高的主观满意度，低自尊水平会导致较低的主观幸福感。[3]在自尊水平与主观幸福感关系的研究中，内隐自尊和外显自尊是学者们较为感兴趣的话题。一些研究者认为，仅有内隐自尊对幸福感的作用是可信的[4]。然而也有学者认为外显自尊更能够预测主观幸福感[5]。另有不同学者考察了自尊与主观幸福感之间的中介变量。这些变量可能包括自我调整[6]和集体自尊等[7]。虽然自尊与幸福感之间

---

〔1〕 David De Cremer, Daan van Knippenberg, Marius van Dijke, and Arjan E. R. Bos. *How Self-Relevant is Fair Treatment? Social Self-Esteem Moderatex Interactional Justice Effects.* Social Justice Research, 2004 (17).

〔2〕 Shroth, H. A., and Shah, P. P.. Procedures: *Do We Really Want to Know Them? An Examination of the Effects of Procedural Justice on Self-esteem.* J. Appl. Psychol. 2000 (85), Tyler, T. R., Degoey, P., & Smith, H.. *Understanding Why the Justice of Group Procedures Matter: A Test of the Psychological Dynamics of the Group-value Model.* Journal of Personality and Social Psychology, 1996 (70); David De Cremer, Daan van Knippenberg, Marius van Dijke, and Arjan E. R. Bos. *How Self-Relevant is Fair Treatment? Social Self-Esteem Moderatex Interactional Justice Effects.* Social Justice Research, 2004 (17): 407-419.

〔3〕 马克·拉普勒著:《生活质量研究导论》，周长城等译，社会科学文献出版社2012年版，第242—243页。

〔4〕 Schimmack U., Ed Diener. *Predictive Validity of Explicit and Implicit Self-Esteem for Subjective Well-being.* Journal of Research in Personality, 2003 (37): 100-106.

〔5〕 J. K. Bosson, W. B. Swann, J. W. Pennebaker, *Stalking the Perfect Measure of Implicit Self-Esteem: The Blind Men and the Elephant Revisited.* Journal of Personality and Social Psychology, 2000 (79): 631-643.

〔6〕 Janet S. Carpenter, Dorothy Y. Brockopp, Michael A. Andrykowski. *Self-transformation as a factor in the self-esteem of breast cancer survivors.* Journal of Advanced Nursing, 1999 (29): 1402-1411.

〔7〕 Simsek O. F.. *Structural Relations of Personal and Collective Self-Esteem to Subjective Well-Being: Attachment as Moderators.* Social Indicators Research, 2013 (110).

可能存在复杂的中介变量，但是它与主观幸福感之间的确存在显著的相关关系。[1]

因此，自尊作为主观幸福感的一个重要预测变量，对主观幸福感具有重要的影响作用。自尊与主观幸福感的密切联系无论从学理逻辑上讲，还是从经验研究证据上讲，都在学界形成了共识，即自尊水平的高低是主观幸福感体验的重要预测变量，也是缓冲和调节变量；自尊作为公平效应的中介变量，将公平和主观幸福感联系在一起，使以公平促进主观幸福感的观点在学理上成为可能。想要达成幸福提升的目标，可以从促进和提高社会公平入手，以公平提升幸福感，以公平提升生活质量。

至此，对于“公平如何增进幸福”这个问题的答案已然明晰。大量的研究已经证明，以公平提升幸福存在内部的机制，公平通过提升人们的自尊水平进而提升幸福感。这三个因素组成了一个幸福模型：“公平—自尊—幸福”。这个模型不仅设计出了一条通往幸福的路径，更证明了以公平实现生活质量提升的必要性和可行性。总之，增进社会公平程度，是主观生活质量得以提升的重要路径选择。

五、和谐社会构建进程中生活质量的提升：发展的视角

2013 年 11 月 12 日，中国共产党第十八届中央委员会第三次全体会议通过了《中共中央关于全面深化改革若干重大问题的决定》。其中提出：全面深化改革，必须坚持发展仍是解决我国所有问题的关键这个重大战略判断，推动经济社会持续健康发展。在面临生活质量问题时，我们理应诉诸发展。只有发展才是解决生活质量领域各种问题的根本途径，发展也是提升生活质量的硬道理。

（一）发展的梳理与分析

1. 发展内涵的演变

对发展问题的关注自 20 世纪初就已然萌芽，发展问题从最初就与人类自身

---

[1] Simsek O. F.. *Structural Relations of Personal and Collective Self-Esteem to Subjective Well-Being: Attachment as Moderator.* Social Indicators Research, 2013 (110): 219-236.

的前途和命运联系在一起。两次世界大战给各国人民带来深重的灾难，如何从战争中复苏引发各国对发展问题的思考；广大发展中国家从20世纪后半叶开始对发展道路进行探索，发展理论、发展模式等问题逐渐兴起。这两个原因使得发展成为人们关注的焦点，发展的内涵也经历了质的改变。人类社会对发展的理解和认识，大体上经历了不断深化的三个阶段，即从种群的进化，到物的增长，再到人的进步。发展内涵的变迁表明，人类社会对发展的本质认识是一个不断深化、不断回归到哲学价值层面的过程。

发展的第一个阶段是种群的进化。进化是达尔文生物进化论的代表性观点，基本含义是物种从无到有、从低级到高级、从简单到复杂、由量变到质变的过程。后来，进化论被引入社会学领域，用于揭示人类社会发展的原初面貌，即人类社会就如同物种的进化一样，它的发展与物种的进化遵循同样的“适者生存”规则。这样，社会便不断从结构简单进化到结构复杂的发展形态。以进化为核心观念的发展，就是指事物从小到大、从简单到复杂、从低级到高级的不断变化的过程。这一过程包含了量变和质变，是二者的循环往复、交替出现、辩证统一。

发展的第二个阶段是物的增长。人类社会对发展的第二阶段的认识，是以经济学为基础的，最核心的观点就是增长即发展，经济增长就是发展理念的本质。这种发展理念的主要特征，是对发展做了“经济性规定”，其哲学基础是“经济人”假设。[1]这是近代以来世界各国普遍认同的一种发展理论。18世纪末19世纪初，英国古典经济学家亚当·斯密在《国富论》中，将发展等同于社会财富的增长及物质条件的繁荣。二战后，各国纷纷致力于经济的复苏。人们普遍认为经济增长乃是解决发展问题的主要内容，经济增长优先的发展模式被广泛认同。

发展的第三个阶段是人的进步。随着经济增长优先理念的实践，人们并未收获原本期待的发展成果，反而出现了种种倒退。在发展中国家，经常能够看到这样的状况：“经济增长优先的模式在经济和社会两方面都是失败。”[2]人们开始反思，片面地强调经济增长，并不能解决所有问题，也不等于社会全面进步。这样的发展观，反而导致了许多社会问题，有了增长，却没有发展。在20世纪六七十年代，随着对经济增长优先发展模式的批判，一种新的发展内涵开始逐渐得

---

〔1〕 王素萍：《当代中国发展的价值反思与重构——基于马克思发展价值思想研究》，博士学位论文，苏州大学哲学系，2011年，第21页。

〔2〕 安德鲁·韦伯斯特：《发展社会学》，陈一筠译，华夏出版社1987年版，第15页。

到肯定和认同，即以人为目的的发展。

以人为目的的发展是从人作为社会活动主体的立场来看发展问题，把发展看作是以人为中心的变迁过程，充分强调人在经济、政治、文化、社会和生态这些领域里的主体性。把人看作是这些方面的有机整合，凸显发展的人文取向。“个人的发展、个人的自由，是所有发展形式的主要动力之一。这种个人的发展和自由能够在每个人所赞成的和在其各种活动中所感受到的各种价值范围内充分实现他们的潜力。”〔1〕诺埃尔在《今日达尔文主义》中指出，“人类的未来绝不是身体解剖或外部形态的变化，而是其思想、意识形态、技术等等的发展。这产生了一个重要的、可以说相当严重的后果：人类成为其自身命运的主人。……目前人类必须引导生命的进程。而正是这一点赋予问题以严肃性，因为人类对生命负有责任”〔2〕。这说明，在人的发展过程中，只有作为自身命运的主宰，人的发展才能真正实现。在这里，人的发展不是指肉体的改变，而是人的思想、观念和技术。这些构成了人类社会的文化系统，而特定的文化系统决定了人们的生存方式和质量。

2. 发展的价值

追求什么样的发展是发展的价值问题。对发展的价值追求，是避免发展走向抽象与空谈的必要前提。从哲学上讲，发展的价值是关于发展的本质、目标、方式及其伦理属性的价值论表达，是对于发展的价值关系、价值诉求、价值精神、价值取向、价值选择、价值尺度和评价标准等问题的系统性规定。〔3〕从社会关系上讲，发展的价值属于价值范畴，反映一种关系，即在发展过程中，发展对于作为主体的人在某种需要上的满足，是人们对于发展的主体性评价。〔4〕发展价值具有广义上价值的共同特点，即主观性与客观性统一、绝对性和相对性统一、社会性和历史性统一等特点。同时，发展价值具有独特的特征，这为我们辨认和识别发展价值的内涵提供了参考的依据。这些特征主要包括以下三个方面：

第一，发展价值的总体性。人作为发展价值的主体，是一个总体性的概念范畴。发展价值因为主体的总体性而具有了代表社会全体成员，至少是社会成员的

〔1〕 佩鲁著：《新发展观》，张宁等译，华夏出版社 1987 年版，第 175 页。

〔2〕 埃米尔・诺埃尔：《今日达尔文主义》，朱晓洁译，北京大学出版社 2000 年版，第 71—72 页。

〔3〕 王素萍：《当代中国发展的价值反思与重构——基于马克思发展价值思想研究》，博士学位论文，苏州大学哲学系，2011 年，第 33 页。

〔4〕 付康：《发展价值的哲学研究》，博士学位论文，中共中央党校哲学系，2012 年，第 27 页。

大多数人的属性。发展价值的总体性强调的是发展对于大多数人的价值，强调群体层面的人，而非个体层面的人。在这里，发展的价值在社会大多数成员得到体现，发展在社会成员的大多数需要进行满足的条件下得以实现。因此，发展体现在社会大多数成员的发展上，发展产生的价值也反映在社会大多数成员的价值之上。

第二，发展价值的动态性。发展价值客体本身的动态属性决定了发展价值的动态性。发展的动态变化性，使得发展在特定历史条件下对发展主体具有某种价值的属性，也随之发生改变。具体而言，发展对于主体的价值可能由小变大，或者由大变小甚至价值完全消失。虽然发展价值的动态性是一个看似不稳定的因素，但实际上它是由稳定性约束的。价值作为社会意识形态，是由社会存在决定的。因此，价值相对于社会存在而言，具有一定程度的滞后性，它是对社会存在的反映。在讨论发展价值的动态性时，也要考虑其稳定性。

第三，发展的价值具有全面性的特点。发展价值的客体涉及社会生活的各个领域，包括政治、经济、文化、社会、生态各个方面，每一个方面又包括许多具体的内容。发展是指这些领域的全面发展。单纯的经济发展，或者单纯以某个方面为主导的发展，都不是全面的发展，也不是真正意义上的发展。发展价值的全面性，本质上是对人的自由全面发展的反映，并以人的自由全面发展为终极价值目标。

（二）发展是实现生活质量提升的关键

如前所示：发展既是一种事实，也是一种价值。实际上，发展正是提升生活质量的关键。因为作为一种事实的发展，它是通过生活质量指标体系被具体表现出来。“指标会给人一种假象，仿佛它在价值方面是中立的。”[1]实际上，每一种社会指标体系都包含着对评价对象的基本价值判断。生活质量所评价的发展，是将发展视为以人为出发点和最终目的价值判断。它将这种价值判断寓于发展的事实之中，通过对发展事实的评价，将这种发展价值体现出来。可以说，对发展事实每一方面的评价和分析，都包含着一种确定的价值。作为一种价值的发展，必然是以人为出发点和最终目的的价值取向。因此，生活质量导向的发展是当前发展价值的必然选择。

---

〔1〕 佩鲁著：《新发展观》，张宁等译，华夏出版社 1987 年版，第 34 页。

1. 发展的价值向度：生活质量

马克思指出："物的世界的增值同人的世界的贬值成正比。"〔1〕社会发展价值向度的偏离，现象上的表现是"重物轻人"，实质上却是拒斥社会发展中的价值主体和客体，贬值社会发展中的主客体价值。〔2〕人及人的需要是发展价值的主体。矫正发展价值向度的偏离是基本要求，最根本的是必须提出合理的价值导向。合理的发展价值导向必定是以生产力为基础，以人的自由全面发展和人类幸福为最高宗旨，以人需要的满足为最终目标的概念体系。而这套概念体系本身也必须是对发展价值的高度契合。

生活质量概念的提出体现了人类对社会发展理念的深刻反思。从历史上看，生活质量概念是对发展理念不断变革的积极回应〔3〕。发展理念变革至今，当以人的发展为目的，以生活质量为导向。以生活质量为导向的发展，是充分肯定生活质量对和谐社会构建的重要意义，是将发展的价值规定在以民众生活质量提升这个核心价值之上。从主体目的论的维度来看，人类社会发展的根本目的是为了创造更高的生活质量。〔4〕生活质量导向的发展就是人们对更高生活质量的不断追求，就是不断满足人们日益增长的物质文化需要的过程。因此，发展是满足人的需要的发展，是生活质量不断提升的发展。这样的发展就是以生活质量为导向的发展。

首先，以生活质量为导向的发展，应当是客观生活质量各个领域的全面协调发展，即社会主义市场经济和社会主义民主政治、先进文化、生态文明建设的全面协调发展。全面协调发展，意味着生产关系同生产力、上层建筑同经济基础相适应；经济社会协调健康发展，意味着"五位一体"的发展不能有明显的短板，每一个领域内也不能有制约发展的短板效应；协调发展还意味着要正确认识和处理好个人利益和集体利益的关系、局部利益和全局利益的关系、当前利益和长远利益的关系。总之，客观生活质量各个领域的全面协调发展是有机统一的，是以生活质量为导向的发展的本质要求。

其次，以生活质量为导向的发展，应当是客观物质条件不断提高，民众主观

〔1〕《1844 年经济学哲学手稿》，人民出版社 1985 年版，第 47 页。
〔2〕罗建文：《发展价值论的理论论析》，《湖南科技大学学报（社会科学版）》2009 年第 4 期，第 39 页。
〔3〕周长城、张锋：《以生活质量为导向实现社会发展》，《中国社会科学报》，2012 年 8 月 10 日。
〔4〕陈洪泉：《社会发展的主体目的论维度》，《中国海洋大学学报（社会科学版）》2006 年第 5 期，第 15 页。

幸福感不断提升的全面协调发展。生活质量是一个同时包含物质生存质量和精神生存质量的综合性概念。民众生活质量的提升，既有不断提高民众物质文化生活条件的含义，又有提升民众主观生活质量的含义。正如前面章节所指出的那样，我国客观生活质量总体上不断提升，主观幸福感停滞不前。主观生活质量作为一个相对独立的生活质量构成要素，不能仅仅依靠提升客观生活质量来带动主观幸福感的提升，而应寻求主观幸福感提升的具体机制。因此，以生活质量为导向的发展，不仅是客观生活质量不断提升的发展，也是主观生活质量能够得到提升的发展，是主客观生活质量全面提升的发展。

再次，以生活质量为导向的发展，还应当是处理好积累与消费关系的可持续发展。从国家和社会层面来讲，要促进生活质量的提升，就要将适量的社会财富投入到保障和改善民众生活质量中来。这样，支出与积累的平衡问题就显得非常重要。过度提高福利和居民收入水平，用于社会后续发展的财富积累将会不足，会损害发展的可持续性；用于改善和提升民众生活质量的民生支出比例过小，就会直接影响民众生活质量的提升，不仅积累社会矛盾，社会发展的可持续性也会遭到损害。就目前的状况来看，一方面，我国用于民生方面的财政支出比例相对较小，应适量增加民生投入，为生活质量提升提供更多的物质保障；另一方面，我们也应当保持适度的资本积累率，保持较快的经济增长速度，实现可持续发展。因此，以生活质量为导向的发展，需要充分重视社会财富支出与积累的平衡，找到既能为当前提升生活质量提供更多物质保障，又能为后续发展的可持续性提供财富支撑的合理尺度。

总之，发展是生活质量提升的关键。在发展中寻求生活质量问题的解决，也是生活质量提升的必然选择。

2. 发展促进生活质量提升

从以上对发展内涵演变过程的梳理可以看到，物的增长就是经济学意义上的发展，社会发展主要体现在经济领域以及以经济领域为中心的其他领域之中。从物的增长，即发展事实的层面上来看，发展是提升生活质量的关键。然而发展具有社会功能和价值，不仅存在于经济领域，而是包括了经济、政治、文化、社会、生态等各个方面。[1]从经济上来看，发展的经济价值在于实现生产力的发

---

〔1〕 付康：《发展价值的哲学研究》，博士学位论文，中共中央党校哲学系，2012 年，第 80—110 页。

展和分配的公平，这是其他方面发展的基础和保障；从政治上来看，发展的制度价值在于倡导公平正义、民主法治；从文化上来看，发展的文化价值在于实现多元文化的共生和谐、融合繁荣；从社会层面来看，发展的社会价值在于实现社会各组成要素的全面协调发展；从生态环境方面看，发展的生态价值在于追求人与自然和谐相处。在诸多价值背后，发展的最高价值在于满足人的多层次需要、实现人的自由全面发展。

发展的功能和价值是十分重要的，也是全方位的。发展的价值维度实际上涉及了生活质量的各个领域，发展所带来的价值实际上就是对生活质量问题的解决。从发展的经济价值来看，生产力的进步和对公平分配的追求，是对民众经济生活质量的直接促进；从发展的制度价值来看，对社会主义民主、法治、公平的倡导就是对民众政治生活质量提升的促进；从发展的文化价值来看，创建多元文化和谐共融的文化环境，有利于民众的文化休闲和娱乐更加丰富多彩，有利于文化生活质量的提升；从发展的社会价值来看，社会各组成要素的全面协调发展能够进一步促进社会保障公平，促进社会福利支出进一步提高并达到合理比例；从发展的生态价值来看，生态可持续是民众生存环境质量提升的重要保障，保护资源和环境，促进人与自然和谐相处也是生存环境质量提升的必然要求。总之，发展是客观生活质量提升的关键。

事实层面的发展不仅是对客观生活质量提升的促进，而且也在一定程度上对人们的主观生活质量起到积极的提升作用。社会存在决定社会意识，社会意识是对社会存在的反映。主观生活质量就是一种社会意识，它由社会发展事实决定并反映社会发展事实。社会发展事实表现为物的增长，即物质条件和水平的不断提高。对于社会成员而言，他们能够享有的客观物质条件越优越，享有的发展体验也就会相应越高。此外，人的需要与社会发展既具有同一性[1]，也具有一致性[2]。因此，社会的发展，也就是说发展的事实层面能够带给人们主观上的发展体验。

主观幸福感是由身心健康体验和享有发展体验两部分组成的有机整体，其中享有发展体验是指人们对自己是否享受和拥有进一步发展的机会和空间的主观感

〔1〕 温皓：《论人的需要与社会发展的统一性》，博士学位论文，吉林大学政治学系，2013 年，第 1 页。
〔2〕 金建萍：《人的发展和社会发展的一致性研究》，博士学位论文，西北师范大学政治学系，2010 年，第 1 页。

受。享有发展体验又包括五个方面的具体主观感受：其中的社会信心体验、成长进步体验、知足充裕体验代表了享有发展体验中人们从社会发展中所感受到的个人发展预期，是对社会发展能够提供给个人发展机会的主观评价。社会的全面发展能够带给社会成员对社会发展前景的乐观态度，能够带给社会成员自我成长进步的积极感受，也能够带给社会成员最直接的收入的满足感。此外，提高人们社会信心、成长进步、知足充足的体验水平，又能够促进人们家庭氛围的和谐化，提高人们自我接受的程度。因此，社会的发展是民众享有发展体验提升的最直接来源。故此，发展也是主观生活质量提升的关键。

（三）发展视角下提升生活质量的政策建议

站在人类发展的角度来看，当今世界的生产力已然高度发达，客观物质条件不断改善，人类的生存状态已经摆脱了对量的需求，开始对质提出更高要求。学者们开始致力于唤醒迷失在物质满足感中的人们，去重新审视生活的本旨。因为物质带来的满足感是暂时的、也是低层次的，人类在基本的物质需要得到满足之后，必定寻求更高层次的精神满足。物质需要和精神需要归纳在一起，就是对生活质量提升的必然诉求。经济增长的福利门槛效应启示我们，经济增长与民众福利的提高并非是对应关系，单独依靠经济增长难以实现一个国家生活质量的持续提升。对于中国社会而言，在福利门槛到来之前，必须转变经济增长方式，更加注重发展质量的提升。从这个意义上讲，充分重视并逐渐满足人民群众生活质量提升的诉求，是经济社会发展目标的主旨。

中国改革开放30多年来取得了举世瞩目的成就。在物质条件不断提高的今天，我们的发展应当以人的发展为导向，以生活质量提升为导向。这样的发展才具有价值，才能让人民群众真正从高速的经济增长中获得实惠，才能达到民众的心理预期，才能让民众的生活从容且满足。因此，要检视并调整经济社会的发展目标，充分考虑提高民众的生活质量，让人的发展带动社会的发展。我们应当以生活质量评价为导向，针对生活质量领域里的薄弱环节增加政策支持力度。以生活质量评价结果为依据，调控资源配置，转变投资思路，向薄弱环节倾斜，弥补短板带来的拖滞，使整个社会的资源利用最大化。针对影响和谐社会构建中生活质量领域的突出问题，我们应当以发展作为基石，以全面改革作为保障，以生活质量提升作为评价发展的价值向度，来全力推动和谐社会的构建。

1. 加快转变经济发展方式促进经济生活质量不断提升

发展的成果更多更公平地惠及全体人民，促进共同富裕是社会主义的本质属性。要在不断提高民众的绝对收入的基础上，着力提高相对收入，找到二者的平衡点，使民众的收入水平能够适应经济社会发展而不断提高。只有充分重视提高民众的相对收入水平，才能保证发展成果更多更公平地惠及全体人民。在收入方面，除了重视提高民众的相对收入，还应当对不断拉大的贫富差距给予充分重视。贫富差距不断扩大的根源，是经济发展不平衡，比如区域经济发展不平衡、城乡二元经济结构、产业发展不均衡等。因此要控制贫富差距不断扩大的趋势，就要加大收入分配调节力度，实现共同富裕。

经济结构的失调是引发通货膨胀的重要原因之一。要加快转变经济发展方式，继续调整经济结构，避免因结构性失调而引发的供求失衡、物价上涨。消费结构不合理会制约消费发挥拉动经济发展的牵引作用。因此，要在不断调整收入结构的过程中，促进消费结构不断优化升级。失业率是经济发展最敏感的指标之一，要始终将失业率控制在合理范围，把促进就业放在经济社会发展的重要位置。产业发展不均衡是制约经济生活质量提升的重要瓶颈，坚持把经济结构战略性调整作为三大产业均衡发展的契机，实现产业化升级，加强农业的基础性地位，改变第三产业发展滞后的现状，促进三大产业协调发展。

2. 加快转变政府职能促进政治生活质量不断提升

控制政府规模，转变政府职能，进一步发挥公共政策对生活质量的促进作用。政府在为社会提供更优质的保障性公共产品和服务的同时，进一步简政放权，为民众生活质量提升引进新动力。政府规模过大，政府管控范围过宽，会对其他动力源产生挤出效应。因此政府在治理过程中要控制政府规模，实现政府结构优化，并充分调动社会资源参与社会管理。有效的政府治理，科学的宏观调控必须依靠政策工具来实现。因此要进一步发挥公共政策对于生活质量提升的促进作用，必然要求切实转变政府职能，增强政府执行力，建设服务型政府。只有健全宏观调控体系，全面正确履行政府职能，优化政府组织结构，才能真正使公共政策发挥应有效力，提升民众的生活质量。

扩大公民有序参与民主，是加强社会主义民主政治制度建设的重要内容。要从各层次各领域构建公民有序民主参与的平台，加强公民有序民主参与的制度建设。将公民有序的民主参与纳入到政府职能转变中，通过公民有序的民主参与来为政府职能转变创造新的契机，促进政府转变工作方式。同时，通过有序的公民参与，强化权力制约和监督机制，增强政府公信力，提升民众的社会信心。政府公信力与民众的社会信心水平有密切联系。提升政府公信力，尤其是地方政府公信力，就要改革和强化权力的制约和监督机制，继续增加政府信息透明度，以开放的态度接受公众监督。提升政府公信力，还要保持畅通的沟通渠道，改变沟通的内容和风格，以民众的话语体系倾听民声民意。

3. 发展教育事业和文化产业促进文化生活质量不断提升

切实加大教育投入，尤其是基础教育阶段的教育投入。健全以政府财政投入为主、多种投入渠道共筹的教育资金长效机制。要提高国家财政中教育经费的支出占比，提高预算内教育投资的比重，拓宽教育经费的投入渠道，充分调动社会资源对教育的投入。在不断增加教育经费的基础上，还要深化教育领域综合改革，不仅要在财政上满足教育发展的需要，还要促进教育的质量不断提高。在教育管理创新中推进综合改革，提高教育整体水平。

要逐步完善文化管理体制，创造适宜文化休闲产业的发展环境。要对文化休闲产业进行科学合理规划，构建现代公共文化服务体系，加强对文化休闲产业发展的法治监管。文化产业发展的构成要素主要包括文化资源、文化资本、文化科技、文化创意劳动、供给主体、消费主体、文化产品和服务。其中，文化资源是文化产业发展的基础，既包括有形的物质资源（如文化遗产、图书馆、博物馆、文化馆、广播电视发射台等），也包括无形的精神资源（非物质文化遗产等）。[1]

此外，要创造良好的人际氛围和组织载体，加强人际间的横向联系，呼吁人们的交往从网络走入现实。社会组织和社区组织等是人际之间横向交往的组织形式，是培养社会成员之间横向信任的途径之一，也是人们除了家庭以外可以将情感、信仰、兴趣等精神层面的需求加以寄托的场所。然而，网络交往弱化了人们对人际交往所持有的规则和责任意识，导致人际信任发生危机。网络交往在带给现代人方便快捷的同时，也带给人们种种消极的影响。我们呼吁人们保持适度的网络交往，并尽可能回归到现实中的人际交往中来，在面对面的交流中感受人与人之间的温暖关怀。

---

〔1〕范志杰：《发展文化事业促进文化产业政策研究》，博士学位论文，财政部财政科学研究所，2013 年，第 54—55 页。

4. 加快推进社会体制改革促进社会生活质量不断提升

当前，基本公共服务体系呈现出城乡不均衡的基本格局。农村最低生活保障支出水平较低，这是保障救济领域里的突出问题。因此，一方面，要加大农村低保平均支出水平；另一方面，要加快城乡最低生活保障制度的统筹进程。城乡最低生活保障制度在结构体系上整合，是中国最低生活保障制度发展的核心。它包括两个层面的内容：一是保障对象资格的统一，即面对所有的社会成员采用同样的标准去确定其收益资格；二是依据不同生活需求，对不同保障群体类别实施最低生活保障制度，对于特殊人群适当提高其救助标准。[1]因此，城乡最低生活保障制度建设的目标，应当是社会不同群体都能享有同一保障水平的最低生活保障。

在社会管理机制方面，需要加强应急处置，重点加强应急能力建设，提高应对大规模突发事件的能力，减低突发事件对民众主观幸福感的影响。加强和创新社会管理，提高应对突发事件的能力，这既是适应我国转型期各种社会矛盾加剧的客观要求，也是贯彻和落实科学发展观的根本途径。尤其对于地方政府而言，应对突发事件需要创新社会管理模式，充分调动社会资源；同时，加强法律法规等制度建设，健全法律法规体系，以完备的制度和法规为行动提供依据。

另外，我们还需构建保障民众心理健康的现代社会组织体系，积极应对社会变革负效应，形成维护和提升民众心理健康水平的社会支持系统。建立以政府为主导、以社会组织为主体的心理健康保障体系，向社会弱势群体提供必要的社会心理支持，缓解社会变革带来的生存危机，缓冲生活压力对其产生的心理冲击。同时，建立以血缘、地缘、业缘关系，以及以人道主义与博爱精神为基础的个人支持体系。[2]三位一体的支持系统必须权责明确、依法自治，为每一个人支撑起心理健康的保护网络。

5. 建立生态文明法制体系促进生存环境质量不断提升

政府的调控主要包括法律、经济和行政三种手段，其中行政手段可以比较快速地达到政策目标，短期效果显著。然而这种手段稳定性不足，运行成本比较高。我国在环境管理方面已经建立了初成体系的法规政策，但多数属于行政性的

---

〔1〕 李薇:《论城乡最低生活保障制度结构体系的整合》,《探索》2013 年第 5 期，第 156 页。
〔2〕 李强:《社会转型期我国心理健康问题的成因与干预》,《理论与现代化》2003 年第 6 期，第 35 页。

法规。要从根本上解决环境问题，尤其是城市环境的保护和污染治理问题，就不能过于依赖行政手段。应以法律和市场手段为主体，建立系统完善的生态文明制度体系，以法律和制度保护生态环境。对于当前反映出的城市绿化问题和生活垃圾处理等问题，应当从控制城市建设用地规模、建立城市生态补偿制度、推行城市环境污染第三方治理等方面，来寻求解决途径。

减少资源浪费、确保资源的可持续利用。环境得到保护，生态保持平衡和良性循环是经济可持续发展的内在要求，经济的持续、健康发展离不开资源和环境的可持续利用。资源节约型和环境友好型社会也是经济可持续发展的重要前提。因此，要深入贯彻环境保护的基本国策，节约能源，提高资源利用率，降低碳排放，发展低碳环保产业和循环经济，积极应对全球变暖，促进经济发展与资源环境相协调，走可持续发展之路。

第三章 乡村和谐社会建设的机制

乡村和谐社会的建设有赖于持续的社会流动机制、有效的利益整合机制、合理的社会保障机制以及公正的冲突解决机制。持续的社会流动机制，使得城乡之间能够实现人员上的转移和流动。这一方面避免了城乡之间绝对隔阂的产生，释放了农村的压力，促进了彼此矛盾的消解；另一方面也在政治上把农村的“精英”阶层吸收到城市中去，来自农村的潜在压力则由于农村精英向城市的转移而发生了“就地消化”。虽然现有的社会流动机制维持了我国城市和乡村的政治稳定，然而这一机制依旧存在结构性缺陷。因此迫切需要在新的背景下重铸政治稳定的社会基础。

有效的利益整合机制和合理的社会保障机制，在促进农村地区和谐社会构建上同样至关重要。前者从积极的方面促进了农民利益的增长，在实现农村发展的情况下维持农村地区的和谐稳定。后者则从消极方面力图减少农村社会和政治的不稳定的因素，从而形成农村稳定和谐的基石。除此之外，就农村地区常见的突发性冲突，我们还需要建立有效的冲突解决机制。农村地区冲突多发的原因，一方面源于农民在政治结构上的弱势，另一方面则源于相关法律的不健全。因此，政府一方面应当主动提高农民组织化程度，发展农村民间组织尤其是农民维权组织，即农会。另一方面应当致力于相关法律的发展和完善。有效的利益整合机制、合理的社会保障机制、持续的社会流动机制以及公正的冲突解决机制，分别从积极、消极、宏观、微观四个方面维持了农村地区的繁荣稳定，促进了农村地区和谐社会的构建。

一、持续的社会流动机制

乡村和谐社会的建设，首先依赖于持续的社会流动机制。中国无论是在改革前的加速工业化时期还是改革以来的全面现代化阶段，都大体保持了政治稳定。这一“政治奇迹”在很大程度上应归功于城乡互动的社会稳定机制。这种社会稳定机制包含两个方面的内容：一是“压力转移”，即把城市大众对政治系统的压力从城市转移到农村，以维持城市的稳定。二是“精英转移”，即把农村精英转移到城市，以维持农村的稳定。虽然现有的社会流动机制维持了我国城市和乡村的政治稳定，然而这一机制依旧存在结构性缺陷。对于处在从城乡分隔到城乡统筹、从工农两大阶级到社会总体分层的转变过程中的中国而言，迫切需要在新的背景下重铸政治稳定的社会基础。

（一）城乡互动的社会稳定机制

人们通常认为，处于工业化和现代化进程中的“变革社会”总是面临政治动荡不安的困境；被引为佐证的不仅有一般发展中国家，也有苏东地区的前社会主义国家。就中国而言，真正的工业化与现代化是中华人民共和国成立以后的事情。然而，中国无论是在改革前的加速工业化时期还是改革以来的全面现代化阶段，都大体保持了政治稳定。这一“政治奇迹”在很大程度上应归功于城乡互动的社会稳定机制。

在城乡二元户籍制度下，“中国政治形成了两个相互隔离的舞台”[1]。1949年以后的社会政治稳定很大程度上依赖于这两个“舞台”之间的双向互动：一方面，通过把城市的社会压力转移给农村以维持城市的稳定；另一方面，通过把农村精英转移到城市以维持农村的稳定。就是说，存在着一种以“城市压力—农村精英”转移为核心的城乡互动的政治稳定机制。

亨廷顿认为，在现代化过程中，城市永远是支持反对派和引发政治动荡的力量源泉。这通常是因为，城市居民有较高的组织水平，更大的生活和工作压力，

---

〔1〕 吉尔伯特·罗兹曼主编:《中国的现代化》，江苏人民出版1995年版，第400页。

以及对先进国家的“现代性”与本国实际状况之间的差距的强烈感受。中国在1949年以来的现代化过程中基本维持了城市的稳定，这可以归因于两种抑制城市政治动荡的策略。

一是精英“行政吸纳”，即把在政治上最活跃的城市“精英”阶层所代表的政治力量吸收进行政决策结构。在改革前的计划经济体制下和阶级结构中，城市中与大众相对应的精英主要是官僚阶层，几乎不存在除政治精英之外的其他种类的精英，也不存在对其他精英的行政吸纳问题。改革时期，知识精英与经济精英开始大量崛起，并对传统的政治格局构成挑战。在“新权威主义”的旗帜下，作为对风险较大的政治民主化的替代，精英“行政吸纳”成为同化新兴政治力量、维持政治稳定的一种方式。

二是“压力转移”，即把城市大众对政治系统的压力从城市转移到农村。其实质是通过牺牲农村农民的利益，保障或提高城市市民的生活水平、劳动就业和社会福利水平，从而维持城市绝大部分居民对国家的政治认同。城市向农村转移大众压力的途径和方式主要包括：（一）工农业产品的价格剪刀差，这是转移农业资源的主要工具；（二）为了保障城市的利益而加重农民的显性负担，如直接的征税、减少对农村的供应以及农村储蓄净流出等〔1〕；（三）二元公共事业投入制度，即城市的公共事业由国家财政收入负担，而农村公共产品的缺口由农民自己解决的二元公共事业投入制度。这一制度可以保障城市居民享受住房、教育补贴、医疗保障和养老保险等社会福利；（四）就业压力转移，包括把城市劳动力直接安排到农村就业〔2〕，限制农村劳动力在城市就业，保护城市居民的优先就业地位，以及增加基层党政事业单位的就业岗位，并把机构膨胀的成本转嫁给农民；（四）等级制度下以农民的“二等公民”地位为代价，城市居民可以在精神上获得相对优越感。这些措施无疑起着维持城市居民对国家的忠诚，减弱城市政治动乱的社会基础的作用。

在这两种维持城市稳定的策略中，“压力转移”具有更加重要的作用。与精英“行政吸纳”不同，无论在改革前还是改革后，城市的大众压力都是存在的；

---

〔1〕最典型的例子是，1959年在全国粮油供应紧张的情况下，《中共中央关于采取非常措施解决当前食油供应问题的紧急指示》做出了“多头紧不如一头紧”，除个别地区外，停止对农村供应食油的决策。

〔2〕“上山下乡”就是最典型的例子。1961年5月，陈云在中央工作会议上的讲话中提出，只有压缩城镇人口，才能稳定全局，认为“在城市吃饭和在乡下吃饭大不一样”。6月，中央决定在3年内减少城镇人口2000万。

而且随着城市改革的深入以及城市“精英——大众”分化的加剧，城市大众压力在改革时期呈逐步增大的趋势。而“当一个权威性分配价值的系统受到极其沉重的压力，以至于再也不能承受时，该系统就会崩溃”[1]。所以，如果说“行政吸纳”对于提高精英阶层的政治认同至关重要的话；那么，城市大众的压力及其转移就成为制约城市稳定局势的关键因素。由于国家在工业化进程中一直奉行城市偏向的政策，农村面临着以各种方式从城市转嫁来的巨大负担，从而加剧了农民与国家之间的张力。这种张力可以通过制度化的利益表达渠道转变为政治压力，影响国家政策，实现农民的利益，缓解农民与国家间的紧张关系。但是，由于政治系统中已经形成了阻止农民影响国家政治决策的制度安排，所以通过制度化渠道把巨大负担转化为对国家政治系统的有效输入这条路是走不通的。那么，为什么无论改革前还是改革后，农村都大体保持了政治稳定，没有出现农民对政治共同体、政治制度或政治权威的认同危机[2]？

农村保持政治稳定的关键，从国家的角度来说是借助基层政权建设和思想教育运动对农村的政治控制；而从农民的角度来说则是农村对政治系统的潜在压力的“就地消化”，即压力的增长没有转化为对国家政治系统的有效输入，促成农民权益的保障和实现，而是通过各种替代方式沉淀在农村内部。这种压力“就地消化”的方式主要有：（一）乡村范围内的日常反抗替代，即通过欺骗、怠工、偷窃、流言、谩骂、行贿等日常行为方式，增加政府的行政成本，发泄对国家政策或制度的不满，释放出对政治系统的压力[3]；（二）自我剥削替代，即在负担加重的情况下，农民通过降低自己的生活质量，包括减少对后代的教育投资，甚至于牺牲自己的身体健康，减缓对政治系统的压力；（三）内部紧张替代，即把维护自身权利或争取更多利益的希望，从影响政府政策转向影响村庄内部或村庄之间的权利分配，其结果通常是村庄之间的关系紧张或村庄内部人际关系的恶化。

农村压力的“就地消化”，有农民的政治亚文化方面的原因，尤其是“官本位”思想和等级观念都可能提高他们对城乡差别的“相对被剥夺感”的心理承

[1] 戴维·尹斯顿：《政治生活的系统分析》，王浦劬译，华夏出版社 1999 年版，第 42 页。

[2] 笔者在一项针对农民公共权力观念的调查中发现，大部分农民并不认为农民受歧视是国家政治行为，而是基层干部和市民的行为。楚成亚：《农民公共权利力观念分析》，《中国农村观察》2001 年第 6 期。

[3] Scott J. C. , *Weapons of the Weak*：*Everyday Forms of Peasant Resistance* (New Haven：Yale University Press，1985)；Daniel Kelliher，Peasant Power in China (Yale University Press) 1992，P233—237.

受能力。但更重要的原因是作为农民利益一般代表的农民组织没有发展起来。农民的“原子化”状态决定了他们在成为国家政治活动中一支有效力量之前，必须克服的首要障碍是“在其相当数量的成员中建立联合”[1]。这种联合的组织力量如果不是来自农村之外的阶级，就是来自农村内部的精英。在城乡分治的格局下，城市居民与农村居民之间的利益分化以及城市本身的稳定，基本排除了来自城市精英集团的动员的可能性。所以，农村内部精英的性质和状况对农民的组织水平的提高和政治动员具有决定性的影响。

农村精英也可以大体分为党政精英、经济精英、社会精英和知识精英。党政精英即上级党政机关正式授权的权力精英；经济精英主要指在经济活动中获得成功的农民；社会精英主要指因较高威望而在农民中具有影响力的人物；知识精英指的是有较高文化和学识水平的农民。党政精英的利益所在是通过政治忠诚以及完成上级行政指令和行政任务的成绩来获得晋升，他们是政府在乡村的代表，而不是“农民”的一部分。因此，对作为农民利益一般代表的农民组织的发育有决定意义的是经济精英、社会精英和知识精英。中国农村稳定形态的关键变量就是这三类农村精英的“转移”，即拥有资源、最有可能成为政治领导人的农民，脱离农民阶层，向上流动。根据发展中国家的一般经验，农民的政治反抗通常“发端于农村社会中有权势的头面人物”[2]。这种“精英转移”使农民遇到了“长期缺乏有组织能力的领导”的困难[3]。正是从这个意义说，“精英转移”在某种程度上是农村社会政治动荡的一种替代。

就中国的经验而言，农村“精英转移”的方式主要有三种。一是“户口农转非”式转移，即根据国家“农转非”政策，通过升学、参军、转干等方式，改变户籍身份，成为城市居民甚至国家干部。虽然这些来自农村的党员干部有农民背景，但他们一旦拥有了“非农业户口”，其切身利益就与城市人口的利益结合到了一起。二是“进城创业式”转移，即在不改变户籍身份的情况下长期在城市从事较稳定的工作，包括那些首先在家乡创业，然后迁移到城市里的人。这些人虽然没有城市户口，但长期在城市里工作和居住，与村庄的利益关系逐渐松弛，对农村事务的兴趣日益淡化。三是“本土非农化”转移，即一些农民虽然

---

〔1〕 米格代尔：《农民、政治与革命》，李玉琪、袁宁译，中央编译出版社 1996 年版，第 176 页。
〔2〕 巴林顿·摩尔：《民主和专制的社会起源》，拓夫译，华夏出版社 1987 年版，第 378 页。
〔3〕 米格代尔：《农民、政治与革命》，李玉琪、袁宁译，中央编译出版社 1996 年版，第 187 页。

没有离开家乡，也没有转变户籍身份，但其主业已经不是农业。这类以非农产业为主业的农民中的“能人”，也与那些以农业为主业的农民存在着利益分化。

总之，1949年之后的中国之所以在快速工业化过程中大体保持了政治稳定，很大程度上是因为在城乡二元社会框架下的城乡互动过程中，来自城市的压力被转移到了农村，而来自农村的潜在压力则由于农村精英向城市的转移而发生了“就地消化”。不过，这一机制至少有两个方面的结构性缺陷：

其一，该稳定机制永远存在一个走向自己的反面的内在逻辑。“城市压力—农村精英”转移的政治稳定机制是以城乡分隔为前提的，城乡分隔的实质是城市偏向。城市偏向政策的结果是农村发展的滞缓和城乡差距的扩大，而城乡差距扩大则是“正经历着迅速的社会和经济变革的国家不安定的主要根源”。这意味着“城市压力—农村精英”转移机制在维护眼前的政治稳定的同时，又为未来的政治不稳定创造着条件，其维护政治稳定的有效性必然持续降低。社会本身的统一性显然是社会成员真正在政治上实现团结的基础。正是从这个意义上说，处于现代化过程中的社会里，政治上的一个基本问题就是找到填补城乡差距的方式，“通过政治手段重新创造被现代化摧毁了的社会统一性”[1]。

其二，该稳定机制制约着平等权和政治民主的发展。“城市压力—农村精英”转移的政治稳定机制是以牺牲平等原则和农民利益为代价的等级制度为前提的。这种机制与制度不仅使处于“二等公民”地位的农民难以消除与民主原则相背离的“官本位”和子民观念；而且强化了城市居民的特权意识，使得他们的所谓现代政治文明的推动者的角色大打折扣，反而在既得利益的驱动下可能成为工农平等权发展的重要障碍。没有身份平等，就不可能有真正的民主。就政治民主的社会基础而言，身份平等的影响“远远大于政治措施和法律”；只有以身份平等为基础的民主才是真正的民主。[2]也就是说，“社会一体化”是民主政治的重要前提性条件之一[3]。因此，“城市压力—农村精英”转移的机制，一方面在一定程度上有利于政治稳定，另一方面却又不利于民主政治的发展。换言之，这种政治稳定的获得是以牺牲民主政治的发展为代价的。

更值得注意的是，“城市压力—农村精英”转移机制的有效性取决于两个重

[1] 塞缪尔·亨廷顿：《变化社会中的政治秩序》，王冠华等译，三联书店1989年版，第67页。
[2] 托克维尔：《论美国的民主》（上），董果良译，商务印书馆1997年版，第4页。
[3] 王沪宁：《民主政治》，三联书店（香港）1993年版，第120页。

要变量：一是城乡居民相互隔离的强度，二是城乡各自的分化程度。该稳定机制的有效性的高低与城乡居民相互隔离的程度成正比，即城乡之间的人员流动越广泛、相互隔离的程度越弱，该稳定机制的有效性就越低。这是因为，城乡之间的人员流动尤其是农村普通居民向城市的大量流动，不仅增加了城市压力转移的受益范围的不确定性，而且农民对“城乡差距”的切身体验会降低大众压力“就地消化”的潜力。该稳定机制的有效性与城乡内部的分化程度成反比，即城乡内部的分化程度越高，该稳定机制的有效性就越低。这是因为，城市居民的内部分化会使城市“压力转移”的实际受益程度在城市居民间发生分化，使城市居民对于国家城市偏向政策的受益感普遍下降。农村内部的分化以及必然伴生的精英结构变革，将提高农村内部以新兴精英为核心进行横向结盟的可能性，产生真正意义上的农民领袖，从而降低农村压力“就地消化”的潜力。随着当代中国社会主义市场经济的发展，不仅普通农民向城市的流动增加了，城乡相互隔离的强度在减弱；而且无论城市还是农村都处于加速分化的过程中。这种趋势意味着“城市压力——农村精英”转移的政治稳定机制发挥作用的前提条件在逐渐消失。

中国正处在从城乡分隔到城乡统筹、从工农两大阶级到社会总体分层的转变过程中，迫切需要在新的背景下重铸政治稳定的社会基础。新的稳定机制的建构目标应当是以中产阶级作为政治稳定的社会基础。按照亚里士多德的观点，中产阶级具有稳定的品质，能起到制衡极端势力的作用。但是，庞大的中产阶级队伍的形成既不是一个自然而然的过程，也不是一蹴而就的事情，从旧的社会政治稳定机制到新的稳定机制的转换可能会充满艰难和风险。

（二）农民水平流动与城乡和谐

格尔（Ted R. Gurr）提出过一种革命理论的相对剥夺感理论。他认为，每个人都有某种价值期望（value expectation），而社会则有某种满足价值期望的能力即价值能力（value capacity）。当社会变迁导致价值能力小于价值期望从而产生“预期差”时，人们就会产生相对剥夺感。相对剥夺感越大，人们的挫折感越强，造反的可能性就越大、破坏性越强，这是一种“挫折—反抗”机制。[1]所

---

〔1〕 Gurr, Ted R., *Why Men Rebel.* Princeton University Press. 1970.

以，人们是否革命并不取决于其生活的绝对水平，而是取决于人们是否产生了高于实际生活水平的预期，从而形成了“预期差”。在人们预期较低的情况下，即便生活比较艰苦，也不会产生“预期差”；在人们预期升高的情况下，如果生活的实际水平同步提高了，同样也不会产生“预期差”。

传统社会内的农民“禁锢在现状之中”，预期较低，是一种“恒久的保守势力”。而现代化给农民在两个方面带来冲击：一方面，使农民劳动和福利的客观条件恶化；另一方面，因为随着时间的推移，启蒙传到了农村，农民不仅意识到自己正在受苦，也认识到能够想办法来改变自己的苦境，他觉得自己的命运是能够得到改善的，农民的渴望上升了，期望值提高了。[1]于是，他们开始寻求提高自己的社会经济地位的途径和办法。

那么，人们怎样才能实现从较低的社会经济地位向较高的社会经济地位的流动呢？亨廷顿认为，人们向较高的社会—经济地位的转变有两种渠道，即个人流动和集体政治行动。个人流动包括垂直流动和水平流动，垂直流动是指通过个人的努力奋斗而实现的向更高社会经济地位的流动；水平流动是指通过移居或者说“出走”而改变生活处境，它的预期收益很直接，通常也比垂直流动更容易实现。集体政治行动是指处于相同或相似地位的人们的群体“诉愿”行为，它试图改变社会利益分配格局从而实现整个群体的社会地位的提升。集体“诉愿”行动的利益既不确定又见效迟缓，而且其收益范围也常常难以预测。从代价方面看，集体政治行动会遇到任何集体行动都难以避免的所有困难。个人流动和集体政治行动是一种“非此即彼”的关系。人们在面临社会—经济挑战时，通常更愿意进行垂直或水平的个人流动，而不是采取集体政治行动，“这种反应是完全合理的，因为人们都料定，流动与政治行动相比，得多失少”[2]。因此，只要有可能，人们就会优先选择个人流动；垂直流动不可能，人们就选择水平流动；只有流动代价十分巨大而流动渠道又完全被堵死的时候，人们才被迫采取群体行动。

两种途径的取舍与社会阶级结构的开放度有关。社会经济结构越开放，个人流动的机会成本就越低，群体行动就越少；相反，社会阶级结构越封闭，社会分

---

〔1〕 塞缪尔·亨廷顿：《变化社会中的政治秩序》，王冠华等译，三联书店 1989 年版，第 270 页。
〔2〕 塞缪尔·亨廷顿：《难以抉择：发展中国家的政治参与》，汪晓寿等译，华夏出版社 1989 年版，第 106 页。

层越僵硬，就越可能发展出激进的政治活动形式。对于大多数中国的农民而言，社会结构和经济不平等的事实，使乡村几乎不存在垂直流动机会。于是，要想改变现状，通常有两种选择，或者在经济和政治上采取集体行动以改善农村条件，或是从乡村向城镇移民。换言之，“出走”可能是农民留在原地发动群体行动的替代手段。与个人流动相比，群体行动“更可能包含非法的直接行动，甚至暴力行动”〔1〕。所以，消除身份等级，使农民能够通过垂直或水平的流动达到提高自身社会经济地位的目的，可以降低对农民采取群体行动的激励，更好地实现农村的稳定。

显然，随着农村基础教育、通讯、大众传媒的发展以及人口流动的频繁，中国农民对自己的生活也充满了憧憬。摆在他们面前的提高自身社会—经济地位的途径有三条：垂直流动、水平流动和群体行动。农民选择什么途径，取决于城乡二元权利结构的“僵硬”程度。如果城乡身份壁垒使得个人难以顺利实现向上的或水平的流动，就会激励农民采取集体诉愿行动，农村的稳定就会面临巨大的压力。正如我们在上节所分析的那样，我国农村之所以在二元结构下保持了稳定，很大程度上是因为始终存在着至少让农村精英实现个人流动的制度设计。改革时期的农村，旧的权威结构已经解体，传统的权威资源丧失殆尽，基于村庄选举的新的权威结构并没有建立起来，农村承受社会经济压力的潜力已经严重透支。在这种背景下，中国农村能够经受住 90 年代农民负担沉重、收入增长缓慢的压力而保持基本稳定，主要是因为农村大众可以进城打工，从而释放了农村本身的压力。相反，如果没有这种流动，农村的形势可能早已失控。因此，如果农民的迁徙自由能够得到更好的保障，水平流动就会更有成效；如果进一步消除对农民政治权利、经济权利的身份约束，垂直流动也会更有成效。所有这些，都有利于农村社会在发展和转型中保持稳定。

那么，农民的水平流动是否会造成城市的不稳定？亨廷顿在比较了农民的政治际遇和城市产业工人之间的不同后认为，“农民与产业工人不同，他们别无选择，只有向现存的所有权和控制体制发动进攻……乡村农民经济改善所花的代价远远超过城市工人经济改善所需的代价。因此，农村里较活跃而有才智的人移居城市就不足为奇了。与农村中僵硬的阶级结构比较起来，城市存在着经济和社会

---

〔1〕 塞缪尔·亨廷顿：《难以抉择：发展中国家的政治参与》，汪晓寿等译，华夏出版社 1989 年版，第 101 页。

流动的有利机会，这是驱使他们进城的因素。由此形成的迅速城市化导致城区社会混乱、政治不稳。然而，这种城市化带来的社会毛病算不了什么，如果这些人待在农村，后果才是严重的。城市化在某种程度上是农村革命的一种替代。因此，与一般看法相反，一个国家遭遇革命的可能性也许同城市化程度背道而驰”[1]。相对于当代中国农民工对城乡社会稳定的影响而言，亨廷顿的判断对了一半。他关于城市化在某种程度上是农村革命的一种替代的判断是正确的，但他关于城市化导致城区社会混乱、政治不稳的判断对于当代中国而言是错误的。在农民工还没有获得市民身份的条件下，农民工的流动是“可逆的”。由于实行了家庭联产承包责任制，实现了土地的平权，中国农村不存在亨廷顿所说的“僵硬的阶级结构”，农村是农民工可以寄托依靠的“家”。当他们实在找不到工作的时候，大部分人会选择回到农村去。在农民工获得市民身份的条件下，农民能够通过向城市的水平流动实现提高自身社会—经济地位的目的，“预期差”的张力就不存在了，他们就更不可能成为城市秩序的破坏力量。总之，民工潮释放了对农村的压力，有利于农村的稳定，同时又不构成对城市稳定的结构性压力。

但是，人们毕竟可以观察到“问题农民工”对城市稳定的负面影响。在流动人口中形成了一个日益痞化的“游民阶层”或“问题农民工阶层”，他们对城市秩序的确造成了一定的冲击。根据1988—1989年的一项调查，人们认为流动人口对城市有许多的负面影响，包括增加了城市建设压力，加重了城市交通的负担，增加了市政府的财政负担，造成社会秩序混乱、环境卫生条件差等。90年代中期对城市居民进行的一项问卷调查表明，91%的被访者担心的是流动人口对交通的影响，81%的被访者担心的对财产安全的影响，77%的被访者担心的是对环境的影响。[2]国家计委宏观经济研究院课题组在90年代后期进行的一项研究认为：流动人口素质良莠不齐，大多数来自偏远山区和经济欠发达地区，受教育程度不高，一般为初中以下文化，法制观念淡薄，心态复杂，以中青年为主体，尤其以二十岁上下的年轻人占多数，正值精力旺盛的青春时期，他们常年远离家乡，单身在外，孤独寂寞；目睹城市的繁华，城乡之间的经济待遇、生活条件的反差，存在自卑感和不平衡心理，稍受外界风气影响或赶上不良时机，感情易于

〔1〕 塞缪尔·亨廷顿：《变化社会中的政治秩序》，王冠华等译，三联书店1989年版，第273页。
〔2〕 Solinger D. J.：*contesting citizenship in urban china.* University of California press. 1999. p105

冲动，诱发性犯罪及暴力违法犯罪。近几年来，流动人口中同乡化、亲属化的趋势十分突出，有些人为了个人既得利益，以哥们义气相互抱成一团，发现伙伴有违法乱纪行为知情不报，有的则合伙预谋犯罪，侵害公共财产及他人利益，一人惹是生非、多人参与打架斗殴的事件时有发生，在不同范围内造成严重后果和影响……因而，流动人口引发的社会治安问题不容乐观。[1]

那么，“问题农民工”的出现是否是“民工潮”造成的，或者说是否是农民水平流动权利发展的结果呢？不是。由于存在“官方”歧视政策，农民工不能在城市落户，不能分享教育、医疗、社会保障等方面的文明成就，他们在城市里没有足够的空间和机会实现其对有关价值和经济收入的欲求。这种歧视会在外来农民与城市社会之间产生隔阂，使农民工难以认同城市的“文明规则网络”，真正融入城市。[2]雇主侵害农民工权益的现象也普遍存在：例如，工资待遇不平等；用人单位及其老板收取或变相收取押金，扣押身份证或暂住证，拒绝签订劳动合同；超负荷加班加点不按法定标准支付加班费，无故或借故拖欠和克扣工资；缺少必要的劳动保护设施与用品，工作和居住条件恶劣不安全；随意斥骂、侮辱或殴打职工，拒绝给工伤职工支付医疗费，不提供伤残补偿金并且随意解雇因工伤残的职工等。[3]由于政府忽视农民工的权利要求，没有建立便利、有效的农民工权益保障机制，所以当自身权益受到侵害的时候，农民工难以通过合法的渠道来维护自身的权益。大多数民工在大部分情况下会选择“忍气吞声”，少数民工可能会求助于合适的法律救济手段，但也会有极少数民工铤而走险，以犯罪的手段来维护自己的权益，结果造成冲突和犯罪的增多。因此，保障外来民工的正当权益不仅有利于外来民工本身，而且还会使全体城市居民受益。

到目前为止，农民工将不满和怨恨主要归因于“老板”，他们对城市稳定的冲击主要表现为因经济利益受到损害而采取的抗议行动或刑事犯罪行为。事实上，2002 年以后，由于党中央和政府采取了一系列维护农民工权益的举措，农民工在城市的地位逐步改善，农民工犯罪现象也随之减少，城市居民对流动人口、对外来人员影响社会稳定的担忧也开始减弱。在群众对所在地的十种违法犯罪现象进行评价时，认为外来人员违法犯罪的比例在下降，2003 年为 16.5%，

---

[1] 国家计委宏观经济研究院课题组：《我国社会稳定状况跟踪研究》（调查报告），2000 年 3 月。
[2] 徐勇：《人口流动使乡村陷入治理性困境》，《社会科学报》，2007 年 11 月 15 日。
[3] 制度分析与公共政策网：http：//www.wiapp.org/article/default.asp? id =388

2004 年 16.8%，2005 年 14.3%，2006 年 11.9%，2007 年 9.6%。[1]

总之，农民工犯罪并不是由农民的水平流动本身造成的，而是由农民工在城市受到的不平等待遇造成的。如果一个城市外来农民工犯罪率较高，只能说明该城市对外来农民工的歧视比其他城市更严重，只能说明该城市政府对外来农民工正当权益的保护要比其他城市更无力。从城市来看，解决进城农民的身份转换问题是转型时期整合城市社会、稳定城市社会的根本途径，不仅有利于这些农民，也有利于原来的城市人口。从农村的角度看，解决民工的问题，本身就是在解决农民问题。政府当然可以选择关起城门，结果是城内清静有序、城外一片混乱，但最终仍然是“农村包围城市”；政府也可以选择放开城门，但既然放开了，就必须一视同仁，如果暂时做不到这一点，就不得不付出一定的代价。

作为一个发展中国家，中国的城乡差别将长期存在。城市居民身处现代文明之中，总是不断产生出新的向上流动的“价值预期”，而且永远难以满足。而农村相对落后，农民的“价值预期”似乎也比较明确——能像城里人一样生活。所以，只要消除城乡二元权利结构，为农民个人流动创造更好的条件，农民就会致力于自己的事业并努力维持现存的秩序；否则，就可能招致农民集体政治行动的冲击。正是在这个意义上，亨廷顿认为，在一个国家的现代化发展过程中，农村扮演着关键性的“钟摆”角色。在发展中国家城市的作用是一个常数，它永远是支持反对派的力量根源；而农村的作用是一个变数，它不是稳定的根源，就是革命的根源。[2]

（三）农民垂直流动与乡村和谐

当代中国农村并不存在亨廷顿所说的妨碍农民垂直流动的“僵硬的阶级结构”，在农村改革过程中分化出来的经济精英、政治精英、文化精英是可以通过一些渠道实现“向上的流动”的，包括通过投资、考试等方式落户城市甚至担任公务员。但是，这并不意味着中国农民的垂直流动比其他发展中国家的农民更轻松。“僵硬的”二元结构和工农权利的不平等发挥着与“僵硬的阶级结构”相似的作用。

---

〔1〕国家统计局网站：http：//www.stats.gov.cn/ztjc/ztsj/hstjnj/sh2007/

〔2〕塞缪尔·亨廷顿：《变化社会中的政治秩序》，王冠华等译，三联书店 1989 年版，第 267 页。

一是农民社会权利的贫困加大了农民垂直流动的成本和风险。由于没有充分的医疗保障，所以农民会因病致贫，甚至一人得病，几家人致贫；由于没有最低生活保障，农民无法割舍对土地的依赖，因为它可以发挥基本保障功能；由于没有可靠的社会养老保险，农民不得不付出极大的成本生儿子，为的是养儿防老；因为教育负担重，农民不得不以牺牲儿女前途为代价，让他们辍学；由于城市把发展工业的环境成本转移给了农村，所以不仅农民的身体健康受到极大伤害，而且他们生产的粮食、蔬菜也没人要了。总之，经济贫困的深层原因不仅仅是各种经济要素的不足，更重要的是社会权利的贫困，经济贫困是社会权利贫困的折射和表现。

二是农民的生产经营自主权的不充分压缩了农民垂直流动的空间。1982 年全面推广“家庭联产承包责任制”，农民家庭获得了组织农业生产和经营剩余农产品的自主权。最初的剩余产品主要是粮食，后来蔬菜、水果、畜牧水产、传统食品和手工艺品等也多了起来，很快乡镇企业、社队企业、个体户开始蓬勃发展起来，农民获得了在本乡本土发展非农产业的自主权，一部分农民跳出农门，在农产品加工业、建材建筑业、服装加工业、流通运输业等领域大显身手。1980 年代中后期，农村区域或局部市场已经不能适应乡镇企业的发展要求，政府准许农民在城市开设窗口和销售网点成为一时风尚—— 农民企业家和农民从乡村中解放出来（离土又离乡），自主性和创造性有了更大的施展空间。但是，农民的这种垂直流动还是面临极大的限制。1988 年《土地法》出台，这部法律的出台带来了三个改变，一是乡镇企业用地权收归国家了，农民集体不能直接用地发展农村工商业了；二是城市和城镇用地权收归国家，城市化用地的增值收益归政府独占；三是各地新办企业必须进入“经济开发区”——合资或外资企业特区。这实际上是剥夺了农民分享土地非农用收益的权利，剥夺了农村办工业的权利。〔1〕2008 年 6 月开始实施的《违反土地管理规定行为处分办法》，对农民的垂直流动再次构成极大的约束。中央政府土地政策的首要目标是保护耕地，保证粮食安全。但是，“在一定意义上，保护耕地等于只让农民务农，与农民通过参与工业化和城市化获得利益的愿望相悖”〔2〕。更加严重的是，在中央政府严厉的土地

〔1〕 李昌平：《中国农民自主性与中国自主性》，2009 年 4 月 27 日在北师大珠海分校的演讲。
〔2〕 张曙光：《如何破解中央与地方“土地博弈”困局》，《南方周末》，2008 年 6 月 5 日。

政策压力作用下，地方政府为了解决自身的建设用地问题，在农民的宅基地上打起了主意，以新农村建设的名义合并村庄，把农民的宅基地挤出来用于增加建设用地。如此一来，农民在村庄的旧宅基地上进行非农经营的权利也被剥夺了，农民垂直流动的空间被压缩到了极限。

工农权利的不平等所造成的农民垂直流动空间的压缩、风险的扩大，降低了垂直流动机制的有效性，也必然对农村的稳定与发展产生负面影响。阿瑟·刘易斯把上下层社会之间成员的更新递补称为“纵向流动”，即垂直流动。他认为“纵向流动”机制的存在是一个社会健康发展所必需的，“从生物意义上说，一个健康的上层阶级应该是让自己软弱的成员降到下层阶级，并在每一代都把下层阶级中的更成功的成员补充到自己队伍中来的阶级”〔1〕。相反，如果缺乏这种机制，社会的稳定和发展就都会出现问题。

其一，“纵向流动”机制是一种激励机制，它意味着在这样一个动态的层级社会里，存在着通过个人努力提高自己的社会—经济地位下的通道和机会，因此每一个阶层的人都有一种向上层社会攀登的动力和冲动，这种不断进取的动力和冲动对经济增长而言，是有益无害的。一个流动的社会比那些在流动的道路上设置障碍的社会要有快得多的经济增长。而如果在纵向流动的权利上不平等，一个社会中最大的人群被压缩了权利，经济政策就会出现系统性的偏差，经济上就无效率。显然，当代中国对于农民的种种不公平的对待，使得多数农民缺少最为基本的发展机会和发展能力，使得他们仍然在为满足最基本的生存需求而劳作，以维持简单的生产和再生产。农民发展的空间受到了严重的限制，其劳动积极性和原创性受到了严重的压抑。〔2〕

其二，“纵向流动”机制是缓解下层社会对“层级差距”不满的情绪的解压阀，它给下层社会的人以某种凭借个人的努力和奋斗改变自己的身份和社会地位的希望和寄托。如果不存在“纵向流动”机制，下层社会这种不满情绪的积累最终会转换为颠覆现存社会秩序的行动。因此，“纵向流动”机制是社会稳定的一个重要因素。刘易斯说，“仅仅需要一点点垂直流动”，维持社会和平也会容易得多。〔3〕当代中国农民垂直流动的空间越来越小了，这一方面迫使他们不得不

〔1〕 阿瑟·刘易斯：《经济增长理论》，梁小民译，上海三联书店1994年版，第101页。
〔2〕 吴忠民：《公正视野中的中国农民》，《江苏社会科学》2002年第6期，第47—55页。
〔3〕 阿瑟·刘易斯：《经济增长理论》，梁小民译，上海三联书店1994年版，第107页。

背井离乡，去实现水平流动；另一方面加剧了农村的社会矛盾，小范围的农民集体抗争行动增加。

其三，“纵向流动”机制是上下层社会之间的更新递补机制，它意味着上层社会中已衰败的成员会被淘汰，而下层社会的优秀分子会被吸收。按照刘易斯的说法，这会使得上层社会在生物学方面和文化方面都不会退化，也就是说上层社会将始终保持活力和进取心，从而使整个社会充满活力。而“如果一个社会限制了垂直流动的机会，那么，这个社会肯定是在剥夺自己的增长机会”〔1〕。而对一个社会群体“纵向流动”的压制，最终会导致对整个社会的损害。城市的特权培养了市民的优越感，使政府不得不花费比农村高得多的成本去获得他们的政治忠诚；由于有农村和农民“垫底”，城市市民总是不必为体面的生活发愁。农村可以没水种地，城市却总是有水浇花！

总之，农民的出路无非是垂直流动、水平流动和群体行动。农村精英率先获得原来只有市民才享有的公民权利是有利于和谐社会建设的。农村精英转移到城市所带来的负面影响在于它会降低农村本身的发展活力。两全其美的方法应当是在乡村建立“纵向流动”机制，既满足农村精英其向上流动的诉求，又有利于乡村社会保持活力和进取心。而“如果一个社会限制了垂直流动的机会，那么，这个社会肯定是在剥夺自己的增长机会”〔2〕。

二、有效的利益整合机制

基层选举推广实施后，获得村民授权的村级组织本应具有更高的合法性和号召力，从而成为整合村民、维持农村稳定的基石。然而，现实情况并非如此。由于村委会难以发挥被村民寄予厚望的发展性和保护性作用，大部分农民对村级公共权力的评价和信任仍然不是很高。农村陷入“有选举无合法性”的存治困境。同时，乡镇政权存在自我利益扩张的倾向。由于“单轨政治”的断裂，使得乡（镇）政权既不对下负责，也不能保证其对上负责，从而为乡（镇）权力组织自我利益的膨胀创造了适宜的生存空间。它很大程度上是一个以自我权力扩张为后盾，动员辖区内的资源，为机关工作人员尤其是权力核心成员谋取经济利益和政

〔1〕〔2〕 阿瑟·刘易斯：《经济增长理论》，梁小民译，上海三联书店1994年版，第108页。

治利益最大化的相对独立的行动者。另外，县级人民代表大会也许是农民对县级决策体系产生影响的最主要的制度渠道，但目前这一渠道并不通畅。

对于村民自治的健康发展和其功能的有效发挥来说，最重要的是要在大部分农村已经解决了温饱问题的条件下，推动村民在力所能及的范围内通过合作自主供给公共品，扩展社区公共空间。为了矫正乡镇政权自我利益扩张的倾向，应当推进乡镇民主改革，使其真正对辖区居民负责。扩大乡村基层民主，使基层政权深深扎根于乡村社会，变“单轨政治”为“双轨政治”。为了使县级人大代表真正成为农民对县级决策体系产生影响的实质性制度渠道，应当真正落实人大代表的“城乡同比”。

（一）“有选举无合法性”的村治困境

农村稳定是整个中国社会稳定的基础，而准确判断农村形势的直接方法是具体考察农民的公共权力观念。2000 年 7 月至 9 月，我们在山东省境内组织了一次较大规模的相关调查。

实行村民自治后，如何处理自上而下授权的村支部与自下而上授权的村委会之间的关系，在许多学者和理论工作者那里成了一个严肃、敏感、棘手的问题。有学者甚至断言，民选的公共权力的权威将“覆盖”村支部的权威。换言之，党支部将被权利意识增强了的村民赶出村庄。那么，农民自己是如何看待两者之间的关系的呢？在回答“如果村支书与村委会主任（村长）发生了分歧，你认为应当如何解决矛盾?”这个问题时，71% 的被调查者选择了“双方应协商解决”；18.2% 的被调查者认为“村长要听支书的”；选择“支书要听村长的”的被调查者也只有 11.8%。这表明绝大部分农民既反对支书“一言堂”的治村方式，也不认为自己选出的村长在处理村里事务方面具有高于党的基层组织的权威，而是把支部与村委会的关系理解为一种平等的合作关系。所以，许多“局外人”担心的具有深远意义的冲突事实上未必广泛存在。

农民对村级公共权力的期望主要集中在两个方面：一是希望村干部带领村民致富，即发挥发展性功能；二是希望村干部抵制来自上级的不合理负担，即发挥保护性功能。在回答“你投票选举村干部时对他们的最大期望是什么?”时，选择“带领村里人致富”的被调查者约 85.8%，居第一位；选择“敢于对抗上级的不合理任务”的约 74.6%，居第二位；选择“办事公道，不贪不占”的约

38%，居第三位；选择“能驾驭村里的局面”的仅3%。事实上，在分散式发展这一主流模式的支配下，面对日益严峻的农村发展环境，指望村干部带领全村人致富不过是发家无门的广大农民的一厢情愿。同样，分散无助的个体农民希望在面临来自上面的不合理负担时，村干部这个村级公共权力的化身能挺身而出，从而省去组织集体诉愿活动的交易费用，也是可以理解的。当然，村干部出于对自身利益的权衡，很难做出与上级对抗的选择。也就是说，村委会事实上难以发挥被村民寄予厚望的发展性和保护性作用。

理论和学术界一般都很乐观地认为，获得村民授权的村级组织必然具有更高的合法性和号召力，从而成为整合村民、维持农村稳定的基石。本次调查结果却表明，虽然大部分农民认为参与选举活动是自己的权利，但农民对村级公共权力的评价和信任仍然不是很高。在回答“在你看来，村民选举村干部对于他们更好地为村民服务起什么样的作用?”时，认为“有作用”的被调查者约38.8%，认为“没作用”的占14%，认为“作用不大”的占47.2%。出现这种有民主选举无公共权力合法性提高状况的原因在于，农民对村级组织的期望难以变成现实，从理论上说村委会本应当具有的合法性在现实中打了很大折扣。

合作和互惠能力建设为目标发展村民自治。现存农民组织中分布最广、影响最大的是村支部、村委会等类政权性组织，它们仍然是农民表达和维护自身利益的主要组织依托，认真落实村民自治的各项政策仍是推进农村基层民主建设的重要内容。[1]实行村民自治制度以后，由于村庄缺乏公共利益，谁当村干部对于村民来说没有太大的区别，“贿选”被村民广泛接受，并出现了“有民主选举，无合法性提高”的困局。[2]所以，对于村民自治的健康发展和其功能的有效发挥来说，最重要的是要在大部分农村已经解决了温饱问题的条件下，推动村民在力所能及的范围内通过合作自主供给公共品，扩展社区公共空间。通过社区合作所产生的村民之间的“互惠”关系，有利于农民以社区为基础实现其社会权利、文化权利和环境权利，有利于扩展公共空间从而使村民更好地实现其参与权利，也有利于形成“超越直接共同体而范围更广的集体行动”的基础。[3]为此，政

---

〔1〕王习明:《中国农民组织建设的现状——中国农民组织建设入户调查问卷分析报告》,《中国软科学》2005年第9期，第7—15页。

〔2〕楚成亚:《农民公共权力观念分析》,《中国农村观察》2001年第6期，第67—72页。

〔3〕罗纳德·奥克森:《互惠：一种颠倒的政治发展观》，载于奥斯特罗姆编《制度分析与发展的反思》，王诚译，商务印书馆1996年版，第113页。

府应当尽快推广“一事一议”财政奖补制度，为村民合作自主供给公共品的行为提供外部激励；还应当把民主决策作为村民自治发展的重点。总之，在由于制度短缺而使得村干部难以发挥村民所期望的发展性和保护性功能的情况下，单纯的民主选举并不能轻易地增强村级公共权力的合法性，村级组织建设的任务依然任重而道远。

（二）乡镇政权的自我利益扩张与矫治

关于中国农村改革以来乡村权力体系的变迁的实质，现有的论述是顺着两条不同的思路来展开的。一种是以20世纪国家权力对乡村社会的渗透为出发点，认为1980年代以来乡（镇）政府的“正规化”发展，是国家权力范围延伸的一个最主要的手段和结果；近年中国农村地区乡（镇）一级政府机构的迅速扩张，体现的是国家权力在农村的大幅度强化；而村民自治也不过是国家试图通过重铸村级权威，对实行家庭联产承包制以后陷入无政府状态的农村加强控制的一个策略。[1]果真如此的话，就难以解释为什么地方政府对国家农村政策进行选择性执行，因此也就难以解释农民的许多政策性权利和法定权利难以转化为实然权利的原因。

我们认为，作为农村基层政权主体的乡（镇）人民政府虽然是国家政权的基层组织，但并不仅仅代表国家的利益；它虽然是辖区的行政权力机关，但并非本社区社会利益的不折不扣的执行人，更不是调和民间豪强势力与国家之间利益冲突的中介。

自秦代“郡县制”以来，沐浴在农业文明中的国家政权通常只设置到县级，县以下则实行由社区精英主持下的乡里制度[2]，从而达成“官民共治”的乡村政治格局。自20世纪初就开始的国家权力的扩张导致了国家权力对乡村社会的渗透[3]。近代中国这一国家政权建设的结果是，形成了只有自上而下的行政管制却没有自下而上的利益传输渠道的“单轨政治”[4]。中华人民共和国成

〔1〕 Shue V., *The Reach of the State: Stretches of the Chinese Body Politic*, Stanford University Press1988; Jean Qi, *State and Peasant in Contemporary China*, University of California Press 1989。资料引自王铭铭《国家与社会关系史视野中的中国乡镇政府》，《中国社会科学季刊》1998年第24卷。

〔2〕 赵秀玲：《中国乡里制度》，社会科学文献出版社1998年版，第238页。

〔3〕 杜赞奇：《文化、权力与国家》，王福明译，江苏人民出版社1995年版，第1、236页。

〔4〕 费孝通：《乡土重建》，上海观察社1948年版。

立的初期，农村普遍采用了乡的建制。当时的乡只设立由上级政府派驻并支付开支的乡（区）“公所”；50年代初十分活跃的农民组织的职能也只是在农村开展政治斗争，而不是向政府表达农民的利益。1958—1978年的集体化时期，乡政府被公社管理委员会取代（文革期间，“公社革命委员会”又取代了公社管理委员会），人民公社本身主要是为国家从农村汲取工业化原始积累提供组织保障，因此呈现出巨大的政治一体化功能，而农民与国家的讨价还价却被严格禁止。总的来说，中华人民共和国成立后，一方面，社会经济制度的深刻变革摧毁了传统农村的礼俗结构、士绅阶层、长老权威，由上级政府指派并支付开支的乡干部保持了对国家的忠诚，国家权力因此实现了对农村的全方位渗透；另一方面，人民当家做主的宪法原则在乡村的政治生活中还远远没有真正体现出来。这种事实上的“单轨政治”的基本游戏规则是“不对下负责”，因此其权力运作有利于国家对农村资源的动员，却不利于增进农民自身的利益和促进农村自身的发展。

20世纪80年代以来，国家在推进乡村基层民主方面进行了一系列的改革。以农民平均占有土地产权为实质内容的“家庭承包制”是在农村发扬经济民主的第一个举措。1982年宪法明确规定应在农村建立乡政府；1983年《中共中央、国务院关于实行政社分开建立乡政府的通知》下达后，全国各地陆续恢复了乡政府的建制。“政社分开”和建乡工作，既是为了适应变化了的农村经济体制，也是为了巩固基层政权的社会基础。村民自治的制度供给既是为了保障村民的直接民主权力，也是为了通过提高农民的社会组织化水平降低由于农民的高度分散而急剧升高的政府与农民的交易成本。但是，这些改革没有从根本上改变乡村“单轨政治”的性质，自下而上的制度化的民意表达渠道还没有真正建立起来。

乡（镇）人民代表大会作为地方国家权力机关，是制度化的民意表达的重要渠道。但是，由于组织化水平低，农民还难以充分利用乡（镇）人大的合法渠道表达自己的利益。而且，在“金字塔”式的乡（镇）权力结构中[1]，这一制度化的民意吸纳渠道本身被堵塞了。

乡人大不设常委会，主要是通过乡人大会议行使职权，因此乡人大能否充分发挥其最高权力机关的作用，在很大程度上取决于乡人大代表的构成和素质。乡（镇）人民代表是由社区居民直接选举产生的，他们的构成和政治素质是由社区

---

〔1〕 王雅林：《农村基层的权力结构及其运行机制》，《中国社会科学》1998年第5期，第37—51页。

居民的利益分化和组织水平决定的。但是现在农民的组织化水平仍然很低。第一，村民自治组织是农民的一种社会组织。不过，村民自治制度是依靠政府的主动性自上而下行政推动的[1]；而且其“吸收民意”的内容也因有关规定赋予了村民会议明显的行政性质而难以得到结构上的保证。因此，现实情况是村民的政治生活的组织化程度仍然很低[2]。第二，目前中国还没有建立统一的农民协会组织，一些地方出现的专业协会等由民间网络形成的乡镇社团组织也受地方政府部门控制或支持。[3]第三，曾经为具有独立趋向的地方力量提供了群体组织形式的家族关系已经无力发挥原来的作用。虽然对于家族在现阶段中国农村社会中是否起作用存在着比较大的争论，但总的来看，它在组织基层社会与国家力量抗衡方面的作为并不像有的人估计的那么严重；社会、经济精英对权力精英地位的替代只是个别地方的、“小范围”的事情。[4]“金字塔”式的乡（镇）权力结构，堵塞了乡（镇）人大这一吸纳民意的基本渠道。在现时期由“五大班子”（党委、政府、人大主席团、武装部和纪检委）组成的乡（镇）权力结构中，党委的权力地位最高，政府的权力最实、机构最庞大，而人大主席团则处于乡（镇）权力结构的边缘，因此人大的组织功能严重“虚化”，它既不能决定干部的任免，也无力对行政权力进行监督。目前，在实际工作中乡人大对于上级组织部门的干部任免只有批准权（形式上还是人大选举），没有否决权。即使是群众意见很大的人选，只要上级拍板即可决定任免。乡（镇）的重要决策通常都由党委会讨论，一年一次的乡人大会议对此没有多少发言权。乡（镇）的预决算编制要报经乡（镇）人民代表大会审查的规定往往流于形式；农民负担的监督管理职能也主要是由“农业主管部门”承担的。[5]因此，乡（镇）权力组织对下负责的色彩稀薄，像一个架在乡村居民头上的机构，而不像乡村居民自身意志和利益的体现者。需要指出的是，在许多乡（镇）机关中虽然与社区利益有着千丝万缕联系的“本土”人员的数量居多，但他们多是“以工代干”“以农代

---

〔1〕 徐勇：《民主化进程中的政府主动性》，《战略与管理》1997 年第 3 期，第 68—74 页。
〔2〕 毛丹：《乡村组织化和乡村民主》，《中国社会科学季刊》1998 年秋季卷。
〔3〕 孙炳耀：《乡镇社团与中国基层社会》，《中国社会科学辑刊》1994 年秋季卷。
〔4〕 王汉生：《改革以来中国农村的工业化与农村精英构成的变化》，《中国社会科学辑刊》1994 年秋季卷；吴重庆、单世联：《经济发展与农村社会组织关系的变迁》，《新华文摘》1998 年第 1 期；王颖：《新集体主义：乡村社会的再组织》，经济管理出版社 1996 年版，第 6 章。
〔5〕《中共中央办公厅、国务院办公厅关于涉及农民负担项目审核处理意见的通知》，1993 年 7 月。

干”人员，在“金字塔”式的乡（镇）等级结构中处于最底层，所以乡（镇）的决策和政府行为并不会因他们的存在而特别体现社区居民的利益。

改革以来，乡村“单轨政治”的特点，是乡（镇）与县（市）之间的权力联系发生了某种程度的断裂，并由此导致了乡（镇）权力机关在对下负责的色彩稀薄的同时，对上负责也处于形式化和表面化的状态。造成这种“断裂”的原因主要是乡（镇）政府结构中有很多县政府职能部门的下派机构，最初设计这一制度时的基本考虑，是使地方利益不至于脱离国家整体利益自行发展。因此，县政府各部门与乡（镇）政府之间形成的这种自上而下的“条条”纽带被许多研究者当作废除人民公社制度以后国家权力进一步向农村扩张的证据。[1]然而，随着乡财政的建立和财政“切块”，这些下派机构工作人员的物质利益越来越与其上级主管部门“无涉”，并被纳入了乡（镇）“金字塔”式的权力结构，在实际工作中几乎完全服从于乡（镇）“中心工作”的需要并听命于“当家人”的安排，其日常业务工作量通常只占总工作量的一半甚至不足一半[2]，从而使这一制度的设计意图基本落空。

在现行政治体制中保证乡（镇）权力组织对上负责的制度是事实上的自上而下的任命制。但是，由于上级对下级的人事安排很大程度上是通过县（市）级权力核心人物内部的“暗箱操作”进行的，因此乡（镇）干部真正致力发展的是与上级权力核心人物的“私人关系”。难以想象这种因为个人利益而发展起来的私人关系能对规范乡（镇）权力组织与上级权力组织之间的工作关系发挥什么积极的作用。“压力型”体制的运作机制可以证明这一点。一方面，由于上级掌握着乡（镇）干部的“进步”大权，所以他们不得不接受来自上面的压力。另一方面，他们又尽量从任务的分配、任务的执行和任务的评价三个环节减轻来自上面的压力，以降低获取“政绩”的成本。例如，在指标任务派发时，诉说工作难度，以求降低任务额度；在执行任务的过程中，搞形式主义，减少人、财、物的投入；在对任务完成情况进行评价时，通过关系和利用统计工作的漏洞，夸大工作成绩。所以，“欺上压下”是这种体制的必然伴生物。

总之，由于“单轨政治”的断裂，使得乡（镇）政权既不对下负责，也不

---

〔1〕 王铭铭：《国家与社会关系史视野中的中国乡镇政府》，《中国社会科学季刊》1998 年总 24 期。
〔2〕 秦志华：《中国乡村社区组织建设》，人民出版社 1995 年版，第 210 页。

能保证其对上负责，从而为乡（镇）权力组织自我利益的膨胀创造了适宜的生存空间。它很大程度上是一个以自我权力扩张为后盾，动员辖区内的资源，为机关工作人员尤其是权力核心成员谋取经济利益和政治利益最大化的相对独立的行动者。乡（镇）政府的这种自我权力扩张和自我利益膨胀倾向与其他制度相互配合，构成了农村居民在乡村社会中的各个方面的实然权利实现的体制障碍。取消农业税以后，基层政府追求自身利益最大化的行为逻辑也没有改变，发生变化的是这种行为的方式。农民的生产与生活状况与县乡政府的工作实绩基本无关了[1]，农业和农村好像对他们已经“没什么用”，他们更愿意按照“按程序办事”“不出事”的原则，以“不作为”的态度对待农村工作和农村社会事业。

推进乡镇民主改革，使其真正对辖区居民负责。扩大乡村基层民主，使基层政权深深扎根于乡村社会，变“单轨政治”为“双轨政治”，是遏制和消除乡镇自我权力扩张倾向的根本途径。民间社会力量的成长当然是政治民主化的坚实基础，但是等待民间社会“争”民主，会使政治改革陷入被动。在乡镇权力机关的自我权力扩张已经明显影响了农村的稳定与发展，其自我利益的膨胀与国家和农民的利益发生了冲突的情况下，国家应当对待像“村民自治”那样在乡镇一级民主政权建设方面发挥更大的主动性。

推进乡镇民主改革，就是要调整乡镇权力结构，充分发挥最高权力机关的组织职能。首先，调整县、乡两级最高权力机关在乡镇领导干部任用中的地位和作用，把乡镇政府主要领导的产生方式由事实上的任命制变为竞争性选举制，并由乡镇人大根据群众公论对其政绩进行考核。其次，调整乡镇党委和乡镇人大在重大事项决策中的地位和作用，把乡镇重大事项的决策方式由党委会直接拍板变为，党组织通过加强与人大的联系或者党委委员通过选举进入人大主席团影响人大的决策。第三，调整乡镇人大与站、所业务主管部门在监督乡镇政府行为方面的地位和作用，扩大和强化人大的监督权。特别是对农民负担、乡镇财政的监督应以乡镇人大的监督为主，农业主管部门、县财政部门的监督应起辅助的和提供技术支持的作用。第四，党的领导主要通过影响人大的重大决策来实现；上级国家机关对乡镇政府的领导主要通过乡镇人大贯彻《地方各级人民代表大会和地方各级人民政府组织法》关于乡镇人大要“在本行政区域内，保证宪法、法律、

---

〔1〕 陈朋、齐卫平:《后税费时代农民政治认同类型的实证分析》,《社会科学》2008 年第 2 期，第 61—70 页。

行政法规和上级人民代表大会及其常务委员会决议的遵守和执行”的法律规定来实现。

（三）真正落实人大代表的“城乡同比”

县级人民代表大会也许是农民对县级决策体系产生影响的最主要的制度渠道，但目前这一渠道并不通畅。其原因在于，一方面“压力型体制”的存在使得自下而上的社会声音难以产生影响；另一方面名额分配、选区划分等环节上的不规范操作使得县级人大代表中党政干部过多，而真正的农民代表却很少。[1]为了改变这种状况，就需要从两个方面进行相应的改革。一是按照“权责一致”的原则设计和改造县级治理体制，从改革县级党代会和人大常委会制度入手，扩大决策者的民意基础，加强对决策者和执行者的监督，增强县级党政决策的责任，在条件成熟时由选民直接选举县长，增加县政的责任。[2]

二是取消选举实践中普遍实行的预定代表比例制度，提高人大代表的代表性。人大代表的结构是否合理，其作用和效能发挥如何，关系到人民代表大会的整体功能能否充分发挥，也关系到人民当家做主能否实现。因此，除了少数民族、妇女等特殊群体外，不应该预定工人、农民、知识分子、干部等各种代表的比例，而应该按照公平、公正的原则，实行“城乡同比”。

2007 年 10 月党的十七大报告提出了“逐步实行城乡按相同人口比例选举人大代表”的建议，引起了舆论的高度关注。极个别的地方人大已经开始尝试将这种建议付诸实践。当然，党的这一“建议”要最终转化为国家意志可能还需要一定的时间，也许至少要等到城乡人口比基本持平的时候才合乎“情理”。如果实行了“城乡同比”，甚至是在农民人口仍然占优势的情况下就实行这一制度，那么，人们在最初设计城乡代表比例不平等的选举制度的时候所依据的那些担心会不会变成现实？比如，人大的素质会不会降低？国家的大政方针会不会被农民左右？如果真是这样，中国的社会主义现代化的价值取向何以保证？

其一，是否会降低人大代表的政治素质？

城乡不同比的选举制度的一个很重要的依据就是农民政治素质低。这一判断

---

〔1〕 张谦元：《县乡人大代表直接选举的监督研究》，中国社会科学出版社 2005 年版，第 66 页。
〔2〕 徐勇：《乡村治理结构改革的走向——强村、精乡、简县》，《战略与管理》2003 年第 4 期，第 90—97 页。

的理论依据主要来自马克思对小农的政治属性的分析。马克思认为，农民的政治态度是与其生产方式联系在一起的："他们的生产方式不是使他们互相交往，而是使他们互相隔离……他们进行生产的地盘，即小块土地，不容许在耕作时进行任何分工，应用任何科学，因而也就没有任何多种多样的发展，没有任何不同的才能，没有任何丰富的社会关系……由于各个小农彼此间只存在有地域的联系，由于他们利益的同一性并不使他们彼此间形成任何的共同关系，形成任何的全国性的联系，形成任何一种政治组织，所以他们就没有形成为一个阶级。"[1]"波拿巴王朝所代表的不是革命的农民，而是保守的农民；不是力求摆脱由小块土地所决定的社会生存条件的农民，而是想巩固这种条件和这种小块土地的农民；不是力求联合城市并以自己的力量去推翻旧制度的农村居民，而是愚蠢地拘守这个旧制度并期待帝国的幽灵来拯救他们和他们的小块土地并赐给他们以特权地位的农村居民。波拿巴王朝所代表的不是农民的开化，而是农民的迷信；不是农民的理智，而是农民的偏见；不是农民的未来，而是农民的过去；不是农民的现代的塞文，而是农民的现代的万第"[2]。马克思的论述可以归纳为两个方面：其一，农民依附于狭隘的小共同体如家族或村社，难以具备政治参与所要求的独立性、自主性和社会性等素质；其二，农民固守自己已经过时了的小农生产方式，价值取向上具有保守性，难以顺应时代的潮流。农业合作化和人民公社化时期，马克思所分析的这两个方面在中国共产党对农民的看法里面都有体现，那就是认为农民目光狭隘、缺乏大局观念以及"小私有"心理作怪，所以要持续不断地开展农村社会主义思想教育。很显然，按照"一大二公"的标准来评判，必然得出农民素质低的结论。但是，这个评判标准本身是错误的，所以基于这一标准而得出的关于农民素质的评判结论的对错已经不重要了。就农民是否有资格与市民享有一样的选举权利而言，我们只需要从公民身份的一般属性上来分析当代中国农民是否具备相应的素质。

特纳（Bryan S. Turner）认为，公民身份的历史发展需要主体具有某些超越血缘关系的"普遍性观念"，而不是极其狭隘的小共同体、小圈子观念；需要一定的在经济、政治、文化竞技场中的"竞争"意识；需要具有"国家概念"，即

[1]《马克思恩格斯选集》第1卷，人民出版社1972年版，第693页。
[2]《马克思恩格斯选集》第1卷，人民出版社1972年版，第694页。

对国家政治生活以及国家与个人之间的权利—义务关系有一些基本的认识。[1]我们在2009年进行的《中国社会各阶层政治文化观念调查》涉及了与公民政治价值取向相关的一些问题。[2]通过这次调查结果，我们可以大体了解农民的公民素养。

人们参与政治的动力来自政治在他们的生活中的重要性。本次调查结果显示，农业户口的被访者中有46.8%的人认为政治对于他们的生活是“非常重要”和“重要”的，非农业户口的被访者中有54.3%的人持这一看法（表3.1），前者比后者低了7.5个百分点。

表3.1　不同户口的人认为政治在生活中重要的人数比例

		农业户口	非农业户口	其他	合计
政治在生活中重要	频次	524	833	9	1366
	行百分比	38.4%	61%	0.6%	100%
	列百分比	46.8%	54.3	50%	51.1%
政治在生活中不重要	频次	596	702	9	1307
	行百分比	45.6%	53.7	0.7%	100%
	列百分比	53.2%	45.7%	50%	48.9%
合计	频次	1120	1535	18	2673
	行百分比	41.9%	57.4%	0.7%	100%
	列百分比	100%	100%	100%	100%

在回答“你和朋友在一起时是否经常讨论政治方面的问题”时，63.9%的农业户口的人和70.8%的非农业户口的人做出了肯定回答，前者比后者低6.9个百分点。（表3.2）这意味着“政治”在农村户口心目中的重要性以及农村户口对政治的关注程度都比非农业户口的人低一些，因此农村户口中对政治持“淡漠”态度的人比城镇户口稍多一些。但是，我们不能就此得出农民的政治素

〔1〕特纳：《公民身份理论概要》，载应奇、刘训练主编《公民身份与社会阶级》，江苏人民出版社2007年版，第214页。

〔2〕本部分数据参见楚成亚、徐艳玲著《变迁、分化与整合：当代中国政治文化实证研究》（山东大学出版社2010年版）相关章节。

质比市民低的结论。

表 3.2　　不同户口的人，和朋友在一起时讨论政治方面的问题的比例

		农业户口	非农业户口	其他	合计
和朋友在一起时讨论政治方面的问题	频次	720	1101	16	1837
	行百分比	39.2%	59.9%	0.9%	100%
	列百分比	63.9%	70.8%	94.1%	68.1%
和朋友在一起时不讨论政治方面的问题	频次	406	454	1	861
	行百分比	47.2%	52.7%	0.1%	31.9%
	列百分比	36.1%	29.2%	5.9%	31.9%
合计	频次	1126	1555	17	2698
	行百分比	41.7%	57.6%	0.6%	100%
	列百分比	100%	100%	100%	100%

民主在某种意义上就是公民围绕公共物品的生产及成本分摊进行讨价还价的过程，这种讨价还价能否成功很大程度上取决于公民是否以及在多大程度上愿意为公共利益牺牲个人和家庭的一部分利益。调查结果显示，在家庭利益与公共利益关系问题上，不同户口身份的人之间没有明显差别。22.3% 的农业户口和 23.0% 的非农业户口认同“家庭利益至上，为了家庭利益可以牺牲公共利益”；44.6% 的农业户口和 47.0% 的非农业户口认同“公共利益至上，为了公共利益可以牺牲家庭利益”。（表 3.3）

表 3.3　　不同户口的公民处理家庭利益和公共利益矛盾的情况

问卷项目	户口			总计
	农业户口	非农业户口	其他	
家庭利益至上，为了家庭利益可以牺牲公共利益	252	360	4	616
	40.9%	58.4%	0.6%	100.0%
	22.3%	23.0%	22.2%	22.7%
公共利益至上，为了公共利益可以牺牲家庭利益	504	734	8	1246
	40.4%	58.9%	0.6%	100.0%
	44.6%	47.0%	44.4%	46.0%

续表

问卷项目	户口			总计
	农业户口	非农业户口	其他	
不知道	374	468	6	848
	44.1%	55.2%	0.7%	100.0%
	33.1%	30.0%	33.3%	31.3%
总计	1130	1562	18	2710
	41.7%	57.6%	0.7%	100.0%
	100.0%	100.0%	100.0%	100.0%

注：在每个单元格中，第一行为频数，第二行为行百分比，第三行为列百分比。

民主还要求公民在行使决策权的过程中，不屈从于他人的意志，不受他人的左右。在服从领导问题上的态度的差异可以反映人们这方面的素养的差别。调查结果显示，认为“任何情况下都应服从领导”的农村户口的比例比持相同观点的城镇户口的比例还低4个百分点，认为“必须先确信领导的指示是正确的”农村户口的比例比持相同观点的城镇户口的比例高了10.3个百分点。（表3.4）这意味着，农民的自主独立意识比城市市民高。在竞争观念方面，农村户口也比城镇户口更“先进”。认为竞争利大于弊的农村户口的比例为66.5%，持相同看法的城镇户口的比例为63.8%；认为竞争弊大于利的农村户口的比例为10.3%，持相同看法的城镇户口的比例为12.7%。（表3.5）

表3.4　　不同户口对工作中是否服从领导指示的情况

问卷项目	户口			总计
	农业户口	非农业户口	其他	
任何情况下都应服从领导	89	185	4	278
	32.0%	66.5%	1.4%	100.0%
	7.8%	11.8%	23.5%	10.2%
要区分不同情况	536	863	5	1404
	38.2%	61.5%	0.4%	100.0%
	47.1%	55.2%	29.4%	51.6%

续表

问卷项目	户口			总计
	农业户口	非农业户口	其他	
必须先确信领导的指示是正确的	432	433	7	872
	49.5%	49.7%	0.8%	100.0%
	38.0%	27.7%	41.2%	32.1%
不知道	81	83	1	165
	49.1%	50.3%	0.6%	100.0%
	7.1%	5.3%	5.9%	6.1%
总计	1138	1564	17	2719
	41.9%	57.5%	0.6%	100.0%
	100.0%	100.0%	100.0%	100.0%

注：在每个单元格中，第一行为频数，第二行为行百分比，第三行为列百分比。

表 3.5　　不同户口的公民对竞争的看法

		对竞争的看法			总计
		1～4	5～6	7～10	
户口	农业户口	712	248	110	1070
		66.5%	23.2%	10.3%	100.0%
		42.0%	40.7%	36.2%	41.0%
	非农业户口	969	358	193	1520
		63.8%	23.6%	12.7%	100.0%
		57.2%	58.7%	63.5%	58.3%
	其他	13	4	1	18
		72.2%	22.2%	5.6%	100.0%
		0.8%	0.7%	0.3%	0.7%
总计		1694	610	304	2608
		65.0%	23.4%	11.7%	100.0%
		100.0%	100.0%	100.0%	100.0%

注：在每个单元格中，第一行为频数，第二行为行百分比，第三行为列百分比；1 分代表竞争是完全有益的，10 分代表竞争是完全有害的。

稳定的民主还要求公民具有“中庸”的品德，既不过分保守，更不过分激进。从我们的调查所显示的公民对待社会变革的态度的情况来看，无论是农村户口还是城市人口，持激进态度的比例很低，稍高一点的城镇居民的比例也不超过5%，持保守态度的比例也很低，稍高一点的农村户口的比例也只有5.6%，绝大部分都持“中庸”的态度，认为“应该通过改革实现社会的逐步改善”。（表3.6）

表3.6　不同户口的公民对待社会变革的态度的情况

问卷选项	户口			总计
	农业户口	非农业户口	其他	
应该通过革命彻底改变整个制度	33	76	0	109
	30.3%	69.7%	0.0%	100.0%
	2.9%	4.9%	0.0%	4.0%
应该通过改革实现社会的逐步改善	882	1312	9	2203
	40.0%	59.6%	0.4%	100.0%
	77.7%	84.0%	50.0%	81.1%
应当抵制所有试图颠覆现存社会的力量	64	77	1	142
	45.1%	54.2%	0.7%	100.0%
	5.6%	4.9%	5.6%	5.2%
不知道	156	97	8	261
	59.8%	37.2%	3.1%	100.0%
	13.7%	6.2%	44.4%	9.6%
总计	1135	1562	18	2715
	41.8%	57.5%	0.7%	100.0%
	100.0%	100.0%	100.0%	100.0%

注：在每个单元格中，第一行为频数，第二行为行百分比，第三行为列百分比。

可见，农民与非农民之间，在政治素质方面没有显著的差别。虽然农村户口中对政治持“淡漠”态度的人比城镇户口稍多一些，但总体上已经形成了“普遍性观念”“竞争”意识和“国家概念”，有些方面的认识比城镇户口的人还先进一些。这主要是因为农民的生产和生活方式已经发生了重大变化：农村改革使农民摆脱了人民公社的束缚；市场经济的发展使农民的所谓小生产与大市场相联系，“田园生活”已成历史；水平流动扩展了“个人的生态范围”，（见第6章）淡化了人们的乡土观念，开阔了人们的视野，也使农民的就业和收入与更大范围内的社会经济政治活动相联系；垂直流动和社会分化，产生了新的精英群体，以家族长为核心的旧的精英结构逐渐解体，人们日益摆脱宗法关系的束缚；农村基础教育的发展有力地强化了国家对农村的影响以及国家与个人的联系；广播、电视等大众传媒的普及更是极大影响了农村居民的政治社会化过程。总之，所有这些因素都提升了农民的政治素养，甚至可以说，由于农民生产经营更自由，开展基层民主训练更充分，他们的某些政治素养比城里人还要高。市场条件下的中国农民，全球化条件下的中国农民，已经具有了一些崭新的社会政治品格。从这个意义上说，即便是在目前农村户口仍然占多数的情况下实行“城乡同比”，也未必会降低各级人大代表的素质。

其二，是否会出现农民的“阶级立法”？

“阶级立法”是“多数人暴政”的形式之一，它表现为，在民主制中，立法机关“作为多数人的统治，统治的权力受到地方或阶级利益的支配，不按照对全体人民利益的无私关怀所要求的原则行事”[1]。那么，在城乡人口基本相同的情况下实行“城乡同比”，是否会导致“阶级立法”？我们假设在“城乡同比”的选举制度下人大代表中真的有一半是来自农村的代表，一半是来自城市的代表，如果城乡二元的社会权利结构不变，城乡居民之间享有不同的社会福利，城市中的各阶层仍像现在这样是一个利益共同体，那么就会出现城乡代表势均力敌的状态；如果已经建立了城乡统一的社会保障体系，城市各阶层不再是一个相对于农民的统一的利益共同体，而是发生了利益分化，农民也仅仅是一种职业身份，那么作为一种职业的农民就会在所有阶层的代表中占据优势地位。因此，如果首先实现了城乡社会权利的平等，就应当适当推迟实行“城乡同比”，以降低农村人口仍然较多所可能带来的“阶级立法”风险；如果急于实行“城乡同比”，即便是在城乡人口相等的情况下，也可能造成农民代表的“一头独大”，所以就应适当放慢城乡社会权利平等的步伐，以保持一个可以与农村相抗衡的统一的城市力量。自由是存在于不同势力对垒的夹缝中的，“倘若一支势力打垮了

〔1〕 约翰·密尔：《代议制政府》，汪瑄译，商务印书馆1982年版，第93页。

其他的势力，自由就没有了安身之处”[1]。工农平等权和农民自由权利的失落，就是“势力对垒”失衡的结果。我们不能为了摆脱城乡不平等，而造就新的“势力对垒”失衡，因为那意味着社会中的一部分人可能失去自由，就像农民曾经失去自由一样。

当然，即便实行了“城乡同比”，也未必真的就会造成农民在人大代表中尤其是全国人大和省人大代表中人数过多的情况。在我国，人大代表的选举分为直接选举和间接选举两种。我国《选举法》第二条规定：“全国人民代表大会的代表，省、自治区、直辖市、设区的市、自治州的人民代表大会的代表，由下一级人民代表大会选举。不设区的市、市辖区、县、自治县、乡、民族乡、镇的人民代表大会的代表，由选民直接选举。”因此，除了县、乡两级人大代表由选民直接选举产生外，省级及全国人民代表大会代表都是间接选举选出的。而在一些实行市管县或者自治州的地方，县级人民代表大会还不能选举产生省级人民代表大会代表，而只能选举产生市或自治州的人民代表后，再由市或州的人民代表大会选举产生省级人民代表，中间又多了一层。[2]间接选举的必然结果是，在各级人大代表中，越到上层，农民代表所占的比例越低。因此，即使实现了“城乡同比”，农民代表数量的上升可能也仅仅会在县、乡直接选举产生的人大代表中有所体现，它对省级及全国人大代表的身份构成比例不会产生太大的影响。另外，党的领导也是抑制可能出现的“阶级立法”的一个有力手段。而且可以预见，实行了“城乡同比”以后，党的领导地位将会进一步加强，而且这种加强不仅符合执政党的利益，也符合市民的愿望，党的领导的合法性将得到进一步巩固。当然，预防“阶级立法”及其对社会中的少数人的自由的威胁，最根本的途径是实行宪政，用宪法来保护个人自由不受多数人把持的政府的伤害。所以，在实行“城乡同比”，从而“阶级立法”风险增大的情况下，宪政建设的呼声也将会增强。而且，在预防这一风险的过程中，加强党的领导与加强宪政建设将是一种此消彼长的关系。

其三，会不会背离中国现代化建设的主流方向？

实际上，工农政治权利尤其是选举权的不平等是意识形态偏见的结果，更是

---

〔1〕 埃德蒙·柏克：《美洲三书》，缪哲译，商务印书馆2003年版，第306页。
〔2〕 蔡定剑：《中国人民代表大会制度》，法律出版社2003年版，第142页。

满足以剥夺农村和农民为特征的传统工业化战略顺利实施的需要的结果。如果不用这种不平等的选举制度抵消农民的人口优势，防止农民通过人民代表大会这一唯一的制度化利益表达机制影响国家的发展取向，那么国家就难以长期实行对农民不利的政策以实现快速工业化。但是，随着我国工业化战略的转型，这种特殊的选举制度已经基本完成了历史使命。2002 年中国共产党十六大召开以来，伴随着深入贯彻落实科学发展观和构建社会主义和谐社会的实践，中国进入了一个调整城乡关系的全面改革阶段，尝试从根本上改变城乡传统利益格局，城乡统筹发展已经成为科学发展的一个重要组成部分。这是中国社会主义现代化建设的主流方向，而农民的利益与这一方向是完全一致的。农民并不希望通过集体政治行动去改变自己的命运，他们的最大利益是国家消除城乡二元权利结构的壁垒，使他们能够在平等、自由的环境中通过自己的努力实现垂直流动或水平流动。也就是说，党和国家所确立的现代化发展取向与农民的利益诉求并不矛盾，农民在国家政治生活中的地位的提高，不是新的现代化目标的实现的阻力而是其动力。

实行“城乡同比”还可能产生一个意外的收获。目前，人大代表名额的分配几乎变成了一种特殊的政治“福利”，社会中的某些精英群体越来越看中人大代表这样一个身份，甚至为了得到这份“福利”不惜花费很高的成本进行“游说”。现阶段的“游说”主要是在代表名额较多的城市人口中进行的。可以推测，实行了“城乡同比”以后，农村地区代表名额增加，将吸引这些精英到农民中去争取选票，从而诱发代表候选人与选民之间的互动，增强人大代表与普通农村选民的联系，提高农民的政治参与热情。

三、合理的社会保障机制

20 世纪中期，西方国家曾产生了“福利共识”，认为福利分配是稳定的和谐社会的基石。事实上，逐步建立一个有国家统筹和负责实施的、起点水平较低但要随着社会经济的发展而相应提升的、逐步覆盖全民的社会保障体系，如今也已经大体成为中国政府和学界的一个基本共识。学术界的主流观点认为，城乡差距扩大和农村社会安全网破裂等是农村社会和政治不稳定的因素，而社会福利政策可以起到社会稳定的作用。

此外，农村地区公民权利的保障也是十分重要的。公民最基本的社会权利需求只有得到满足，公民的政治和自由权利才能落实到实处。我国是一个地区发展差异比较大的国家，城市之间也存在小城镇、中小城市、大城市、特大城市的规模差异和直辖市、地级市、县级市等的行政级别差异。这些差异使得农民公民权利的发展也呈现出相应的区域差异的特征。另外，农民参与权利和社会权利的发展对和谐社会建设起到了积极作用，但“颠倒”的权利发展序列也的确产生了一些负面影响，社会权利的单方面突进可能会给社会和谐埋下隐患。要克服这些负面作用，就需要推进不同类别的公民权利的均衡发展。

（一）和谐语境下的“福利共识”

中国农民社会权利的发展更多的是政府在感到各种不稳定因素快速增加的背景下推进的“保护性的反向运动”[1]。二战以后，西方国家曾产生了“福利共识”(welfare consensus)，认为福利分配是稳定的和谐社会的基石。[2]事实上，逐步建立一个有国家统筹和负责实施的、起点水平较低但要随着社会经济的发展而相应提升的、逐步覆盖全民的社会保障体系，如今也已经大体成为中国政府和学界的一个基本共识。学术界的主流观点认为，城乡差距扩大和农村社会安全网破裂等是农村社会和政治不稳定的因素[3]。而社会福利政策可以起到社会稳定的作用，因为它可以保障社会弱势人群的起码的、基本的物质生活需求，是协调正常人群与弱势群体之间利益的杠杆，它也是实现国民收入再分配的重要手段，是缓解社会分配不公、追求社会公正的杠杆。[4]政府也趋向于认为社会保障事业的发展是保持社会稳定的主要条件。中国社会科学院发布的社会蓝皮书的数据显示，进入新世纪以来，党政领导干部一直把保持经济快速发展和提供社会保障视为保持社会稳定的首要条件。

社会权利的发展不仅有利于农民的“垂直流动”，也可能有利于摆脱政治民主与政治稳定难以两全的困境。对于转型国家来说，发展政治民主与保持政治稳定存在着一定的悖论关系，实行民主可能威胁现有权威结构，使民众的合法性支持的对象发生转移，换言之，推行民主可能意味着“自掘坟墓”。

---

〔1〕 王绍光：《大转型：1980 年代以来中国的双向运动》，《中国社会科学》，2008 年 1 期，第 129—148 页。

〔2〕 Heywood A. , *Political Theory* , NY：St. Martin’ s Press，1994，p286

〔3〕 蔡昉：《城乡收入差距的政治经济学》，《中国社会科学》2000 年 4 期，第 11—22 页；王绍光：《大转型：1980 年代以来中国的双向运动》，《中国社会科学》，2008 年 1 期，第 129—148 页。

〔4〕 桑玉成：《利益分化的政治时代》，学林出版社 2002 年版，第 218 页。

表 3.7 保持社会稳定的条件

选项	时间	第一选择	第二选择	第三选择	合计（排序）
经济发展	2005	68.2	2.8	5.6	76.6（1）
	2006	64.3	6.3	4.9	75.2（1）
	2007	50.9	3.6	10.7	65.2（2）
社会保障	2005	8.4	29.9	4.7	43（2）
	2006	12.6	28.7	10.5	51.8（2）
	2007	23.2	34.8	8	66（1）
土地纠纷	2005	0	0	1.9	1.9（11）
	2006	0	0	1.4	1.4（14）
	2007	1.8	1.8	10.7	14.3（7）
农民负担	2005	2.8	10.3	9.3	29.4（7）
	2006	0.7	5.6	4.2	10.5（8）
	2007	0	3.6	3.6	7.2（10）

资料来源：《2005 年中国社会形势分析与预测》，社会科学文献出版社，第 45 页；《2006 年中国社会形势分析与预测》，第 44 页；《2007 年中国社会形势分析与预测》，第 41 页。

按照自由市场经济条件下公民权利发展的经典模型，自由市场的发展要求消极意义上的身份平等和自由即法律权利的发展，法律权利的发展要求政治权利的发展，政治权利的发展要求社会权利的发展。倒推过来，得出的结论就是，社会权利的实现，是政治权利实现的有利条件。[1]换言之，只有公民最基本的社会权利需求得到满足，公民的政治和自由权利才能落实到实处。正如科恩所言，合理水平的福利是民主的条件。虽然在普遍享有繁荣的社会，民主也可能因非经济的原因而不完备或根本无法实现，但是如果只有少数享有繁荣而广大民众处于屈辱贫困中，民主是不可能实现的，以民主为名，不过是欺世盗名。在公民主要或完全关心自己或家庭生存问题的经济条件下，是不可能产生有生气的民主的。极端贫困使参与者愚昧无知，即使是广泛的参与，也不过是表面文章，民主必然失

〔1〕 王小章：《公民权利、市场的两重性和社会保障》，《学术论坛》2007 年第 7 期，第 131—136 页。

败。只有丰衣足食的人才有时间和精力去做一个热心公益的公民。[1]中国工农平等权的发展并不是在自由市场下正常展开的。在统治者主要以政绩收买的方式获得合法性的特殊环境下，优先发展虽然经济风险较高但政治风险较低的社会权利，主要是统治者自主选择的一种可以弥补形式合法性不足的政治策略，或者说是以社会福利来“赎买”和交换公民的合法性支持，而不是选票压力下的公共选择的结果。同样，对于还没有在政治民主的实践中培养出公民意识和社会权利意识的受益者来说，社会保障和社会权利的实现更多的是一种来自党和政府的“恩赐”，而非他们本来应该享有的“权利”。因此，社会权利的发展可以构成实现民主政治权利的物质条件，但又并不仅仅是这种条件，它还会强化农民对政治权威的认同，使政治民主与党的权威同步发展而非相互背离。

由于近几年国家在发展和保护农民权利方面的努力，尽管在农村存在一些影响稳定的因素，但是农民对政治系统的合法性还是保持了较高的支持度。按照戴维·伊斯顿的理论，民众对政治系统的合法性的支持主要包括政治共同体（political community）、典则（regime）和当局（the authorities）三个层次。其中，对当局的支持即是对当下权力的控制者的认可；对典则的支持即成员对政治机构的态度，包括政治系统的价值目标、规范以及权威结构，也包括政府运作的程序和政治制度；而对政治共同体的支持则是成员对国家和政治系统的一种超越现有政府制度的依附感，亦可视为对国家的认同意识。[2]我们的《中国社会各阶层政治文化观念调查》涉及了与之相关的三个问题。本次调查中，有效的样本量为2726人，农业户口有1139人，占41.8%；非农业户口1569人，占57.6%。问题之一是“如果有人污蔑中华民族，你是否会感到气愤?”在农业户口中，选择“非常气愤”和“气愤”的有1081人，占被调查的农业户口总数的94.9%；在城镇户口中，选择此项的共1501人，占城镇户口总数的95.7%。农业户口和非农业户口人员在这方面基本上没有差异。问题之二是“如果有人攻击中国基本制度，你是否会感到气愤?”农业户口中，选择“非常气愤”和“气愤”的有857人，占被调查的农村户口总数的75.5%；在城镇户口中，选择此项的共1102人，占城镇户口总数的70.6%。农村户口在此问题的选择上，“非常气愤”和

---

〔1〕 科恩：《论民主》，聂崇信译，商务印书馆2005年版，第110—111页。
〔2〕 戴维·尹斯顿：《政治生活的系统分析》，王浦劬译，华夏出版社1999年版，第199—227页。

"气愤"比例比城镇户口高4.9个百分点。通过卡方检验得知，皮尔逊系数为0.019，小于显著水平0.05，城乡户口在该问题上存在明显的差异。问题之三是"如果有人诬蔑国家领导人，你是否会感到气愤?"农业户口中，选择"非常气愤"和"气愤"的有851人，占被调查的农村户口总数的74.9%；城镇户口中，选择此项的共1090人，占城镇户口总数的69.9%。农村户口在该问题上选择"非常气愤"和"气愤"的比例比城镇户口高5个百分点。通过卡方检验，皮尔逊系数为0.01，小于显著水平0.05，户口差异对公民在该问题上的选择有明显影响。从调查结果看，农业户口人员在"制度"和"当局"两个层面的忠诚程度都高于非农业户口。

（二）社会权利发展的区域差异

我国是一个地区发展差异比较大的国家，城市之间也存在小城镇、中小城市、大城市、特大城市的规模差异和直辖市、地级市、县级市等的行政级别差异。这些差异使得农民公民权利的发展也呈现出相应的区域差异的特征。

本地农民工与外地农民工的权利实现程度存在差异。在地方分治结构下，地方政府只对所辖行政区的城乡居民的公共事务承担责任，"统筹城乡发展"的考核也是以行政区划为单位的，其工作目标是"本乡"与"本城"的统筹。所以，城市中的农民工及其权利是有本乡农民工和外乡农民工之分的。一个地方的城乡统筹会优先考虑本地农民工的权利，而非外地农民工的权利。所谓城乡统一户口登记、建立城乡统筹的就业制度等，"乡"其实主要是本省、本市的"乡"。许多管理者认为，为农民工提供社会服务是流出地政府的职责[1]。降低进入小城镇的门槛，绝大多数地区也都是针对当地农民的，而大量的跨省流动的打工者仍然不能得到城镇户口。[2]因此，本地农民工和外地农民工在权利实现上存在一定的差异，农民工的许多权利在其所在省或市更容易实现。例如，有关调查发现，与湖南和黑龙江两省相比，浙江省的农民工落户比例相对较低。在湖南和黑龙江的6个城市，80%以上的农民工子女在公办学校就读，而浙江许多地市的教育部门对接收农民工子女持消极态度。造成这一差异的重要原因是在浙江等地打

〔1〕 龚维斌:《本地人与外地人：一个新的二元社会在形成》，《人民论坛》2008年第1期，第14—15页。
〔2〕 宋洪远:《关于农村劳动力流动的政策问题分析》，载姚洋编《转轨中国：审视社会公正和平等》，中国人民大学出版社2004年版，第322页。

工的农民工80%～90%来自外省，而湖南和黑龙江两省被调查的城市农民工约70%～80%来自本地。[1]

不同地区本地农村居民社会权利的发展水平也存在差异。在地方分治结构下，某地城乡统筹的实施成本相当一部分是由当地财政承担的，所以在不损害市民利益的前提下发展农民权利尤其是需要政府出钱的社会权利，必然受制于本地的财政实力和本地人口的城镇化水平。那些工业化水平高、城镇化率高的地区，其财政实力较强，农民人口比例较低，因而有条件发展本地农村的教育、卫生、保障等社会公益事业，增加农民的福利，较快地提升农民的社会权利；而工业化水平低、城市化率低、经济落后的地区，政府财政捉襟见肘，农民人口比例又较高，本地农民的社会权利实现的水平就较低。

权利实现的区域差异虽然有一定的合理性，但过度的区域差异会加剧外乡农民工和落后地区农村居民的不满并使农民工政策日益"碎片化"和复杂化。因此，必须采取措施把权利实现的区域差异控制在合理范围。

其一，应通过政治体制和财政体制改革，提高落后地区地方政府发展农民社会权利的意愿和能力。作为城乡经济社会联系的过渡地带，县级行政区是城乡一体化发展的首要的实现主体。所以，应通过落实县级人大代表"城乡同比"以及把农民市民化程度纳入政绩考核等措施，增强农民在县域政治生活中的话语权。为了让地方政府有能力履行分配给它们的责任，还应增加地方自有收入和完善转移支付。

其二，应逐步提升城乡统筹的区域层次，加强全国统筹。由于如果户籍制度以及城市福利制度改革不同步，率先改革或采用新体制的地方有可能在一定阶段成为改革的牺牲品，这就决定了无论如何下发权限，地方政府都不可能也无法从根本上去改革。所以，为了保持对整个变革过程的调控能力和贯彻公平原则，推动变革的权力主要应集中在中央政府。

其三，应把推进人口的城镇化的重点放在经济发达地区的中小城镇。不同经济发展水平和不同级别的城市，其吸纳农民工的能力是不同的。农民工的就业机会主要受流入地的工业化水平、市场化水平的影响，一个地区工业化、市场化水平越高，越能为农民工提供较多的就业机会，满足其就业需求；一个地区工业

[1] 汝信、陆学艺、李培林：《2007年：中国社会形势分析与预测》，社会科学文献出版社2006年版，第130页。

化、市场化水平越低，为农民工提供就业机会的能力就越低。另一方面，由于落户与享受城市社会福利相联系，所以农民工落户的难易程度很大程度上取决于城乡之间福利水平的差距。城市级别越高，城乡福利级差越大，农民工落户的难度越大；城市级别越低，城乡福利级差越小，农民工落户的难度就越小。很显然，在经济发达地区的大城市，农民工就业机会较多但落户门槛高，因而呈现出大量农民工季节性流动的特征；在经济落后地区的大城市，农民工就业机会相对少一些而且落户门槛也比较高，所以流动人口中本地人占的比例较高；在经济落后地区的城镇，虽然容易落户，但对农民工缺乏吸引力；在经济发达地区的城镇，农民工就业机会较多、落户门槛也相对低一些，是吸收农民工就业的主要地区，一些长期打工的外地农民还可能会留下来。因此，应把经济发达地区的城镇作为农民工市民化的重点区域。

（三）社会权利与其他权利的均衡发展

英国社会学家马歇尔认为18世纪是法律权利的时代，19世纪是政治权利的时代，20世纪则是社会权利的时代。[1]美国社会学家亚诺斯基肯定了马歇尔指出的公民权利实现的"渐进顺序"的合理性并完善了权利分类，区分出法律权利（如财产权、迁徙自由等）、政治权利（如结社权、选举权、担任公职的权利等）、社会权利（如受教育权、社会保障权）和参与权利（参与社区事务、企业决策的权利等）等四种公民权利。他认为："国家若适度发展所有四种权利，并且按照法律权利、政治权利、社会权利、参与权利的顺序予以发展，则将比那些不这样做的国家更稳定，并使所有四种权利均得到更大程度的发展。"[2]"未遵循马歇尔指出的权利顺序是有实际后果的，有的国家一下子跳到社会权利，要想回头再争取法律权利和政治权利，往往会遇到很大困难，其后果往往是出现广泛的滥用权利和民族悲剧"[3]。中国学者王小章也认为，马歇尔所描述的公民权利实现序列是历史发展的基本趋势：市场经济呼唤消极意义上的身份平等和自由，从而产生了法律权利；而如果公民不享有政治权利，体现法律权利的法律本

---

〔1〕 马歇尔：《公民身份与社会阶级》，郭忠华、刘训练主编《公民身份与社会阶级》，江苏人民出版社2007年版，第3—43页。

〔2〕 托马斯·雅诺斯基：《公民与文明社会》，柯雄译，辽宁教育出版社2000年版，第263—264页。

〔3〕 托马斯·雅诺斯基：《公民与文明社会》，柯雄译，辽宁教育出版社2000年版，第275页。

身可能是片面的，因此政治权利作为法律权利的一种必要补充而出现；对于公民个人来说，法律权利和政治权利的实现是需要条件的，而这些条件在社会成员中的分布是不均匀的，因此就需要借助社会权利措施来矫治。总之，从法律权利到政治权利再到社会权利的发展是一个“符合逻辑”的过程。

改革开放以来中国农民的权利发展并没有遵循马歇尔和亚诺斯基所描述的经典的权利发展序列，而是在法律权利和政治权利仍然残缺不全的情况下，参与权利和社会权利就已经闪亮出场。20 世纪 80 年代中期，保障村民参与村庄事务的村民自治制度就已经确立，并使得农民的参与权利先于城市居民的社区参与权利，成为改革开放以来农民公民权利发展领域的最大“亮点”。自 2002 年中国共产党十六大召开以来，国家又密集出台了一系列针对农村的社会政策：2003 年，进行农村税费改革，筹建新型农村合作医疗体系，提出农民工培训规划；2004 年，推出农村“三项补贴”，新修订的宪法提出“建立健全与经济发展水平相适应的社会保障制度”；2005 年，部分取消农业税，全面推进“新农村建设”；2006 年，全面取消农业税，推出农业综合补贴；2007 年，全国农村义务教育免费，全面推进新型农村合作医疗和农村低保。虽然仍然与市民的福利水平存在差距，但国家通过“多予”“少取”双管齐下，使农民的社会权利有了实实在在的发展。

农民参与权利和社会权利的发展对和谐社会建设起到了积极作用，但“颠倒”的权利发展序列也的确产生了一些负面影响：由于农村集体土地所有制性质的模糊性和农民土地权利的残缺，村干部具有一定的以地谋利的空间，从而使村民自治陷入了“有民主选举，无合法性提高”的困境[1]，导致了农民参与权利的扭曲；农民结社权利的缺失约束了其谈判地位，使农民难以主张和保护自己的正当权益，并引发较为激烈的矛盾和冲突，从而在某种程度上抵消了社会权利发展所产生的正面效应；单纯靠社会福利获得政绩合法性的空间是有限的，一旦出现经济增长放缓、财政实力下降的情况，国家就可能面临更大的政治风险。也就是说，社会权利的单方面突进可能会给社会和谐埋下隐患。要克服这些负面作用，就需要推进不同类别的公民权利的均衡发展。

其一，为了使农民成为农村社会中真正独立的民事权利主体，应赋予农民永

〔1〕 楚成亚：《农民公共权力观念分析》，《中国农村观察》2001 年第 6 期，第 67—72 页。

久的完整土地物权，以克服当前农民土地产权残缺的弊端。应允许农民以土地承包经营权进行抵押，使农民能更充分地实现与土地权利相连的潜在经济机会。还应强化农民对宅基地的权利，使农民享有与城市居民同等的房产权利。

其二，应当保障农民的结社权利，使农民能够建立主张和保护自身权益的组织。农民组织能够促使政府对农民需求给予有效的回应，并在组织内部发挥规范作用，约束农民的非理性抗争行为。应当自下而上地发展农民的组织，可以先在乡建立基层农会，在基层农会得到巩固以后，再逐步扩大其政治活动的空间。

其三，应当更理性地推进农民社会权利的发展，避免权利“大跃进”。给予农民更多的社会权利当然是德政之举，但要把好事办好，一是要根据经济条件科学规划，避免过快提高农民的社会福利预期，因为群众的期望值与社会的经济水平相适应是建立稳定政体的条件[1]；二是要强化政策执行，坚决把国家政策已经赋予农民的政策性权利变为实然权利，社会权利虽然不是具有规范效力的权利，但如果已经承诺的福利不能实现，同样会引发人们的怨恨。

四、公正的冲突解决机制

农村地区的冲突很大程度上根源于农民在政治结构上的弱势。由于农民人数众多，每人分摊的共同利益太少，团结的成本太高，难以产生对政治系统有影响力的统一的集体行动。这种弱势集中表现在农民组织化水平低、缺乏保护自己合法权益的代言人等。这种无组织的或组织程度较低的群体行动具有较大的危害。这是因为农民的集体抗争行动可以是有组织的，也可以是无组织的。有组织的维权更具理性，无组织的抗争更容易失控，更加危险。为了避免无组织群体行动的弊端，就需要主动提高农民组织化程度，最重要的是发展农村民间组织（非政府组织），尤其是农民维权组织，即农会。

农村地区冲突的解决，还要依赖于相关法律的发展和完善。虽然 1978 年以来我国已经制定了大量与保障公民基本权利有关的法律，农业法制也得到了发展，但总体来说，我国关于农民权利保障和工农平等权保障的立法缺失现象还比

[1] 李普塞特：《对民主政治的社会条件的比较分析》，载中国社会科学杂志社主编《民主的再思考》，社会科学文献出版社 2000 年版，第 90 页。

较严重。这主要表现在立法层次低、协调性差，立法难以体现农民的权利主张，有关法律的适用性差，保护农民工法律缺失等诸多方面。因此，需要从多个方面入手，强化对农民若干重要权利的法律保护。这些方面包括：将迁移自由重新写入宪法，为农民组织提供法律保障，强化对土地“农转非”过程中农民土地权益的保护，加强对农民工基本劳动权的法律保护等。

（一）农民组织与乡村冲突

与城市相比，人口众多的农民对国家政策的影响力就弱得多。从某种意义上说，人多成了一种劣势。按照奥尔森的集团行动理论，“大的‘潜在’集团总包括许多人，他们不可能彼此都认识，因此不大可能产生一定的社会压力来帮助它获得集体物品”[1]。较大的有共同利益的阶层在自愿结成团体和形成共同利益的代表方面受到了更多的限制，一是团体越大，个人在团体取得的成果中所得份额越小，也越是难于对个人的努力进行适当的奖励；二是因为团体越大，结成团体的组织成本也就越高。因此，在较大的团体中，由于缺乏决策的内聚力，很难指望有真正的一致行动。相比之下，较小的团体在代表共同利益方面要有利得多，更可能取得合作的成果。这意味着农民人数越多，对于公共政策的影响却越小。农业就业人口比重和农业产值所占比重显著下降，并不意味着政府农业政策不力和农民活动能力的低下，反之同样，农业就业人口比重和农业产值所占比重高的后进国家，也不等于农业政策积极和农民的政治要求活跃。农民居住分散，集体行动的沟通成本较高，而且单个人的权益只是农民群体权益的微小份额，容易造成“搭便车”现象，所以集体行动能力不足，缺乏政治影响力。按照这一理论，农民在政治结构中的弱势，恰恰是因为他们人数太多，每人分摊的共同利益太少，团结的成本太高，难以产生对政治系统有影响力的统一的集体行动。农民的这种弱势地位可以从以下几个方面反映出来：

一是农民组织化水平低。新时期中国农村权威资源的高度稀缺，制约着民间组织的生长。历史上农民权利流失的症结是小农“碎片化”的社会和经济存在状态。当前中国农民基本上仍然处于这种状态：农民的组织化程度相对而言非常低，数量有限的农民组织与农民的依存程度也非常低，农民组织对农民的维护

---

[1] 曼瑟尔·奥尔森:《集体行动的逻辑》，陈郁等译，上海三联书店1995年版，第73页。

（动员）能力非常低。[1]虽然农村改革不仅在时间上先于城市，而且在市场化程度上比城市彻底。但是，由于国家对社团组织实行严格的控制，并要求“挂靠”某个党政部门，所以，乡镇社团的发展却远远落后于城市。作为农民利益一般代表的农民组织没有发展起来。“农民处于空前的涣散状态……这种组织涣散状态与城市组织相比显得更为突出”[2]。

家庭联产承包责任制的原初设计是“双层经营”。但是，由于大部分集体经济没有什么积累，所谓集体经济只是体现在土地的集体所有制上，所以农民的农业生产活动事实上是一种高度分散的家庭单层经营。农民家庭与其他人没有了瓜葛，各家各户单打独斗，各奔前程。这意味着改革后的农民虽然获得了一定的“自由”，但缺乏组织的呵护，陷入了高度分散的“原子化”状态。农民的权利贫困很大程度上就是由这种组织贫困造成的。由于没有自己的组织，农民难以抵挡政府和市场的“合谋”所造成的伤害，难以有效地影响公共政策，为了维权而采取的群体行动也往往因造成危害公共安全的后果而失败。改革开放前的国家工业化是以剥夺农民为代价的，改革开放时期的地方工业化进程同样如此；城市化则制造了大量的无地、无业和无保障的所谓“三无农民”；缺乏谈判地位的农民在产业化和走向市场的过程中更是被公司和资本玩弄于股掌；农民市民化是解决农民问题的根本出路，但是对于处于“被市民化”地位的农民来说，这一过程同样凶多吉少。总之，在农民组织缺位的情况下，所谓的工业化、城市化、市场化、产业化、市民化等，都往往会变成对农民权益进行剥夺的过程。

农民缺乏保护自己合法权益的代言人。家族组织可以成为家族利益的工具，但难以成为实现农民公共利益的依托。村民自治虽然体现了让村民当家做主的基本精神，但严重的行政化倾向使它很难代表农民说话。不仅如此，农民寻求党政机关和司法机关等国家正式组织的保护也十分困难。由于农民在体制内难以寻求到对其合法权益的保护，体制外的地方权威也就相应地产生和增长，逐渐出现了由“有见识”的人凝聚成的“集体性组织力量”。但是，由于这种集体性力量并不是一种正式的农民组织，所以出现了一些令人担忧的情况：

由于我国宪法规定的公民有结社自由等政治权利没有具体化，政府有关部门

〔1〕 刘祖云、曲福田：《由“碎片化”走向“组织化”》，《社会科学》2007 年第 6 期，第 54—63 页。
〔2〕 孙炳耀：《乡镇社团与中国基层社会》，《中国社会科学辑刊》1994 年秋季卷。

往往以各种理由拒绝对农民减负上访组织进行必要的核准登记。这种被各级政府视为防范农民有组织抗争的方式和手段，实际上会产生十分严重的政治后果，有促使农民自发组织向秘密社团方向发展的危险。我在 H 县就发现，因对农民自发组织进行的各种方式打击不见成效，反而引发了多起更为严重的群体性事件，目前县乡政府对农民自发组织的活动采取放任自流的态度，即对农民要求成立农会等合理要求不予理睬，对进行各种活动的农民自发组织也就不能进行正常的管理。县乡政府对待农民自发组织的这种态度，已引发了如下几种应引起注意的情况。其一，由于不能够也不需要进行任何登记，这实际上使农民成立减负上访组织没有任何可依据的认证条件，任何农民只要愿意，就可以组建“减负上访”组织，就可以自称为“减负上访代表”。其二，由于政府部门放弃了管理责任，不能对农民进行必要的法律和组织管理的培训，这样使少数本来文化素质较低的农民减负上访代表，缺乏必要的法律保护意识，对自己行为目标和方式也缺乏系统的思考。有的减负上访代表认为，自己为了大家减负遭受到了各种打击，吃了亏，应该得到补偿，因此也往往以农民的“保护人”身份自居。其三，由于得不到政府的法定认可，某些减负上访代表为了防止被政府定为非法组织，就有意或无意地将农民自发减负组织同秘密社团联系起来，仿照历史上有过的秘密社团的组织方式进行活动。其四，某些具有激进主义主张的“减负上访代表”，就正在利用目前农民减负上访组织不能纳入到正常体制管理这一状况，进行一些非正常的活动，企图将农民“以法抗争”引向“非法抗争”的方向。虽然，目前更多的减负上访代表还能够自觉地抵制这些“非法抗争”的主张和活动，但是，如果农民的合法权益长期遭受侵害和减负上访代表的正当要求得不到满足，他们也就有可能在一定的程度上接受激进主义观点，进而发展成为反体制的力量。〔1〕

可见，这种无组织的或组织程度较低的群体行动具有较大的危害。农民的集体抗争行动可以是有组织的，也可以是无组织的。无序的力量更容易失控。所以，有组织的维权、抗争，比一盘散沙、一哄而起更具理性，无组织的抗争比有组织的抗争更危险。可以说，农民的组织程度与农村社会的稳定乃至国家的稳定是成正比的。〔2〕

---

〔1〕 于建嵘：《农民有组织抗争及其政治风险：湖南省 H 县调查》，《战略与管理》2003 年第 3 期，第 1—16 页。

〔2〕 崔克亮：《建立权利平衡、结构稳定的农村社会——中国社科院研究员党国英谈农民组织与农村社会稳定》，《中国经济时报》，2005 年 6 月 27 日。

为了避免无组织群体行动的弊端，就需要主动提高农民组织化程度，最重要的是发展农村民间组织（非政府组织），尤其是农民维权组织，即农会。民间组织不是政治组织，但是具有一定的政治功能："无论是使用对抗性的还是合作式的策略，它们在确保政府对穷人以及社会中受到剥夺的人群——在传统的政策制定过程中被忽视的群体——的需求给予有效的回应上，仍起着关键性作用。"〔1〕即便是采用对抗性的策略，民间组织也是维护秩序的力量而非破坏秩序的力量。这是因为：第一，民间组织可以起到利益综合作用，这一方面有助于缓解公民对政治系统的权利诉求的压力，另一方面又可以影响公共政策，保护成员的合法权益；第二，组织本身具有积极约束成员行为的组织自律功能，有助于维护法律尊严和社会秩序。民间组织在法律的范围内活动，其所作所为必须合法，如果违法，就会受到制裁，甚至被取缔。因此，为了生存和发展，民间组织的领导者通过组织的机制和纪律，要求成员知法守法。所以，在共同的利益追求和共同的价值准则的基础上，把分散和缺乏有机联系的农民组织起来，这是改变中国农民政治、社会和经济地位低下的现状，增强其在交易谈判桌上的讨价还价能力的必然要求。农民如果没有直接代表其利益的组织，在社会结构上毫无疑问是病态的，也就不可能真正走出"三农"困境。〔2〕

那么，如何建立农会？我们认为，在目前情况下不宜自上而下建立地区性甚至全国性的农会组织，因为这种组织很难摆脱"官方"背景，其提高农民在国家政治生活中的谈判地位的作用是有限的，甚至还有可能阻碍真正的农民维权组织的发育。我们认为，应当自下而上地发展农会组织，可以先在乡建立基层农会，在基层农会得到巩固以后，再逐步扩大其政治活动的空间，为更高层次的农民协会的建立奠定基础。这是因为：第一，乡镇是国家的基层政权，建设新农村的许多工作都要以乡镇为单位来进行，所以就需要一个由各村的农民代表组成的类似"新农村建设促进会"的组织，通过"民主恳谈"之类的途径，来实质性地参与当地的建设决策，即便单纯从预防基层涉农部门利用支农资金大搞名利双收的政绩工程的需要来说，也需要这样一个农民的组织；第二，这种组织可以通过直接影响县乡两级人大代表的选举和间接影响省级和全国人大代表的选举而提

〔1〕安东尼·哈尼：《发展型社会政策》，罗敏等译，社会科学文献出版社2006年版，第24页。
〔2〕李成贵：《国家、利益集团与"三农"困境》，《经济社会体制比较》2004年第5期，第57—66页。

高农民在国家政治生活中的谈判地位；第三，这种乡村层次上的农民组织更容易建立起来并获得农民的认同，因而更有生命力。

其实，农村民间组织尤其是农会的建立并不是一件容易的事情。它不仅需要一定的政治条件、法制条件，也需要一定的社会条件。民间组织的发育是与社区公共生活和民间权威的状况相联系的，在民间权威资源匮乏的条件下，即便是那些反映农民较高的需求、政府也认可的民间组织，大部分也很难真正发展起来。为了验证农村民间组织发育的机理，在于建嵘教授主持下我们在山东邹平进行了农民组织化建设实验。通过实验，我们发现老年人协会是农村民间组织建设的突破口，在农会还不能普遍建立起来的情况下，可以大力推动农村老年人协会的发展。这是因为，第一，老年协会是政府许可的，1991 年以来，全国大部分村庄成立了老年人协会，只不过大部分村实际上只有名称和招牌，从未真正实行过〔1〕，所以，可以用“借壳上市”的方式把老年人协会做实；第二，在青年劳动力大量流出农村的情况下，老年人已经成为村庄真正的常住居民，他们更关心村庄的公共生活；第三，老年人中不乏可以在民间组织中发挥领袖作用的潜在社会权威，在有些地方可能还存在着“族老会”的历史记忆。

现在是政府推动建立农民及农民工维权组织的好时机。中国历史上在王朝末期和政权衰微之际曾经出现过许多农民组织，大多是政治斗争的工具。农民组织在 20 世纪 50 年代初期十分活跃，也是以农会的形式组织农民开展阶级斗争的需要。1962 年贫下中农协会在“四清”运动中再度兴起，也是由于阶级斗争的原因。但在目前情况下，农民组织并不必然与激烈的政治斗争尤其是反政府的斗争相联系。第一，虽然现在农民与基层干部之间存在一些冲突，但在取消农业税之后，这种冲突和矛盾正处在比较缓和的时期。第二，农民对中央政府仍然保持着较高的信任度，这种信任意味着农民组织不会对政治稳定构成全面威胁。从现有的一些农民组织提出口号来看，这些组织的绝大多数维权活动基本保持在法律框架之内。第三，随着市场经济的深入发展特别是经济全球化影响的加剧，政府需要与农民组织合作共同应对国内外市场的挑战。

另外，还应加快建立农民工组织，维护农民工合法权益。目前，上亿的农民

〔1〕王习明：《中国农村的 NGO 与乡村治理》，载于中国改革发展研究院编《中国农民组织建设》，中国经济出版社 2005 年版，第 430 页。

工已成为我国产业工人的重要组成部分。尽管农民工规模庞大，但尚未形成代表和反映农民工合法利益的机制，日益突出的劳资矛盾也相应地缺乏缓冲机制。由于农民个人与市民个人存在较大的利益差别，现有的以市民为主的工会组织很难反映和代表农民工的具体利益，所以应该广泛成立农民工组织，让农民工通过自己的组织来维护自己的合法权益。[1]

但是，对于维护农民权益来说，仅有农民组织的建立和发展显然是不够的。组织本身能否发挥作用取决于它所处的政治系统环境。农民协会是由农民选举产生的维护农民利益的组织，理论上应该站在农民一边为农民讲话，但农民协会与村委会一样，面对的是高度组织起来的地方行政和高度分散的农民个体，只要地方行政具有强烈的通过介入村庄秩序来谋取私利的动机，由农民选举出来的农民协会就不能真正约束得住地方行政的强力行为，地方行政甚至有可能利用政治经济社会乃至文化上的资源优势来收买农民协会。[2]因此，对农民赋权，增加农民的谈判能力，不仅要依靠农民组织的“出场”，还要依靠政治体制改革的“清场”。在农民组织等新的权利要素生长的时候，如果公共权力的功能结构和类型依然如故，这对于任何类型的社会来说都是危险的。[3]

（二）农民权利的司法保障

虽然 1978 年以来我国已经制定了大量与保障公民基本权利有关的法律，农业法制也得到了发展，但总体来说，我国关于农民权利保障和工农平等权保障的立法缺失现象还比较严重。

第一，立法层次低、协调性差。虽然与“农”有关的法律多为中央一级的立法，并且涉及宪法、法律、行政法规、自治条例等主要的法律形式，但是，这些立法绝大多数是行政法规和部委规章。部门试图通过立法扩大各自权力的倾向深深地影响着这些立法活动。在整个法案形成过程中，部门间对管辖权、审批权、处罚权等权力的争夺贯穿始终，法律打架也在所难免。这些争议并不是单纯公益间的冲突与协调，实际上背后都有部门自身的利益所在，比如政绩、权力、

---

〔1〕 中国（海南）改革发展研究院编：《中国农村组织建设》，中国经济出版社 2005 年版，第 3 页。
〔2〕 贺雪峰：《乡村秩序与县乡村体制》，《江苏行政学院学报》2003 年第 4 期，第 94—100 页。
〔3〕 夏勇：《走向权利的时代》，中国政法大学出版社 2000 年版，第 680 页。

地位甚至经济利益等[1]。另外，在法律名称上，较多的是采用诸如指示、决定、办法、通知、命令等名称，立法的层次较低。由于法律之间的协调性差，层次又低，所以农村立法难以形成一个有机的制度群，结果每一项立法的效用都很低。

第二，立法难以体现农民的权利主张。我国立法运行模式在很大程度上仍然是“单向度”的。从立法规划的确定，到法案的起草、提案、审议等各个阶段的活动，基本上都是在国家机关的层面上进行。正因缺乏农民的参与，所以直接规定农民权利的法律，如宪法性法律，在内容上和形式上都不多见。这些事关农村和农民的行政法规和部委规章主要集中在行政法领域，而被运用来规定农村的经济关系的行政法又占绝大多数，授权性规定及切实保护农民利益的规定相当少见。一些农民所信赖和期待的规定，难以上升为法律。直到法律颁布后，主管部门才开展大规模的自上而下的法制宣传活动，“送法下乡”。最后法律实施情况如何，存在哪些不足和缺陷，社会发展变化是否需要进行立法完善，又很难反馈到立法机关。[2]

第三，有关法律的适用性差。我国的立法通常主要是执政党价值驱动的结果，尤其是政策驱动效应特别明显。[3]一些立法甚至是由“红头文件”转手变成法律便完成了。它们在总体上与党和政府的政策难以分清，或者说，它们中许多就是政策，是党和政府有关机关用来指导农村工作的文件、指示。因此，大多数关于农村和农民问题的法律具有明显的政策特征性，反复适用性弱，许多是针对一时一事的，此时此事已过，它们就基本发挥不了作用。同时，它们还缺乏严密的逻辑结构，尤其是法律后果的规定残缺，有的甚至该有的也没有。[4]

第四，在加快城市化建设的过程中，大批进城务工的农民工权利如何保护的问题，也是关于农民权利保障立法亟待加以解决的问题。但是，我国现在还缺乏这方面的法律。

因此，需要强化对农民若干重要权利的法律保护。改革以来，尤其是2002年中国共产党十六大召开以来，伴随着深入贯彻落实科学发展观和构建社会主义

---

〔1〕 布小林:《立法的社会过程》，中国社会科学出版社 2007 年版，第 107—108 页。
〔2〕 布小林:《立法的社会过程》，中国社会科学出版社 2007 年版，第 110 页。
〔3〕 夏勇:《走向权利的时代》，中国政法大学出版社 2000 年版，第 673 页。
〔4〕 张德瑞:《我国农民平等权利法律保障：回顾、反省与前瞻》，《河南师范大学学报：哲社版》2005 年第 5 期，第 107—111 页。

和谐社会的实践，中国进入了一个调整城乡关系的全面改革阶段，歧视农民的法律政策逐步减少，但在选举权、结社权、劳动基本权、社会保障权、受教育权、财产权、法律适用等方面仍然存在一些对农民的歧视性规定。对这些规定应逐渐进行全面清理，并重点解决好如下问题：

1. 将迁移自由重新写入宪法。迁徙自由权作为一项基本人权，已为很多国家的法律所规定。1948 年的《世界人权宣言》第 13 条规定：人人在各国境内有权自由迁徙和居住。1966 年的《经济、社会和文化权利国际公约》以及《公民权利和政治权利国际公约》也都对迁徙自由权做了规定。我国 1954 年宪法明确规定公民有“居住和迁徙自由”，但 1975 年宪法取消了这一条款，1978 年宪法、1982 年宪法以及现行宪法的四次修改，都没有涉及这一权利。这使得户籍改革和农民工在城市落户的具体法律制度难以出台。所以，宪法应尽快恢复规定公民有“居住和迁徙自由”的权利。

2. 为农民组织提供法律保障。结社权是公民依照法律规定组织社会团体的自由，是已经被世界各国宪法和国际公约普遍保障的一项公民基本权利。我国宪法也赋予了公民结社权。目前，在城镇多数企业和事业单位一般都有工会组织存在，在县的层次上，作为“社会团体”或“群众团体”存在的还有团委、妇联、文联、工商联、科协、残疾人联合会等，唯独没有农会。尽管全国人大常委会在批准《经济、社会、文化权利国际公约》时对有关组织工会自由的条款做了保留，但这显然不能构成组织农会的法律障碍。所以，应尽快遵循宪法原则，制定《农会法》，引导和规范农民成立自己的组织。我国《工会法》已正式明确了农民工的职工身份，农民工加入工会的根本性法律障碍不存在了。但是，从保护农民工权益的角度来看，工会本身仍应进行改革。一是考虑到许多农民工是为个体工商户打工或者他们自己从事个体经营，工会组建形式应突破单一的“单位工会”模式，允许社区设立工会；二是考虑到农民工与本地个人之间在利益、参与能力等方面存在一定的差别，应根据自愿的原则，允许农民工建立自己的工会；三是由于农民工流动性较强和收入水平较低，对农民工工会的经费来源应做出特殊规定，比如可以允许农民工不交会费以及根据《工会法》有关“工会的经费来源有政府资助”的规定加大政府对农民工工会的经费保障力度等。

3. 强化对土地“农转非”过程中农民土地权益的保护。保护耕地、保证粮食安全符合全社会的根本利益，而中央政府土地政策的这一首要目标与农民发展农村工业、增加收入的目标是相冲突的，它意味着农民不能自主。不过，与这种农民部分经营自主权的丧失所造成的危害相比，在合法的“农转非”过程中因国家征地所造成的农民财产权的损失更大。有学者主张，为了保护农民的土地权益，应改变单一的“国家征地”模式，实行集体土地开发利益模式的多元化，并认为“农地入市”可以减少地方政府的利益刺激。[1]我们认为，这样的做法激发出来的对农民的利益刺激更难以控制，后果更可怕，将有损于国家粮食安全的根本目标。而且，从两害相权取其轻的原则出发，农民土地权益保护的重点不是改变单一的“国家征地”模式，而是在维持这种单一征地模式的同时，强化农民对土地合法所产生的利益的分享。为此，一方面应强化集体经济组织在“国家征地”过程中的法律地位，另一方面应通过加强村民自治中的民主决策等途径保障农民在集体经济组织中的主人地位。另外，也可以成立村集体土地管理委员会一类的组织提高农民在土地“农转非”的发言权。特别需要指出的是，在中央政府严厉的土地政策压力作用下，地方政府为了解决自身的建设用地问题，把“农转非”的重点由耕地转向了农民的宅基地。因此，目前迫切需要出台有关政策法规保护农民的宅基地权利。

4. 加强对农民工基本劳动权的法律保护。由于劳资双方在经济地位、信息获取、供求关系等方面的不平等，使得劳动者一方处于明显的弱势，这在农民工、私营企业工人、低收入阶层表现尤为明显。现行的《劳动法》规定过于笼统，劳动监察力度也不够，从而未能给劳动者尤其是农民工提供有力的法律保护。例如，由于在就业市场上资方处于有利的地位，就在劳动合同上大做手脚，使得劳动者在劳动纠纷中处于不利地位；由于劳动争议被当作民事案件审理，举证责任按照民事诉讼“谁主张、谁举证”的原则来分配，而劳动者往往缺乏举证能力。所以，应像多数国家那样设立专门的劳动法院或者劳动法庭来审理劳动案件，减轻劳动者的举证责任和诉讼费用。另外，还应加大对违反劳动法的行为的制裁处罚力度，遏制用人单位尤其是个体私营业主严重侵害农民工合法权益的势头。

需要保障对农民的权利救济。无救济即无权利，尤其对于处于弱势地位的农民来说更是如此。1. 为农民提供宪法救济。法定化的权利分为宪法权利和法律

---

〔1〕 胡美灵：《当代中国农民权利的嬗变》，知识产权出版社 2008 年版，第 234—235 页。

权利，相应的法律上的救济分为宪法救济和法律救济。我国已建立了民事诉讼、行政诉讼和刑事诉讼等普通法律诉讼制度，以在公民认为自己的合法权益受到侵害时救济公民的法律权利。但关于宪法救济却只有宪法和有关法律的规定，还没有形成制度性的程序，因此无法给宪法权利的受害者提供真正的保障。宪法是公民权利的保障书，但是如果宪法权利得不到具体法律的落实，司法机关又不以宪法条文作为判决依据，公民的权利保障就成了一纸空文。所以，应建立宪法诉讼制度，当公民的宪法权利受到侵害后，司法机关在没有部门法适用的情况下，可以援引宪法规范进行判决，从而保护公民的基本权利。从农民法定权利的状况来看，我国宪法赋予了农民平等的选举权、就业权、结社权、教育权和保障权等等，而歧视性的或不平等的权利规定主要来自法律权利。因此，建立宪法诉讼制度，进行宪法救济，对于保障农民基本权利具有重要意义。2. 建立专门的农民法律援助机构。法律援助是指在国家专门机构的组织、指导和统一协调下，法律工作人员为经济困难或特殊案件的当事人给予减免收费等法律帮助，以保障实现其合法权益、完善国家司法公正、健全人权即社会保障机制的一种法律制度。鉴于农民人口多，侵权面大，法律援助需求量大，应在中国目前的国家、省、市（地）、县四级法律援助机构中，层层设立农民法律援助专门机构，国家、省、市（地）三级机构提供指导，离农民最近的县级专门机构主要承担农民法律援助任务。乡镇也应建立法律援助站。另外，还应有明确的法律援助标准。

需要对涉及农民权益保护的政府部门进行整合。《农业法》赋予了农业主管部门进行农业执法权力，承担第 9 章所规定的“农民权益保护”的主要职责。农业局的农业执法系统主要包括政策法规、执法、经管、减负四个部门：政策法规部门主要负责农业政策法规的调研、宣传和执法监督、执法人员资质等；农业执法队主要负责案件查处，凡法律法规明确规定执法主体为农业行政主管部门的，其处罚权都由农业执法大队行使；经管部门主要职能是村级财务管理和土地承包合同管理；减负部门主要负责农民负担监管。除了农业执法系统外，涉及农民权益保护的机构还有林业局、畜牧局、土地局等众多机构。（表 3.8）实际上，这些众多的部门和机构在保护农民权益方面难以有什么作为。第一，由于法律规定不清晰，部门之间职责不明确，往往是“有利争破头，无利躲着走”，最终受损失的还是农民；第二，农业执法往往超出了农业口的范围，使得农业执法部门的权力有名无实。例如，“减轻农民负担”涉及土地、环保、税务等领域，减负办在监督农民负担方面的权力是非常有限的；第三，职能设置不合理，有些政府部门既是“运动员”，又是“裁判员”，难以形成保护农民权益的机制，甚至他们自身就成为侵害农民权益的主体。例如，征地和基本农田保护多归土地管理部门管理，所以就很难防止土地部门成为侵害农民土地权益的主体。鉴于政出多门、多头执法的弊端，应当全面整合涉及农民权益保护的政府部门，实行大部门制应当是一个方向。

表 3.8　　县级机构涉及农民权益保护的相关职责

机构	涉及农民权益保护的相关职责
农业局	农业执法
信访办	接待农民来访
工商局	查处假冒伪劣产品；农资产品的经营许可
林业局	森林保护和森林砍伐
环保局	农业环境保护
教育局	农村中小学收费问题
物价局	农产品和农资价格的监督管理
质量监督局	农资产品的质量监督
土地局	基本农田保护；土地征用
畜牧局	畜禽防疫、饲料管理
水利局	农田灌溉
民政局	村民自治；农村低保
县人大、纪委	负责监督执法

资料来源：李小云等:《中国农民权益保护研究》，社会科学文献出版社 2007 年，第 35 页。

第四章 收入差距、利益分化与和谐社会构建

经过三十多年的快速发展，我国经济取得了举世瞩目的成就，人民生活水平也有了较大的提升。然而，在经济快速增长的同时，人民的收入差距却出现了快速扩大的趋势。据国家统计局数据，从2000年开始，我国的基尼系数已越过0.4的警戒线，目前已经超过了0.5的危险水平。同时，国内已经形成的各类利益集团，影响着政治经济生活的健康发展。目前中国社会中的收入差距和利益分化问题，与党的发展宗旨相背驰，已经成为构建社会主义和谐社会的主要障碍。邓小平同志就明确指出“社会主义的本质，是解放生产力，发展生产力，消灭剥削，消除两极分化，最终达到共同富裕”，“社会主义的目的就是要全国人民共同富裕，不是两极分化。如果我们的政策导致两极分化，我们就失败了；如果产生了什么新的资产阶级，那我们就真是走了邪路了。”[1]

所以在现阶段，对于利益分化问题的研究具有重大的理论价值和现实意义。利益分化问题的核心是社会财富的分配问题，也就是分配正义的问题。如何分配是公平和正义的？现实的分配体制和方式有哪些明显的不公平的地方？需要怎样的政策措施？这是当今政府首要关注的问题。在本章中，我们沿着理论探讨、现实审视和政策分析的思路，试图为此问题提供一个切实的答案。

---

〔1〕《邓小平文选》第3卷，人民出版社1993年版，第111页。

一、何谓公平？——利益分化的理论探讨

（一）古代思想中的分配正义：传统中国的讨论

影响中国历史进程的主要的思想源流，不外乎儒、释、道三家。虽然如今中国深受现代化和西方文明的影响，但传统思想依然影响着现代人的思维。所以有必要梳理一下传统中国思想中对于分配正义问题的讨论，以便更好地理解现代中国的现实。

自汉以下，儒家逐渐成为我国封建社会居于统治地位的学派，也成为影响中国社会最深的思想流派。先秦儒家是其思想源头，其主要的代表人物孔子、孟子、荀子，均对经济分配领域的正义性问题有过讨论。在孔孟所处的年代，周王朝已经衰微，大国争霸，诸侯兼并。“公田”开始成为诸侯及贵族的私田，并且可以对私田进行自由买卖。传统的宗法家族公社经济体制逐渐瓦解，以土地私有制为基础的小农经济和地主经济逐渐确立并发展。孔子所看重的宗法礼仪思想，也体现在了他的分配思想之中。他认为，人们在分配和占有物质财富时，必须要受到礼义限制和约束，应该“见利思义”〔1〕。“富而可求也，虽执鞭之士，吾亦为之。如不可求，从吾所好”〔2〕，“不义而富且贵，于我如浮云”〔3〕。他的这种态度，实则是后来儒家所总结的取予有度思想。也就是说，人们无论在获取财富或是给予别人财物时，都必须遵守礼义规范，决不能违反礼仪的苟取或苟予。

孟子对于分配正义的思想，其核心根植于他所提出的“仁义”。他认为“仁义”根植于心〔4〕，正义就是以仁义之心为标准，对各种行为进行评价和衡量。在分配制度上，他提出“制民之产”，提供给人民衣食住行所必须和充足的生产和生活资料。“五亩之宅，树之以桑，五十者可以衣帛矣；鸡豚狗彘之畜，无失其时，七十者可以食肉矣；百亩之田，勿夺其时，八口之家可以无饥矣”〔5〕。在土地制度上，孟子提出井田制，以此来平均土地，防止权贵无限制地侵吞土

〔1〕《论语·宪问》，中华书局2006年版。
〔2〕〔3〕《论语·述而》，中华书局2006年版。
〔4〕《孟子·公孙丑上》，中华书局2010年版。
〔5〕《孟子·梁惠王上》，中华书局2010年版。

地。在税收制度上，他提出了“野九一而助，国中什一使自赋”[1]的税率，主张轻徭薄赋。在政治上，孟子主张德政教化，“善政，不如善教之得民也。善政民畏之，善教民爱之；善政得民财，善教得民心”[2]。对百姓进行言传身教，使得百姓行为符合理想的人伦关系和道德准则，如此人民自然会亲密地团结在一起，形成尊老爱幼，和睦融洽的社会风气，孟子认为这是实现正义的基本途径。此外，孟子提出了取予之道的两个基本原则：一是，取与不取以是否“伤廉”为准则；二是，予与不予以是否“伤惠”为准则[3]。孟子的取予标准，仍是以仁义之心为根本的。就如他说，“非其义也，非其道也，禄之以天下，弗顾也，系马千驷，弗视也，非其义也，非其道也，一介不以与人，一介不以取诸人”[4]。

荀子对于分配正义的论述，其根本立足点在于“礼”这一核心概念。这一概念既是对孔子的继承，也有他自己独特的发挥。他认为“礼者，法之大分，类之纲纪也。故学至乎礼而止矣。夫是之谓道德之极”[5]。由此看出，荀子的正义思想已经突破了孔孟的道德正义而转向了制度正义，更具有实践意义。与“礼”这一核心概念相联系的还有“义”的概念。他认为，义是内在的价值尺度，礼是外在的制度规范，法则是保障礼义制度的工具性手段。礼义作为治理社会的制度准则，其现实功能在于合理解决社会物质财富分配不公而引起的各种矛盾。故荀子说，“礼起于何也？曰：人生而有欲，欲而不得，则不能无求。求而无度量分界，则不能不争；争则乱，乱则穷。先王恶其乱也，故制礼义以分之，以养人之欲，给人之求。使欲必不穷于物，物必不屈于欲。两者相持而长，是礼之所起也”[6]。通过与之相适应的财富分配方式，来满足人们的欲望，其目的是为了消除“欲多物寡”导致的社会混乱，维护社会的稳定。

从礼这一核心概念出发，荀子认为取予之道也同样要遵循礼的约束。“古之贤人，贱为布衣，贫为匹夫，食则饘粥不足，衣则竖褐不完；然而非礼不进，非义不受”[7]。在义与利的关系上，荀子认为应该先义后利，“荣辱之大分，安危

---

[1]《孟子·滕文公上》，中华书局2010年版。
[2]《孟子·尽心上》，中华书局2010年版。
[3]《孟子·离娄下》，中华书局2010年版。
[4]《孟子·万章上》，中华书局2010年版。
[5]《荀子·劝学篇》，中华书局2011年版。
[6]《荀子·礼论篇》，中华书局2011年版。
[7]《荀子·大略篇》，中华书局2011年版。

利害之常体；先义而后利者荣，先利而后义者辱”[1]。在荀子看来，逐利之心是人生而有之的欲求，要用义作为价值尺度去加以约束。在政治上，荀子治道的理想是“正理平治”。而此目标的达到，正依赖于礼与法的应用，即“由士以上，则必以礼乐节之，众庶百姓，则必以法数制之”[2]。礼与法的效用是不同的：礼是感化人启发人，积极成就人的；而法，对人却只有消极的防止作用，法只是对礼的辅助性质。[3]

总的来说，先秦儒家对于分配正义的主要思想就是以“仁义”为衡量标准的取予有度。如此的主张，从政治角度来看，主要目的还是为了维持整个社会的有序和稳定，间接上起到了维护等级秩序的功用，这也是汉以下独尊儒术的原因之一。

先秦以下，儒家对于分配正义的思想并未有多少的突破。到了明末，随着资本主义的萌芽，一些思想家对于分配正义有了新的思考。明中叶以后，随着商品经济的发展，社会阶层也开始分化。傅衣凌先生曾说：“城镇商品经济的发达，工商业人口的增长，这样，就大大地扩大城镇市民阶层的队伍，改变城镇的社会阶级关系。”[4]日益壮大和觉醒的市民阶层为了争取和维护自己的利益，展开了反对封建经济剥削和政治压迫的斗争。吴晗先生就说：“随着商业城市的增加，商人、手工业工人也增加了，这就形成了一个市民阶层。这些人为了保卫他们自己的利益，建立了很多行会，有事情共同商量，采取一致的行动。在这种情况下就发生了明朝末年的市民暴动。”[5]在这种情形下，一些启蒙思想家如黄宗羲、顾炎武、王夫之等，开始对宋明理学进行批判性反思，其中也涉及了分配正义的思考。

首先，他们承认了人的私欲存在的合理性，“天下之人各怀其家，各私其子，其常情也”[6]，“有生之初，人各自私也，人各自利也；天下有公利而莫或兴之，有公害而莫或除之”[7]。他们认为“自私”“自利”是人性的本来状态，是社会的应然，是符合善的要求的。顾炎武提出：“用天下之私，以成一人之公而天下治。”[8]把人的自利作为有效的资源合理利用，将会反过来对社会发展起到

---

〔1〕《荀子·荣辱篇》，中华书局2011年版。

〔2〕《荀子·富国篇》，中华书局2011年版。

〔3〕韦政通：《荀子与古代哲学》，台湾商务印书馆1992版，第26页。

〔4〕傅衣凌：《明代江南市民经济试探》，上海人民出版社1957年版，第109页。

〔5〕吴晗：《明史简述》，中华书局出版社1980年版，第87页。

〔6〕〔8〕顾炎武：《顾亭林诗文集》，中华书局1959年版，第14页。

〔7〕黄宗羲：《明夷待访录》，岳麓书社2011年版，第5页。

促进的作用。在此基础上，他们提出了自己的义利观：求利合道，追求符合义的道是正当的；主张义利双行，贵义重利；义利相互依存，共同满足人们的社会生活。明清之际的启蒙思想家们对于分配正义的思考，突出了个体的独立价值，是现代个人权利思想的先声。

道家思想其本源可确定为老庄的思想，他们关于分配正义的思想可从老庄思想中窥豹一斑。老子认为天道是“损有余而补不足”，而又认为“万物为刍狗”。万物没有贵贱之分，人人是平等的。所以不应有富者得多、贫者得寡的现象，而应顺乎天道，“高者抑之，下者举之，有余者损之，不足者补之”[1]。这其实是一种朴素的平等主义观。正如任继愈先生所言：“因为老子思想带有氏族公社的某些烙印，他对原始社会的平等、平均制度有着深切怀恋。他提出了反对剥削的平均主义的思想。”[2]庄子的万物平等的思想与老子无异，“以道观之，物无贵贱”。在此基础上，他对于财富分配提出了均平的思想，认为“平为福，有余为害者，物莫不然，而财其甚者也”[3]。庄子还认为，天下人们的经济利益能够均平，就不会有所谓的攻守争斗的战乱和砍杀刺割的刑罚，这样人们才能够保全天性。“复仇者，不折镆干；虽有忮心者，不怨飘瓦，是以天下平均。故无攻战之乱，无杀戮之刑者，由此道也”[4]。总之，道家的分配正义思想根基于其天道自然、自然无为的哲学观。万物和谐是其理想的终极目标，建成平等而没有阶级区别的“至德之世”“建德之世”是其社会生活的终极理想。

释家的平等思想与道家有类似之处。众生平等是佛教的核心观念，它的伦理意义就在于不仅承认人与人之间是平等的，而且人与其他一切存在都是平等的。在此基础上，佛教提出了自利而利他的观点。佛教认为，凡是非法得来的钱财，无论出于什么良好的动机，都是罪恶，这法既是国法也是佛法。对于财富的分配，佛教认为应是“摄取则别，受用或共”。摄取，是有所摄属而成为某方所有的——是个人的，是一家的，某一社团的，某一国家的。虽然其中也有多人所公有的，但主权有了摄属，便成为不共于他人的土地或财物了。这种摄取而属此属彼，不一定理想。为了维护社会安定，必然地产生成文或不成文的法规，而防范

[1]《老子·七十七章》，中华书局2006年版。
[2] 任继愈：《中国哲学发展史（先秦）》，人民出版社1983年版，第252页。
[3]《庄子·盗跖》，中华书局2010年版。
[4]《庄子·达生》，中华书局2010年版。

相互的侵占。尽管财富的摄属私有化，论到受用，还是可能共用的。如栽植花木，不准人摘取，也得让人观赏。[1]佛教追求出世的解脱，对于财富也是超脱的态度。反对财富的贪吝之欲，强调众生应该回归于一种合乎自然本性的财富观，去除对财富的“妄执”。

以儒、释、道为主流的传统中国的分配正义思想，直到今日仍然影响着中国人的思维，这种影响，对于道德层面更甚于制度层面，是以一种隐性的影响力而发挥着它的作用。

（二）现代社会的分配正义：概念与理论

1. 现代社会分配正义的概念阐释

分配正义中的分配更多指的是经济上的含义，也就是指收入和财富上的分配。具体讲，就是指社会在一定时期创造出来的价值或财富在不同阶级、阶层、团体和社会成员之间的划分或配置。在更广泛意义上，分配不仅指的是财富的分配，还包括权利、机会、义务、责任等的分配。

“正义”这一概念是一个有着众多意义的词语，自古至今的学者多有讨论，内涵也不尽相同。对于现在学术界所讨论的正义概念，可以溯源到柏拉图和亚里士多德。柏拉图的《理想国》主要就是围绕正义展开讨论的。柏拉图是从整体、善的角度思考正义的，是一种先验的推理。他认为正义同时存在于国家和个人当中，个人的正义和国家的正义是紧密相连、不可分割的。一个理想的、正义的国家，就如健康的机体，国中的生产者、护卫者、统治者，“每个人必须在国家里执行一种最适合他天性的职务”[2]。柏拉图将个人正义定义为一个人在适当的地位上竭尽全力地做自己应做的事情，并且从中获得应有的利益和幸福。柏拉图把人分为两个部分：肉体和灵魂，人的本质就是由灵魂决定的。而人的灵魂可分为三个部分：理性、激情和欲望。这三个部分又分别与三种德性——智慧、勇敢和节制相对应。柏拉图认为，个体应当让理性居于统帅地位，驾驭激情，控制着欲望。只有这样，才能达到心灵的最佳状态，这是一个人的最大正义。

与柏拉图不同，亚里士多德是从社会事实出发讨论正义的，他将正义分为普

---

〔1〕 印顺：《佛教的财富观》，《法音论坛》1997 年第 5 期，第 3—9 页。
〔2〕 柏拉图：《理想国》，郭斌和等译，商务印书馆 1986 年版，第 154 页。

遍正义与特殊正义。普遍正义就是指公民与社会的关系，它以公民守法为基本原则。普遍正义要求公民必须遵守法律[1]，这里的法律不仅仅是成文法，还包括积习所成的“不成文法”。特殊正义是指公民个人之间的关系，它以“平等”为主要原则。特殊正义仅限于经济关系和物质利益领域，要求人与人之间实现公平的分配。它包括分配正义、矫正正义和交换正义三种。分配正义的实质是“比例平等”，它依据社会成员各自的价值确定某一标准，在他们之间分配社会财富、荣誉及其他可分之物。它强调分配必须因人而异，平等的人应受平等的待遇，不平等的人应受不平等的待遇。矫正正义旨在矫正人们之间的相互伤害，对受害者进行补偿。它依据“算数平等”原则，关注所造成的损害的大小。因此，分配正义可视为“各得其所应得”，矫正正义可视为“各失其所应失”。交换正义是人们经济交往的互惠关系。它遵循“等价原则”，即交换双方的所得与所失应当相等。[2]

从西方中世纪末到现代，随着自由、权利、民主、宪政等观念价值的逐步确立，正义也被赋予了新的内涵。当今的正义的概念在日常生活中与公平、平等、公正等词混用，并未有特别明确的定义。学者对此也多有讨论。万俊人认为，“所谓正义，最一般地说，就是对社会权利与社会义务的公平分配或安排，以及与此种分配或安排秩序相宜的道德品质”[3]。高国希认为，“正义是指人的群体活动中的一种‘合理的关系’，……是对道德关系和道德行为的价值判断”[4]。王海明认为，“公正是平等（相等、同等）的利害相交换的善的行为，是等利（害）交换的善行”[5]。吴东民认为，“正义属于纯粹‘义’的范畴，表达了社会所应当具有的基本价值取向，……公正是以正义为依据，来进行现实社会层面上基本制度的设计和安排，试图将‘应然’和‘实然’两者有机统一起来，因而带有明显的现实性”[6]。其他很多学者，特别是西方学者，对于正义的讨论很深入和丰富，这里暂不讨论。对于本书，正义的含义更倾向于吴东民先生所说

〔1〕 亚里士多德：《政治学》，商务印书馆1965年版，第169页。
〔2〕 马捷莎：《亚里士多德正义观及其启示》，《黑龙江社会科学》2006年第1期，第49—53页。
〔3〕 万俊人：《道德之维——现代经济伦理导论》，广东人民出版社2000年版，第113页。
〔4〕 高国希：《走出伦理困境——麦金太尔道德哲学与马克思主义伦理学研究》，上海社会科学院出版社1996年版，第190页。
〔5〕 王海明：《公正平等人道——社会治理的道德原则体系》，北京大学出版社2000年版，第5页。
〔6〕 吴忠民：《社会公正论》，山东人民出版社2012年版，第114页。

的“公正”，也就是说基本制度的设计与安排是符合“正义”原则的。

分配正义的概念也有狭义与广义之分。狭义上说，分配正义是讨论社会经济利益关系如何安排最为合理的问题。广义上说，分配正义既讨论社会成员之间的社会经济利益关系如何安排的问题，也讨论包括权利、机会在内的其他事物如何安排的问题。讨论分配正义，在实践操作层面实质上是讨论分配制度安排的合理性问题。一般来说，分配的制度安排包括分配什么、谁来分配、分配给谁、分配的标准、分配的过程等。分配正义的含义具有历史性。也就是说，不同的时代，不同的时代意识，不同的社会制度，其含义也不尽相同。近代以来，很多的思想家和学者对其进行过许多深入的讨论，这些思想逐渐形成了现代社会的分配正义观，影响着各国政策的制定。对于其中重要的讨论，我们有必要加以梳理。

2. 现代社会分配正义的理论梳理

作为当代最有影响力的思想家，罗尔斯对于分配正义理论贡献巨大，当代西方学者关于分配正义的研究基本上是围绕罗尔斯的《正义论》展开的。罗尔斯将正义视为社会制度的首要价值，提出了正义的两大基本原则：“第一个原则，每个人对与所有人所拥有的最广泛平等的基本自由体系相容的类似自由体系都应有一种平等的权利。第二个原则，社会和经济的不平等应这样安排，使它们：①在与正义的储存原则一致的情况下，适合于最少受惠者的最大利益；并且，②依系于在机会公平平等的条件下职务和地位向所有人开放。”[1]

罗尔斯用一种词典式序列来规定两个原则的优先问题，如此便出现了两个优先规则。“第一个优先规则（自由的优先性）：两个正义原则应以词典式次序排列，因此，自由只能为了自由的缘故而被限制。这有两种情形：①一种不够广泛的自由必须加强由所有人分享的完整自由体系；②一种不够平等的自由必须可以为那些拥有较少自由的公民所接受。第二个优先规则（正义对效率和福利的优先）：第二个正义原则以一种词典式次序优先于效率原则和最大限度地追求利益总额的原则；公平的机会优先于差别原则。这有两种情形：①一种机会的不平等必须扩展那些机会较少者的机会；②一种过高的储存率必须最终减轻承担这一重负的人们的负担”[2]。除了这些基本原则，罗尔斯还特别强调对最少受惠者的

---

〔1〕 约翰·罗尔斯：《正义论》，何怀宏等译，中国社会科学出版社 1988 年版，第 302 页。
〔2〕 约翰·罗尔斯：《正义论》，何怀宏等译，中国社会科学出版社 1988 年版，第 303 页。

关照。所有的社会基本善——自由和机会、收入和财富及自尊的基础——都应被平等地分配，除非对一些或所有社会基本善的一种不平等分配有利于最不利者。

从罗尔斯的表述中，我们可以看出有三个正义原则，即平等的自由原则、公平的机会原则和差别原则。罗尔斯认为社会的基本善分为两类，一类可分配量是无限的，如自由和权利，可以被平等的分配；一类是有限的，如机会和财富，它们很难被平等的分配。能够平均分配的善都应平等地分配，而不能平等分配的善，在不平等的分配时候应有利于每一个人，特别是最不利者。

对于基本正义原则的选择是罗尔斯对社会公正分析的第一步，进而是对实际制度在正义原则下的选择，再进而是这些制度的运作所导致的一系列社会决策。通过这一严格的逻辑思辨过程，罗尔斯建立起了自己的正义理论体系。他的逻辑起点是他自己假设的"原初状态（original position）"，即"恰当的最初状态。这种状态保证在其中达到的基本契约是公平的。这个事实引出了'公平的正义'一名称。那么显然，如果理性的人在这种最初状态中选出某种正义观的原则来扮演正义的角色，这种正义观就比另一种正义观更合理。各种正义观将按照它们为这种状况中人们能够接受的程度来排列次序"[1]。"原初状态"规定其客观环境是适度匮乏的，人们不知道任何有关他个人或社会的特殊信息或知识，如社会地位、阶级出身、天生资质、宗教信仰、文化水平、社会文明等。也就是说人们处于"无知之幕（veil of ignorance）"之中。

罗尔斯运用虚构的社会契约来论证公正原则，虽然方法精巧，逻辑严密，但是这也是他的理论的一大弱点。正如森所评论："尽管罗尔斯的方法构建得很有连贯性，也很有技巧性，但他的确过于模式化，并过度简化了许多甚为复杂的大问题，即如何把公正原则的运作与人们的实际行为结合起来，而这正是对社会公正进行实践理性思考的核心。"[2]也就是说，虽然罗尔斯的理论给人很大的启发，但它的实践性还是较弱。对于此，西方学者的批评主要有三个方面。第一，"无知之幕"设立了一种超验的契约环境，使人们完全脱离了正常的人类生活环境，因此这种人根本没有追求正义的动机。二，"无知之幕"排除了所有相关的史诗、知识和信息，这种选择处境太抽象，以至于无法产生任何有意义的结果。

---

〔1〕 约翰·罗尔斯：《正义论》，何怀宏等译，中国社会科学出版社1988年版，第17页。
〔2〕 阿马蒂亚·森：《正义的理念》，王磊、李航译，中国人民大学出版社2012年版，第61页。

三，“无知之幕”把人的所有特性都剥除了，这样人和人之间也就没有任何讨价还价，没有原本意义上的契约，即没有真正的选择。[1]

在罗尔斯之前，功利主义思潮影响最大，功利主义的分配正义观也一直支配着思想界。功利主义以效用最大化为其基本原则和逻辑起点，认为只要有利于整体利益最大化的分配的就是正义的，即使是牺牲个人利益也是正当的。在平等与效率上，功利主义更倾向于效率，认为效率的提高可以以牺牲穷人的利益为代价。功利主义的分配正义观受到后来学者如罗尔斯等人的强烈批评。每个人自身的功利是难于进行比较的，而且功利本身的主观性，也很难对其进行有效的衡量。再者，功利主义只关心对功利最大化这一目标的实现，而不关心功利的总量如何在人与人之间进行有效分配的问题。然而，“没有理由否认可以用一些人的较大得益补偿另一些人的较少损失，或更为严重些，可以为了使很多人分享较大利益而剥夺少数人的自由”[2]。总起来说，功利主义最大的缺陷在于忽视人的基本权利，正如布坎南的批评：“最大限度提高总功利的原则——或者更简单地说功利原则——也是在道德上容易引起争议的，因为它似乎无视那种据直觉来看似乎有理的概念，即在某种根本意义上，社会是或者应当是一种互利的安排。”[3]

罗尔斯正义理论提出后，激发了当代学术界对于正义的重新认识和思考，很多学者就是针对罗尔斯的正义论展开对分配正义问题的探讨的，其中最有影响的是诺奇克。诺奇克是罗尔斯最有力的批评者之一，他的《无政府、国家和乌托邦》针对罗尔斯的正义理论提出了他的自由至上主义的正义论。他对罗尔斯式的平等主义提出严厉的批评，反对国家进行再分配的政策。他认为再分配只确认了接受者的权利，而忽视了给予者的权利。市场已经做了最公正的分配，国家只需维护法律秩序，保护公民的权利不受侵犯。诺奇克反对分配正义，主张用持有正义（justice of holdings）代替分配正义。“持有正义理论的一般纲领是：如果一个人根据获取和转让的正义原则或者根据不正义的矫正原则对其持有是有资格的，那么他的持有就是正义的；如果每一个人的持有都是正义的，那么持有的总体分配就是正义的”[4]。

---

〔1〕 姚大志：《何谓正义：当代西方政治哲学研究》，人民出版社2007年版，第51页。
〔2〕 约翰·罗尔斯：《正义论》，何怀宏等译，中国社会科学出版社1988年版，第26页。
〔3〕 艾伦·布坎南：《伦理学、效率与市场》，廖申白等译，中国社会科学出版社1991年版，第14页。
〔4〕 罗伯特·诺奇克：《无政府、国家与乌托邦》，姚大志译，中国社会科学出版社2008年版，第184页。

对于诺奇克，正义意味着尊重财产权。诺奇克与罗尔斯的分歧点在于对平等的看法：罗尔斯认为正义意味着平等；而诺奇克认为正义与平等无关，正义是对于个人权利的坚持与保护，强调持有者从最初的正当获取加上正当地转移权利就构成了正义的唯一条件。也就是说，诺奇克的正义论是一种程序正义论。对于诺奇克这种极端自由主义的正义论点，学者也有尖锐的批评。森指出："毫不妥协的自由至上主义的权利优先性有时会是很成问题的，因为行使那些权益的实际后果，可能会包括非常可怕的情况。特别是，它会导致损害人们用以实现他们有理由认为很重要的事物，包括逃脱可以避免的死亡、享有充分的营养和保持健康、有能力阅读、写字、计算等实质自由。这些自由的重要性不能因为'自由权优先'的理由而被忽视。"〔1〕

社群主义分配正义观以一种全新的视角，批评自由主义者的分配正义观。社群主义批评自由主义将个人从各种社会关系中抽象出来，形成完全中立的、没有偏见的抽象的人。自由主义者认为"社会由多元个人组成，每个人都有他自己的目的、利益和善的观念，当社会为那些本身不预设任何特殊的良善的原则的支配时，这就能得到最好的安排；证明这些规导性原则之正当合理性的，首先并不是因为它们能使社会福利最大化，或者能够促进善，而是因为它们符合权利（正当）概念，权利是一个既定的优先于和独立于善的道德范畴"〔2〕。对于这一观点，桑德尔批评之为"道义论的自由主义"。他反对正义独立于善，认为正义总是与善相联系的。权利以及界定权利的正义原则都必须建立在普遍的善上，善优先于权利和正义。〔3〕这是因为"正义是社会制度的首要美德，并非像真理之于理论那样绝对，而是有条件的，正如身体的勇敢之于战场"〔4〕。正义的环境是正义美德产生的条件，一旦缺少这些条件，正义美德将失效，不可能成为人们追求的目标。

社群主义的另一代表人物沃尔泽从文化多元主义的角度提出对罗尔斯的批评。他认为"分配正义的观念与占有有关，也与是（being）和做（doing）有关；与消费有关，也与生产有关；与土地、资本以及个人财产有关，也与身份和

〔1〕 阿马蒂亚·森：《以自由看待发展》，任赜等译，中国人民大学出版社2002年版，第56页。
〔2〕 桑德尔：《自由主义与正义的局限》，万俊人等译，译林出版社2001年版，第1页。
〔3〕 桑德尔：《自由主义与正义的局限》，万俊人等译，译林出版社2001年版，第21页。
〔4〕 桑德尔：《自由主义与正义的局限》，万俊人等译，译林出版社2001年版，第39页。

地位有关。不同的分配需要不同的政治安排来实施，不同的意识形态来证明”〔1〕。就这样，正义是分配善的方式；善是多样的，对善的分配也必定是多样的。在沃尔泽看来，罗尔斯的普遍主义正义理论如同“走出洞穴，离开城市，攀登山峰，为自己塑造一个客观的普遍的立场”〔2〕。他批评罗尔斯的正义观为“简单平等”，并且这种平等不能保持下去。其原因有两点：第一，人们禀赋的不同必然导致教育上的不平等；第二，简单平等是无法凭自身而坚持下去的，再分配所达到的平等立即会被新的不平等所取代。对于简单平等的这种缺陷，沃尔泽提出自己的“复合平等”原则。复合平等的思路是这样的：某些人在经济领域是优越的，某些人在政治领域是优越的，某些人在知识领域是优越的，某些人在艺术领域是优越的，……但没有人在所有领域都是优越的，这样一个人在某一领域的优势就被另一个领域的劣势抵消了，这样，人人就平等了。

沃尔泽的复合平等观也有其缺陷之处。社会物品实际上并不像沃尔泽所简化的那样自主与独立，而常常是紧密联系不可分割的。因为一个领域物品的意义，常常要由另一个领域物品的价值来限定，分配领域的重叠反映了物品社会意义间更深层的相互联系。这种物品间的相互定义在人们的身份中体现明显，因为身份是一个社会相互认同的结果。〔3〕沃尔泽努力将他的理论应用于当代美国社会，试图将复合平等这一概念置于当代美国的共识理解之上。他通过对当今美国社会诸善分配的实证性分析，设想通过确保在每一个领域都实现分配正义，从而取得美国社会整体上的平等。然而，美国社会明显出现了一个精英阶层，他们在所有层面都超越了其他所有人，从而破坏了复合平等。这样便出现了简单平等、简单不平等、复合平等之外的最危险的形式：复合不平等。〔4〕

（三）马列主义的分配正义观：共产主义

马列主义的分配正义理论可以说是世界上影响最多人的理论，不论在学术上，还是在现实中。马克思、恩格斯虽然没有就正义问题进行过专门系统的论述，但他们对资本主义不公正的批判，对唯物史观的论证，都蕴含着丰富的公平

---

〔1〕 迈克尔·沃尔泽：《正义诸领域——为多元主义与平等一辩》，褚松燕译，译林出版社 2002 年版，第 1 页。

〔2〕 迈克尔·沃尔泽：《正义诸领域——为多元主义与平等一辩》序言，褚松燕译，译林出版社 2002 年版，第 4、5 页。

〔3〕 哈刚：《沃尔泽多元主义正义观及其局限》，《宁夏党校学报》2008 年第 5 期，第 109 页。

〔4〕 孙岩：《论沃尔泽的复合平等观》，《哲学研究》2012 年第 6 期，第 110 页。

正义思想。下面就此做一简单的梳理和讨论。

1. 对分配不正义之起源的解释：异化劳动理论

马克思、恩格斯的分配正义观的逻辑起点是历史唯物主义史观。他们认为，物质生活的生产方式决定社会生活、政治生活和精神生活的一般过程；社会存在决定社会意识，社会意识又反作用于社会存在；生产力和生产关系之间的矛盾、经济基础与上层建筑之间的矛盾，是推动一切社会发展的基本矛盾；在阶级社会中，社会基本矛盾表现为阶级斗争，阶级斗争是阶级社会发展的直接动力；阶级斗争的最高形式是进行社会革命，夺取国家政权；社会发展的历史是人民群众的实践活动的历史，人民群众是历史的创造者，但人民群众创造历史的活动和作用总是受到一定历史阶段的经济、政治和思想文化条件的制约。生产力决定生产关系，生产关系对生产力有反作用，生产关系一定要适应生产力的发展。伴随着生产力的发展，人类社会从原始社会、奴隶社会、封建社会、资本主义社会、社会主义社会，最终走向共产主义社会。在历史唯物主义史观的基础上，马克思、恩格斯认为正义是具有历史性的，是在生产实践产生的。消灭剥削、消灭阶级则是实现公平正义的根本途径，共产主义社会是公平正义的最终归宿。

马克思的正义观，是在对异化劳动的批判中逐渐形成的。在马克思的经济理论中，分配是生产的一个环节。所以，不改变生产状态就不可能真正解决分配问题。自由自觉的劳动是人类的本质，但在私有制条件下却发生了异化。在《1844年经济学哲学手稿》中，马克思就论述了异化劳动，指出："工人生产的财富越多，他的产品的力量和数量越大，他就越贫穷。工人创造的商品越多，他就越变成廉价的商品。物的世界的增值同人的世界的贬值成正比。劳动不仅生产商品，它还生产作为商品的劳动自身和工人，而且是按它一般生产商品的比例生产的。""工人在他的对象化中的异化表现在：工人生产得越多，他能够消费得越少；他创造的价值越多，他自己越没有价值、越低贱；工人的产品越完美，工人自己越畸形；工人创造的对象越文明，工人越野蛮；劳动越有力量，工人越无力；劳动越技巧，工人越愚钝、越成为自然界的奴隶。"

除了劳动者的异化，劳动本身在资本主义社会也发生了异化，即劳动不再是自由意志的表现，而是被迫的，不自愿的。劳动变成了一部分人用来剥削另一部分人的手段：非劳动者（剥削阶级）统治了劳动者，主导了劳动过程，并占有了劳动成果。如马克思所说："他在自己的劳动中不是肯定自己，而是否定自己，不是感到幸福，而是感到不幸，不是自由地发挥自己的体力和智力，而是使自己的肉体受折磨、精神遭摧残。因此，工人只有在劳动之外才感到自在，而在劳动中则感到不自在，他在不劳动时觉得舒畅，而在劳动时就觉得不舒畅。因此，他的劳动不是自愿的劳动，而是被迫的强制劳动。因而，它不是满足劳动需要，而只是满足劳动需要以外的需要的一种手段。”〔1〕这种情况又产生了这么一种现象：动物性东西，即吃喝反倒成为人的东西；而人的东西，即本来劳动是人所特有的东西，倒变成动物性的了，人的本质丧失了，和人相异化了。

马克思随后在《资本论》里从本质上揭示了资本主义社会中剥削的根源——资本主义的私有制。在资本主义私有制条件下，工人丧失了对生产资料的所有权，被迫向资本家出卖自己的劳动力，劳动产品、社会财富完全属于资本家。劳动异化的消除，只有通过社会革命消灭私有制才有可能。如马克思所预言的：“由社会全体成员组成的共同联合体来共同地和有计划地利用生产力；把生产发展到能够满足所有人的需要的规模；结束牺牲一些人的利益来满足另一些人的需要的状况；彻底消灭阶级和阶级对立；通过消除旧的分工，通过产业教育、变换工种、所有人共同享受大家创造出来的福利，通过城乡的融合，使社会全体成员的才能得到全面发展——这就是废除私有制的主要结果。”〔2〕马克思的劳动异化论不仅揭露了资本主义的不公平，也从本质上揭发了这不公平的根源，这实际上就是对正义进行的本质的探讨。

2. 分配正义的实现途径：对整个生产环节进行制度设计

那么，在马克思认为的正义的社会——社会主义社会和共产主义社会——的分配正义观是怎样的呢？对于这个问题，马克思也给出了清晰的答案。马克思认为分配只是生产中的一个环节，要进行公平正义的分配，需要对整个生产环节进行制度设计。马克思在《哥达纲领批判》中，就拉萨尔主义把生产与分配相割裂并把分配独立出来的想法给予了批判。他明确提出：“消费资料的任何一种分配，都不过是生产条件本身分配的结果。而生产条件的分配，则表现生产方式本身的性质。”〔3〕

马克思的分配理论可以概括为：生产决定分配，生产方式决定分配方式；分配作为一种权利，直接来源于生产要素、生产条件、生产资料的所有权，决定于

〔1〕《马克思恩格斯全集》第4卷，人民出版社1979年版，第90、92、94页。
〔2〕《马克思恩格斯全集》第1卷，人民出版社1972年版，第223页。
〔3〕《马克思恩格斯全集》第3卷，人民出版社1972年版，第13页。

人在生产中的地位；因而分配是一种现实的经济权利与经济关系，而不是一种抽象的道德权利。生产关系产生出法权关系，而不是经济关系由外在于他的法权关系来调节；最公平合理的分配存在于共产主义社会之中，是“各尽所能，按需分配”；在尚未达到共产主义社会高级阶段之前，社会主义社会平等分配首先表现为“不平等”的分配，即每个劳动者的劳动产品不能全都归个人所有；这种不平等”的分配表现为两次扣除，第一次从个人劳动产品扣除的是用来补偿消耗掉的生产资料的部分，第二次从剩余的产品中扣除同生产没有直接关系的一般管理费用。[1]

马克思认为，经过这两次扣除后最后剩余的产品才能归商品生产者个人所有，这就是相对的按劳分配。劳动时间是个人消费品分配的尺度。这种劳动时间并不是劳动者在劳动时的个别劳动时间，而是社会必要劳动时间。因此，马克思承认劳动者自身天赋的差异，劳动者因个体自然禀赋差别而造成的分配差距在“按劳分配”中是合理的。[2]这样，在共产主义的初级阶段，平等分配理论就表现为这种经过两次扣除的“不平等”的分配理论。马克思的“两次扣除”的“不平等”分配理论，其实质是相对于所有劳动者的平等分配理论。以税收或扣除的方式，从每一个劳动者尤其是有能力的劳动成果中取出一部分，用于弱势群体，其合理性的理念是平等。也就是说，这种表面上的对强者的“不平等”分配，目的是为了其他人的平等。[3]

列宁是继承马克思分配正义思想，并将之付诸实践的第一人。他完全赞同马克思的“各尽所能，按需分配”这一观点，并将之作为一基本原则。他接受了马克思关于共产主义高级阶段和初级阶段的划分，并认为：“在共产主义第一阶段还不能做到公平和平等，因为富裕的程度还会不同，而不同就是不公平。但是人剥削人已经不可能了，因为已经不能把工厂、机器、土地等生产资料控为私有了。马克思通过驳斥拉萨尔泛谈一般‘平等’和‘公平’的含糊不清的小资产阶级言论，指出了共产主义社会的发展进程，说明这个社会最初只能消灭私人占有生产资料这一‘不公平’现象，却不能立即消灭另一不公平现象：‘按劳动’（而不是按需要）分配消费品。”也就是说，只要产品仍然按照贡献劳动的数量

---

〔1〕《马克思恩格斯全集》第3卷，人民出版社1972年版，第9、10页。
〔2〕《马克思恩格斯全集》第3卷，人民出版社1972年版，第10、11页。
〔3〕姜涌：《马克思的分配正义思想》，《理论探讨》2009年第2期，第54—55页。

来分配，那么不平等就会存在。在中度匮乏的共产主义早期这是不可避免且十分必要的。这样的激励计划，需要对实现生产力发展所必须积累之物进行管理，以便使物质财富足够丰富从而允许我们实现按需分配。

列宁认为："当进入共产主义高级阶段之后，劳动生产率已经极大地提高，脑力劳动和体力劳动的对立就会消失。人们便会超出'资产阶级权利的狭隘眼界'，超出这种使人像夏洛克那样冷酷地斤斤计较，劳动从异化中恢复其本来的面貌。劳动就变成有意义的、令人愉悦的和非强制的，是生活的第一需要。生产力的充分发展使得每一个人都生活富足，整个社会实现'各尽所能，按需分配'的原则。那时，分配产品就无须社会规定每人应当领取的产品数量：每人将'按需'自由地取用。"

列宁特别指出了，在实现共产主义的过程中民主所起的重要作用。他指出"在工人阶级反对资本家以争取自身解放的斗争中，民主具有巨大的意义。"当然他也指出，民主只是从资本主义社会到社会主义社会的一个阶段，民主本身不能实现真正的公平，"民主意味着平等。很明显，如果把平等正确地理解为消灭阶级，那么无产阶级争取平等的斗争以及平等的口号就具有极伟大的意义。但是，民主仅仅意味着形式上的平等。一旦社会全体成员在占有生产资料方面的平等即劳动平等、工资平等实现以后，在人类面前不可避免地立即就会产生一个问题：要更进一步，从形式上的平等进到事实上的平等，即实现'各尽所能，按需分配'的原则。至于人类会经过哪些阶段，通过哪些实际措施达到这个最高目的，那我们不知道，也不可能知道。可是，必须认识到：通常的资产阶级观念，即把社会主义看成一种僵死的、凝固的、一成不变的东西的这种观念，是非常荒谬的；实际上，只是从社会主义实现时起，社会生活和个人生活的各个领域才会开始出现迅速的、真正的、确实是群众性的即有大多数居民参加然后有全体居民参加的前进运动"[1]。

正如凯·尼尔森所总结的："列宁秉承恩格斯和马克思的思想，主张无产阶级对平等的要求应比资产阶级的要求更为广泛：除了这样的形式平等以外，其实质和关键性的平等要求就是消灭阶级。只要我们生活在一个阶级社会中，不论我们的公民自由如何广泛如何可靠，我们都不能实现平等。即便是生产资料的共同

〔1〕《列宁选集》第3卷，人民出版社1995年版，第195、198、200、201页。

所有权（我们将会在社会主义第一阶段实现这种所有权），仍旧只能给予我们以形式平等；只有当我们进入共产主义高级阶段时我们才会获得真正的平等。”[1]

二、是否公平？——新中国的分配思想和制度分析

（一）平均：计划经济时代的分配思想与制度

1949年中华人民共和国的成立，是人类历史上极为重要的大事，中国自此成为世界上最大的社会主义国家。社会主义中国，政治体制、政治思想上明显不同于西方国家，具有自己独特的分配理念和正义观。就影响十几亿人口的分配理论，对其进行梳理和探讨具有极其重要的意义。1949年之前的中国积贫积弱，在政治、经济、文化、社会的发展程度等各方面都十分落后。新中国要在落后的半殖民地、半封建社会的基础上建立起全新的社会主义国家，既没有现成的答案，也没有成熟的经验，其难度可想而知。以毛泽东为代表的共产党人克服种种困难，依据对马列主义、科学社会主义的理解，力求结合本国实际，以苏联的社会主义实践为参照，在不到十年的时间里逐步建立起了我国社会主义的计划经济体制，同时也形成了中国特色的分配模式。

1. 苏联的分配思想与制度

新中国的分配观，其思想源头可上溯到马克思和恩格斯这两位伟大的哲学家，更直接的受影响于列宁和斯大林。如前所述，列宁的分配观是直接继承马恩思想，并且有所发展。他将马克思的共产主义两阶段说具体为社会主义阶段和共产主义阶段，强调社会主义的基本特征有两点：生产资料的全社会公有和按劳分配。对于按劳分配，列宁细化成两个原则，一是“不劳动者不得食”，二是“对等量劳动给予等量产品”。不劳者不得食的原则要求每个劳动者都必须参加劳动，这对于改造旧社会的剥削者、寄生虫和懒汉具有特别重要的意义。等量劳动领取等量产品的原则体现了社会主义按劳分配的公正性和公平性，社会根据劳动者的劳动贡献分配相应数量的消费品，多劳多得，少劳少得。在按劳分配的实现形式上，因为当时苏联的实际境况同马恩的设想存在着巨大的差距，列宁第一次

---

[1] 凯·尼尔森：《马克思、恩格斯和列宁的正义观（下）》，《国际学术交流》2008年第5期，第169页。

提出了在商品货币条件下实现按劳分配的形式——工资制，货币工资制是实现按劳分配的基本形式。

当时苏联的工资制主要包括计时工资和计件工资及奖金。计时工资和计件工资是社会主义劳动报酬的基本形式，奖金则是一种辅助的补充形式，列宁认为奖金是共产主义初级阶段分配中必要的手段。"我们力求使任何劳动的报酬一律平等，力求实现完全的共产主义，但在目前只是采取最初步骤从资本主义向共产主义过渡的时候，我们决不能给自己提出立刻实现这种平等的任务。因此，在一定的时间内仍要给专家们较高的报酬，使他们工作得比以前不是坏些而是好些，为了同一目的，也不能取消鼓励成绩优良的工作特别是组织工作的奖励制度；在完全的共产主义制度下奖金是不允许的，但在从资本主义到共产主义的过渡时期，如理论推断和苏维埃政权一年来的经验所证实的，没有奖金是不行的"〔1〕。为保证按劳分配原则顺利地贯彻实施，列宁强调必须对劳动量和消费量实行严格的统计和监督。〔2〕

斯大林在社会主义建设的实践中，拓展了列宁的按劳分配思想。他认为在社会主义条件下，人们所得劳动报酬是以他们所投入的劳动的数量和质量为标准的。他明确指出"各尽所能，按劳分配"是"社会主义的原则"，"在阶级还没有彻底消灭的时候，在劳动还没有从生存手段变成人们的第一需要，变成为社会谋利的自愿劳动的时候，人们将按自己的劳动来领取工资报酬，'各尽所能，按劳取酬'——这就是马克思主义的社会主义公式，也就是共产主义的第一阶段即共产主义社会的第一阶段的公式"〔3〕。他否认了有人将马克思的按劳分配的平等观误解为平均主义的看法："马克思主义所了解的平等，并不是个人需要和日常生活方面的平均，而是阶级的消灭……任何其他的平等都是马克思主义没有承认过而且现在也不承认的。如果由此做出结论，说社会主义要求社会成员的需要都是平均的，相等的，一律的，要求他们的口味和个人生活都是一律的，说按马克思主义者的计划大家都应当穿一样的衣服，吃一样的和同量的饭菜，那就是胡说八道，诬蔑马克思主义。"〔4〕

---

〔1〕《列宁选集》第3卷，人民出版社1995年版，第728页。
〔2〕《列宁选集》第3卷，人民出版社1995年版，第527页。
〔3〕《斯大林全集》第13卷，人民出版社1956年版，第104页。
〔4〕《斯大林选集》下卷，人民出版社1979年版，第335页。

2. 我国的分配思想与制度

新中国建设伊始，以毛泽东为代表的老一辈共产党人根据对马克思、恩格斯思想的理解，特别是对苏联社会主义制度的直接借鉴，逐步建成了中国的计划经济体制，其中的分配体制就是依据“按劳分配”的原则建立的。对于这一原则，共产党人在建国之前就已经达成共识，并且有苏联的建国经验，所以选择这一原则是十分自然的。中国的社会主义分配体制的建立大概经历两个阶段。第一个阶段是1949年建国到1957年社会主义改造完成，第二阶段是1957年人民公社的建立到1978年的改革开放。第一阶段是生产资料的公有化过程，为按劳分配制度的建立打下制度基础，第二阶段是按劳分配制度建成时期。

建国初期，中国百废待兴，经济上多种经济成分并存。当时经济建设方针是“是以公私兼顾、劳资两利、城乡互助、内外交流的政策，达到发展生产、繁荣经济的目的。国家应在经营范围、原料供给、销售市场、劳动条件、技术设备、财政政策、金融政策等方面，调剂国营经济、合作社经济、农民和手工业者的个体经济、私人资本主义经济和国家资本主义经济，使各种社会经济成分在国营经济领导之下，分工合作，各得其所，以促进整个社会经济的发展”。国营经济是“社会主义性质的经济。凡属有关国家经济命脉和足以操纵国民生计的事业，均应由国家统一经营”[1]。在此方针的指引下，中央政府开始了在全国范围内对农业、资本主义工商业和手工业进行社会主义改造。到1952年，国营经济基本确立了国民经济中的领导地位。

对于分配方式，建国后，中央政府分别在城市和农村实施了工资制和土地改革。

对于城市居民，建国初期在国营经济中对于留用人员采用了“原职原薪”的政策，保留了旧的工资制度。对革命军人、革命干部和国营企事业单位的工作人员实行供给制，由国家按大体平均的原则直接免费供给生活必需品。从1950年开始，供给制逐步转化为包干制。政务院颁布了《关于各级人民政府供给制工作人员小、中灶伙食标准规定》，提出了一个标准较为平均的统一的包干办法。文件规定把实行供给制的国家机关工作人员的生活费，连同其他津贴，一律折成米数，发给个人，包干使用。供给制发展变化为包干制，为供给制改变为工

〔1〕《建国以来重要文献选编》第1册，中央文献出版社1993年版，第7页。

资制创造了条件。1955年8月，国务院正式颁布了国家机关工作人员全部实行工资制和改行货币工资制的命令，其中明确说明："国务院决定自1955年7月份起，将现有的一部分工作人员所实行的包干制待遇一律改为工资制待遇，以统一国家机关工作人员的待遇制度，而利社会主义建设。"

工资制的改革，也是仿照苏联的模式，因为基于苏联的经验，中共财经方面的工作人员，实际上从延安时期开始，就把产生于资本主义条件下的工资制，视为实现社会主义按劳分配的最合理的分配形式。他们相信，基于按劳分配的原则，必须要打破在共产党人中流行的平均主义观念和分配形式。因为，从平均的供给制到混合工资制再进入全面工资制，即从绝对平均主义到相对平均主义再逐渐过渡到按劳得酬。这种分配原则的发展逻辑，还在延安时期就已经深深镌刻在多数共产党领导人的头脑中了。〔1〕对于城市居民的工作保障，中央政府也有明确的指示，1952年8月政务院批准的《关于处理失业工人办法》中规定："所有公私企业，因采取先进生产方法，提高了劳动生产率，因而多余出来的劳动力，应采取包下来的政策。实行轮流调剂，发给原工资。"虽然这项规定在私营企业难以完全贯彻，但是私营企业解雇工人也确实受到工会和政府有关部门的严格限制。也就是说，城市居民的工作有很好的保障，劳动者一旦进入企业，就得到了终身劳动职位，端上了所谓的"铁饭碗"。

对于农村居民，中共中央逐步在农村实施了土地改革。1950年6月28日，中央人民政府颁布了《中华人民共和国土地改革法》，其规定，土地改革的基本目的是："废除地主阶级封建剥削的土地所有制，实行农民的土地制所有制，借以解放农村生产力，发展农业生产，为新中国的工业化开辟道路。"〔2〕到1952年，土改基本完成。土改后，农村基本实现了耕者有其田，农村家庭成为自主经营的个体经济体。但是，这种个体小农经济并不符合社会主义理念。1953年12月中共中央公布《关于发展农业生产合作社的决议》，自此拉开了农业合作化的序幕。在初级农业生产合作社阶段，农民用土地入股，统一生产，统一分配。农民的个人收入开始尝试按劳分配和按资分配两种形式。按劳分配部分，是按劳动者提供的劳动数量和质量进行分配；按资分配部分，是农民按照入股的土地数量

---

〔1〕杨奎松：《从供给制到职务等级工资制——新中国建立前后党政人员收入分配制度的演变》，《历史研究》2007年第4期，第127—131页。

〔2〕《建国以来重要文献选编》第1册，中央文献出版社1993年版，第336页。

和入股的其他劳动生产资料和使用期限取得相应的报酬。到合作化的高级阶段即人民公社阶段，农村的集体所有制完全确立。农村的分配方式仅仅剩下“按劳分配”这一种形式。这个时候的按劳分配实际上就是平均分配，农民称之为“大锅饭”，生产产品只能够维持农民的基本生存。

在新中国分配制度的建立过程中，对于城市居民的工资制改革，毛泽东并没发表什么意见，但他对农村经济的改革却始终特别关注，并发表过很多的意见。对于农村的平均主义，毛泽东一直是持反对态度的，早在1929年的《关于纠正党内的错误思想》中他就提出：“就是在社会主义时期，物质的分配也要按照‘各尽所能按劳取酬’的原则和工作的需要，决无所谓绝对的平均。”〔1〕1958年，人民公社逐步成立的过程中，农村经济工作中刮起一股以“一平二调”为主要内容的“共产风”，表现出了严重的平均主义倾向。对此毛泽东提出严厉的批评，他指出搞平均主义不符合商品价值法则。“在现阶段，利用商品生产、商品交换、货币制度、价值规律等形式，有利于促进社会主义生产……有利于为将来向共产主义过渡逐步地准备条件”〔2〕。在随后1960年12月的中共中央工作会议上，毛泽东又明确提出“坚决退赔，刹住‘共产风’”，“‘共产风’必须反，不能掠夺农民，这是马列主义不许可的”〔3〕。

从这一阶段的分配制度的建立和实施情况来看，无论城市和农村，都出现了强烈的平均主义倾向。虽然毛泽东等党的领导人明确反对平均主义，但是在固有的分配制度下，很难改变这种倾向。在这一时期，国家实现统收统支。虽然国营企业实行经济核算，但不自负盈亏。企业利润全部上缴国家，亏损由国家财政补贴。企业所需资金，一切由国家拨款解决，企业实际是吃国家的“大锅饭”。劳动者进入企业后，就有了终身的任职资格。工资制改革后，实行的是固定工资制，奖金所占比例很小。另外在全国范围内，按产业、部门、地区和技术类别，统一规定职工工资等级标准。在企业内部，职工干好干坏一个样，职工吃企业的“大锅饭”。而农村实行公社化之后，更是出工“大呼隆”，分配一刀切，严重挫伤了农民的劳动积极性。所以，这一时期，无论城市农村，在分配上都出现了平均主义的倾向，“按劳分配”原则在实际中的实施效果非常有限。

---

〔1〕《毛泽东选集》第1卷，人民出版社1991年版，第91页。
〔2〕《建国以来毛泽东文稿》第7册，中央文献出版社1992年版，第566页。
〔3〕《毛泽东文集》第8卷，人民出版社1999年版，第227、230页。

这种平均主义倾向下的分配实际隐藏着大量的不平等。首先，平均主义的分配是种奖懒罚勤的制度，无视劳动数量和劳动质量。这样就大量产生“搭便车”的现象，严重挫伤劳动者的积极性。其次，这种平均主义的分配并没有将隐性的福利分配计算其中。由于户籍制度的存在，占人口很小比例的城镇居民享受多样的国家福利，而占人口大多数的农村居民却没法享受这样的福利。最后，即使是在平均主义的工资制度下，干部与工人以及干部与干部之间，依旧存在明显的待遇差别。高级别的干部享受种种特权，生活水平远高于普通干部和工人。[1]总之，计划经济时代的分配制度名以“按劳分配”，实则是随意制定标准的供给制。加之明显不公平的制度，如户籍制度、统购统销制度等的实施，加速了中国的阶级分化。这对于改革开放几十年后的中国，依然有着重大的影响。

（二）效率与公平：市场经济时代的分配思想与制度

1978 年十一届三中全会的召开，揭开了新中国经济发展新时代的序幕。自此，改革开放的诸项政策陆续发布，市场经济体制逐步建立。在此过程中，新的分配思想和分配制度也逐步建立起来，这一巨大转变的指导思想就是邓小平理论。

邓小平理论的最大特点就是实事求是，全部理论思想都是以我国具体实际为基础发展而来的。他强调：“把马克思主义的普遍真理同我国的具体实际结合起来，走自己的道路，建设有中国特色的社会主义，这就是我们总结长期的历史经验得出的基本结论。”[2]从我国实际出发，他纠正了“大跃进”和“文革”时期对我国国情的误判。在《关于建国以来党的若干历史问题的决议》中明确指出：“我们的社会主义制度还是处在初级阶段。”这一论断为今后的政策制定提供了理论基础。邓小平又指出：“社会主义初级阶段就是不发达阶段。”根据这一实际情况，社会主义初级阶段的任务就是“解放生产力，发展生产力。消灭剥削、消灭两极分化，最终达到共同富裕”[3]。

邓小平对于社会主义初级阶段的论断，实际是对中国社会主义现代化建设所

---

〔1〕 此种情况学者有过严谨的考察，可参看杨奎松：《从供给制到职务等级工资制——新中国建立前后党政人员收入分配制度的演变》，《历史研究》2007 年第 4 期。

〔2〕《邓小平文选》第 3 卷，人民出版社 1993 年版，第 2 页。

〔3〕《邓小平文选》第 3 卷，人民出版社 1993 年版，第 252、373 页。

处的历史阶段的定位。这包含两层含义，一是我国已经是社会主义国家，我国的基本的政治制度是社会主义；二是处于社会主义的不发达阶段，生产力水平还比较低下，经济基础比较薄弱。在社会主义初级阶段，我们面临的主要矛盾不再是阶级斗争，而是人民群众日益增长的物质文化需求同落后的生产力之间的矛盾。为了解决这个矛盾，我们必须大力发展商品经济，提高劳动生产力，努力改进生产关系和上层建筑中不适合生产力的部分。邓小平的社会主义初级阶段理论使人们清醒地认识到当前我国经济发展中存在的问题，为政策方针的制定提供了依据。他的分配思想也是以此为基础的。

1. 市场经济时代的分配思想

在分配问题上邓小平一再强调要坚持按劳分配的社会主义原则，并丰富和发展了马克思主义这一分配原则。他的分配思想主要包括以下内容：一，坚持按劳分配，反对平均主义；二，允许一部分人、一部分地区凭自己的辛勤劳动先富起来；三，反对两极分化；四，最终达到共同富裕。

邓小平将按劳分配作为社会主义社会的基本分配原则，在很多次讲话中特别强调这一原则。早在1975年，邓小平就已发现当时分配中的平均主义弊端，他说："所谓物质鼓励，过去并不多。人的贡献不同，在待遇上是否应当有差别？同样是工人，但有的技术水平比别人高，要不要提高他的级别、待遇？技术人员的待遇是否也要提高？如果不管贡献大小、技术高低、能力强弱、劳动轻重，工资都是四五十块钱，表面上看来似乎大家是平等的，但实际上是不符合按劳分配原则的，这怎么能调动人们的积极性？"[1]1978年3月，邓小平向国务院政策研究室负责同志专门发表《坚持按劳分配原则》的谈话中更是明确提到："我们一定要坚持按劳分配的社会主义原则。按劳分配就是按劳动的数量和质量进行分配。根据这个原则，评定职工工资级别时，主要是看他的劳动好坏、技术高低、贡献大小。政治态度也要看，但要讲清楚，政治态度好主要应该表现在为社会主义劳动得好，做出的贡献大。处理问题如果主要不是看劳动，而是看政治，那就不是按劳分配，而是按政分配了。总之只能按'劳'，不能是按'政'，也不能是按资格。"[2]

---

〔1〕《邓小平文选》第2卷，人民出版社1983年版，第30页。
〔2〕《邓小平文选》第2卷，人民出版社1983年版，第101页。

针对我国过去长期“左”的思想，邓小平多次强调，他所坚持的按劳分配原则不是计划经济时代的那种平均主义的分配。“我们坚持走社会主义道路，根本目标是实现共同富裕，然而平均发展是不可能的。过去搞平均主义，吃‘大锅饭’，实际上是共同落后，共同贫穷，我们就是吃了这个亏。改革首先要打破平均主义，打破‘大锅饭’”〔1〕。

既然打破“大锅饭”，反对平均主义，那么，在共同富裕的道路上必然有先后的顺序。所以邓小平在1978年12月中共中央工作会议闭幕式上就指出：“在经济政策上，我认为要允许一部分地区、一部分企业、一部分工人农民，由于辛勤努力成绩大而收入先多一些，生活先好起来。一部分人生活先好起来，就必然产生极大的示范力量，影响左邻右舍，带动其他地区、其他单位的人们向他们学习。这样，就会使整个国民经济不断地波浪式地向前发展，使全国各族人民都能比较快地富裕起来。”〔2〕1980年他又一次强调：“我们提倡按劳分配，对有特别贡献的个人和单位给予精神奖励和物质奖励；也提倡一部分人和一部分地方由于多劳多得，先富裕起来。这是坚定不移的。”〔3〕

这一思想是对新中国建国以来按劳分配思想的一次重大的突破，并很快在1984年10月20日中国共产党第十二届中央委员会第三次全体会议通过的《中共中央关于经济体制改革的决定》体现出来。决定指出：“社会主义社会要保证社会成员物质、文化生活水平的逐步提高，达到共同富裕的目标。但是，共同富裕决不等于也不可能是完全平均，决不等于也不可能是所有社会成员在同一时间以同等速度富裕起来。如果把共同富裕理解为完全平均和同步富裕，不但做不到，而且势必导致共同贫穷。只有允许和鼓励一部分地区、一部分企业和一部分人依靠勤奋劳动先富起来，才能对大多数人产生强烈的吸引和鼓舞作用，并带动越来越多的人一浪接一浪地走向富裕。”邓小平的这一思想成为我党领导我国社会主义建设的指导思想，对我国此后的政策制定产生了深远的影响。

允许和鼓励一部分人先富起来的指导思想，还有一个限制性的条件。邓小平也敏锐地觉察到了，那就是防止两极分化。邓小平多次提到，“如果富的愈来愈富，穷的愈来愈穷，两极分化就会产生”，“社会主义的目的就是要全国人民共

---

〔1〕《邓小平文选》第3卷，人民出版社1993年版，第155页。
〔2〕《邓小平文选》第2卷，人民出版社1983年版，第152页。
〔3〕《邓小平文选》第2卷，人民出版社1983年版，第258页。

同富裕，不是两极分化。如果我们的政策导致两极分化，我们就失败了；如果产生了什么新的资产阶级，那我们就真是走了邪路了”〔1〕。邓小平认为，社会主义公有制为基础的制度本身就具有防止两极分化的功能。“如果走资本主义道路，可以使中国百分之几的人富裕起来，但是绝对解决不了百分之九十几的人生活富裕的问题。而坚持社会主义，实行按劳分配的原则，就不会产生贫富过大的差距。再过二十年、三十年，我国生产力发展起来了，也不会两极分化”〔2〕。

如何防止两极分化，邓小平也提出解决办法，他首先反对过去“一平二调”的平均主义做法，认为可通过一些温和的办法解决。“对一部分先富裕起来的个人，也要有一些限制，例如，征收所得税。还有，提倡有的人富裕起来以后，自愿拿出钱来办教育、修路。当然，决不能搞摊派”〔3〕。对于地区间不平衡，他也提到要谨慎对待，防止两极分化。在1992年的南方讲话中，他就强调：“如果富的愈来愈富，穷的愈来愈穷，两极分化就会产生，而社会主义制度就应该而且能够避免两极分化。解决的办法之一，就是先富起来的地区多交点利税，支持贫困地区的发展。当然，太早这样办也不行，现在不能削弱发达地区的活力，也不能鼓励吃‘大锅饭’。什么时候突出地提出和解决这个问题，在什么基础上提出和解决这个问题，要研究。”〔4〕

邓小平的分配思想既是对马克思主义分配思想的继承，也有很大的突破性贡献，他特别强调按劳分配的实现必须以发展经济为前提。针对“文革”中左倾主义分子所提的“宁要贫穷的社会主义，不要富裕的资本主义”的谬论，他认为“贫穷不是社会主义”，“社会主义不能建立在贫困的基础上”，“没有贫穷的社会主义。社会主义的特点不是穷，而是富，但这种富是人民共同富裕”。邓小平又说：“我们坚持社会主义，要建设对资本主义具有优越性的社会主义，首先必须摆脱贫穷。现在虽说我们也在搞社会主义，但事实上不够格。只有到了下世纪中叶，达到了中等发达国家的水平，才能说真的搞了社会主义，才能理直气壮地说社会主义优于资本主义。”〔5〕因此，当前我国最迫切的任务就是消灭贫穷，提高人民的物质生活水平，消灭贫穷的根本途径就是大力发展生产力。

---

〔1〕《邓小平文选》第3卷，人民出版社1993年版，第110、139页。
〔2〕《邓小平文选》第3卷，人民出版社1993年版，第64页。
〔3〕《邓小平文选》第3卷，人民出版社1993年版，第111页。
〔4〕《邓小平文选》第3卷，人民出版社1993年版，第374页。
〔5〕《邓小平文选》第3卷，人民出版社1993年版，第172、265、225页。

邓小平的分配观是一种效率优先兼顾公平的分配观，是从我国处于“社会主义初级阶段”这一现实国情出发做出的理性选择。我国的国情是生产力落后，商品经济不发达，人民的物质文化生活水平很低。在农村地区，1978 年“全国平均每人占有的粮食大体上还只相当于 1957 年，全国农业人口平均每人全年的收入只有 70 多元，有近四分之一的生产队社员收入在五十元以下，平均每个生产大队的集体积累不到一万元，有的地方甚至不能维持简单再生产”〔1〕。这种情况，与马克思、恩格斯所设想的从发达的资本主义国家发展而来的社会主义是完全不同的。邓小平敏锐地认识到这一点，指出：“我们的生产力发展水平很低，远远不能满足人民和国家的需要，这就是我们目前时期的主要矛盾，解决这个主要矛盾就是我们的中心任务。”〔2〕在落后国家搞社会主义，首先必须集中精力尽快地解放和发展生产力。事实也证明，这是符合我国实际的理论。

2. 市场经济时代农村地区的分配制度

改革开放以来我国的分配体制，基本上是按照邓小平的分配思想来贯彻实施的。分配改革首先在农村展开。从 1980 年开始，中央政府对农村出现的包产到户现象开始认同并逐步采取支持态度，1980 年 9 月中央发布《关于进一步加强和完善农业生产责任制的几个问题》。文件肯定了近两年来农村探索实践出的两类生产责任制：一类是小段包工，定额计酬；一类是包工包产，联产计酬。各地可以因地制宜，完善和提高生产责任制，允许有多种经营形式、多种劳动组织、多种计酬办法同时存在。文件特别指出：“在那些边远山区和贫困落后的地区，长期‘吃粮靠返销，生产靠贷款，生活靠救济’的生产队，群众对集体丧失信心，因而要求包产到户的，应当支持群众的要求，可以包产到户，也可以包干到户，并在一个较长的时间内保持稳定。”〔3〕

---

〔1〕中华人民共和国国家农业委员会办公厅编：《农业集体化重要文件汇编》下册，中共中央党校出版社 1981 年版，第 988 页。

〔2〕《邓小平文选》第 2 卷，人民出版社 1983 年版，第 182 页。

〔3〕中央党校教务部编：《十一届三中全会以来党和国家重要文献选编》，中共中央党校出版社 1998 年版，第 34 页。在中国农村的经济体制改革中，主要是普遍实行联产承包责任制，这种生产责任制在承包形式上有两种：一是包产到户。以土地等主要生产资料公有制为前提，以户为单位承包，包工、包产、包费用。按合同规定在限定的生产费用范围内完成一定的生产任务，实现承包合同指标受奖，达不到承包指标受罚。一是包干到户，又称大包干。承包合同中不规定生产费用限额和产量指标，由承包者自行安排生产活动，产品除向国家交纳农业税、向集体交纳公共提留以外，完全归承包者所有 。即“交够国家的，留够集体的，剩下都是自己的”。这两种形式成为后来农村生产责任制的主要形式。

有了政策上的支持，我国农村的农业生产责任制得到进一步的发展。1982年1月1日，中共中央批转了《全国农村工作会议纪要》。《纪要》指出：全国农村已有90%以上的生产队建立了不同形式的农业生产责任制。生产责任制的建立，不但克服了集体经济中长期存在的“吃大锅饭”的弊病；而且通过劳动组织、计酬方法等环节的改进，带动了生产关系的部分调整，纠正了长期存在的管理过分集中、经营方式过于单一的缺点，使之更加适合于我国农村的经济状况。文件同时强调，农业必须坚持社会主义集体化的道路，土地等基本生产资料公有制是长期不变的，集体经济要建立生产责任制也是长期不变的。[1]《纪要》的发布具有重要的历史意义，它第一次以中央文件的形式承认了包产到户的社会主义性质，结束了之前的“姓资姓社”之争，为家庭联产承包责任制的发展打下了坚实的基础。

1983年1月2日，中发办发布了1983年1号文件《当前农村经济政策的若干问题》，高度肯定了农村的联产承包责任制。文件认为，家庭联产承包责任制是适应当前经济发展新的经营方式。它以农户或小组为承包单位，扩大了农民的自主权；克服了管理过分集中和平均主义的弊病，又继承了以往合作化的积极成果，使多年来新形成的生产力更好地发挥作用。文件还提出了人民公社体制的两个方面的改革步骤。一是实行生产责任制，特别是联产承包制；二是实行政社分设。要求政社合一的体制要有准备、有步骤地改为政社分设。在政社尚未分设以前，社队要认真地担负起应负的行政职能，保证政权工作的正常进行；在政社分设后，基层政权组织，依照宪法建立。[2]1984年1月1日中共中央又发布了1984年的1号文件《关于1984年农村工作的通知》。《通知》在充分肯定1983年的1号文件的基础上，决定将其作为今后一个时期内指导农村工作的正式文件继续贯彻执行。到1984年，全国农村基本上实行了以包干到户为主的联产承包责任制。

家庭联产承包责任制是指农户以家庭为单位向集体组织承包土地等生产资料和生产任务的农业生产责任制形式。其基本特点是在保留集体经济必要统一经营的同时，集体将土地和其他生产资料承包给农户；承包户根据承包合同规定的权

---

〔1〕《经济体制改革文件汇编（1977—1983）》，中国财政经济出版社1984年版，第143页。
〔2〕《经济体制改革文件汇编（1977—1983）》，中国财政经济出版社1984年版，第159—166页。

限，独立做出经营决策，并在完成国家和集体任务的前提下分享经营成果。一般做法是将土地等按人口或劳动力比例根据责、权、利相结合的原则分给农户经营，即所谓的“交足国家的，留足集体的，剩下都是自己的”。农村的分配改革极大地解放了农村的生产力，取得了极好的效果。从1976年到1985年，农业总产值从1378亿元增长到4680亿元，增长了3.4倍，农民生活逐步好转。

3. 市场经济时代城市地区的分配制度

随着农村分配改革的成功，城市中的分配改革也被提上了议事日程。1984年6月，邓小平同志在会见日本外宾时指出，在农村改革成功以后，“改革要从农村转到城市。城市改革不仅包括工业、商业，还有科技、教育等，各行各业都在内”[1]。同年10月，中央发布了《中共中央关于经济体制改革的决定》，其中总结了计划经济下分配制度的弊端：“就经济方面来说，一个重要的原因，就是在经济体制上形成了一种同社会生产力发展要求不相适应的僵化的模式。这种模式的主要弊端是：政企职责不分，条块分割，国家对企业统得过多过死，忽视商品生产、价值规律和市场的作用，分配中平均主义严重。这就造成了企业缺乏应有的自主权，企业吃国家‘大锅饭’、职工吃企业‘大锅饭’的局面，严重压抑了企业和广大职工群众的积极性、主动性、创造性，使本来应该生机盎然的社会主义经济在很大程度上失去了活力。”决定还指出：“要突破把计划经济同商品经济对立起来的传统观念，明确认识社会主义计划经济必须自觉依据和运用价值规律，是在公有制基础上的有计划的商品经济。商品经济的充分发展，是社会经济发展的不可逾越的阶段。”这就为社会主义市场经济体制的建立提供了理论基础，为分配制度的改革扫清了理论障碍。

1987年10月党的十三大通过了《沿着有中国特色的社会主义道路前进》的报告。报告指出，“在所有制和分配上，社会主义社会并不要求纯而又纯，绝对平均。在初级阶段，尤其要在以公有制为主体的前提下发展多种经济成分，在以按劳分配为主体的前提下实行多种分配方式”。“我们必须坚持的原则是，以按劳分配为主体，其他分配方式为补充。……我们的分配政策，既要有利于善于经营的企业和诚实劳动的个人先富起来，合理拉开收入差距，又要防止贫富悬殊，坚持共同富裕的方向，在促进效率提高的前提下体现社会公平。对过高的个人收

[1]《邓小平文选》第3卷，人民出版社1993年版，第65页。

入，要采取有效措施进行调节；对以非法手段牟取暴利的，要依法严厉制裁。当前分配中的主要倾向，仍然是吃大锅饭，搞平均主义，互相攀比，必须继续在思想上和实际工作中加以克服。凡是有条件的，都应当在严格质量管理和定额管理的前提下，积极推行计件工资制和定额工资制”。这就表明了市场经济体制下分配体制的基本规则。

党的第三代领导集体进一步发展了邓小平的分配思想。1993 年 11 月召开的中共十四届三中全会通过了《中共中央关于建立社会主义市场经济体制若干问题的决定》。决定提出“建立以按劳分配为主体，效率优先、兼顾公平的收入分配制度”。1997 年的十五大报告，进一步明确了分配的方式，其中提到：“把按劳分配和按生产要素分配结合起来，坚持效率优先、兼顾公平，有利于优化资源配置，促进经济发展，保持社会稳定。……允许和鼓励一部分人通过诚实劳动和合法经营先富起来，允许和鼓励资本、技术等生产要素参与收益分配。”在 2002 年的十六大报告中，这一分配思想进一步表述为：“完善按劳分配为主体、多种分配方式并存的分配制度。坚持效率优先、兼顾公平……初次分配注重效率，发挥市场的作用，鼓励一部分人通过诚实劳动、合法经营先富起来。再分配注重公平，加强政府对收入分配的调节职能，调节差距过大的收入。”

党的第三代领导人提出的分配思想，是在市场经济体制进一步完善、生产力水平大幅提高的国情下提出的，旨在进一步去除平均主义，调动人们的劳动积极性。这一分配思想中明确确认了生产要素参与分配的新思想。生产要素是指存在于市场经济条件下的资本、土地、劳动力、技术、信息以及管理者的才能等。要素收入主要包括利润、利息、股息、红利、地租、房租、工资、技术转让费、信息使用费等，除工资、技术转让费、信息使用费等体力劳动与脑力劳动的收入外，要素收入更多地表现为资产性收入。资产性收入属于非劳动收入，这种收入的合法性在十三大第一次提出后曾有过争论。而在效率优先的分配原则下，生产要素参与经济活动无疑会调动各类投资者的积极性，对经济发展有极大的推动作用，这一全新的分配思想是对马克思分配思想的突破，也是中国特色社会主义理论体系中的创新点。另外，十六大报告第一次提出了“调高、扩中、提低”的分配调节原则，目的是调整已经出现的收入差距过大问题，实现中产者占多数的社会结构。

十六大之后，党的第四代领导集体秉承前任的分配思想，并针对社会发展中出现的新情况做了部分的微调。十七大报告特别强调了“初次分配和再分配都要处理好效率和公平的关系，再分配更加注重公平”。报告还指出，“公平正义是社会主义的本质要求”，“公平正义是中国共产党人的一贯主张，是发展中国特色社会主义的重大任务”。这表明，党的第四代领导集体特别提出初次分配和再分配都要处理好效率和公平的关系，其实质是对之前我国初次分配中过分强调效率的纠正，也是领导集体对分配正义认识的进一步加深。对于再分配中的社会保障，在十六大报告中也有了更细致的说法。报告不仅提出“加快建立覆盖城乡居民的社会保障体系”的总体目标，更是拟定了具体实现路径：“以社会保险、社会救助、社会福利为基础，以基本养老、基本医疗、最低生活保障制度为重点，以慈善事业、商业保险为补充，加快完善社会保障体系。”这说明中央政府对建立社会保障体系的重视和决心。

在十八大报告中，对于分配问题较之十七大更强调分配的公平性。报告在肯定基本分配制度的基础上，特别强调“调整国民收入分配格局，加大再分配调节力度，着力解决收入分配差距较大问题，使发展成果更多更公平惠及全体人民”。十八大报告中第一次明确提出了分配制度改革的问题，其基本方针是正确处理效率和公平的关系，目标是缩小收入分配差距。提及保障和改善民生为重点部署社会建设时，提出要千方百计增加居民收入，“努力实现居民收入增长和经济发展同步、劳动报酬增长和劳动生产率提高同步，提高居民收入在国民收入分配中的比重，提高劳动报酬在初次分配中的比重”。这就阐明了深化收入分配制度改革的基本方向。

本报告也首次提及了农民的土地收益问题：“坚持和完善农村基本经营制度，依法维护农民土地承包经营权、宅基地使用权、集体收益分配权，壮大集体经济实力，发展农民专业合作和股份合作，培育新型经营主体，发展多种形式规模经营，构建集约化、专业化、组织化、社会化相结合的新型农业经营体系。改革征地制度，提高农民在土地增值收益中的分配比例。”在中国现行土地制度下，农村土地属于集体，农民承包土地经营权。国家为了公共利益可以将农村集体土地收归国有，转变为国有建筑用地进行售卖。在加速的城市化进程中，农村土地被大量征收，土地增值收益巨大。而在现行征地制度下，农民几乎被排斥在土地增值收益分配体系之外。本报告首次正视这个问题，体现了党中央在分配问题上努力实现公平公正的决心。

（三）现实之痛：现阶段利益分化问题审视

改革开放以来，我国的经济发展取得举世瞩目的成果，人民生活水平有了很大的提升，这一切都与党的第二代领导集体根据国情提出的一系列大政方针密不可分。经过三十多年的改革开放，我们基本扫清了束缚生产力发展的体制障碍，基本实现了邓小平同志所说的“发展生产力，解放生产力”的目标。但是，在经济发展的同时，分配上却出现不尽人意的结果。改革开放的成果并未惠及全体人民，邓小平同志所提的“共同富裕”的目标并没有很好的实现。我们已经出现了严重的贫富差距和利益分化现象，这迫使我们不得不重新审视已经制定的各项分配制度，找到出现偏差的具体原因。

对现行的分配制度出现问题的这一判断，是基于现阶段我国的分配结果做出的。对于分配结果，最有说服力的指标是基尼系数。根据国际通用标准，当基尼系数小于0.2时，收入分配高度平均；基尼系数在0.2至0.3时，表示相对平均；在0.3至0.4时，表示比较合理；在0.4至0.5时，表示收入差距较大；0.5以上，表示收入差距悬殊。一般把0.4作为贫富差距严重的警戒线。我国的基尼系数，根据官方发布的和学者测算来看，目前已经远远超过0.4的警戒线。国家统计局的《中国全面建设小康社会进程统计监测报告（2011）》中提到“从五项监测指标来看，2010年基尼系数略高于2000年的0.412，实现程度为79.8%”。世界银行的报告中提到，2007年我国基尼系数已经达到0.48。

中央党校政策研究室副主任周天勇教授估计现在的基尼系数在0.5左右〔1〕。有学者根据调查发现，1995年至2002年期间，个人财产分布的基尼系数从0.4上升到0.55〔2〕。西南财经大学中国家庭金融调查2012年发布的报告显示，2010年中国家庭的基尼系数为0.61〔3〕。2013年1月18日，国家统计局局长马建堂在国务院新闻办公室举行新闻发布会上公布了2003年至2012年的基尼系数，这是目前官方公布的最为权威的数据。公布的全国居民收入基尼系数显示，2003年是0.479，2004年0.473，2005年0.485，2006年0.487，2007年0.484，2008年0.491，2009年0.490，2010年0.481，2011年0.477，2012年

〔1〕参见《学者称实际收入差距达55倍，制度漏洞是主因》，《中国证券报》，2010年5月30日。
〔2〕李实等：《中国居民财产分布不均等及其原因的经验分析》，《经济研究》2005年第6期，第4—15页。
〔3〕参见《中国家庭基尼系数达0.61》，《领导决策信息》，2012年49期，第25页。

0.474。[1]根据学者的测算和官方的公布，下图显示了2000年以来，我国基尼系数的变化[2]：

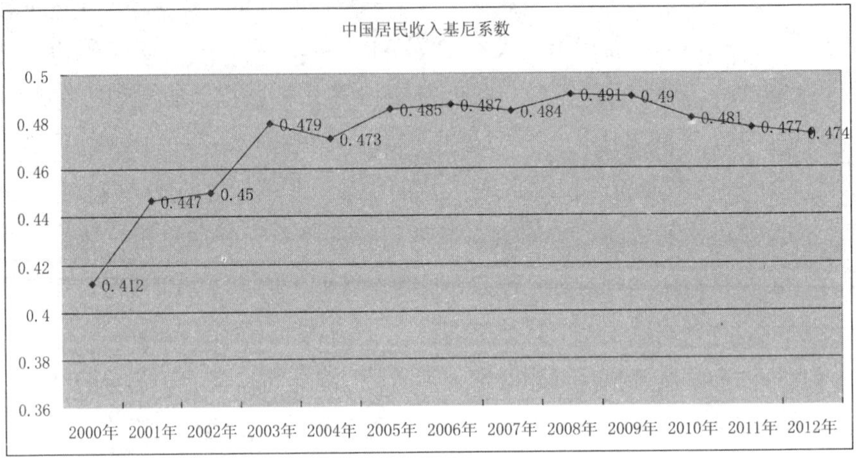

图4.1　我国基尼系数的变化趋势图（2000—2012）

基尼系数说明我国目前收入差距非常严重。具体来说，收入差距表现在城乡差距、地区差距、行业差距和阶层差距。这是从宏观方面来看最为明显的四种差距。

1. 收入的城乡差距

首先是收入的城乡差距。从人均收入中可看出，自20世纪80年代，城镇居民与农村居民的收入就有明显的差异，并且随着经济的发展，这种差异越来越大，如表4.1所示，近十年来，城乡人均收入的比率一直维持在3以上，也就是说城镇居民的平均收入是农村居民的三倍以上。城镇居民人均可支配收入从1980年的478元增长到2011年的21810元，增长了45.6倍；而农村居民人均纯收入从1980年的191元增长到2011年的6977元，增长了36.5倍，明显低于城镇居民。无论从绝对收入还是从相对收入来看，农民居民都远低于城镇居民。正因为城乡居民在收入上存在巨大差异，所以在消费支出上也存在巨大的差别，如

〔1〕《去年基尼系数为0.474，自08年起逐年回落》，新华网，2013年1月18日。http://news.xinhuanet.com/fortune/2013-01/18/c_124249209.htm

〔2〕其中2001年和2002年的数据来自蔡昉：《收入差距缩小的条件——经济发展理论与中国经验》，《甘肃社会科学》，2007年第6期，第1—6页。

表 4. 2 所示。

表 4. 1　　城乡居民收入对比

年份	城镇人均可支配收入（元）	年增长率（%）	农村人均纯收入（元）	年增长率（%）	城乡居民人均收入比率
1980	478	23. 5	191	19. 3	2. 5
1982	527	7. 1	270	21. 0	1. 95
1984	651	15. 4	355	14. 5	1. 83
1986	900	21. 7	424	6. 5	2. 12
1988	1181	17. 8	545	17. 7	2. 16
1990	1510	9. 7	686	13. 9	2. 2
1992	2027	19. 1	784	10. 5	2. 58
1994	3496	35. 6	1221	32. 4	2. 86
1996	4839	12. 9	1926	22	2. 51
1998	5425	5. 1	2162	3. 4	2. 5
2000	6820	7. 2	2253	1. 9	2. 78
2002	7703	12. 3	2476	4. 6	3. 11
2004	9422	11. 2	2936	12	3. 21
2006	11759	12	3587	10. 2	3. 28
2008	15781	14. 5	4761	15	3. 31
2010	19109	11. 3	5919	14. 9	3. 23
2011	21810	14. 1	6977	17. 9	3. 13

表 4. 2　　城乡居民人均消费支出对比[1]

年份	1990	1995	2000	2010	2011
城镇居民人均总支出	1413. 94	4102. 94	6147. 38	18258. 38	20365. 71
农村居民人均总支出	639. 06	1545. 81	2140. 37	6307. 43	7984. 94
城乡支出比率	2. 21	2. 65	2. 87	2. 89	2. 55

〔1〕 数据由《中国统计年鉴》（2012 年）计算得来。

2. 收入的地区差距

其次是收入的地区差距。我们明显存在东部、中部、西部的地区间经济差距，这可从居民收入数据中明显地看出。如表 4. 3 所示，我们选取浙江、湖北、甘肃三省作为东、中、西部地区的代表。从数据中可看出，自 20 世纪 90 年代以来，这三个省的城乡居民收入一直都有很明显的差距。2011 年，浙江省城镇居民人均收入是甘肃省的 2. 07 倍，是湖北省的 1. 68 倍，而湖北省是甘肃省的 1. 23 倍；同时期浙江省农村居民人均收入是甘肃省的 3. 34 倍，是湖北省的 1. 9 倍，而湖北省是甘肃省的 1. 76 倍。而且从数据上可看出，东、中、西部地区的居民收入差距呈现逐年加大的趋势。譬如从农村居民收入来看，1990 年，浙江省是甘肃省的 2. 55 倍，2000 年增加到 2. 98 倍，而 2011 年增加到 3. 34 倍。也就是说，随着全国的经济增长，地区间的收入差距越来越大。

表 4. 3　　东中西部地区居民收入对比[1]

年份		浙江	湖北	甘肃	收入比率
2011	城镇人均收入（元）	30971	18374	14989	2. 07∶1. 23∶1
	农村人均收入（元）	13071	6898	3909	3. 34∶1. 76∶1
2000	城镇人均收入（元）	9279	5525	4916	1. 89∶1. 12∶1
	农村人均收入（元）	4254	2269	1427	2. 98∶1. 56∶1
1990	农村人均收入（元）	1099	671	431	2. 55∶1. 56∶1

3. 收入的行业差距

再次是收入的行业差距。表 4. 4 显示的是几个主要行业的平均收入对比情况。从年份来看，行业收入的标准差是逐年递增的，而且增速极快：1980 年为 116. 5 元，而 2011 年飙升到 17984. 7 元。也就是说，在 1980 年各行业间收入差距是比较小的；1990 年也不算大，标准差仅有 292. 2 元；但是 2000 年以后行业间差距明显增大，2000 年的标准差为 2536. 6 元，而 2011 年的行业收入差距更大。从行业间来看，在 1980 年，最高收入的行业是电力、燃气及水的生产和供应业，最低的是农、林、牧、渔业，二者相差 1. 68 倍。而到了 2011 年，最高的金融业与最低的农、林、牧、渔业已经相差达到 4. 17 倍。所以从数据分析，改

[1] 数据由《中国统计年鉴》（2012 年、2001 年）计算得来。

革开放以来，行业间的收入差距呈现扩大化的趋势，差距比例已经明显超出合理的水平。

表 4.4　　行业间收入差距对比　　（单位：元）

行业	1978 年	1980 年	1990 年	2000 年	2011 年
农、林、牧、渔业	470	616	1541	5184	19469
制造业	597	752	2073	8750	36665
电力、燃气及水的生产和供应业	850	1035	2656	12830	52723
建筑业	714	855	2384	8735	32103
信息传输、计算机服务和软件业	694	832	2426	12319	70918
金融业	610	720	2097	13478	81109
房地产业	548	694	2243	12616	42837
教育	545	700	2117	9482	43194
卫生、社会保障和社会福利业	573	718	2209	10930	46206
公共管理和社会组织	655	800	2113	10043	42062
平均值	626	772	2186	10437	46729
标准差	107.6	116.5	292.2	2536.6	17984.7

4. 收入的阶层差距

最后是收入的阶层差距。改革开放以前，我国居民收入分配差距很小，基本不存在着阶层。如表 4.4 所示，1978 年行业收入的标准差为 107.6 元，差距是很小的，基尼系数也仅为 0.2 左右。改革开放以后，我国在分配政策上开始打破平均主义，鼓励一部分地区和一部分人先富起来，个人收入分配差距逐渐拉开。特别是 90 年代以来，随着市场经济的发展，收入分配差距扩大的速度非常快，差距越来越大，中国社会已出现了因为个人收入的差异而产生的阶层。前面提到的城镇居民和农村居民的收入差距，使得城镇居民和农村居民之中，都出现了阶层分化的现象。随着收入差距的扩大以及住房商品化的推进，城镇居民财产分布差距也迅速扩大。有关研究结果显示，目前收入最高的 10% 家庭财产总额占城镇居民全部财产比重已经接近 50%，收入最低的 10% 家庭财产总额所占比重约为 1%。2005 年城镇居民家庭财产的基尼系数已经超过了 0.5。这从一个侧面表明我国阶层之间的收入差距，正在呈现不断扩大的趋势。

近年来，全国人均财产性收入增长速度已经是劳动收入（城镇工薪收入和农村经营性收入）增长速度的一倍[1]。据国家统计局山西调查总队抽样调查资料显示，2012年，根据对全省35个调查县的2100户农民家庭的抽样调查资料，去年山西省农村最低收入20%人口的人均纯收入为1975.19元，最高收入20%人口的人均纯收入为13091.4元，二者相差超万元。[2]根据世界银行2009年发布的一份关于收入比例数据的报告，以最高收入的20%人口的平均收入和最低收入20%人口的平均收入进行比较，这两个数字的比在中国是10.7倍，美国是8.4倍，俄罗斯是4.5倍，印度是4.9倍，比例最低的日本只有3.4倍。[3]中国社科院发布于2007年的《社会蓝皮书》中指出，根据调查中国2005年城乡居民家庭收支情况推算，中国收入最高的20%人口与最低的20%收入者的实际收入差距超过18倍。[4]

5. 收入差距的制度分析

从以上分析中可看出，目前我们国家的确在收入分配中出现了严重的偏差，已经出现邓小平同志所警惕的“两极分化”的现象。但是，从我们对改革开放以来党中央的分配思想和原则的分析来看，是不应该出现如此的结果。仔细分析其原因，应该是现实的一些制度和相关的分配制度与追求公正的分配原则之间存在差距。下面就影响分配公平的制度性因素进行分析。

第一，城乡二元结构扩大了阶层分化。造成目前城乡二元化结构的因素主要是户籍制度。1958年1月9日，第一届全国人民代表大会常委会第九十一次会议审议通过，同日毛泽东主席令颁布了我国第一个户籍管理法规——《中华人民共和国户口登记条例》。制定此条例的目的是：“为了维持社会秩序，保护公民的权利和利益，服务于社会主义建设”。条例明确规定，中华人民共和国公民，都应当依照本条例的规定履行以户为单位的户口登记、户口登记簿和户口簿登记的事项。根据条例，“公民迁出本户口管辖区，由本人或者户主在迁出前向户口登记机关申报迁出登记，领取迁移证件，注销户口。公民由农村迁往城市，必须持有城市劳动部门的录用证明，学校的录取证明或者城市户口登记机关的准予迁

---

〔1〕 高尚全：《深化分配制度改革需渐进而行》，《21世纪经济报道》，2006年11月13日。
〔2〕 张婷：《山西农民人均纯收入6356.6元 收入差异持续扩大》，《山西日报》，2013年2月23日。
〔3〕 詹清荣：《影响收入分配的几大热点问题》，《发展》2013年第7期，第21—24页。
〔4〕 汝信、陆学艺、李培林：《社会蓝皮书（2007年）》，社会科学文献出版社2006年版，第24页。

入的证明，向常住户口登记机关申请办理迁出手续”[1]。

从条例规定中可看出，国家通过户籍制度严格地控制了居民的流动，特别是农村人口向城市的流动。另外，值得一提的是，条例第一次明确将城乡居民区分为“农业户口”和“非农业户口”两种不同户籍。1955年8月25日国务院公布实施的《市镇粮食定量供应暂行办法》和《农村粮食统购统销暂行办法》，使得户籍与粮食紧密地联系起来，由此也产生了中国特有的具有政治经济意义的“城里人”和“乡下人”的概念。这也是从制度安排上产生城乡二元结构的伊始。户籍制度的实施，加之后来人民公社的成立，在结果上使得城市和农村分割成两个互不相通的社会。虽然改革开放后农村与城市的交流增多起来，农民进城务工的数量也逐渐达到惊人的2.4亿。但是，附加在户籍之上的各种福利（如教育、医疗、住房等等）农民工依然难以享受，能够融入城市生活的农民少之又少，城乡二元结构并未由于劳动力市场的开放而改变。

除了户籍制度引发的城乡人口流动的隔离之外，城乡在经济发展方面也存在人为的隔离现象，致使城乡经济发展的不平衡。中华人民共和国成立之初，农村依然是以小农经济为主的自然经济，经济水平非常低下。我国在农业基础还很薄弱，轻工业未得到较大发展的情况下，模仿苏联实施了单纯追求产值增长的重工业快速超前发展的经济发展战略。这种工业优先增长的发展战略要求长期牺牲农业部门的发展来支持工业的增长。农业为国家工业化建设提供资金贡献大体通过三个途径：工农业产品价格“剪刀差”、税收和储蓄。据有关专家学者测算，从1952年到1990年，我国农业共为工业化建设提供净资金贡献为9530亿元[2]。为适应这种发展战略先后出台的以户籍制度为主的城乡隔离制度，进一步强化了城乡的二元经济结构，致使我国城乡经济长期处于发展严重失衡的状态。改革开放后，虽然农村实行了家庭联产承包责任制这种新的分配制度，也仍然没有突破小农经济个体经济的樊笼，城乡的二元经济结构依然如故。

第二，经济体制改革的不彻底性与政治体制改革的滞后性，加剧了利益分化。改革开放后，我国开始了由高度集中的计划经济体制向社会主义市场经济体制全面转变的改革。到现在经过三十多年，社会主义市场经济体制基本建立，由

---

〔1〕中共中央文献研究室编：《建国以来重要文献选编》第11册，中共中央文献出版社1995年版，第16—21页。

〔2〕韩永文：《我国农业在国家工业化建设进程中的贡献分析》，《当代中国史研究》1999年第2期，第69—81页。

过去国家行政计划配置资源基本转向了市场配置资源。但计划经济体制并未彻底改革完毕，并衍生许多的问题，譬如目前较为严重的国有企业垄断问题。国有企业的垄断是因为国家控制原料来源和政府赋予特权，是政府干预市场的结果。目前国企垄断主要集中在电力、电信、石油、石化、金融、烟草等行业，这些行业因垄断而获得的非正常巨额利润，本应属于全体公民却在相当大程度上成为本行业职工的收入。如王小鲁的研究所发现，2005 年，垄断性行业，包括电力、电信、石油、金融、保险、水电气供应、烟草，共有职工 833 万人，不到全国职工人数的 8%。按这些行业人均年收入是全国职工平均工资水平的 7 倍计算，他们的年收入总额为 1.07 万亿元，相当于当年全国职工工资总额的 55%。[1]

经济体制改革与政治体制改革是息息相关的，邓小平同志就曾说过："只搞经济体制改革，不搞政治体制改革，经济体制改革也搞不通。"[2]但是由于种种原因，我们国家的政治体制改革远远落后于经济体制改革，由此产生的寻租、以权谋私、权力与资本交换、行政违规、执法犯法、侵吞国有资产等严重影响分配不公平的现象大量存在。这既违背市场经济的原则，也影响到全社会的稳定团结。学者的研究就肯定这一看法："有很多证据表明，收入差距急剧扩大的更主要原因并不是市场化，而是非市场因素，特别是在市场化转轨过程中因政府管理体制改革和制度建设滞后而形成的制度缺陷，是因为制度不健全、透明度低、缺乏监督，导致了严重的腐败和寻租现象，引起公共资源流失、灰色收入大量发生，国民收入通过非正常渠道向少数人手里集中。……不仅导致生产要素使用的低效率，影响未来的经济发展，而且侵占了广大居民的正当权益，加重了他们的负担，导致迅速的两极分化。"[3]改革走到今天，如果没有政治体制改革的实质性进展，不仅经济体制改革难以进一步深化和推进，而且经济体制改革已取得的成果因缺少不可或缺的政治制度保障也有丧失的危险。

第三，某些分配制度的不完善影响了分配公平性，扩大了利益分化。分配的公平性需要合理的制度支持，而现阶段我国还存在一些明显不公平或者不完善的制度设计。这类制度可分为两类，一是间接影响分配公平的制度，如户籍制度、土地产权制度、就业制度和教育制度等；一是直接影响分配公平的制度，如工资

---

[1] 王小鲁：《我国收入差距分析及对策》，《国家行政学院学报》2007 年第 4 期，第 20 页。
[2] 《邓小平文选》第 3 卷，人民出版社 1993 年版，第 164 页。
[3] 王小鲁：《我国收入差距分析及对策》，《国家行政学院学报》2007 年第 4 期，第 17 页。

制度、财税制度、生产要素的分配制度和社会保障制度等。

间接影响分配公平的制度，多是基础性制度，影响大，影响面也广，对于分配影响比较大。如前面分析的户籍制度，是造成城乡二元社会结构的主要影响因素。土地产权制度主要是指农村土地产权的模糊影响到农民的收益。现行的土地产权制度规定，农民只有承租权，在农用土地转化为商用土地过程中，巨大的利益农民无法获得。即便是农民具有产权的宅基地，因国家的制度限制，也不能在市场流动中获益。这样，农民无法在农村土地市场化过程中获益，却失去赖以生存的基本生产资料，农民正当的土地收益权得不到保护。就业制度的缺陷主要是指城乡居民就业政策的不平衡，城乡劳动者在就业中明显存在就业权利和机会的不平等。教育制度也是影响分配公平的基础性制度，目前我国教育不平等非常明显，既有城乡的不平等，也有区域性的不平等。目前，我国农村基础教育规模是城市基础教育的两倍，而农村所得到的教育经费投入总量却还不到城市的一半。另外，中央和地方政府用于义务教育的财政转移支付力度不大，使我国地区之间义务教育财政资金分布失衡。这一切的因素，都导致地区间、区域内学校之间在教育教学质量上的差距，进而造成地区之间、城乡之间的收入分配差距。

就直接影响分配公平的制度而言，虽然改革开放以来，国家在分配制度领域努力破除原有平均主义的弊端，实施了符合国情的以按劳分配为主体、多种分配方式并存的分配制度，但分配制度改革远未完善，仍旧存在很多不尽人意之处。如按生产要素贡献分配中，资本收益远远超过劳动、技术等的收益，工薪阶层收入会明显低于资本收入者阶层，这必然会进一步拉大两者之间的收入分配差距。再如，在工资制度中仍然明显存在不按劳分配、同工不同酬的现象。体制内和体制外工酬的差距，垄断企业的非正常高薪，公务员工资的快速增长与企事业单位职工工资提升的缓慢，农民工的工资拖欠等现象大量存在，这些都说明了现行工资制度的缺陷。福利作为一种隐性的工资收入，在现阶段也存在极大的不平等，对于收入差距也有不小的影响。在我国垄断性企业中，即使存在亏损甚至是严重亏损，享受国家巨额补贴，也不影响其福利的发放，这与市场竞争原则是背道而驰，实质是公众利益私人享用。而非营利性的公共部门、事业单位的福利，完全来自公众的税收，这使得公共部门肆意制定各种福利政策，加剧了少数体制内的人群与公众的收入差距。

对于税收制度来说，税收是国家调节收入分配差距的重要手段，通过建立健全税收制度可以起到缩小收入分配差距的作用。然而我国现行的税收制度在调节分配方面效果并不明显，而且一些重要的调节分配税种出现缺失，如财产税、遗产税和社会保障税等税种。除了税，我国还存在各种名目的“费”，税费过重也成为影响分配公平的障碍。税费过重实质是政府汲取公共利益过重，如在房地产行业中，政府和银行从房地产获得收入47917亿元，占全年房地产业销售额6.4万亿元的75%。[1] 政府税费畸高引起的高房价，这一负担最终是落在公众身上。另外，现行的社会保障制度也存在缺陷。一是覆盖面太窄，现行的社会保障制度仍然主要集中在城镇地区，主要覆盖有固定职业的群体，只有国家机关、企事业单位和部分集体企业职工能享受到，而私营企业、乡镇企业、外资企业的中方职工很大部分不能享受这种保障；二是城乡差距过大，农村居民和城镇居民之间在社会保障待遇方面存在着巨大差距，社会保障资金主要向城镇居民倾斜。

三、如何公平？——对于现阶段利益分化问题的政策建议

现阶段的收入差距、利益分化问题已经成为构建和谐社会的巨大障碍，开始影响到我国的政治稳定和社会稳定。如何采取措施防止收入差距的进一步扩大，实现社会主义共同富裕的目标？本课题组从短期目标和长期目标两方面提出了相应的政策建议。

（一）短期目标：调整不完善的分配制度

短期目标是指为了防止收入差距进一步扩大趋势。这就要求我们对当前中国的分配制度进行针对性的调整、完善，制度效果能够较快显现的一系列制度和政策的调整，特别是调整明显不公平的制度。调整的目的，是尽快缓和我国分配领域较严重的矛盾，为和谐社会的构建打下初步的基础。所以，这一部分的政策建议基本是针对现有的分配制度提出的调整和完善的措施，注重时效性和可操作性。

---

〔1〕 全国去年房地产销售额6.4万亿 政府拿走75%，《南方都市报》，2013年4月4日。

我们的国民收入分配包括两个基本的层次：初次分配和再分配。改革开放以来，对于初次分配和再分配的原则，中央政府根据国情调整数次，几次调整的过程也正是中央政府对于分配正义问题认识加深的过程。我们从历届党的代表大会报告的文本中，清楚地看出这一脉络。十三大提出“在促进效率提高的前提下体现社会公平”；十四大提出“兼顾效率与公平”；十五大和十六大皆提出“坚持效率优先、兼顾公平”；十七大提出“初次分配和再分配都要处理好效率和公平的关系，再分配更加注重公平”；十八大提出“初次分配和再分配都要兼顾效率和公平，再分配更加注重公平”。从中可看出，改革开放以来，党中央在分配原则上从注重效率逐步转变为注重公平，这与我国的国情是相一致的。因为在改革开放之初，我国经济发展落后，生产力水平低下，当时急于解决的问题是经济发展问题，所以注重效率。而现在，经过几十年的经济发展，我国的经济有了极大的改善，可分配的财富有了极大的提高，所以开始注重分配的公平，这与邓小平同志提出的部分先富然后共同富裕的思路是一致的。目前党中央的分配原则是在初次分配和再分配领域都要重视公平，那么目前我国在初次分配和再分配领域的制度有哪一些需要调整？怎么调整才能达到这一目标呢？下面就一些重要的制度进行探讨。

1. 初次分配领域的制度探讨

初次分配是指国民总收入直接与生产要素相联系的分配。任何经济活动都离不开劳动、资本、自然资源、技术和管理等生产要素。在中国特色社会主义市场经济制度建设过程中，破除了传统计划经济体制下平均主义的分配方式，在初次分配领域中，初步形成了以按劳分配为主体，资本、技术、管理等要素按贡献参与分配的新分配制度，有力地调动了各种要素的发展积极性。但是，我国初次分配的体制机制仍有许多不完善之处，突出表现为：劳动者报酬在初次分配中占比过低，就业机会公平仍有诸多不足之处，城乡之间、区域之间、行业之间、企业内部收入差距较大，劳务派遣引起的同工不同酬现象，以及有些人通过不正当手段无偿或低价占有和使用公共资源而一夜暴富等问题。初次分配领域涉及的重要制度包括户籍制度、收入制度等。

首先是户籍制度。我国的户籍制度，表面上是人口登记制度，实际是城乡的分隔制度。户籍制度建立之初的目的是防止农村劳动力的大规模流动，以此保障城市基本生活的供给。改革开放后，随着市场经济体制的建立，农村劳动力得以自由进入城市市场，出现了民工潮的现象。原有户籍制度的隔离作用便体现出来了。当户籍制度与各种福利政策直接挂钩时，就导致了户籍制度在现阶段的隔离作用，具体来说，户籍制度首先在就业机会方面向城市居民倾斜。如蔡昉对北京劳动力市场的研究，他指出："由于把外来劳动力当作本地劳动力的就业竞争者，政府把实施再就业工程与对外地民工采取更加严格的限制政策统一起来，旨在减少流入城市的外地劳动力。迄今为止，北京市仍然处于对待外地劳动力最为严格的政策时期，抑制了劳动力市场的发育。"[1] 其次，户籍制度对农村迁入城市生活居民在福利待遇获得方面，仍旧有歧视性的隔离作用。如城市职工的基本社会保障体系，户籍不在本城市的农民工和其他迁入者就被完全排除在外。最后，各个城市苛刻的落户条件很大程度上限制了农村人口向城市的流动。一般而言，城市准入条件与学历、技术职称、投资额等条件挂钩。这样，绝大部分的农村居民被排除在外。

户籍制度改革已经被呼吁多年，至今改革难行的深层原因还在于地方政府的财政压力和城乡公共资源配置不平衡。分税制改革之后，地方政府的财政压力逐年增大。如果彻底放开户籍，地方政府就无法应付大量人口增加带来的公共服务和相关的资金压力。与之相关，引发农村人口愿意向城市流动的诱因就在于公共服务资源的差异。所以，户籍制度改革并非是单一制度的改革，它涉及很多相关制度的改革，需要系统性的统筹改革。也就是说，户籍制度改革只能是渐进式的改革，需要避免激烈改革带来不可预料的社会动荡。户籍制度改革的路径，我们建议是，通过分税制的改革提升地方政府的财政能力。地方政府逐步提升农村地区的公共服务水平，实现城乡公共服务均等化，然后逐步放开户籍限制，让户籍恢复其人口登记的本来职能，逐步取消与各种福利的关联。

其次是收入制度。在我国目前的初次分配中，一个公认的问题就是资本所得偏高，劳动所得偏低，劳资利益失衡。我们从历年《中国统计年鉴》的"地区生产总值收入法构成项目"中，可清楚地看出这一点。在国内生产总值的分配比例上，资本收入的比例逐年增长，并且增长速度在2005年左右开始超过劳动所得。如下图表所示。

---

[1] 蔡昉等:《户籍制度与劳动力市场保护》,《经济研究》2001年第12期，第47页。

表 4.5　　　　　　　　　**资本所得与劳动者报酬历年数据**

年份	国内生产总值（亿元）	固定资产折旧（亿元）	营业盈余（亿元）	资本所得（亿元）	劳动者报酬（亿元）	劳动报酬与国内生产总值之比	资本所得与国内生产总值之比
1997	76956.6	10486.4	15717	26203.4	40628.2	0.528	0.340
1998	82780.3	11981.2	15717.7	27698.9	43989	0.531	0.335
1999	87671.1	13209	16665.5	29874.5	45926.4	0.524	0.341
2000	97209.4	14972.4	18528.6	33501.0	49948.1	0.514	0.345
2001	106766.3	16779.3	20025	36804.3	54934.7	0.515	0.345
2002	118020.7	18493.8	22854.6	41348.4	60099.1	0.509	0.350
2003	135539.1	21551.5	27364.6	48916.1	67260.1	0.496	0.361
2005	197789	29522	58459.8	87981.8	81888	0.414	0.445
2006	231053.3	33641.8	70862	104503.8	93822.8	0.406	0.452
2007	275624.6	39018.9	86246	125264.9	109532.3	0.397	0.454
2009	365303.7	49369.6	90103.2	139472.8	170299.7	0.466	0.382
2010	437042	56227.6	117456.6	173684.2	196714.1	0.450	0.397
2011	521441	67334.5	138387.1	205721.6	234310.3	0.449	0.395

注：资本所得 = 国内生产总值 - 劳动者收入 - 生产税净额 = 固定资产折旧 + 营业盈余

从资本所得与国内生产总值之比这一数据来看，从 1997 年的 34%，逐年增长到 2007 年顶点时的 45.4%，以后又缓慢回落，但仍保持在 39% 左右的高位。此比例已经超过英、美等发达资本主义国家的比例。通过对美、英等国学者已有的研究成果进行整理可以看出，美国在 1879—1984 年期间的 105 年中，劳动在国民收入分配格局中始终处于主导地位。劳动收入所占比重为 50%（1870 年和 1880 年）至 74.3%（1980—1984 年）；资本要素收入所占比重为 16.6%（1970—1974 年）至 24.5%（1880 年和 1890 年）。也就是说，在美国上述 105 年间的国民收入分配格局中，不仅资本要素收入始终占小头，而且劳动所占比重呈稳步上升趋势，资本要素则恰恰相反。再例如，英国在 1860—1984 年的 124 年中，劳动在国民收入分配格局中也始终处于主导地位。劳动收入所占比重为 45.2%（1860—1869 年）至 68.8%（1975—1979 年），资本要素所占比重为

36.5%（1910—1914 年）至 21%（1975—1979 年）。[1]

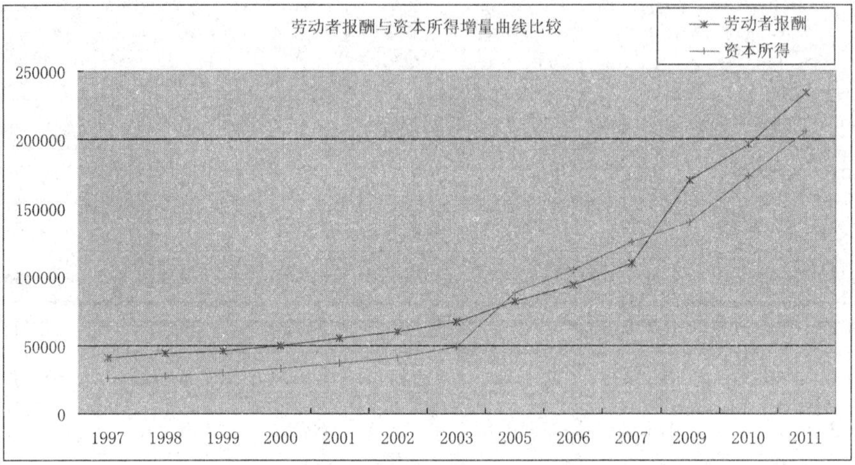

图 4.2　劳动者报酬与资本所得增量曲线比较

从资本所得与劳动者报酬之比这一数据看出，如表 4.6 所示，这一比率是逐年增加的，而且在 2005 年到 2007 年，资本所得超过了劳动者报酬。

表 4.6　　**中国资本所得与劳动者报酬比率表**

年份	1995	1996	1997	1998	1999	2000	2001	2002
资本所得与劳动者报酬之比	0.649	0.637	0.645	0.630	0.650	0.671	0.670	0.688
年份	2003	2005	2006	2007	2009	2010	2011	
资本所得与劳动者报酬之比	0.727	1.074	1.114	1.144	0.819	0.883	0.878	

注：资本所得 = 国内生产总值 - 劳动者收入 - 生产税净额 = 固定资产折旧 + 营业盈余

从劳动报酬在国民收入中的份额来看，有学者研究指出，我国的劳动收入份额不仅低于发达国家的平均水平 15—20 个百分点，也低于发展中国家的平均水平 4 个百分点。[2] 如下表所示。这说明我国目前资本要素在国民收入中的比重畸高，劳动报酬在国民收入中的比重偏低，分配格局不合理。

〔1〕 数据参看王振中：《劳动和资本要素在美英国民收入分配中的地位》，《工会理论研究》2003 年第 2 期，第 41—42 页。
〔2〕 李清华：《中国劳动收入份额的国际比较研究》，《当代财经》2013 年第 3 期，第 5—15 页。

表 4.7　　世界各国劳动收入在国民收入中的比例

	国家	1980	1990	1995	1996	2000	2001	2002	2003	2005	2007	2008
发达国家	日本	54.3	53.6	56.7	55.9	53.8	54	53.3	52.7	51.5	50.8	52.2
	加拿大	55.7	55.2	53.3	53.2	51.4	52.2	52	51.1	50.6	51.3	51.2
	美国	61	60.4	60.1	60	59.3	59	58.2	57.5	56.2	56.2	56.4
	法国	56.1	51.8	51.9	52.3	52	52.5	52.5	52.7	52	51.4	51.6
	德国	58.5	54.3	54.7	54.1	54.2	54.1	53.6	53.2	50.4	48.5	49.3
发展中国家	土耳其	24.80	27.20	22.20	24.30	29.20	28.30	26.30	26.10	—	—	—
	墨西哥	36.00	29.50	31.10	29.10	31.30	32.50	32.60	31.40	29.60	28.40	28.00
	波兰	—	—	44.80	45.80	42.00	43.80	42.10	40.50	35.80	35.50	37.30
	中国	31.58	33.48	33.3	32.82	33.93	34.36	34.61	33.98	33.28	32.3	—

注：数据来自李清华：《中国劳动收入份额的国际比较研究》，《当代财经》，2013 年第 3 期。作者采用了联合国所推荐的 SNA1993 中的雇员报酬概念，不包括混合收入，是劳动报酬窄口径的概念。

无论从我们社会主义国家的基本国体来说，还是从市场经济发达的国家的现实实践来说，资本要素在国民收入中的比率需要限定在一定的水平，否则社会出现过多食利者阶层，会严重影响劳动者的积极性和生产力的正常发展。要体现我们国家以按劳分配为基本的分配原则，就需要有种种制度支持和约束。首先是约束性制度的建立和完善，如最低工资制度、工资增长机制、资本收入的调节制度等。最低工资制度是国家对用人单位工资分配加以干预，保障劳动者获得正常劳动报酬的一项重要法律制度，在世界各国广泛使用。目前我国自 2004 年劳动和社会保障部颁布实施了《最低工资规定》至今已十年，在实施过程中还有许多缺陷：如标准偏低、执行机制不健全、制度的适用范围过滥等等。这些制度缺陷都需进一步完善，保证最低工资制的调节功能。

工资增长的调节，除了市场的调节之外，政府也应建立约束性的制度进行干预。如完善依托于工资集体协商的劳动工资共同决定机制，突出工会在工资集体协商中的角色地位，让各级工会组织在其中发挥积极作用，特别要在外资和非公有制企业组建或逐步完善工会组织。资本收入的调节制度目前在我国还处于缺失状态。如对财产性收入的调节还存在争论，根源还在于既得利益集团的阻挠。资本收入已经成为目前影响我国利益分化的重要影响因素。由于资本收入的流动性较之劳动收入要低得多，所以在目前贫富差距过大的情况下，容易加固现有的收入分层结构。另外，资本收入还有很强的代际继承效应，容易加强阶级固化。根据国外的经验，资本收入的调节，在初次分配和再分配领域都有重要的制度，如个人所得税、遗产税、赠予税、房产税等。这些调节机制虽然有的已经建立，但调解效果不佳。这些都需要国家尽快研究，尽快出台相关法规。

2. 再分配领域的制度探讨

国民收入再分配，是指在国民收入初次分配的基础上，再次进行的收入分配。它是政府通过税收、社会保障、转移支付等手段进行调节而进行的收入分配，其目的在于消除初次分配可能带来的过大的贫富差距，实现社会公平。目前我国再分配领域重要的制度有收入税制度、财产税制度、社会福利制度、公共服务供给制度、财政转移支付制度等。

收入税中最为重要的是个人所得税。我国个人所得税的立法本意首先是调节收入分配，其次才是筹集财政资金。但这些年运行表明，其仅仅在增加财政收入方面起了重要作用，而在调节收入分配方面作用却不明显。现行分类制对不同性质的所得，设计不同的税率和费用扣除标准，分项计算和征收税款。这就难以考虑个人全年各项应税收入综合计算征税，不能全面体现纳税人的真实纳税能力。分类所得税制广泛采用的源泉课征，也不能很好地发挥调节个人高收入的作用。这样就会出现所得来源多、综合收入高的纳税人不用纳税或少纳税；所得来源少、收入相对集中的纳税人却要多纳税的现象。另外，由于我国征税环境所限，对薪金性收入的个人所得税征收较为全面，而对财产性所得的个人所得税征收明显不足。[1]也就是说目前的个人所得税对于资本收入的调节是负调节，不但不能调节收入差距，反而会扩大收入差距。

基于这些不足，我国应建立实行综合所得课税和分类所得课税相结合的混合所得税模式。从应税所得额上看，属于投资所得和没有费用扣除的应税项目，如利息、股息、红利所得、股票转让所得、偶然所得等，宜实行分类所得税；属于劳动所得和有费用扣除的应税项目，如工资薪金、劳务报酬、稿酬、特许权使用费、生产经营、承包承租、财产租赁、财产转让等项目，宜实行综合征收。此外，应加强征收效率，建立或完善与之相关的储蓄存款实名制、个人财产登记、

---

〔1〕 刘小川：《个人所得税公平功能的实证分析》，《税务研究》2008 年第 1 期，第 44 页。

个人收入申报及交叉稽核、信用卡制度，消除收入多来源和高收入者的漏税。

财产税是以财产为征税对象，并由对财产进行占有、使用或收益的主体缴纳的一个税种。从西方国家的财产课税史看，财产税作为国家税收的重要税种，一个重要作用就是可以促进社会财富的公平分布。但目前在我国，财产税还属于很小的税种，征收规模很小。这与我国原来的公有制体制关系密切，个人除了生活资料之外，生产资料以及固定资产都是属于国家，也就无从谈起财产税。但改革开放以来，多种经济成分与公有制并存，个人开始拥有大量的生活生产资料和固定资产，但财产税改革并未跟上。对于目前我国财富过度集中，贫富差距过大的现状，征收财产税可以减少财产的集中度。目前，财产税中最为重要的是房产税，也是鉴于我国眼下的国情需要改革的税种。我国现行房产税设立于 1986 年，是从原房地产税中分离出来的。该税以城镇中的房产为课税对象，按房产原值（减除一定比例）或租金向房产所有人或经管者征收的一种财产税。征税范围限定在城镇，计税依据为原值一次减除 10%—30% 后的余额。

经过二十多年发展，房产税在实际操作中存在许多弊端，急需改革。首先，现行房产税税制把个人居住用房等房产列为免税对象。然而，在住房改革住房商品化的形势下，越来越多中高收入阶层将房产作为投资对象。因此，免除房产税实际上是国家放弃了调节收入分配的一种手段。其次，在房地产业又存在着费大于税的问题，这不但大幅度加大了房地产开发成本，加重了消费者负担，而且直接限制了税收对房地产业发展的调节作用。针对上述弊端，也鉴于我国房地产价格偏高的现实情况，对于房产税我国应采用低税率、宽税基的思路。房产税税率可分类设计，对经营性房产，可采行 1%—3% 的浮动税率；对个人房产，又可区分两种情况。一般商品房可采行 0. 1%—1. 0% 的税率，具体税率选择由省级政府定；由公房转为私房的房产，可采取定额税收，具体数值由省级政府根据财政供给人员工资水平和本地房产价值情况自行确定。财产税中调节财富分配的另外两个税种遗产税与赠予税，我国还未开征这两种税。国家应尽快研究，出台相关法规，以合理的税率开征这种税种。

社会福利制度，是以提供福利为目的的、集体性的对市场进行干预的各项制度总称。常见的社会福利制度有社会保险制度（养老保险、医疗保险、失业保险、工伤保险、生育保险等）、救助制度等。在从计划经济体制向市场经济体制转变的过程中，我国社会福利制度出现了福利分配和工资分配相混淆所带来的非效率性。在计划经济体制下，我国长期实行“高就业、低工资、高福利”的政策。经济体制改革后，国家开始福利制度的改革。一是把各种带工资性质的福利补助纳入工资分配范畴；二是把保险费用与福利费用严格分开，使社会保险市场化运作；三是住房制度改革，使得住房市场化和商品化。通过改革，传统的平均主义的福利制度逐步被打破，居民收入也逐步拉开差距，城乡二元结构依然存在。在市场化竞争中，由于工作竞争的加剧，残疾人、儿童、老人等弱势群体对社会福利的需求更加强烈，普通居民对社会福利的需求尤其是对社会服务的需求也日益增长，这一切都要求社会福利事业真正走向社会化、普遍化、适度普惠型转变。

适度普惠型社会福利是由政府和社会基于本国的经济和社会状况，向全体国民提供的、涵盖其基本生活主要方面的社会福利。要构建适度普惠型的社会福利制度，应在政府主导下，本着城乡一体化的原则，分清企业、社区、家庭、社会机构等的责任和权利，优先建设人民基本生活最迫切需要的福利制度。十八大报告对于社会福利制度建设提出了明确的原则，即“坚持全覆盖、保基本、多层次、可持续方针，以增强公平性、适应流动性、保证可持续性为重点，全面建成覆盖城乡居民的社会保障体系”。具体做法是：“改革和完善企业和机关事业单位社会保险制度，整合城乡居民基本养老保险和基本医疗保险制度，逐步做实养老保险个人账户，实现基础养老金全国统筹，建立兼顾各类人员的社会保障待遇确定机制和正常调整机制。扩大社会保障基金筹资渠道，建立社会保险基金投资运营制度，确保基金安全和保值增值。完善社会救助体系，健全社会福利制度，支持发展慈善事业，做好优抚安置工作。建立市场配置和政府保障相结合的住房制度，加强保障性住房建设和管理，满足困难家庭基本需求。坚持男女平等基本国策，保障妇女儿童合法权益。积极应对人口老龄化，大力发展老龄服务事业和产业。健全残疾人社会保障和服务体系，切实保障残疾人权益。健全社会保障经办管理体制，建立更加便民快捷的服务体系。”这些都为我国未来社会福利制度体系的建构指明了方向。

基本公共服务供给制度也是一项调节收入差距的重要的再分配制度。公共服务分为一般公共服务和基本公共服务，中共十六届六中全会《关于构建社会主义和谐社会若干重大问题的决定》中，把教育、卫生、文化、就业再就业服务、社会保障、生态环境、公共基础设施、社会治安等列为基本公共服务。目前我国公共服务方面的问题主要是基本公共服务的不均等供给。由于地区间经济发展的不平衡和城乡二元结构，我国在公共服务供给方面存在明显的地区间、城乡间的差异。基于此，公共服务均等化已经成为国家和公众的共识。解决公共服务均等化问题是一项系统工程，它涉及众多相关制度，如前面已提及的户籍制、公共财政制度、分税制度、转移支付制度等等。

譬如，在分税制下，地方政府的事权财权不匹配就是制约公共服务均等化的一个重要因素。根据《中国统计年鉴》2012 年的数据（表 4.8）：1994 年分税制改革之后，地方政府的支出比重明显变大。地方财政收支比重变成了负值，并且近几年地方政府的收入支出比正逐年递增。而中央在分税制之后，财政收入大于本级财政支出，宏观调控能力不断得到增强。财权、财力逐渐向上集中；但事权逐渐下移，处于财政分配链条末端的基层政府在财力薄弱的情况下承担了更多的事权，这就使得公共服务数量、质量无法得到保证。

表 4.8　　中央地方财政收入支出历年变化

年份	财政收入（亿元）	收入比重（%）		财政支出（亿元）	支出比重（%）		地方政府收支差额
		中央	地方		中央	地方	
1978	1132.26	15.5	84.5	1122.09	47.4	52.6	31.9
1980	1159.93	24.5	75.5	1228.83	54.3	45.7	29.7
1985	2004.82	38.4	61.6	2004.25	39.7	60.3	1.3
1991	3149.48	29.8	70.2	3386.62	32.2	67.8	2.4
1993	4348.95	22.0	78.0	4642.3	28.3	71.7	6.2
1994	5218.1	55.7	44.3	5792.62	30.3	69.7	-25.4
1996	7407.99	49.4	50.6	7937.55	27.1	72.9	-22.3
1998	9875.95	49.5	50.5	10798.18	28.9	71.1	-20.6
2000	13395.23	52.2	47.8	15886.5	34.7	65.3	-17.5
2002	18903.64	55.0	45.0	22053.15	30.7	69.3	-24.3
2004	26396.47	54.9	45.1	28486.89	27.7	72.3	-27.2
2006	38760.2	52.8	47.2	40422.73	24.7	75.3	-28.1
2008	61330.35	53.3	46.7	62592.66	21.3	78.7	-32.0
2010	83101.51	51.1	48.9	89874.16	17.8	82.2	-33.3
2011	103874.4	49.4	50.6	109247.8	15.1	84.9	-34.3

又如，调查显示我国的义务教育经费78%由乡镇负担，9%左右由县财政负担，省负担11%，中央财政只负担不足2%。预算内公共卫生支出，中央政府仅占卫生预算支出的2%，其他均为地方政府支出。据统计，目前拥有全国人口70%以上的县乡财政组织，其收入仅占全国财政收入的20%左右。[1]可见，财力与事权的不匹配是基层财政困难的根本原因，也是基层政府提供公共服务能力不足的关键。这种情况在整个行政系统都是普遍的。在分税制体系下，通过行政调控手段对财权与事权进行安排，造成了各级政府间财政关系的混乱和紧张，省级、市级、县级甚至乡级之间公共服务供给出现了不均。不同地区对基本公共服务供给重视程度的差异进一步拉大了城乡之间、地区之间供给水平的差距，加剧了公共服务的不均等情况。当然，中央也会通过转移支付的方式补贴地方财政。这虽然有助于缓解分税制带来的地方财政压力，然而均等化的一般性转移支付额度较小，而专项转移支付规模过大。税收返还实行的是对所有地区无差别的基数税收返还，这不仅无法解决因历史原因所造成的公共服务水平差异化问题，反而进一步固化了这种差距。

所以，要实现公共服务的均等化，首先要理顺中央和地方的财权和事权的匹配问题，明确中央政府与各级政府之间在教育、卫生、社会保障和生态环境等基本公共服务方面的事权，健全财力与事权相匹配的财政体制。同时，要完善均等化的转移支付制度，科学界定专项转移支付标准，增大一般性转移支付的比例。除了从中央到地方的纵向转移支付之外，也要建立从东到西的横向转移支付制度，逐步缩小区域间的公共服务差距。

（二）长期目标：可行能力视角下的社区建设

马克思提出人类社会发展的终极目标就是建立“每个人自由发展”的社会，即自由人联合体。中华人民共和国成立以来关于社会主义初级阶段理论的建构和实践，都是为这个最高目标打下基础。如果说上节所述的短期目标是为了解决当下社会分配问题的话，那么这里的长期目标就是为了构建社会主义和谐社会，进而实现公平正义的长期制度安排。这里的意义不仅仅是消除分配不公平，解决利益分化的问题，更深层次的意义是实现人的全面发展，达至人类社会最高的目

---

〔1〕 数据来自安体富：《公共服务均等化：理论、问题与对策》，《财贸经济》2007年第8期，第51页。

标。如何找出一条具有可操作性的道路呢？我们这里提出了通过社区的可行能力建设来实现这一长期目标的方案。

20 世纪 90 年代开始的社区建设，是建国以来又一次基层治理范式的转变，很多学者已经注意到这一点，并进行了广泛的讨论。夏学銮认为当下的社区建设是人类社会从社会到社区的回归，是人类在现代化进程中对于社会发展的第二次选择，是用人文精神建设大社会的客观要求。〔1〕林尚立等学者认为，社区建设为我国基层民主的发育提供了空间和动力，是我国民主发展的可行之路。〔2〕桑玉成和袁峰认为，以民主自治为特征的社区建设是降低政府治理成本的一项现实选择。〔3〕陈伟东认为，社区公共产品供给机制的构建过程，正是社区治理结构的形成过程，是政府与社会分权的过程，也是市民社会发育的过程。〔4〕杨敏认为，城市社区建设是为了解决单位制解体后城市社会整合与社会控制问题自上而下建构起来的国家治理单元，而不是一个可以促进公共领域形成或市民社会发育的地域社会生活共同体。〔5〕尽管不同学者的理解不完全一致，但是多数学者都赞同：中国的社区建设是在国家主导下，为适应社会转型期环境变化而主动做出的基层治理的调整，这样的调整正深刻影响着中国社会。如何利用社区建设这一契机，推进和谐社会的建构，促进社会公平正义的达成，这是本节讨论的中心。

1. 森的分配正义理论与中国社区建设

可行能力（capabilities）是阿马蒂亚·森分配正义理论的核心概念。它是指一个人有可能实现的各种可能的功能性活动组合，是“一个人所拥有的、享受自已有理由珍视的那种生活的实质自由”。一个人的可行能力集合由“这个人可以选择的那些可相互替代的功能性活动向量组成”。〔6〕可行能力也是一种评价正

〔1〕 夏学銮：《中国社区建设的理论架构探讨》，《北京大学学报（哲学社会科学版）》2002 年第 1 期，第 127—133 页。

〔2〕 林尚立：《基层群众自治：中国民主政治建设的实践》，《政治学研究》1999 年第 4 期，第 47—52 页；徐勇：《中国民主之路：从形式到实体》，《开放时代》2000 年 11 月，第 57—61 页；张艳国：《社区善治：基层民主政治发展途径研究》，《江西师范大学学报（哲学社会科学版）》2009 年第 6 期，第 23—30 页。

〔3〕 桑玉成、袁峰：《自治与基层民主政治》。载汤庭芬主编：《基层民主与基层组织建设》，人民出版社 2001 年版，第 155 页；项继权：《短缺财政下的乡村政治发展——兼论中国乡村民主的生成逻辑》，《中国农村观察》2002 年第 3 期，第 50—60 页。

〔4〕 陈伟东、李雪萍：《社区治理与公民社会的发育》，《华中师范大学学报（人文社会科学版）》2003 年第 1 期，第 27—33 页。

〔5〕 杨敏：《作为国家治理单元的社区》，《社会学研究》2007 年第 4 期，第 137—163 页。

〔6〕 阿马蒂亚·森：《以自由看待发展》，任赜、于真译，中国人民大学出版社 2002 年版，第 63、85 页。

义与非正义的方法。这种方法既不同于功利主义基于效用的评价方法，也不同于经济学中基于资源的评价方法，可以说是对这些方法的超越。因为这些方法还是构建在集中于效用信息的福利概念之上的，而可行能力方法则是构建于自由的概念之上的，这是近年来学者们所特别重视的理论焦点。[1]

可行能力方法是通过对一个人做他有理由所珍视之事情的可行能力来评价其优势，其关注点就是此人的实质自由。可行能力方法不仅能应用于个人，而且还可以应用于诸如社区这样的群体。[2]对于可行能力的运用，森指出了三种具体的方法。第一是直接法（包括全面比较、局部排序和突出的可行能力比较），这种方法是通过直接考察并比较功能性活动或可行能力的向量而检验我们对于各种状态可以得出什么结论；第二是补充法，使用传统的程序在收入空间进行人际比较，但运用可行能力方面的因素（常常以非正式的方式）作为补充；第三种是间接法，这种方法仍然聚焦于收入空间，不过收入之外的可行能力决定因素可以用来计算调整后的收入。[3]

森可行能力方法的重要优势在于其克服了其他流行的正义理论的某些重要缺陷。比如，对于功利主义的方法，森指出其三项重要的缺陷：漠视分配；忽略权利、自由以及其他非效用因素；个人福利标准的不稳定性。对于自由至上主义的方法，森认为其过分强调权利的绝对优先，有可能会导致损害人们用以实现他们有理由认为非常重要的事情的实质自由。而对于对当代正义研究影响最大的罗尔斯的正义理论，森用很大的篇幅进行了赞赏式的分析，但也指出它的一个重要缺陷：它“过于模式化，并过度简化了许多甚为复杂的大问题，即如何把公正原则的运作与人们的实际行为结合起来，而这正是对社会公正进行实践理性思考的核心”[4]。此外，森的方法的另一个重要的优势就是在现实关照下的可操作性，以自由和机会为其评判的内核标准，能够清楚地区分人与人（或群与群）之间在各自可行能力上的差别，使我们清楚地辨别个人（群体）真正的弱势所在。

三十多年来以经济增长为核心的发展观深刻影响了中国的社会发展观，这种发展观仅仅关注物质财富的增长而忽视其他实质自由的扩展。由此引起的种种问

---

[1] 阿马蒂亚·森:《理性与自由》，李风华译，中国人民大学出版社 2006 年版，第 7 页。
[2] 阿马蒂亚·森:《正义的理念》，王磊、李航译，中国人民大学出版社 2012 年版，第 214、226 页。
[3] 阿马蒂亚·森:《以自由看待发展》，任赜、于真译，中国人民大学出版社 2002 年版，第 68 页。
[4] 阿马蒂亚·森:《正义的理念》，王磊、李航译，中国人民大学出版社 2012 年版，第 61 页。

题，成为目前社会发展遇到的最大障碍。森的可行能力理论对于我们国家的社区建设最重要的启示，就是在今后的发展中应特别重视人实质自由的培育和扩大，也就是可行能力的提高。根据森的思想，社区可行能力就是指社区以及其中的个人能够达致其所珍视的生活实质自由。作为区域性社会的社区，社区的可行能力不仅是个人的可行能力，还包括社区作为群体的可行能力。社区建设与发展应以这两种可行能力的培育与扩展为目标，以此来纠正几十年来不可持续的发展观念。

社区中的这两种可行能力是不同的。如森所指出的，既然群体并不是以个人思考的方式来进行思考的，那么显而易见，群体的可行能力不同于个人的可行能力。[1]所以，两者的功能性活动向量集不会完全相同。如何确定可行能力的功能性活动向量集呢？森在评价罗尔斯的先验主义正义理论时，提到了一个重要的观点：追求正义的主旨并不仅仅是努力建立一个绝对公正的社会，幻想一蹴而就地实现绝对公正的世界并没有多大的意义。真正重要是在现实世界中避免出现极度的不公正，并通过对世界上不公正问题的讨论逐步改善各种的不公正。另外，森对于工具性自由的分类也提供了一个很好的参照系。他将工具性自由分为：政治自由、经济条件、社会机会、透明性保证、防护性保障等五种类型。[2]根据以上的思想和分类，我们在对社区可行能力的功能性活动向量进行选择的时候，就应当把重点放在那些能够消除目前我们国家正存在的明显不公正的向量。这样，我们便可以粗略地呈现出社区可行能力的功能性活动向量集表，如下表所示。

表 4.9　　社区可行能力的功能性活动向量集表

自由的分类	作为个体的社区可行能力	作为群体的社区可行能力
政治自由	选举的自由、监督的自由、政治表达的自由等	组建社团的自由、社团活动的自由、政治表达的自由等
经济条件	保障私人财产的自由、获得国家金融资源的自由、地域性收入能力等	保障公共财产的自由、地域性资源条件、获得国家经济支持的自由等
社会机会	受教育的机会、医疗保健的机会、养老保障的机会等	教育条件、医疗保健条件、养老条件等
透明性保证	知情权	知情权
防护性保障	社会保障、救济性保障等	自我保护能力、救济能力等

〔1〕 阿马蒂亚·森:《正义的理念》，王磊、李航译，中国人民大学出版社 2012 年版，第 226 页。
〔2〕 阿马蒂亚·森:《以自由看待发展》，任赜、于真译，中国人民大学出版社 2002 年版，第 31—33 页。

2. 社区可行能力与社会公正

既然我们是以消除明显的不公正作为我们设定社区可行能力向量的指导思想，那么，每一种向量所表达的实质自由与现实社会中的公平正义有怎样的关联呢？从以下对于每一种向量的解释性阐述中，可以清楚地看到这一联系。

表中第一类是政治自由，指的是社区成员拥有确定应该由什么人获得社区的执政权而且按什么原则来执政的机会，也就是社区成员在社区自治方面所拥有的自由。具体包括选举的自由、监督的自由、政治表达的自由等，这些自由涵盖了我国社区管理中所提的“民主选举、民主决策、民主管理、民主监督”这四大基本原则。作为群体的社区来说，这一类自由包括了社区群体组建社团的自由、社团活动的自由、政治表达的自由等。在社区中，政治自由的可行能力与社区内公共领域的发展是紧密相关的。公共领域就是哈贝马斯所说的“最好被描述为一个关于内容、观点、也就是意见的交往网络；在那里，交往之流被以一种特定方式加以过滤和综合，从而成为根据特定议题集束而成的公共意见或舆论”[1]。公共领域保证了社区成员公共理性的存在空间，社区内的许多具体的议题就是在此空间内由社区成员进行公共讨论后达成的比较一致的公共理性。从这一角度来看，政治自由的可行能力在社区公共领域中的扩展实质上是社区内协商民主发展的一种表现。

第二类是经济条件，指的是社区成员或群体分别享有的为了消费、生产、交换的目的而运用其经济资源的机会。一般说来，一个人的经济权益取决于他所拥有的或可资运用的资源和交换条件。对于社区个体，这些可行能力包括：保障私人财产的自由、获得国家金融资源的自由、地域性收入条件等。私人财产的保障对于个人经济权益的保护和个人经济的发展至关重要，保障私人财产的自由应该是社区建设中重点关注的内容。获得国家金融资源的自由指的是作为个体的经济主体，是否有平等的机会获得国家信贷等金融资源的自由。在我国，相对于国有企业和大型私企，个体在这方面的可行能力明显不足，这也是影响个人经济发展的一个重要的原因。地域性收入能力指的是个人由于地域性的原因而获得不同的收入的能力。由于历史上人为的制度安排，我国现在的城乡二元社会已经成为社会公平的最大障碍。由于城乡地域性的差异，农村社区的成员与城市社区的成员

---

〔1〕 哈贝马斯：《在事实与规范之间》，童世骏译，生活·读书·新知三联书店 2003 年版，第 446 页。

的收入有明显的差异。而收入能力的不足，很大程度上影响到农村居民的其他方面的实质自由，如受教育的机会、退休的延迟、养老的保障等。

在经济条件这种向量中，作为群体的社区可行能力包括保障公共财产的自由、地域性资源条件、获得国家经济支持的自由等。公共财产指的是社区内公共设施等社区成员共同拥有的财产。社区中具有商业价值的地块也是重要的公共财产，这样的财产能够为社区公共事业提供相当的资金支持，保护这一类的公共财产不被国有化或私人化是非常重要的。在农村社区中，这方面主要是指集体的土地（宅基地、田地、林地等）。作为唯一能够持续性保障食品产出和长期增值的财产，农村社区的集体土地不仅是社区成员最重要的生存保障，而且是国家生存的重要保障。所以，对于农村社区建设来说，农村集体土地的保护应是其中重要的一项内容。城市地域性资源条件指的是社区所拥有的自然的或者是社会的各种资源。获得国家经济支持的自由主要是指在公共产品的供给上获得国家支持的自由。在我国，由于地域差异，这一自由也存在很大的差别。农村与城市、东部与西部，社区在获得国家经济支持的可行能力具有很大的差别。

第三类是社会机会，指的是可能会影响个人或群体享受更好生活的实质自由在教育、医疗保健等方面的安排。对于社区个体来说，这方面的可行能力包括受教育的机会、医疗保健的机会、养老保障的机会等。目前我国初等教育虽然已经普及，但教育水平的地域性的差距，依然非常大，这一差距自然会影响他们将来接受高等教育的机会，进而会直接影响其追求更好的生活的实质自由。除了受教育机会存在明显的不公正之外，医疗保健和养老保障的机会也存在地域性的巨大差异，农村社区居民的医疗保障和养老保障水平远远低于城市社区居民所享受的水平。在这一类别中，作为群体的社区可行能力包括教育条件、医疗保健条件、养老条件等。很多研究都表明，近几十年来，社会机会的不公平严重阻碍了社会的正常流动，逐渐呈现出阶级固化的现象，这就是社会机会的受剥夺者因其可行能力的降低而造成的明显的社会不公的后果。所以，这一类的可行能力在当今的社区建设中应该引起特别重视，并拿出有效的措施进行改善。

第四类是透明性保证，是指人们在进行交易或者公共讨论时，在做出合乎真实情况的理性判断时需要的公开性信息的支持。所以，这一类的可行能力涉及的是人们对于信息公开的需要。在社区范围内，对于每一个社区成员，当他们对一项公共政策进行讨论或者对某一项公共事务对自身利益的影响进行计算时，只有在全体成员都获得进行理性判断所需的足够信息时，才能通过公共讨论和协商达成一个全体成员一致同意的公平结果。这样的公共领域的讨论才是有效的讨论，所得的结果才为民主的结果。同样，对于作为群体的社区来说，在社区或者更高的层面上，它的这一项可行能力在关乎自身社区建设和发展的公共讨论或理性计算时也十分重要。就如森所说的，“这种保证对防止腐败、财务渎职和私下交易所起的工具性作用是一目了然的”[1]。

最后一类是防护性保障，是对于处于弱势或实际落入贫苦的人提供的社会安全网，防止他们遭受深重痛苦。这种保障可以是固定的制度性安排，也可是临时应急安排。对于社区成员个体来说，这种可行能力就是自己可获得的社会保障或救济性保障。对于作为群体的社区来说，这种可行能力包括自我保护能力和救济能力。这些能力在社区遭受自然灾害或其他紧急情况时，尽量减轻对自身的伤害，具有重要的意义。

在这五类实质自由中，除了本身能扩展人们的可行能力，它们之间也能够相互补充，进而相互强化。比如基础教育的发展能够明显促进经济增长。所以，在社区建设中考虑相关发展政策时，也应特别注意这些关联。从我们对社区可行能力向量的分析中可以清晰地看出，这些向量的发展实际上与社会不公正的消除密切相关。分配正义观下的中国社区建设，正是以消除显而易见的不公平作为目标；而对于社区可行能力向量的分析，正为社区建设提供了清晰的目标导引。因此，在分配正义观念支配下的社区建设，不仅是自下而上的社会发展运动，也是自下而上的和谐社会建设的运动。

3. 社区可行能力扩展的内部制度建设

上一节从我们对功能性活动向量表的讨论中，已经比较清楚地看出了我国社区建设需要努力的方向。我们目前的社区建设，从分配正义的视角来看，并不是要建设一个完美公正的基层治理制度和基层社会空间，而是通过社区建设逐步消除业已存在的不公正，而具体的路径就是对于社区可行能力的扩展。如何在社区建设中通过制度建设和人的建设[2]来推进社区可行能力的扩展，是当下社区建

---

〔1〕 阿马蒂亚·森：《以自由看待发展》，任赜、于真译，中国人民大学出版社 2002 年版，第 33 页。

〔2〕 “人的建设”是指按照社会和人的需求对社会主体——人自身的改造活动。在这里是指通过教育或其他公共活动增进对于新制度的理解，进而推进新制度的真正实施。对于此概念的研究参见牛献忠：《人的建设论》，博士学位论文，中共中央党马克思主义哲学系，2002 年。

设中操作层面所需要关注的重点。那么，在社区建设中，扩展社区这一类实质自由的可操作路径和动力是什么呢？针对社区的自治性质，参考西方治理转型的历史经验，我们认为应该从社区的外部环境和内部环境两方面进行考察。社区的外部环境是指国家层面和社会层面上影响相关社区建设的推动因素，内部环境是指社区内推进社区建设的治理环境。

从国家层面来看，我们应考察我国是否具有建设推进社区可行能力扩展的政治空间，或者说，能够推进社区可行能力扩展的相关制度是否具有国家层面的合法性基础。根据学者的研究，在西方社会，20 世纪以后西方国家的传统治理模式开始转型，其原因主要是权力来源的多样性和市民社会日益发育成熟。[1]而在我国，改革开放以来市场经济的快速发展，直接扩展了基层社会的空间和基层社会的自主性。国家与社会的关系逐步从原来的全能主义（totalism）的关系（国家对社会的全面控制）转向法团主义（corporatism）的关系（国家与社会相互增权，形成强国家—强社会的关系）。[2]所以从国家层面上，国家以制度供给的方式给予了社区民主自治建设以合法性基础。那么，社区的民主自治这一笼统的制度架构是否与推进社区可行能力的扩展的制度架构相冲突呢？从社区可行能力的功能性活动向量集表中可以看出，这两者非但不冲突，而且高度契合。如政治自由类别的选举、监督与政治表达的自由同样是民主自治应有的基本要素。可以说，在社区层面上，社区民主自治的建设正是拓展社区可行能力的制度建设。由此可见，推进社区可行能力扩展的制度建设在国家层面是有充分合法性的。

在社会层面，改革开放以来，市场经济的发育推进了个体经济和民营经济的增长，多种所有制并存的所有制结构的合法化，“单位制”的瓦解等多种因素逐步削弱了国家对于社会的控制。结果就是，三十多年来社会的自主性空间逐渐增大，市民社会开始发育。与之相关的事实就是民间组织的发展，到 2012 年 3 月，我国登记的社会团体有 25.8 万个，民办非企业 20.6 万个，基金会 2646 个。[3]同时，互联网等新媒体的自由度和独立性逐步增强，为公民的公共讨论提供了空间，这些讨论有效地促进了公民公共理性的发展。另外，对于个体来说，初等教

---

〔1〕 徐勇：《治理转型与竞争——合作主义》，《开放时代》2001 年第 7 期，第 27 页。
〔2〕 顾昕：《公民社会发展的法团主义之道》，《浙江学刊》2004 年第 6 期，第 70 页。
〔3〕 民政部门户网站：《2012 年一季度全国社会服务业统计数据》，http：//files2. mca. gov. cn/cws/201204/20120428123417784. htm

育的普及和高等教育机会的大幅提升，大大提高了公众的受教育水平。教育可以有效地提升个人的政治认知水平[1]，与政治认知水平密切相关的是民主意识和平等意识的提升。如亨廷顿等人的研究，民主意识与平等意识，可以推进人们的政治参与。[2]市民社会的发育、政治参与意识的提升、对平等的渴望和对自身改善意识的增强，都成为现在推动社区可行能力扩展的动力来源。

从以上分析来看，推进社区可行能力的扩展的外部环境已经具备。那么，在社区内部，是通过怎样的治理环境来推进相关的社区建设的呢？这里有与之相关的两个最为重要的因素，一是社区成员的政治参与，第二是社区公共领域的发育。社区公共领域实质是市民社会在社区这一区域性社会的映射，是社区内公民的公共讨论空间。积极的政治参与，有助于社区内基于民意的公共决策的达成，而社区公共领域则是对这些公共决策进行正义性审视的有效途径。

从制度建设层面来看，社区成员积极参与的动力除了对自身利益的关注之外，还应该有法律所赋予的相应政治自由，如选举权、监督权、政治表达权和知情权等。目前，社区内政治参与的制度支持，主要表现在针对农村社区和城市社区所制定的组织法上面。《村民委员会组织法》对于政治自由的规定较为详细；在实践中，个别农村社区做出了积极的探索，如邛崃市油榨乡马岩村的“五瓣梅花章”举措。但大多数的农村社区中民主监督、民主决策、民主管理的实践并不理想，传统的行政管理色彩还是比较浓。城市社区中的民主自治建设明显落后于农村社区，现有的《城市居委会组织法》对于社区居民政治自由的规定远不如《村民委员会组织法》周全和详细。城市社区在制度建设方面落后于农村社区的进度，可能有许多原因：城市社区邻里关系的陌生、缺乏公共的经济基础、流动性大、异质性强等。虽然如此，无论在城市还是农村，社区建设的目标却是相同的，那就是在推进民主自治的基础上实现国家与社区之间合作管理。[3]

另外，从社区成员自身来看：很多研究表明，中国社区内的制度化的政治参

---

〔1〕 阿尔蒙德等：《当代比较政治学——世界展望》，朱曾汶、林铮译，商务印书馆 1993 年版，第 46 页。

〔2〕 亨廷顿等：《难以抉择——发展中国家的政治参与》，汪晓寿等译，华夏出版社 1988 年版，第 75 页。

〔3〕 中共中央办公厅和国务院办公厅在 2000 年发布的《民政部关于在全国推进城市社区建设的意见》中就明确传达出国家对于社区建设的理念，其中指出城市社区建设的指导思想是“从我国基本国情出发，改革城市管理体制，强化社区功能，巩固党在城市工作的组织基础和群众基础，加强城市基层政权和群众性自治组织建设，提高人民群众的生活质量和文明程度，扩大基层民主，密切党群关系，维护社会政治稳定，促进城市经济和社会的协调发展”。而在 2007 年发布的《全国农村社区建设实验县（市、区）工作实施方案》的通知中，对于农村社区建设的指导思想与城市社区并无多少差异。

与率并不高，不理想的民主监督和民主决策实践正反证了这一点。但是，近年来非制度化的政治参与（上访、集体申诉、群体性对抗等）却十分活跃。调查也表明，我国公民的政治参与的意愿和对政治参与价值的肯定程度还是比较高的。如在2011年的一个村民对民主选举制度态度的调查中，有23%的村民认为非常重要，61%的村民认为重要，能够帮助他们参与到自身的事务管理活动中，只有8%的村民认为不重要，8%的村民认为无所谓。[1]较低的制度化的政治参与率与较高的政治参与意愿看似相互矛盾，这正说明，在没有民主传统的社会中，民主的实践也需要长期的培养和训练。非制度化的政治参与的活跃表明，目前在社区层面以及社区以上的政治空间中还缺乏有效地民意表达的机制。

关于这一个问题，达尔认为政治效能感是影响个人政治参与的重要因素。他说："如果你认为你的所作所为无足轻重，因为你无论如何不能有效地改变结果，那你就不大会介入政治了。许多重要的研究显示，对个人能有所作为的信心与一个人政治介入的程度有密切的关系。个人的政治效能感越弱，他就越不会卷入政治。"[2]实证研究表明，对于个人的政治效能感，教育程度、经济收入、政治知识、政治讨论对其有显著影响。[3]与社区可行能力向量表相对比就会发现，对于社区可行能力的培养，也正是对于政治效能感影响因素的培养。所以社区可行能力的扩展与政治参与，两者之间并不是严格的单向的因果关系，而是一种双向互动的关系。两者之间相互促进，共同发展。

除了社区成员积极的政治参与之外，市民社会的发展对于社区可行能力的扩展同样重要。前面我们已经提到，市民社会在我国社会中已经开始发育。市民社会发育的意义不仅仅是非政府组织、民间组织等社会团体的发展，更重要的是与社区可行能力发展密切相关的公共领域的发展。哈贝马斯在论述市民社会时指出，"构成其建制核心的，是一些非政府的、非经济的联系和自愿联合，它们使公共领域的交往结构扎根于生活世界的社会成分之中。组成市民社会的是那些或多或少自发地出现的社团、组织和运动，他们对生活领域中形成的那些问题加以感受、选择、浓缩，并经过放大以后引入公共领域。旨在讨论并解决公众普遍关切之问题的那些商谈，需要在有组织公共领域的框架中加以建制化，而实现这种

〔1〕 允春喜：《农民政治参与的现状调查与思考》，《科学与管理》2011年第3期，第6页。
〔2〕 罗伯特.A·达尔：《现代政治分析》，王沪宁、陈峰译，上海译文出版社1987年版，第135页。
〔3〕 金姗姗：《政治参与行为对政治效能感的影响》，《甘肃行政学院学报》2012年第2期，第53页。

建制化的那些联合体，就构成了市民社会的核心”[1]。

4. 社区可行能力扩展的外部环境动力

前面我们仅仅从社区的层面讨论了扩展社区可行能力制度建设方面的问题。下面我们以更为开阔的视野，以社区之外和社区之上的外部环境出发，探讨如何才能有效地扩展社区可行能力。前面已经提到，在国家层面上，国家对于社区的建设理念与推进社区可行能力的制度建设之间有着高度的契合，通过社区的民主自治建设达到社区善治的效果。然而，如果我们将视野扩展到社区之外来看待社区建设，就会发现：在国家执政理念和制度层面上，我国仍旧存在大量限制社区可行能力发展的种种障碍。这些可以说是社区之外的制度环境障碍，如国家的教育政策、医疗保障政策、社会保障制度、社会救济制度、物权制度等。前面我们已经提出，社区可行能力的培育与扩展，其本质就是对于社区自由的扩展，来消除业已存在的明显的不公平，纠正实际中不可持续的发展理念，最终促成和谐社会的形成。可是，这样的目标如果没有切实的动力支持，那也只是一厢情愿的幻想而已。

那么，是否有可支持的动力来源呢？笔者认为，不但有，而且有非常充分的动力支持，这就是国家建设理念的支持。从建国以来的历史经验可知，我国基层治理的制度构建和模式转换，无一不是在国家主导下通过制度供给的方式得以实现的，当下的社区建设也不例外。建国以来我国对于未来国家走向和国家建设方面的理念，就是社区自由扩展的充足的动力支持。如作为建国纲领的《中国人民政治协商会议共同纲领》中明确提出“中华人民共和国人民依法有选举权和被选举权。中华人民共和国人民有思想、言论、出版、集会、结社、通讯、人身、居住、迁徙、宗教信仰及示威游行的自由权”[2]。根本大法《中华人民共和国宪法》中，也明确地规定了保护和发展我们前面已经提出的作为个体的社区可行能力的各个实质自由的向量，如政治自由（第二十七条、第三十四条、第三十五条）、经济条件（第十三条、第四十二条）、社会机会（第十九条、第四十五条、第四十六条）、透明性保证（第二条、第三条、第二十七条、第四十

[1] 哈贝马斯：《在事实与规范之间》，童世骏译，生活·读书·新知三联书店2003年版，第454页。

[2]《建国以来重要文献选编》第1册，中央文献出版社1992年版，第2页。

一条）[1]、防护性保障（第四十五条）。所以，从我国的建国目标和长远发展目标来看，社区可行能力的培育是其中重要的内容，社区可行能力的发展具有充分的合法性基础。

既然从国家建设的理念中，可看出扩展社区可行能力的充分动力来源，那么现实中仍然存在的制度性障碍自然应当在国家主导下逐步地消除。阿马蒂亚·森曾指出，个人的可行能力严重依赖于经济的、社会的、政治的安排。在制定适当的制度性安排时，必须超越个人全面自由的基础性意义，去考虑不同类型自由的工具性作用。自由的工具性作用包括若干种不同但相互关联的组成部分，诸如经济条件、政治自由、社会机会、透明性保证和防护性保障。他又指出，国家和社会在加强和保障人们的可行能力方面具有广泛重要的作用。这是一种支持性的作用，而不是提供制成品的作用。[2] 所以，通过对社区可行能力向量表的审视，我们能够显而易见地发现，在五类工具性自由中，哪些明显的不公正的制度安排需要尽快地排除。

从上面论述中可看出，社区可行能力的扩展在我国具有充分的合法性基础和动力支持，其发展受到诸多因素的共同影响；而这些因素之间又有着直接或间接的联系，这些因素构成了空间中复杂的立体网络。所以，我们不能轻易地说哪个因素是决定社区可行能力的最关键因素，因为在一个复杂的动力系统中，每一个因素都有着不可忽视的作用。现在我们可以做的，是找到那些可以扩展社区可行能力因素，并提升它们的影响力。同时，在发展中进一步提升社区发展的认识能力，形成持续的动力源泉。

5. 社区可行能力发展的制度路径

对于社区可行能力的扩展，其最终目的是对社区自由的扩展。从这一视角来看待社区发展，就要转变当前我们对于发展的观念。正如森所说，“不能仅仅依

---

〔1〕 公民的知情权的宪法基础，莫于川教授的分析十分客观准确，他说：“从宪法基础来看，国家行政机关之所以必须实行情报公开，是因为人民主权原则要求行政机关负有向社会公开公共信息的义务，而且这是公民行使知情权信息权的主要内容，也是公民行使监督权、现代参政权和言论自由权的题中应有之义。同时，我国现行宪法第 2 条、第 27 条第 2 款、第 35 条、第 41 条第 1 款也从不同角度直接或间接地规定了行政机关负有公开公共信息的义务。正因为如此，我们说国家行政机关既有为实施行政管理、维护公共利益而取得、占有、分配和掌管公共信息的权力，又有为提供行政服务、维护公民权利而公开公共信息的义务，这是宪法和宪政的要求。”参见莫于川：《有限政府·有效政府·亲民政府·透明政府——从行政法治视角看我国行政管理体制改革的基本目标》，《政治与法律》2006 年第 3 期，第 11 页。

〔2〕 阿马蒂亚·森：《以自由看待发展》，任赜、于真译，中国人民大学出版社 2002 年版，第 42 页。

据硬性指标的提升（比如国民生产总值的增长），或者工业化的进步来看待发展，尽管它们是实现目的的重要手段。它们的价值必须取决于它们对于相关人的生活和自由产生什么影响，这是发展理念的核心”[1]。而我国长期以来的发展观，仅仅局限于物质财富的增加、GDP 的增长这一狭隘的视域之中。基于这样的发展观下，国家不但自上而下地进行制度激励，而且物欲主义的幸福感也充斥于国家所掌控的各种媒体之中。忽略了分配正义的经济增长，带来的是基尼系数的不断攀升和人民相对剥夺感的不断加强。

以扩展社区可行能力的发展观，显而易见，是有助于消除当前中国存在的明显不公平的有效路径，“更大的自由使我们有更多的机会去实现我们的目标——那些我们所珍视的事物”[2]。从自由的角度看待分配正义的优势在于，避免了结果平等主义的正义观无法容纳个人偏好的困境，如虔诚的佛教信徒与享乐主义者获得相同幸福感的生活，完全不需要相同的物质基础。再如，向往城市生活而不能的农村人，与可以迁往城市而乐于田园生活的农村人，虽然都是生活在农村，但两者的实质自由却大不相同。再者，它避免了构建罗尔斯式的完美公平世界在现实中不具可操作性的困境，遥不可及的理想对于现实社会的改进并无多大用处。

扩展社区的实质自由是分配正义观下社区建设基本的指导思想。那么，这种理念下具体社区建设的路径是怎样的呢？从我国现有的制度架构来看，一条可行的路径是从现有的基层治理向社区善治转变，再从社区善治向社区民主自治过渡。

民主作为一项具有古老历史的制度，在现代意义上早已突破了早期的选举和投票的制度。现代多数政治学者都认为，民主是公共理性下的“协商性治理”。在这一观念下，森讨论了基于民主的政治自由与社会发展之间的建构性联系，论证了民主制度与社会正义的互动关系，由此也间接地揭示了人的实质自由的扩展与民主发育的相互影响。[3]从这一论断容易推理出这样的观点：社区自由的扩展与社区民主的发育之间也是相互促进的关系；民主制度虽然不是完美的制度，但它却是扩展人们的自由和保障人们追求正义的可行的制度。以扩展社区可行能

---

〔1〕阿马蒂亚·森:《以自由看待发展》，任赜、于真译，中国人民大学出版社 2002 年版，第 322 页。
〔2〕阿马蒂亚·森:《正义的理念》，王磊、李航译，中国人民大学出版社 2012 年版，第 212 页。
〔3〕阿马蒂亚·森:《正义的理念》，王磊、李航译，中国人民大学出版社 2012 年版，第 299—329 页。

力为目标的社区建设理念本身，也清楚地揭示了社区发展与社区民主之间的建构性联系，那是因为社区可行能力中政治自由的向量正是民主权利的基本要素。社区民主不能仅仅看作是选举式的代议制民主，因为在社区这一有限的地域性空间中，完全具备了实质的直接式民主的条件，这种民主就是罗尔斯和森所称道的协商式民主。当代许多学者将实质民主看成是协商式民主，即自由平等的公民通过民主的辩论达成理性的一致〔1〕。

国内学者特别分析了协商式民主在中国的适用性，并指出中国传统的政治文化中也不乏协商政治的思想资源，如儒家“和”的精神、传统的“民本”政治、谏官制度等〔2〕。哈贝马斯对于公共领域的阐释揭示了协商民主的核心内涵，即通过公众在公共领域内进行的平等辩论和协商，从而达成公众的共识。哈贝马斯特别强调了公共领域与市民社会的密切联系，他指出“这种密切联系是通过各方在人民的政治意志形成过程中进行合作的权利、通过公民的积极的和消极的选举权利（以及其他参与权利）而得到保障的”〔3〕。如前面我们所论述的，协商式民主正是适合于社区内的民主实践。社区有限的区域与人口，容易实现公共领域内的理性讨论，社区的共同利益吸引了社区成员的政治参与。这种直接式的民主形式比之选举式民主更具吸引力，也更符合社区中议事和决策的习惯。

虽然民主自治是社区建设追求的治理模式，但对于眼下中国社区建设实践来说，其制度建设与“人的建设”明显滞后。为避免淮橘为枳，应具有一段培育民主环境的过渡期，此过渡期的基层治理模式即社区善治。善治理论自九十年代后期引入我国，到现在已经有了非常充分的讨论。大多数学者都同意善治理论是符合我国基层治理发展的新理念。虽然有的学者将善治理论扩展到县域一级来进行讨论〔4〕，但限于目前我国基层治理的制度的合法性制约——目前我国只有在社区这一层级具有法律所承认的自治性——真正能够推行这一新的治理理念的空间只有在社区之中。

基层治理不可能完全绕开国家层面的政治架构，而善治理论的“本质特征

〔1〕 James Bohman and William Rehg: *Deliberative Democracy: Essays on Reason and Politics*, The MIT press, 1997. p. 321.

〔2〕 陈剩勇:《协商民主理论与中国》,《浙江社会科学》2005 年第 1 期，第 28—32 页。

〔3〕 哈贝马斯:《在事实与规范之间》，童世骏译，生活 · 读书 · 新知三联书店 2003 年版，第 455 页。

〔4〕 钟其:《县域善治；基层社会管理创新的理想模式》,《浙江学刊》2012 年第 1 期，第 167—171 页。

就在于它是政府与公民对公共生活的合作管理”[1]，这恰好调和了上层政治架构与基层治理架构之间的矛盾并可获得良好的治理效果。社区善治的优势就在于它在社区成员积极的政治参与和国家的制度供给之间达成了一致与平衡，构建出一种国家与社会之间良性互动的关系。它的合法性、透明性、责任性、法治、回应和有效等基本要素，恰好与社区可行能力的活动性向量之间有着高度的契合。在目前城市街居体制和农村村治中行政化色彩依然浓重的现实之下，社区善治作为一种治理理念，提供了一条基层治理从管制到民主自治的可行的过渡路径。另外，如前所述，影响社区可行能力扩展的社区内的两大因素：政治参与和市民社会，它们的发展与社区善治的理念也是相当一致的。善治所倡导国家与社会的合作与互惠、多元的权力主体、互动的自主网络、组织的合作主义取向等理念，正是保障和促进市民社会发展和公民政治参与的有力支撑，两者之间可形成相互促进的互动关系。

社区善治的建设之路也是社区民主的培育之路。民主的实施，不仅仅是民主制度的建构，更重要的在于个人的民主素质、政治参与意识等民主环境的形成。民主的培育是渐进的过程，需要相当长的时间，而且需要相对稳定的政治社会环境。社区善治的理念正是调和国家与基层民众之间关系的现实途径，它在国家权力与社区自治权力之间设立了缓冲地带，相对容易地在社区形成稳定的环境，这也正是培育民主所需要的环境。虽然我们将社区善治视为社区真正民主自治的过渡阶段的治理模式，事实上民主自治的发展与社区善治的发展并非是线性的关系，社区善治与社区内协商民主可以并行不悖地发展。正如我们在政治自由的功能性活动性向量的解释中所说的，社区内的协商民主，实质是社区成员在社区公共领域内达成一致性的公共理性的过程。从这一视角来看，社区善治是处理国家与社区这一区域性社会合作管理的问题，而社区协商民主则是处理社区内公共事务决策的公共理性达成的问题。社区善治与社区民主两者之间并行不悖且相得益彰。

社区协商民主的发展，除了治理范式的转变和治理环境的适合外，社区外的环境因素也是制约社区民主发展的桎梏。对于中国的现实来说，作为基层民主的社区民主，同样是在国家主导下而发展的。在中国的政治环境下，民主得以发展

---

〔1〕 俞可平主编:《治理与善治》，社会科学文献出版社 2000 年版，第 8 页。

的一个先决条件是政府的转变。也就如萨托利所言："只有当受治者与治者的关系遵循国家服务于公民而不是公民服务于国家、政府为人民而存在而不是相反这样的原则时，才有民主制度存在"。[1] 前面我们已经提到，近些年来我国政府治理理念的转变，已经给予了基层民主发育的空间，所以，社区民主不再是空中楼阁式的理想，而是真正立足于现实的政治实践。

除此之外，对于社区民主，从公共理性的角度来看，还有一个重要的外部影响因素需要特别加以重视，那就是自由独立的媒体的支持。森指出，自由独立的媒体之所以重要，是因为它具有五方面重要的贡献：一是新闻自由对于我们生活质量的直接贡献；二是在传播知识和批判性思考上有着重要的信息作用；三是通过发出自己的声音对被忽视者和弱势群体进行保护；四是提供开放的交流和辩论的平台来促使开明而不受限制的价值观的形成；五是促进公共理性的形成。[2] 我国当下，具有批判精神的自由媒体的缺乏，限制了民众的公共讨论，进而限制了公共理性的形成。而媒体的娱乐化倾向，又进一步消解了公众的公共理性。正如尼尔·波兹曼所说的："有两种方法可以让文化精神枯萎，一种是奥威尔式的——文化成为一个监狱；另一种是赫胥黎式的——文化成为一场娱乐至死的闹剧。"[3] 扫除这一制度性的障碍，对于社区民主的发展具有至关重要的意义。

社区建设中民主发展的趋向，自然与世界的民主发展潮流相一致。我们既不能把社区民主意识形态化，将民主与资本主义制度相联系；也不能将民主发展看作是历史所决定的，它并不是历史发展的必然。民主只不过是人们依据已有的经验和知识在现存可选的制度中所选择的适合个人与社会、个人与国家协调发展的一种制度形式。社区建设中选择民主作为其发展的制度形式，是一种可促进社区发展的理性选择。这种选择于国于民皆有益无害，其本身并没有任何意识形态的指向。民主实践中的协商民主更符合社区自身的特点，它既有选举式民主的权力的让渡，也有对让渡的权力的监督，既符合程序上正义，也能避免多数人统治中对少数人权利的侵犯，因此特别适于在人数有限的社区建设中应用。并且这种民主形式也容易与中国自身的文化资源相结合，易于社区成员所接受。

---

〔1〕 乔万尼·萨托利：《民主新论》，冯克利、阎克文译，上海人民出版社 2009 年版，第 46 页。
〔2〕 阿马蒂亚·森：《正义的理念》，王磊、李航译，中国人民大学出版社 2012 年版，第 312 页。
〔3〕 尼尔·波兹曼：《娱乐至死》，章艳译，广西大学出版社 2004 年版，第 201 页。

6. 现实检视：社区建设相关的制度改革

以扩展社区可行能力的视角来检视现下的社区建设制度，从消除明显不公平的标准来看，除了上一节已经论述的户籍制度改革、基本公共服务供给均等化以外，以下的几项制度也应首先加以改革。

第一是自由媒体。自由媒体在现代民主政治中的作用越来越明显，而现代信息技术的发展又进一步推动了自由媒体的作用。自由媒体不仅扩大了公众的公共领域，搭建起公众理性讨论的平台，而且还具有很强的民主监督的功能。自由媒体的天敌便是书报新闻的审查制度。马克思曾批判过：“一片灰色就是这种自由所许可的唯一色彩。每一滴露水在太阳的照耀下都闪现着无穷无尽的色彩。但是精神的太阳，无论它照耀着多少个体，无论它照耀什么事物，却只准产生一种色彩，就是官方的色彩！”[1]以互联网为代表的新媒体的发展，已经从技术方面对于新闻审查制度给予了极大的冲击，技术对于制度诱变已经产生了强大的推动力。无论从适应现代信息社会方面，还是从建设公平正义社会方面，审查制度的废除已经成为必然。

第二是社区内民主监督制度的建立。目前社区民主建设中的民主选举制度已实施多年，制度上已比较完善，虽然还存在贿选的现象，毕竟瑕不掩瑜。然而对于社区行政过程的民主监督制度却很不完善，民主监督的效果也很不尽如人意。民主监督中的财务公开制度、政务公开制度、干部考核任免制度、居民代表会议制度等，或者徒具形式，或者无实施细则，或者还未建立。社区因其有限的地域、有限的社区成员和熟人或半熟人社会关系，更加适于协商式的直接民主形式，而不是代议制民主。协商民主需要居民在公共领域内通过理性的辩论而达成一致，必要的前提就是社区内的居民对于所讨论的议题相关的信息有足够的了解，而这就需要可操作性的民主监督的细则的制定。

第三是社区内两委关系的调整。目前社区内两委关系的处理也是社区民主建设能够顺利开展的关键。在先前的基层治理模式中，村（居）一级设置了党支部和村（居）委会，实施党支部一元化领导。而现在民主自治的基层治理模式中，两委关系仍然没有明确。在目前社区建设的大背景下，两委关系应该加以明确，村（居）委会作为社区居民选举出来的自治组织，应负责本社区的公共事

〔1〕《马克思恩格斯全集》第1卷，人民出版社1972年版，第111页。

务和公益事业，对全体社区成员负责。而社区内的党组织，应该尊重村委会的法律地位，注意更新观念，改进领导方式和工作方法，善于“抓大放小”“有所为有所不为”，克服大包大揽、削弱甚至取代村级组织的作用。

我们所列举的几项需要改革的制度中，户籍制度、公共服务供给制度、自由媒体等是社区可行能力扩展的外部环境变量；社区内民主监督制度、社区两委关系调整是社区的内部环境变量。一项制度，从理念到制度实现，没有适合的内外部环境，是难以成功的，以分配正义观为基本理念的社区建设同样需要相应的内外部环境的配合。所以，中国的社区建设不仅仅是基层治理范式的转换，而是整个体制的系统性变革。

四、小结

收入差距和利益分化作为当下我国较为突出的问题，我们认为是国家建设者在社会主义初级阶段制度探索和建设过程中由于经验不足所造成的少许的偏差。我们应该正视并积极需求解决之道。以分配正义为核心的理论探讨有助于我们从深层次上认识这一问题，当今理论界对于分配正义的讨论为我们提供了开阔的视界。我们以马克思主义的分配正义观为中心，参考其他理论学说，分析了当前利益分化问题的原因，并以短期目标方式提出了一些具体的政策建议。

此外，我们创造性地吸收了森的可行能力概念，在长期目标中提出了以建设“社区可行能力”与“个人可行能力”为重点的社区发展观。以可行能力扩展为核心的社区发展观，实质是以人的发展为核心的发展观。它着眼于消除明显不公正的分配正义思想，正与我们国家和谐社会的建设理念和以人为本的科学发展理念不谋而合。和谐社会所蕴含的“民主法治、公平正义、诚信友爱、充满活力、安定有序、人与自然和谐相处”等内容，已经包含了社区善治与社区民主所蕴含的全部理念，而且更为丰富。以人为本的科学发展观也蕴含了可行能力扩展的基本理念，即主张人是发展的根本目的。

从可行能力视角出发的社区发展新理念，不仅与国家的发展理念高度契合，而且能够可操作地辨析出社区建设和发展中优先考虑的问题。从这一点来说，可行能力视角并不是刻意关注理论的创新性，而是关注理论的现实性和可操作性。可行能力的扩展与善治、民主之间建构性的关联，是我们社区发展观中令人振奋的制度性建构：三者之间构成了立体的制度空间，成为社区发展的自生的动力源泉。在我们国家数以万计的社区所形成的区域性社会中，三者协同式的进步推动着社区的发展。这种发展是我们所期待的公平正义理念下的发展，这种发展必将推动我们国家向着更美好的方向前进。

第五章　和谐社会构建中的干群矛盾及其化解

如前所述，社会主义和谐社会的构建，在很大程度上就是在不断推进社会主义市场化的过程中，致力于社会主义民主化的发展和道德化的建设。就当前我国社会而言，民主化的推进在很大程度上取决于依法治国的推进，取决于社会管理的创新；而道德化的推进在很大程度上取决于国家发展战略的调整，取决于行政公正的实践。依法治国的推进，社会管理的创新，国家发展战略能不能实现从部分富裕到人民共富的完全转变，执政党及广大干部能不能公平公正地运用手中权力和资源切实做到为民服务，这些既是重大的政治民主问题，也是重大的社会道德问题。在社会主义市场化快速发展的过程中，民主化、道德化问题正日益凸现，并且越来越集中地表现为干群矛盾的积累和激化。因此，探究干群矛盾的产生、表现及其特点和化解，便成为构建社会主义和谐社会的一个重大课题。

一、和谐社会构建中的干群矛盾

现阶段，我国处于全面建成小康社会的关键时期，也处于构建和谐社会的重要战略机遇期。从社会转型的角度看，这是一个极为敏感的关键时期。这个时期最典型的特征是各类矛盾集聚、各种风险多发，而干群矛盾则是复杂的社会矛盾的汇聚点。

（一）干群矛盾：社会复杂矛盾的汇聚点

所谓“干群矛盾”，即把干群关系作为一个辩证矛盾范畴。这是个中性词，并不直接表明干群之间必然是对抗、斗争的“矛盾”关系。干部主要指中共党员身份的干部，是具有较大公共权力的公务人员，并以《公务员法》中的综合管理类和专业技术类公务员中的领导职务人员及行政执法类公务员为主体。一般的公职人员——诸如公共部门的杂务或勤务人员，以及那些虽是干部编制实为特殊职业，比如教师、医生等——则不属此类。群众是指没有或极少公权力的基层老百姓，以及处于较低公权层次的基层工作人员。这个群体以最广大工农群众和一般知识分子为主体，同时包括不具有决策职责的大多数公务员。这里的干群关系显然是党群关系的核心部分，干群关系的形势和状态很大程度上体现着党群关系的形势和状态。党群、干群关系在当今构建和谐社会的背景下格外突出，可以说没有干群关系的和谐，就没有整个社会的和谐。

构建和谐社会战略的提出，不仅有马克思主义理论和中华传统文化的学理依据，更重要的是针对中国社会现实发展中所呈现的复杂矛盾形势而提出的宏观举措。现阶段中国社会面临的矛盾形势，尽管尚未激化演变为内乱，但其复杂化的程度和趋势可以说达到了建国以来的空前地步。因此，对执政党的威胁和考验也是前所未有的。而在各种矛盾中，干群矛盾是一对非常特殊而又极其重要的矛盾。正像一滴露珠可以反映太阳的七彩光辉一样，干群矛盾也是各种复杂社会矛盾的集中反映。这从学术界对现阶段我国党群干群矛盾的主要表现、主要特点及其尖锐化的原因和社会影响等问题的研究共识上，可以得到验证。

比如学术界普遍认为，干群关系趋于紧张的主要表现是群众有困难不直接找基层干部，而是越级上访或酿成群体性突发事件。其主要原因往往在于官僚主义、形式主义的工作作风，公共利益部门化、私人化倾向，以及日趋严重的贪污腐败现象。这些因素使得群众对干部群体的信任度下降，敌视程度提高。从某种意义说，干群关系正处于由非对抗矛盾向对抗性矛盾转化的可能性急剧增大的敏感时期，干群矛盾的复杂程度正在随着社会利益分化和价值观的多元化发展而不断提高。这对矛盾日益成为影响社会其他矛盾及整个社会和谐状况的关键因素。

干群矛盾出现的原因包括多个方面：在干部个体层面，理想道德动摇、思想政治素质不高、人民主体意识淡漠、私心贪欲膨胀、执政领导能力不强；在干部群体层面，相互之间盘根错节，形成隐蔽的内部利益链条及坚固的利益集团，与民争利，甚至为私利而拆台、暗斗、残杀，严重扭曲党和政府的形象，损害群众和社会利益，威胁社会健康和稳定；在制度法规和体制机制等方面，群众利益诉求渠道不通畅，相关法制不健全、执法不力，党政职能分工不清、政府职能转变不到位，选人用人机制存在漏洞，权力监督制约缺位，等等。[1]显然，干群矛盾产生的原因是复杂的，它是由一系列其他矛盾所引起。干群矛盾的后果也是严重的，它会引起甚至加重其他一系列社会矛盾。实际上，干群矛盾的产生及其日渐尖锐化的过程，也充满了复杂的社会矛盾交互作用。

从相互作用的角度看，的确有很多社会文化因素与干群矛盾相互影响，互为表现形态。在历史传统与现实需求方面，封建主义、专制主义、官僚主义、形式主义与社会主义、民主主义、群众路线、求真务实的矛盾可集中于干群矛盾；在较切近的思想文化领域，殖民主义、资本主义、自由主义、个人主义、拜金主义与民族主义、爱国主义、社会主义、集体主义和理想主义的矛盾也可表现为干群矛盾；还有改革开放前后体制与理念的矛盾，如计划与市场、公有制主体与私有化趋势、分配公平与贫富悬殊、干部廉洁与官员腐败、雷锋精神与物质利益至上、大公无私与“私有财产神圣不可侵犯”、道德至上与法律至上、全心全意为人民服务与党的所谓特殊利益的矛盾等，也会体现为群众与干部的显著差异甚至冲突；因利益纷争引起的矛盾，如开发商与拆迁户、政府与市场、政府与企业、垄断与竞争、舆论控制与言论自由、武警甚至军力维稳与群体性事件等矛盾，也往往体现为干部与群众的对立；而对外开放后形成的内外矛盾，如招商引资与内资过剩、廉价出口与资源枯竭、环境污染与环境友好、外资对支柱产业的控股定价与民族产业的依附性空心化、民族品牌与外资并购、外资和民营经济的发展与工人劳动力价值的低廉、外资对农业产业的控制与国民粮食品的安全、西方媒体文化的扩张与中华文化及国家软实力的发展，等等，这些都或多或少地以复杂的形态汇聚在干群矛盾之中。

---

〔1〕 可参见：邵沁妍：《社会转型期我国干群关系问题研究》，博士毕业论文，中共中央党校政治学系，2010 年；杨清涛：《试论当前我国干群利益矛盾的表现、特点及其解决途径》，《郑州大学学报：哲学社会科学版》2009 年第 6 期，第 39—43 页；王冬丽，常艳平：《试论新时期干群利益矛盾》，《石河子大学学报：哲学社会科学版》2006 年第 6 期，第 21—23 页；等等。还有一些硕博士论文在这方面也有扎实的实证研究。可以说这方面的研究已经比较充分，关键的问题就在于为实际地推动干群矛盾和谐化发展做点什么。

种种矛盾如此这般相互缠绕、盘根错节，导致了中国人民深深的困惑！真可谓“不仅苦于资本主义的发展，而且苦于资本主义的不发展，除了现代灾难以外，压迫着我们的还有许多遗留下来的灾难”[1]。看起来，中国社会不仅苦于市场经济的不发展，而且苦于市场经济的发展；不仅苦于几千年封建专制历史的惯性，而且苦于民主制度新生的艰难；不仅苦于社会主义的滞后发展，而且苦于社会主义的“超前”发展；不仅异族强者使我们受苦，而且同宗同胞也使我们受苦；“不仅活人使我们受苦，而且死人也使我们受苦”[2]。

在如此错综繁复的矛盾体系中，干群矛盾成为一切矛盾集中汇聚之所，根源在于干群矛盾与其他一切社会矛盾的相互作用。在干群矛盾中，干部手中掌握的公共权力及其所代表的公共资源，决定了社会一切矛盾最终都将集中在执政党及其干部队伍身上，并以其施政纲领和各层级干部对待群众的情感、态度、行为等方式自然地表现出来。构建和谐社会客观上要求各类社会矛盾都处于相对稳定、平衡和协调的状态，而干群关系是否和谐在很大程度上具有决定性意义。没有干群矛盾的化解，没有干群关系的和谐，其他方面的和谐便会因为没有强力的维护和执行队伍的支撑而难以持久。

干群矛盾虽与复杂的社会矛盾交错缠绕，却也有着自己的相对独立性和特殊性。干部队伍在社会活动中的“官员”身份和主导地位，决定了各类社会矛盾最终将聚焦于干群关系，进而可能促使其演变为干群冲突。干群冲突的实质是干群关系、干群地位的颠倒，也就是谁主谁仆、“为人民公天下”还是“为自己私天下”的问题。党的十八大报告强调“中国特色社会主义是亿万人民自己的事业”，“必须坚持人民主体地位”，“发挥人民主人翁精神……更好保障人民权益，更好保障人民当家做主”。[3]人民群众居于主人地位、党的干部是公仆身份，这在马克思主义理论、党的章程和纲领中从来都是很明确的。人民的利益是党的利益，也是干部的利益。这是党能够从革命党成为执政党的根本的力量源泉，也是党能够长期执政的根本的合法性所在。“全党必须牢记，只有植根人民、造福人民，党才能始终立于不败之地”，必须“坚持以人为本、执政为民，始终保持党

[1]《马克思恩格斯选集》第2卷，人民出版社1995年版，第100页。
[2]《马克思恩格斯选集》第2卷，人民出版社1995年版，第101页。
[3]《中国共产党第十八次全国代表大会文件汇编》，人民出版社2012年版，第13页。

同人民群众的血肉联系”。[1]这是十八大对党群干群关系定位的重申，更是对新时期新阶段密切党群干群关系的根本要求。

（二）干群关系的历史考察

1. 中国共产党干部地位的历史演变

“干部”的称谓目前似乎只在党政系统的正式文件中出现，在法律相关文件中被称为“公务员”，在一般媒体中则往往被称为“官员”或“党政官员”。但在中国共产党历史上，20世纪90年代之前的正式文件中多以“干部”或“领导干部”的称谓为主，几乎没有出现过“公务员”或“官员”的说法。在党章中有这样的表述，“党的干部是党的事业的骨干，是人民的公仆”。干部往往被作为组织者、引导者、管理者，甚至决策者、领导者及党和国家政策的实施者、执行者而被看重和使用。

在革命年代，中国共产党处于因无政权而必须夺权的地位。作为党的骨干分子，必然要冒着“抛头颅洒热血”的巨大风险而投身革命。因此，那时的干部如果不能跟人民群众搞好关系，不仅自身性命难保，革命事业也无法取得任何进展。因此，自中国共产党立党伊始，党的宗旨和使命就决定了党的干部必须为人民和民族的利益而战斗。他们投身于宣传教育群众、发动组织群众、带领指导群众从事革命运动的伟大事业之中，形成了与人民群众的鱼水关系、血肉深情。那时，一个干部，就是党的一面旗帜、一座丰碑、一个战斗堡垒、一块有强大吸聚力的磁石。党的干部在群众中具有极高的威望和公信力，人民群众往往因为一个干部的崇高德性和献身精神而信任共产党、信仰社会主义，愿意跟着共产党干革命，甚至不惜牺牲自己的一切。

中华人民共和国成立后，中国共产党由革命党或夺权党变成了执政党或掌权党，干部的地位也因此发生了根本性变化。他们拥有了稳定的社会政治地位和相当稳定丰厚的收入，不再需要提着脑袋从事活动了。这时，干部的世界观、人生观和价值观也在悄悄地发生变化，对人民群众的情感，对发展群众利益的态度和方式也相应地发生着变化。官僚主义、形式主义、享乐主义、命令主义、专制主义、个人英雄主义等不良思想和作风潜滋暗长，并发挥显著作用。为解决这一问

[1]《中国共产党第十八次全国代表大会文件汇编》，人民出版社2012年版，第45页。

题，以毛泽东为代表的领导集体尝试了各种办法，甚至在特定的形势下，还通过“文化大革命”的方式发动基层群众起来监控各级干部，希望在“大民主”运动的监督、揭发和批判下，干部们能够保持共产党的本色。但事实证明，这种方法缺乏法制范导和规约，导致了动乱和内耗，把大量人民内部矛盾作为敌我矛盾处理，使大批干部遭到了错误的批判、打击和迫害，给党和国家事业造成了很大损失。

改革开放新时期，党摒弃了“大民主”的方式，大批老干部得以复职，一批批年轻干部走上领导岗位。改革之初，新老干部显示了齐心协力开创社会主义建设新局面的勇气和智慧。但是随着市场化改革的深入，越来越多的干部因为经受不住金钱、权力和美色的诱惑而纷纷倒向人民群众的对立面，“干部”一度成为人们质疑、嘲讽和敌视的对象。为使干部队伍的建设和管理法制化、规范化，党和国家相继出台了《干部管理条例》（1984 开始起草《国家工作人员法》，后演变为 1985 年的《国家行政机关工作人员条例》、1986 年的《国家公务员暂行条例》）《国家公务员暂行条例》《中华人民共和国公务员法》。[1]

由此可见，作为人民公仆的“干部”也经历了“国家工作人员”“国家行政机关工作人员”到“公务员”的历史性转变。“公务员”固然与世界接轨了，管理也更加规范了，却未能很好解决共产党优良干部传统的承传问题。公务员和人民群众是什么关系？是否还是“从群众中来，到群众中去”“一切为了群众，一切依靠群众”？被纳入公务员管理系统的党政干部如何确定自己的社会和政治地位？如何界定和践行自己与人民群众的关系？特别是当看到千万莘莘学子赶赴中国“第一国考”争抢寥寥公务员岗位的壮观场景，难免让人产生回到“朝为牧牛郎，暮登天子堂”的科举取士时代的感慨！公务员的特殊地位、待遇与其责任、担当和付出的关系，成为人们持续热议乃至诟病的焦点。显然，干群关系问题并没有因为公务员制度的建立而得到很好的解决。

根据历史经验，公务员类似于过去的文官，是国家公务系统的主体力量。而公务员进入各级国家机关，便成为国家庞大公务系统的主体力量。这个系统可能具有为人民谋利益的良好制度和机制；也可能凌驾于人民群众之上而按照自己特有的价值目标和权力机制来运行，从而成为与人民群众利益毫不相关，甚至相互

---

〔1〕 新华网：http：//news. xinhuanet. com/politics/2008-05/06/content_8112428. htm

矛盾的纯粹官僚或衙门系统。有的公务员待在舒适的办公室里深居简出，一杯茶、一张报，上网聊天玩游戏，浑浑噩噩一天天；有的公务员对群众来信置之不理、对群众来访冷面相对、拉长脸打官腔、敷衍应付，甚至粗暴对待、简单处理；有的公务员难得去一次基层，还层层陪同、媒体相随、摆架子、造声势、空许诺、不办事，甚至吃喝玩乐；有的公务员面对群众问题、特别是关涉群众切身利益的群体性事件，不问青红皂白、随便动用警力甚或军力，视群众为群氓，呼人民为刁民，叫百姓为贱性，甚至不惜牺牲群众生命；等等。这样的干部被老百姓或媒体称为“官员”，有学者甚至直接称干部为“官吏”“官老爷”。

从干部到公务员，再到官员、官吏或官老爷的变化，折射的是干群关系的不同状态。历史告诉我们，“官逼民反”是朝代治乱循环的重要或直接原因，干部素质和工作方式决定着干群关系的状态，从而决定着社会的和谐与稳定。官僚主义不仅是旧社会旧制度及其政治文化的残留，也可能是目前高度科层化、程式化、独立化的公务员制度、执政党权力运行机制和国家行政制度的必然产物。这套制度在高层公务权力系统与底层群众民生系统的联系上存在着严重障碍，时常造成干群关系的紧张、对立和冲突。

2. 建党以来人民群众地位的历史演变

相对而言，“群众”的角色和地位比干部更具有稳定性。按照唯物史观，人民群众始终是社会成员的大多数，而且是推动历史进步、社会发展的主体力量。在新民主主义革命时期，人民群众处在“三座大山”的压迫之下，具有强烈的革命愿望。党的干部投身于人民群众中，做深入细致的调查研究和宣传教育工作，将群众组织成为强有力的战斗队伍，带领他们为翻身得解放、当家做主人的伟大事业而奋斗。历史充分证明：是人民群众自己解放了自己，自己创造了自己当家做主的历史。党及其干部只是顺应历史，凝聚力量、发动组织、指引带领，满足人民群众当家做主追求幸福的历史需要。对此，中国共产党的章程及有关文献的表述从来都很清楚：权力源于人民群众，也只能用来为人民服务、向人民负责并受人民监督。简言之，共产党人的权力观也是共产党人的干部观和群众观，即权为民所赋、权为民所用、权向民负责、权受民监控、权由民取舍。

建国之后，人民群众当家做主，干部理应成为名副其实的人民公仆，更好地为人民服务。在一段时间里，执政党励精图治，各级干部恪尽职守，清正廉洁，勤政为民，深受百姓拥戴。改革开放后，受市场经济的负面影响，不少党员干部开始摆起了官老爷架子，不仅脱离群众，而且凌驾于群众和法制之上，以权谋私、贪赃枉法，欺压百姓、与民争利，从而走向了人民群众的对立面。在有些干部眼里，人民群众成了他们的控制和压迫对象，甚至被视为“群氓”“贱民”“刁民”和“屁民”。特别是在群众监督机制和取舍干部制度不甚完善的条件下，在多种所有制共存的市场经济中，占人民群众最大多数的工人农民的经济地位有日益被弱势化和边缘化的倾向。由于利益诉求渠道不通畅，决策集团中缺少利益代言人，他们被主导、被控制甚至被欺压、被凌辱的不利地位大有强化之势。

这种现象不仅背离了人民政权的性质，也严重威胁到党的执政地位。必须看到，在干群矛盾中，一般情况下群众居于被动地位，他们往往具有更多的逆来顺受的心理，遇到委屈不会轻易选择极端的处理方式。矛盾往往尖锐化到某种极限或忍耐的临界点，群众才会铤而走险采取极端方法，从而造成干群关系和社会的不和谐。在这个问题上，与群众最接近的基层和中层干部的思想政治素质和执政管理方式，具有更直接的意义。

显然，群众从被压迫者转变为国家和社会的主人，这是一个伟大的、历史性、革命性变化。但是，如果听任广大工人农民被边缘化、弱势化、乃至被“刁民化”“群氓化”，听任所谓“官二代”“富二代”“穷二代”现象日益突出并被显著固化，党执政的合法性基础就会被剥蚀、被削弱，亡党亡国的危险就会大难临头。因此，如何永葆人民群众的主人翁地位，如何确保人民群众当家做主、翻身解放的历史成果不被毁掉，这是摆在共产党及其每个干部面前的一个极为严肃而又沉重的重大问题。必须清醒地看到：无论人民群众是真主人还是奴仆，他们都始终是历史的创造者，他们将最终根据自己生存发展的根本利益和现实需要来创造历史。

3. 中国共产党干群关系的历史演变

在马克思主义理论中，这是一个有确切而明晰答案的问题，但在现实中又令人困惑不已。从以上关于干部和群众演变的论述中，也可隐约看出干群关系的历史演变。大致来说，在共产党的理论逻辑中，干群关系就是干部服务人民，人民拥戴干部，党群一体、干群一家，鱼水深情、血肉相连。马克思、恩格斯、列宁、毛泽东、邓小平等经典作家也都以各种方式论述过这种关系。连一般认为未能处理好与群众关系的斯大林，也用安泰和大地母亲的希腊神话来说明这种关系：党和干部即安泰，其生命和力量源自人民群众大地母亲的哺育和支持。[1]

作为人群中的优秀骨干分子，干部固然要高瞻远瞩，宏观运筹，谋国计民生发展之大事，否则何以成为党和国家事业的骨干分子？但是，万万不可忽视的是千千万万老百姓无数日常的小事、细事、琐事、碎事。正如党的历届领导人反复说过的那样，“群众利益无小事”[2]，“老百姓的事再小也是大事”，“百姓的事情大如天”。“对老百姓来说，‘富国强兵’固然重要，但重要的却是娃娃上学、老人看病、家长里短，乃至谁比谁多拿了五十文大钱这种‘分配不公’；而以专家决策为主体的科层制度，在制定规划、举全民之力‘办大事’方面具有优越性。但它所针对的，却并非邻里打架酿成的‘群体事件’，更容易忽略‘五十文大钱的差别’所造成的基层‘分配不公’，恰是忽视这种小小的‘不公’，乃是酿成‘社会戾气上升’之根源。”[3]

毛泽东曾明确告诫全党：“要得到群众的拥护吗？……就得和群众在一起，……就得关心群众的痛痒，就得真心实意地为群众谋利益，解决群众的生产和生活的问题，盐的问题、米的问题，房子的问题，衣的问题，生小孩子的问题，解决群众的一切问题。”[4]新时期，胡锦涛曾这样论及党群、干群关系：“每一个共产党员都要把人民放在心中最高位置，尊重人民主体地位，尊重人民首创精神，拜人民为师，把政治智慧的增长、执政本领的增强深深扎根于人民的创造性实践之中。……坚持问政于民、问需于民、问计于民，真诚倾听群众呼声，真实反映群众愿望，真情关心群众疾苦，依法保障人民群众经济、政治、文化、社会等各项权益。”[5]习近平也指出，“干部与人民群众的关系就是公仆与主人的关系。离开了人民，我们将一无所有、一事无成；背离了人民的利益，我们这些公仆就会被历史所淘汰”[6]，“人心向背关系党的生死存亡。党只有始终与人民心连心、同呼吸、共命运，始终依靠人民推动历史前进，才能做到坚如磐石”[7]。

---

〔1〕《斯大林文选》，人民出版社 1962 年版，第 148 页。
〔2〕《十六大以来重要文献选编》上册，中央文献出版社 2005 年版，第 372 页。
〔3〕韩毓海：《五百年来谁著史：1500 年来的中国与世界》，九州出版社 2011 年版，第 9—10 页。
〔4〕《毛泽东选集》第 1 卷，人民出版社 1991 年版，第 138—139 页。
〔5〕新华网：http：//news. xinhuanet. com/politics/2011-07/01/c_121612030_6. htm
〔6〕常光民，王传志：《如何做好新形势下的群众工作——访中共浙江省委书记习近平》，《求是》2005 年第 17 期，第 29—32 页。
〔7〕《习近平在党的群众路线教育实践活动工作会议上强调：以实际行动密切党群干群关系》，人民日报海外版，2013 年 6 月 9 日。

这些重要论述充分表明，在中国共产党的理论建设中，广大干部的角色和任务、人民群众的地位以及干群关系的定位从来就是非常明确的。但是，在历史的发展中，干群关系又比较复杂。如上所述，随着干部和群众历史地位、社会身份的变化，党群、干群关系也自然会发生显著的变化，但最典型的干群关系状态无非三种：干群一家亲，干群两分立，极端的情况就是干部鱼肉百姓、百姓对抗干部。在后两种情况下，干群关系就演变为“官民”关系了。

首先，由于干群一家亲，中国共产党取得了新民主主义革命和社会主义改造的胜利。可以说，抗日战争和解放战争的胜利，是老区的人民用小车推出来的。仅在解放战争三大战役中支前民工就达到850多万人，而仅在淮海战役中，如果把支前民工运粮食的小推车排成五行，可从北京排到南京。〔1〕于是，中国共产党的干群关系形成了一个优良传统，即“密切联系群众”的群众观点和群众路线。党群、干群这种“心连心、同呼吸、共命运”〔2〕的血肉联系，是中国共产党一切事业成功的根本基础和不竭力量。

其次，干群两分立使党群、干群关系相对疏离，并产生隔膜感、陌生感。似乎各自命运互不相干，因而也互不关心。作为一个整体，党和人民、干部和群众的关系是好的和比较好的，但是在党的各级组织和干部中，在某些行业和地区层面上，确实部分地存在或出现了疏离隔膜的现象。一些干部的所作所为与群众日常生活、需求愿望不相关甚或冲突，他们已经或正在成为脱离群众的食利者阶层。

第三，干群水火不容，百姓不堪鱼肉而对抗之，甚至成为亡命徒、烧杀抢掠，造成严重的治安或群体性事件。错误的政绩观，扭曲的权力观、群众观，畸形的发展观都会导致一些干部为了政绩、形象，甚至为了私利和快感，而做出彻底悖逆共产党宗旨的事情来。在市场化改革的过程中，确实有些干部在权力、金钱和美色的诱惑下，站错立场、颠倒关系，官商勾结、警匪串通，充当黑社会保护伞，动用权力为个别集团或个人谋取利益，从而极大损害群众利益，扭曲党的形象，致使党的执政基础被严重削弱。如果干群关系演变为“官民”关系，干部被人视为“官僚”“官吏”“官老爷”，这就彻底颠倒了党的干群关系：由干部为公仆、人民为主人演变成了官为主、民为仆。不难看出，干群关系的恶化与

---

〔1〕 颜晓峰，杨邦荣：《论党的群众工作——重要论述摘编》学习读本，人民日报出版社2011年版，第19、39页。

〔2〕《中国共产党第十八次全国代表大会文件汇编》，人民出版社2012年版，第47页。

“官员”“官吏”观念的死灰复燃有着密切的关联。因此，恢复干群血肉关系，彻底消除带有浓郁旧制度色彩的“官吏”观念至为关键。

（三）干群关系的辩证视角

1. 干群矛盾是社会基本矛盾的一个重要侧面

唯物史观认为，社会基本矛盾就是生产力和生产关系、经济基础和上层建筑的矛盾。而干群矛盾无非是这种社会基本矛盾的一个侧面而已。在这里，劳动群众是生产力，干部是生产关系的代表，是劳动群众即生产力的服务者；进一步而言，劳动者是经济基础的主体，而干部则代表上层建筑服务于经济基础，并推动经济的发展，实现劳动群众的利益。

在生产力和生产关系的矛盾中，正如马克思所说：“在一切生产工具中，最强大的一种生产力是革命阶级本身。”〔1〕列宁也说：“在一个经济遭到破坏的国家里，第一个任务就是拯救劳动者。全人类的首要的生产力就是工人，劳动者。”〔2〕可见，人民群众作为劳动者是生产力的主体，是生产力的人格化；而干部作为管理者、领导者、决策者，往往扮演着生产资料所有者、经营者或管理者的角色。虽然在社会主义公有制条件下，国家宪法也确认，生产力的主体同时也是生产关系的主体，即劳动者同时也是生产资料所有者。但是现实的社会主义依然处于初级阶段，公有制并不完备且水平较低，因而人民群众往往只属于生产力的范畴，缺乏有效承担生产资料所有者职能的物质和制度保障。如果干群一家亲，干部作为群众的代表或委托人，全心全意为人民服务，就不会出现冲突性矛盾；如果干部缺乏为民服务的意识、素质和能力，干群分离乃至对抗，就意味着生产力和生产关系的矛盾趋于激化。显然，根据生产力和生产关系的矛盾原理，是群众决定干部而不是相反，干部要为群众服务而不是相反。干群和谐就是生产力和生产关系的基本适应和一致，干部为人民服务，也就是生产关系能动地反作用于生产力，并促进生产力的发展。

另一方面，党政干部又属于社会形态中政治上层建筑的领域，是国家机器的主体力量，居于社会公共权力的中心，代表和执行的是国家意志，是党的路线方

---

〔1〕《马克思恩格斯全集》第4卷，人民出版社1958年版，第197页。
〔2〕《列宁选集》第3卷，中共中央马克思恩格斯列宁斯大林著作编译局编译，人民出版社1995年版，第821页。

针政策的实施者；而人民群众则属于社会的经济基础，是经济社会发展的决定性力量，没有人民群众的积极性和创造性，经济不可能增长，社会也不可能进步。可见，干群关系其实也是上层建筑和经济基础的关系。在唯物史观看来，上层建筑源于经济基础，受其决定和制约，并通过各种方式能动地服务于经济基础，最终促进生产力的发展。推而知之，干部是由人民群众决定的，为人民群众所取舍、监督和制约，干部必须服务于人民群众，改善群众生活，推动人民群众全面发展，否则随着矛盾激化，经济基础反抗上层建筑，人民群众推翻干部的“统治”便成为必然。

综上理解，干群矛盾是社会基本矛盾的一个重要侧面。无论如何，干部为人民服务都是天经地义的。干部存在的最根本理由就是服务于人民群众的利益、推动人民群众创造历史的伟大活动，最终实现人民群众的共同富裕、共同发展，从而共享文明、自由和幸福。反过来，干群矛盾的激化，也会极大地影响社会基本矛盾的解决，甚至成为关键环节。

2. 历史创造者：干部只能融入人民群众之中

在人类思想史上，马克思主义是唯一系统地阐释人民群众历史主体地位的思想流派。它颠覆了人类几千年关于历史创造者的种种臆想和猜测，首次发现并全面、深刻地论证了这样一个事实：隐藏在纷繁复杂的历史现象背后的最底层劳动群众，是他们创造了历史。那些驰骋疆场、横刀立马、叱咤风云的英雄人物，走马灯似的你方唱罢我登场的帝王将相，不过是历史的表象而已。他们顺应劳动群众的需要，就能够创造历史，推动社会进步；否则只能被历史所唾弃。

在唯物史观看来，劳动人民的历史主体地位来源于社会存在对社会意识的决定性作用，来源于生产力对整个社会发展的最终决定作用。社会存在的主体部分是人类社会物质生活的生产方式，而生产方式中最能动的因素就是物质生产力，即生产和再生产物质生活的能力和力量。这个物质生产力本身是由人的因素和物的因素所构成的。显然，物的因素不可能是能动的，真正能动和活跃的、最具有革命性的因素恰恰就是人的因素——劳动者或劳动群众。“工人阶级以不懈的毅力、流血流汗、绞尽脑汁，为使劳动变成高尚的事业并把劳动生产率提高到能造成产品普遍丰富的水平创造了物质前提”〔1〕。因此斯大林也用立场鲜明的语言

〔1〕《马克思恩格斯全集》第10卷，人民出版社1962年版，第134页。

强调："民族和国家的命运……首先和主要是由千百万劳动群众决定的。工人和农民不声不响地建设工厂、矿井、铁路、集体农庄和国营农场，创造一切生活资料，供给全世界以衣食，——这才是真正的英雄和新生活的创造者。"[1]由于生产力对人类历史的最终决定作用，毛泽东强调"人民，只有人民，才是创造世界历史的动力"[2]。"人民群众有无限的创造力。他们可以组织起来，向一切可以发挥自己力量的地方和部门进军，向生产的深度和广度进军，替自己创造日益增多的福利事业"[3]。

面对人民群众这个历史创造者的伟力，干部作为较为突出的个人，是否要保持最基本的敬畏感呢？按照唯物史观，干部要想在历史上留下自己也作为创造者甚至英雄的美名，那就必须把自己的智慧和才能贡献给最广大人民群众，才能最终推动历史的进步。服务于劳动群众、投身于劳动群众创造历史的伟大事业之中，这是一切历史人物的最佳选择，也是共产党干部的唯一选择。正如列宁所说，"在人民群众中，我们（共产党人）到底是沧海一粟，只有当我们正确地表现人们所意识到的东西时，我们才能管理国家"[4]。斯大林也指出："不脱离群众，而最紧密地联系群众；不把自己置于群众之上，而走在群众前面，引导群众前进；不远离群众，而和群众打成一片，争取群众对自己的信任和支持。"[5]毛泽东进一步指出："要自觉地造就成万数的干部，要有几百个最好的群众领袖。这些干部和领袖懂得马克思主义列宁主义，有政治远见，有工作能力，富于牺牲精神，能独立解决问题，在困难中不动摇，忠心耿耿地为民族、为阶级、为党而工作。党依靠这些人而联系党员和群众，依靠着这些人对于群众的坚强领导而达到打倒敌人之目的。这些人不要自私自利，不要个人英雄主义和风头主义，不要懒惰和消极性，不要自高自大的宗派主义，他们是大公无私的民族的和阶级的英雄，这就是共产党员、党的干部、党的领袖应该有的性格和作风。"[6]

经典作家的这些论述正是关于共产党干部特质和使命的最好说明。显然，干部的历史地位和作用，在于他们自己的选择：是站在劳动群众的立场、与他们一

---

〔1〕《斯大林选集》下卷，人民出版社1979年版，第327页。
〔2〕《毛泽东选集》第3卷，人民出版社1991年版，第1031页。
〔3〕《毛泽东选集》第5卷，人民出版社1977年版，第253页。
〔4〕《马克思恩格斯列宁斯大林毛泽东论历史唯物主义》，北京师范大学出版社1983年版，第2843页。
〔5〕《斯大林选集》下卷，人民出版社1979年版，第318页。
〔6〕《毛泽东选集》第1卷，人民出版社1991年版，第277页。

道投身于创造历史的伟大事业之中？还是利用手中的权力谋一己之私而站在劳动群众的对立面？“私者一时，公者千古”的古训，同样是现代干部应铭记于心、见之于行的座右铭。

（四）当前我国干群矛盾的基本特点

对当下我国干群关系或矛盾的基本判断，是研究和化解干群矛盾的前提条件。从学界的研究看，普遍的判断是比较笼统而又十分辩证的，即党群、干群关系总体上是好的，但确实存在一些问题。如武艳红在其《党群干群关系存在问题的原因分析》中说，因为党的各级领导干部“从维护党的形象与人民群众的切身利益出发，不断加强自身建设，在各条战线上涌现出一批批先进党员干部……我们党才得到了群众的拥护与信任，党的事业才得以不断发展。从这个意义上讲，党群、干群关系总体上讲是好的。但是，党群、干群关系确实还存在一些不容乐观的问题：群众上访事件仍然很多，越轨行为时有发生，一些群众对党的部分领导干部的不信任感有增无减；在党群、干群关系的总体评估方面，群众的满意度仍然很低”〔1〕。这样的评判自然没有问题，只是稍嫌笼统。以下拟从四个方面对当下干群矛盾的基本特点和性质做出分析。

1. 干群矛盾是差异协合与和生型矛盾

通过对矛盾的基本属性即对立性和统一性之含义的重新解释，进一步研究“统一性”和“同一性”，辨析“差异性”“对立性”和“斗争性”，可以建构“协合性”的新概念；在确认矛盾基本属性的前提下，又把它们区分为实体属性和相互作用属性两个层面，认为对立性的实体层面是差异性，作用层面是斗争性，统一性的实体层面是同一性，作用层面是协合性；而矛盾属性的实体层面是差异性和同一性的对立统一，矛盾属性的作用层面是斗争性和协合性的对立统一；前者是后者的基础和前提，而两者复杂的相互作用的关系及其运动使得矛盾发展呈现出极为复杂的情形；既有斗争性和同一性相互作用共同推动事物发展的矛盾（相反相成），也有差异性和协合性相互作用共同推动事物发展的矛盾（相辅相成），和谐就是这样一种矛盾的发展情形。简言之，和谐主要就是矛盾双方

---

〔1〕 武艳红：《党群干群关系存在问题的原因分析》，《山西高等学校社会科学学报》2004 年第 11 期，第 37—10 页。

在差异性基础上实现“协合性”的发展状态。[1]

据此，我们可以理解干群矛盾的辩证本质。在马克思主义理论逻辑中，干部和群众本为一体，是一个东西，在实体上具有高度的同一性，都是人民群众。随着社会矛盾的复杂化，人民群众中出现了实现自身利益的先进和骨干分子，这就是干部的原初形态。干部逐步从普通群众中分化出来，在实体上干部和群众出现差异；但是由于干部出身于群众并代表群众、服务群众，二者的同一性依然占据主导地位，实体差异并没有造成实体对立，而是保持了差异基础上的高度同一。这就是最初的和谐，干群关系处于差异同一型矛盾的和谐发展状态。由于革命和建设事业的深入开展，社会矛盾愈益复杂化，干群关系（矛盾）也在不断发生变化。干群的实体差异在部分或侧面呈现为实体的分立和对峙，一些干部开始疏离群众、冷漠群众，二者的斗争性逐渐滋生、增长，于是在相互作用的层面，干群关系基于实体差异的相互依存、相互支持、相互合作的“协合性”不断增进的同时，二者基于分离、对立乃至部分冲突的斗争性也愈益显著和增强。实体差异被固化，作用层面的对立也有被固化的趋势；实体层面的同一性逐渐减弱，差异性增强；同时，作用层面的协合性逐渐受到不断增强的斗争性的排斥和抵消，矛盾便显示出显著的冲突和斗争。从本质上说，干群关系的冲突和斗争不符合任何一方的根本利益，因此，如何在实体差异的基础上，不断强化其协合性的良性互动关系，才是处理干群矛盾、维护干群和谐关系的关键所在。

显然，干群矛盾可以是差异同一型矛盾、差异协合型矛盾，也可以是协合同一型矛盾、差异和生型与协合和生型矛盾，但不能是差异斗争型矛盾和斗争协合型矛盾。首先得承认，干群有差异，是两个不同的社会群体，干部是少数，群众是多数；但也必须承认，在马克思主义的范畴内干部与群众拥有共同的社会基础和利益基础、共同的社会理想和奋斗目标，因而具有高度的同一性，属于差异同一型矛盾。其次，干群矛盾是差异协合型矛盾，则表明干群的实体差异，并不意味着二者的水火不容；相反，二者为了同一的目标，完全可以实现恰当的协调与合作，协合性应该成为干群关系的常态属性，和谐应该成为其常规状态。再次，干群矛盾还是一种协合同一型矛盾，即有差异的干群双方完全为了同一目标或趋

[1] 吴文新：《对“和谐”作为辩证哲学范畴的新诠释》，《淮北煤炭师范学院学报（哲学社会科学版）》2009 年第 2 期，第 34—40 页。

向同一目的而形成相互协调与合作的关系，是差异协合型矛盾的更和谐形态；与此相应，差异协合型矛盾还可以衍生出一种差异和生型矛盾和协合和生型矛盾，这就意味着矛盾双方或虽有差异但相互生成、相互增进、互利互惠、共同发展。双方可以通过相互协作而形成新的矛盾统一体，使矛盾处于全新的和谐状态。

干群矛盾就是这样一种复杂而奇特的矛盾，干群关系不是敌我关系，不是对抗性矛盾，因而必须坚持杜绝其中的斗争性因素（把斗争性因素降到最低）。在差异—同一性的基础上，维持其适度的差异性，不断增进其协合性，从而达到矛盾整体的和谐状态。这告诉我们，干部属于群众，来自于群众，也必须回归群众。干部也不能混同为普通群众，要自觉地认识到自己与普通群众的身份地位、权能职责方面的差异，从而自觉地保持同人民群众的同一性。

2. 干群矛盾包括显性和隐性两种存在类型

从矛盾存在的类型看，可以将当下干群矛盾区分为显性和隐性两大类。显性矛盾主要表现为干部与群众的直接冲突，如2008年的瓮安事件、深圳袭警事件、甘肃陇南拆迁事件，2010年的昆明城管与商贩的冲突，以及2010年9月在江西抚州宜黄县因拆迁引发的自焚事件，等等。另外，长期以来无法消除的各种上访，都可以归结为显形的干群矛盾。这类矛盾大多由具体的行政执法事件引起，缘于直接的利益诉求，一般表现为行政执法人员与群众的直接对峙。这类矛盾是个别的、具体的。及时合理的解决不会对社会、对干部形成恶劣影响；但如果处理不及时不合理，就存在转化为群体性事件的危险，给干部形象、社会安定及至党和政府的形象造成恶劣影响。2008年的瓮安事件就是一个例证。

隐性的干群矛盾没有具体的事件依托，主要表现为对干部的严重不信任甚至仇恨。这类矛盾没有直接的利益冲突，更没有具体的意见对象，是一种类似于集体意识的干群裂痕。譬如，2010年浙江乐清发生轰动一时的钱云会车祸案。无论官方如何解释，网民公众几乎一致认定有黑幕，车祸只是假象。2010年12月18日，浙江温岭市政府广西考察团大巴在杭州萧山机场一带与另外一辆车相撞，造成6人死亡18人受伤。网民中大部分发表的是幸灾乐祸甚至诅咒的跟帖，连基本的同情都不愿意给。[1]湖北英山县城管执法局城东执法大队大队长段金寅

[1] 仇锋平：《12.1杭州萧山机场高速大巴相撞造成官方人员重大伤亡》，《东方早报》，2010年12月18日。

在执法时遇袭身亡，凶手被赞“为民除害”。虽然网络围观者与城管干部并没有面对面的矛盾交锋，但那种深藏于内的怨气、戾气着实令人不安。此类矛盾的成因极其复杂。当社会个体在自己的生活中遇到过不公正对待，或者是经历了种种不如意时，就会累积起对政府和干部的不信任和不满情绪。这类“无直接利益冲突”的最大危险性在于较难化解。

3. 干群矛盾的存在领域广泛但不均衡

有利益的地方必然有矛盾，不同的利益取向和行政作为状态使干群之间的隐性矛盾普遍存在。如政企矛盾、官员的贪腐、社会治安、紧张的医患关系、教育的不公平等，都是酝酿和发酵民众对干部不满情绪的缘由，是干群间隐性矛盾产生的温床。与隐性矛盾不同，显性矛盾的存在领域比较集中，其中两个领域最为突出。

第一是民众与城市管理执法部门间的矛盾和冲突。一段时期以来，民众与城管干部的冲突时常见诸各种新闻媒体：既有城管干部亲自或借“协管”之手殴打群众的，也有群众殴打城管干部甚至致死的。通过百度搜索引擎，几乎覆盖全国各地的城管执法事件让人震惊。如 2010 年 3 月，安徽宣城市区“城管打人”事件，2011 年 8 月“石家庄城管殴打卖水果老人”事件，2012 年 7 月发生在山西省太原的城管暴力执法事件，2013 年 5 月 31 日发生在延安市杨家岭附近的延安城管暴力执法，等等。虽然事后很多地方城管都以“协管”“临时工”为借口推卸责任，但其间的矛盾关系无从推脱。而与此相对应的是，在城管人员暴力执法甚至无暴力执法过程中，被受执法者甚至民众群殴的也不在个别。2009 年 9 月，兰州城管暴力执法被群众围殴；2013 年 3 月 30 日，哈尔滨城管暴力执法激民愤遭千人围殴；据广州市城管委副主任孙金龙透露，广州每年被打的城管达 200 人，是每年被打商贩的 100 倍〔1〕。大量的城管与民众的冲突，说明城市管理执法已经成为干群矛盾的聚集点。.

第二个领域，便是城中村改造和农村征地过程中发生的干群矛盾与冲突。以城中村为例，根据王新对温州市城中村的调研，城中村的矛盾固然复杂，但村干部与村民、政府与村庄的矛盾占了绝大部分。“在对 LE 村的调查中，34.8% 的村民对本村干部不大信任，20.3% 的村民选择不信任，合计达到 55.1%，超过

〔1〕 陈洁娜：《广州城管委：每年被打伤城管是商贩的 100 倍》，《南方日报》，2009 年 12 月 1 日。

半数”。对于政府，高达 50.7% 的人对政府在城中村改造中的不作为，或诸如“国土、规划、房管、公安、街道”等与城中村改造和建设相关的政府机关的做法表示不满。[1]

4. 干群矛盾趋于紧张但不具有普遍性和对抗性

首先从隐性矛盾看，虽然民众对政府、对干部有许多不满和牢骚，但大多数都是有针对性的，比如对干部腐败、食品安全、社会不公等客观存在的社会现象的不满。从内心来说，绝大部分的民众只是希望党和政府能够有效地改变这种现状，不存在从根本上对抗甚至颠覆党和政府领导的意图。以群体性事件为例，据统计，目前在我国已发生的群体性事件中，没有一个参与者是以颠覆政府、破坏社会稳定为目的的。广大人民群众是拥护共产党，拥护社会主义的，他们“日常不满的背后恰恰是对政府的信任而不是与政府为敌。”[2]其次，显性的矛盾如城管与小贩的矛盾，是具体行政执法过程中由于方法、作风或沟通缺陷等具体的原因造成。只要矛盾的主导方面——政府和干部提高素质、改变作风、加强沟通，大部分矛盾都可以得到圆满解决。因此，这类矛盾虽然以对抗甚至冲突的形式存在，但本质却是非对抗的，解决的难度并不大。也就是说，现阶段我国社会的干群矛盾都属于人民内部矛盾，应该也必须以和平民主的方法、和风细雨的方式加以解决，绝不能以暴力的专政的方法、阶级斗争的方式加以解决。

当然，矛盾具有转化的特性，如果不加以高度重视或听之任之，特别是在某些敌对分子乃至敌对势力的利用和推波助澜下，这些非对抗性的矛盾也很可能转化为对抗性的矛盾。所以，绝不能因为当下干群矛盾的非普遍性、非对抗性性质而掉以轻心，任由非对抗性矛盾向对抗性矛盾转化。

二、发展战略的调整与干群矛盾的化解

广大干部是党的路线、方针、政策的执行者，是党的宗旨的践行者，因而也天然地成为社会发展战略调整的主导者和引领者。在我国，干群关系状况实质上反映着党群关系状况。中国共产党作为执政党，是最广大人民根本利益的代表，

---

[1] 王新：《城中村多元矛盾与冲突解决路径探索——以温州为例》，《城市发展研究》2010 年第 7 期，第 135—138 页。

[2] 李鑫、曹德林：《论群体性事件与干群关系的重构》，《行政与法》，2011 年第 1 期，第 50—52 页。

其执政的宗旨是立党为公、执政为民，而作为人民公仆的广大干部则把为人民服务作为履行干部职责的基本宗旨和准则。因此至少在理论上说，我国的干群之间没有根本利益冲突，干群关系在根本上应是和谐的。但是在现实生活中，国家的任何发展战略都会在一定程度上导致国家与公众、集体与个人、长远与眼前等之间的利益落差。因而由发展战略而导致的干群矛盾在任何时候都不可避免，也不可能完全消解。或者可以说，正是这种具有发展合理性的矛盾及其解决，才不断地促进党的干部队伍成长，又使人民利益在矛盾的解决中得到维护和拓展。

（一）发展战略与干群矛盾的内在逻辑

发展，是一个主词十分广泛的概念，本文所述发展主要指社会发展。长期以来，人们一直把社会发展区分为“狭义的社会发展”和“广义的社会发展”。狭义的社会发展是指除经济发展以外的其他领域的进步和各项社会事业的发展。如党的十六大报告将社会发展的内容概括为“重视教育、科技、文化等事业，逐步缩小贫富差距，推进政治民主、促进社会进步”[1]，这就比较接近狭义的社会发展。广义的社会发展概念涵盖了人类发展的各个领域，包括各社会系统的协调运行。作为国家战略调整的社会发展理应属于后者。

发展战略是一个国家或地区经济社会发展中带有全局性、长远性、根本性的总体构想，是在一定时期内国家或地区关于经济社会发展的基本思想及其为此而实施的总体规划和方针政策。在中国特色社会主义现代化建设中，发展战略的实施和推进，一方面应表现为综合国力的不断增强和提升，另一方面则应表现为人民群众物质文化生活水平的不断提高和改善。在逐步实现国家繁荣富强的同时，逐步实现人民共同富裕。正确的发展战略，必然得到人民群众的拥护和支持；不切实际的发展战略，必然遭到人民群众的反对和抵制。广大干部不仅是各级各类发展战略的制定者，也是各级各类发展战略的发动者、宣传者、组织者、领导者和实施者。因而人民群众对各级各类发展战略的感受、评价和态度，必然转化为对广大干部的感受、评价和态度。人民群众与广大干部之间的关系由此发生，矛盾甚至摩擦也在所难免。可见，发展战略与干群之间的矛盾具有内在的必然性。

---

〔1〕《全面建设小康社会，开创中国特色社会主义事业新局面》，人民出版社2002年版。

1. 发展战略中的利益格局与干群矛盾

历史唯物主义者从来不回避利益问题。马克思说："人们奋斗所争取的一切，都同他们的利益有关。"[1]列宁把利益比喻为"人民生活中最敏感的神经"。毛泽东在《对晋绥日报编辑人员的谈话》中指出："马克思主义的基本原则，就是使群众认识自己的利益，并团结起来为自己的利益而斗争。"[2]邓小平说："如果只讲牺牲精神，不讲物质利益，那就是唯心论。"[3]确实，利益关系是社会生活中普遍存在的根本关系，而利益原则是人类社会生活的最基本原则，社会上大部分矛盾几乎都缘起于利益。

首先，经济利益的分化是引发社会矛盾的基础性因素。每一个社会的经济关系首先是作为利益表现出来的。在社会主义条件下，劳动者之间形成了一种根本利益一致的新型关系。即便如此，由于各种因素的存在和影响，在利益的分配和占有上，利益关系的差距甚至失衡是客观存在的。其次，政治利益的分化是影响社会矛盾产生和演变的深层次因素。政治是经济的集中表现，政治利益是经济利益的保障。政治利益的分化势必导致经济利益的失衡，并最终导致社会矛盾的显现甚至激化。其三，社会公共利益公允的缺失，成为社会矛盾冲突的直接原因。社会公共利益如教育、医疗、养老等公共资源关系着每个社会公民的生存与发展，其配置状况是老百姓最关心和关注的。而公共资源配置的失衡是最显性的利益失衡，最容易引起不同利益群体之间的不满和矛盾。

立足于特定历史阶段基本国情形成的发展战略，是一个国家较长时间内对经济社会发展所做的全局性谋划。无论是战略目标的确定、战略步骤的设计，还是战略重点的安排以及战略方针的选择，都要着眼于宏观的发展要求和条件。发展战略代表的是国家的前途和社会整体利益，体现的是利益的普遍性和共性。虽然在确定发展战略时，党和政府已经竭力兼顾各利益群体或利益主体的利益诉求。但由于"社会机体"有其"自然必要的构造"[4]，社会系统内各要素间的律动往往有其自身的运行规律和运行惯性。因此在发展战略的确定实施中，必须对各社会要素的发展有轻重缓急的设计和安排，由此导致的发展程度与速度差距以及

[1]《马克思恩格斯全集》第2卷，人民出版社1957年版，第82页。

[2]《毛泽东选集》第4卷，人民出版社1991年版，第1318页。

[3]《邓小平文选》第3卷，人民出版社1993年版，第274页。

[4] 恩格斯：《反杜林论》，中共中央马克思恩格斯列宁斯大林著作编译局编译，人民出版社1993年版，第160页。

由这种差距造成的群体利益失衡将贯穿整个战略实施过程。而由此引发的社会矛盾堪称“发展中的矛盾”，其根源在发展战略的设计，但却是无法回避的矛盾。

而这种植根于利益、引发于发展战略的社会矛盾最终要在干群关系中落地。这样的矛盾转化机制非常简单。首先，具有全局意义的发展战略是抽象的、理想化的，因而起码在初期的观感上是美好的。由于其特定的意识形态色彩，社会各界在解读和宣传发展战略时，比较关注其美好的一面，至于其隐含的矛盾与不足一般缺乏审视和预告。因此社会公众在遇到利益矛盾时，不会在发展战略层面深究，而是直接质疑发展战略的执行者——干部。其次，干部既是发展战略的代言人，也是发展战略的实施者、执行者。当发展战略实施中不可避免的矛盾显现时，干部往往成为社会矛盾的聚焦点，成为社会公众质疑的对象。再次，领导干部作为社会公共利益的代表者，实际占有和支配着大量的经济、政治、社会、文化资源，在资源配置和利益分配中占据主导地位。因此，即使领导干部完全没有私心，客观存在的利益格局也会让发展战略固有的矛盾转化为干群矛盾。最后，由于占有和支配着大量资源，并在资源配置和利益分配中占主导地位，干部如果在战略实施中利用公权力贪污腐败、蜕化变质，极大地损害公众利益，更会导致人民群众的强烈不满，使干群矛盾升级。

2. 发展战略的缺憾与干群矛盾

上述讨论是基于一种发展战略构想没有任何缺陷和不足的假设下进行的。在实践中，这种假设几乎不可能成为现实。所以，在讨论发展战略时，我们需要一种清醒或者批判的精神，不能总是用天然合理的心态去对待新的发展战略，而理性和批判只用来审视那些过去时的发展战略。

从学理上看，发展战略通常包括三个基本组成部分。第一，制定战略的实际依据和理论依据，即要考虑本国的经济、社会、科学技术、教育、文化等的历史和现状，并明确所遵循的基本指导思想和重要指导原则。第二，提出在一定时期内拟实现的综合的、概括的总体目标和在某些方面比较具体的目标。第三，提出实现战略目标的途径和手段，包括战略重点、实施步骤、力量部署、重大的政策措施等。

制定发展战略既要有科学的依据，更要有对这些依据的科学认识和发展预期。首先，要正确认识基本国情，这是制定发展战略的出发点。要使发展战略具有科学性，必须立足本国实际，充分考虑诸如自然资源条件、人口状况、经济条件、经济社会结构、科技发展水平等基本国情。其次，要正确认识社会发展的客观规律。社会发展规律是社会经济现象及其运动过程内在、本质和必然的联系。制定发展战略必须符合客观规律的要求，因此要善于学习和总结实践经验，从社会实践中找出社会发展的规律性，并做出科学的决策。最后，要正确认识国际环境。国际政治和经济的形势及条件，对国内经济社会发展有着重大影响。

由于社会现象的复杂性及人类认识能力的先天局限，无论对基本国情的认识，还是对未来社会发展目标的构想都不可避免地存在不同程度的缺陷和不足。譬如，改革开放以来，我国确立了以经济建设为中心、以东部地区为重点、以城市为主轴的总体战略。在空间上实施阶梯推进，在产业结构上实行重点突破，鼓励扶持有条件的发展主体先行一步，力图通过跨越式发展来逐步消除生产力的不合理布局，从而推进国家现代化战略目标的实现。从实践结果看，鼓励支持先发展先富裕起来的大战略，确实推动了社会生产力的飞速发展，增强了国力，也在很大程度上提高和改善了人民的生活水平。但与此同时，我国社会出现了“五个发展不平衡”（城市与农村发展不平衡、东中西部区域发展不平衡、经济与社会发展不平衡、经济发展与自然发展不平衡、国内发展与对外开放不平衡）也是不争的事实。这说明一种发展战略的出场不可能完美无缺，而那些源于发展战略构想的缺憾在社会实践中必然转化为社会群体之间的利益分野，同时也是社会矛盾的重要根源之一。

虽然从根源上看，某些社会矛盾是体制性的。但社会公众并不一定去追问战略的缺憾，而是习惯于把问题和矛盾归咎于实施战略的干部群体。当然这并不排除领导干部在实施发展战略时因为决策失误或作风问题、贪污腐败所形成的干群矛盾。

3. 发展战略的历史变迁与干群矛盾

发展战略虽然具有全局性、长远性、根本性等特征，但依然有时间边界。从发展战略的出台到战略目标的完成，既是发展战略成功的标志，又意味着原有发展战略历史使命的终结。由此，历史跨入发展战略的调整期，而新旧发展战略及其相应的体制交叉将导致各种矛盾重叠。旧的发展战略与新的发展要求之间的矛盾开始凸显，不同利益阶层间的矛盾日益明朗化，由此也意味着新的战略调整将被提到议事日程。

这是历史给我们的启示。在改革开放初期，得益于“对旧体制弊端的认识以及意识形态取向"，在以经济建设为中心，建设小康社会等发展战略的引导下，全国人民几乎万众一心搞发展，干群关系相对比较融洽。20 世纪 90 年代以后，随着我国经济发展水平的不断提高，"改革更多地具有利益博弈的内涵"。其时，改革开放初期的"理想与热情"逐渐消退，"能够支配改革进程的，更多的已经是不同利益群体的利益关系而不再是意识形态的分歧"[1]。也就是说，随着经济社会发展水平的提高和我国的发展不断向战略目标挺进，社会利益群体不断分化，社会成员的利益诉求也越来越多元化，不同的利益诉求和博弈已然成为中国经济社会后续发展的根本性要素。至于这种矛盾和博弈到底是动力抑或是阻力，关键在于对利益关系的调控和整合。

战略调整的到来，由于社会生活的某些领域出现制约真空，社会利益分配结果出现巨大反差，社会成员相互平等的关系被打破。通过较长时期发展战略的实施，在促进社会发展的同时，也使相应的利益格局被锁定。改革成果获取者与改革成本承担者之间存在严重异化，社会公平问题不可避免地成为全社会关注的焦点。而利益结构的实际失衡必然造成人们的心态失衡，最后导致人心涣散。社会公众政治情绪低落、态度消沉，以及由此引发的对政府官员的信任危机，构成了潜在的不稳定因素。

因而发展战略的调整在某种意义上是对业已形成利益格局的调控整合。从管理哲学的角度看，利益调控就是以国家或政府为行为主体，利用行政手段对各利益集团的矛盾采取妥善措施，协调长远利益与眼前利益关系，用经济手段平衡不同利益之间的分配差别。作为利益调控主体，政府在利益调控中居于支配地位。国家的权力机关、行政机关和司法机关是社会利益调控的主要承担者。他们担负着制定规则、理顺关系、规范行为、保护权益、保障生存、鼓励发展等任务和职责。这样的利益调控是一项覆盖全社会的巨大系统工程，涉及社会成员的切身利益，需要慎之又慎。

在现实生活中，面对社会利益的调整整合，既得利益者与非既得利益者的态度和诉求总是相悖的。前者希望能够固守甚至扩大已有的利益，对压缩性、削弱性的利益调控表现出极大的不满；处于利益格局中的弱势群体则希望及早调整整合利益关系，而且力度越大越好，最后形成有利于他们的新的利益格局。这种截

[1] 孙立平：《断裂 20 世纪 90 年代以来的中国社会》，社会科学文献出版社 2003 年版，第 32、33 页。

然相悖的利益诉求和意愿，最后都聚焦到利益整合者——党、政府部门及干部身上。如何整合协调各方的利益诉求，是党、政府及广大干部不得不面对的重大课题。在整合过程中，不同利益方一般会把利益调控中的不如意、不满意归咎于干部，呈现为一定的干群矛盾。

（二）我国发展战略的变迁及其对干群关系的影响

中华人民共和国成立以来，我国的发展战略围绕实现社会主义现代化的发展目标多次调整。每次调整都是基于特定的历史条件和阶段性目标，并对我国相应阶段的经济社会发展产生了深刻的影响。有的学者从均衡发展战略和非均衡发展战略的视角进行研究，也有学者以部分先富战略和共同富裕战略来区分改革开放以来的发展。无论如何，每次发展战略的调整，一方面是应对经济社会发展形势和主要矛盾的客观要求，另一方面新的发展战略又必将对党群、干群关系的发展产生新的影响。

1. 毛泽东时期的发展战略对干群关系的影响

毛泽东时期的发展战略可以概括为均衡发展和赶超战略。所谓均衡发展战略，一是指围绕实现工业化的目标，在优先发展重工业的条件下，发展工业与发展农业同时并举。毛泽东形象地称之为“两条腿走路”。二是指区域均衡发展，即实现沿海和内地工业的均衡发展。均衡发展理论是针对建国初期我国国民经济严重衰退的严峻形势，为了恢复、发展国民经济而确立的。这一战略的实施主要体现在“一五”时期和“三线”建设时期。赶超战略是指20世纪50年代中期以后，提出的在短时间超英赶美的发展战略。这个战略受到国际共产主义运动中盛行的赶超战略的影响，以及国内反冒进及随之而来的“大跃进”和人民公社化运动的作用。

对于中华人民共和国成立后的第一个战略构想，后来人的评价中更倾向于指责和诟病。实际上，我们应当把这种战略选择放置于当时的历史情景予以看待，并理性评价其实际的绩效。如果说70年代末期开始的改革是“摸着石头过河”，那么对于有着一百多年积贫积弱历史，刚结束战乱而百废待兴的新中国而言又何尝不是？因此，站在今天的进度去指责当时的战略选择，多少显得浅薄。而且从实际绩效看，尽管当时的战略在实施的过程中出现了这样那样的问题，但到第一个五年计划所取得的经济恢复成就，以及其为社会主义现代化建设所奠定的基础却是历史事实。就此后的“三线建设”而言，在1964年到1978年长达二十四年的“三线建设”中，按照毛泽东“大分散、小集中”和“依山傍水扎大营”的指示，在我国西南、西北内陆地区初步建成了一批航空航天等国防工业以及钢铁、有色金属、能源、交通、机械、电子、汽车、轻纺等工业基地，极大地改变了我国工业布局不平衡的现状。

至于干群关系，可以以“文革”为分水岭划分为两个阶段，即从建国到50年代末60年代初和60年代到1978年。在第一个阶段，在新中国诞生的激动和喜悦中，全国人民斗志昂扬，包括干部和群众在内的绝大多数人都把国家利益作为自己的利益，同心协力搞发展。因此，这一阶段的干群关系处于非常独特且无法复制的高度和谐状态。而在后一阶段，干群关系开始变化，由和谐进入紧张甚至对抗斗争。其中的缘由可以概括为三大方面：第一，新中国诞生初期的意识形态激情逐渐冷却，人们开始关切平淡的生活和个人利益。第二，在国家发展和重工业发展优先发展战略的主导下，关系人民群众生活的生产与发展被忽略。加上生产力不发达、经济落后等，这就从根本上制约了广大人民群众日益增长的物质文化需要，使得群众与干部之间的间隙与隔阂逐渐生成、扩大，导致干群矛盾滋长。第三，“文革”期间的一系列斗争安排，把许多干部作为斗争和改造对象，使得干群矛盾严重恶化。

2. 邓小平时期的发展战略对干群关系的影响

在反思和吸取了毛泽东时期发展战略的成败得失和经验教训之后，中国决策者开始思考和制定新的发展战略。邓小平继承了毛泽东时期的现代化战略目标和分步骤实现的战略部署，并以此为基础提出了鼓励支持部分地区率先发展、部分人率先富裕的非均衡发展的战略。邓小平指出：“在经济政策上，我认为要允许一部分地区、一部分企业、一部分工人农民，由于辛勤努力成绩大而收入先多一些，生活先好起来。一部分人生活先好起来，就必然产生极大的示范力量，影响左邻右舍，带动其他地区、其他单位的人们向他们学习。这样，就会使整个国民经济不断地波浪式地向前发展，使全国各族人民都能比较快地富裕起来。”[1]后来的实践证明，“邓小平的这一设想是符合中国国情的，也是符合中国发展阶段

---

〔1〕《邓小平文选》第2卷，人民出版社1993年版，第152页。

的，中国提前实现了前两步发展目标”[1]。同时，党的十二大、十三大不仅继续坚持毛泽东时期关于实现社会主义现代化的战略目标，而且在战略部署上从“两步走”的战略设想发展成一百年三步走、基本实现现代化的“新战略”。

这一时期干群矛盾体现的依然不是“利益式矛盾”，而是由于对体制转型的不了解、不理解而引发的争论，是关于计划和市场的姓资姓社问题而产生的分歧，在本质上是意识形态的分歧。因此，这一阶段的干群矛盾出现了地区差异。比如在广东、浙江等东部相对发达地区，由于干部对商品经济、市场经济的认识比较积极，并在一定程度上放手让群众发展个体和私营经济，干群关系总体上比较和谐，干群矛盾比较和缓；而在开放发展较晚的中西部地区，干群关系一般比较紧张。

3. 江泽民时期的发展战略对干群关系的影响

20 世纪 90 年代，随着经济全球化趋势的明显增强，科技革命迅猛发展，我国的改革、发展面临新情况，遇到新问题。以江泽民为代表的中央领导集体针对世界科技日新月异、生产力加速进步的发展形势，立足于我国区域经济发展不平衡、环境资源压力加剧等新情况，提出了跨越式发展战略和协调发展战略。跨越式发展战略和协调发展战略是分别针对发展的纵、横双向而言的。跨越式发展主要指纵向的发展速度和效率。正如江泽民指出的：“当今世界的发展趋势表明，信息化对推动经济和社会发展具有重大作用，我们必须高度重视并全力推进，以信息化带动工业化，发挥后发优势，争取实现社会生产力的跨越式发展。”这就是说，虽然我国工业化水平尚处于相对落后的阶段。但是面对信息化浪潮的冲击，我国的发展战略也要做相应调整：由过去的“台阶式”转向“跨越式”转变。协调发展战略主要是横向的统筹发展，包括协调区域经济发展，协调经济政治文化的全面发展，协调人与自然的和谐发展。

跨越式发展给我国社会生活带来了巨大的冲击，产生了广泛而深刻的变化。它既促进了我国社会的巨大进步，也带来了许多不稳定因素，直接影响了党群、干群关系的发展。因为跨越发展的同时，也带来了社会利益的重新调整与组合。期间，绝大多数人获得更多的利益，也有少部分人获益较少，甚至个别人的局部利益、眼前利益受到不同程度的损害。譬如，强化管理、提高效率使大批隐性失

[1] 胡鞍钢：《中国发展战略的历史演变》，《中国乡镇企业》2009 年第 12 期，第 24—27 页。

业者从企业中分流，技术进步使一些年老体弱、素质较低的职工被分离，停止农副产品统一收购使许多长期依赖国家而不谙市场的农民出现“卖难”，城市下岗职工争饭碗而把一部分进城打工的农民又挤出了城市，等等。这种权力和利益的再调整使得一批劳动者丢掉工作岗位，失去或减少了收入来源。这部分群众面临生活困难、子女失教等诸多问题，进而成为社会的弱势群体。他们在感到自己社会地位下降的同时，认为党既然作为人民群众利益的忠实代表，其领导的改革就首先应当使工农基本群众成为最大受益者。而实际生活中得到好处的却是另一部分人，因而怨气很大。〔1〕这就使得党群关系、干群关系趋于紧张。

4. 胡锦涛时期的发展战略对干群关系的影响

针对发展中所遇到的一系列问题，以胡锦涛同志为核心的新一届领导集体，明确提出“科学发展观”。党的十六届三中全会通过了《中共中央关于完善社会主义市场经济体制若干重大问题的决定》，第一次明确了科学发展观的基本概念。2004 年 3 月，在全国人口与资源环境工作会议发表了重要讲话，胡锦涛对科学发展观做了系统全面的阐发：“坚持以人为本，就是要以实现人的全面发展为目标，从人民群众的根本利益出发谋发展、促发展，不断满足人民群众日益增长的物质文化需要，切实保障人民群众的经济、政治和文化权益，让发展的成果惠及全体人民。全面发展，就是要以经济建设为中心，全面推进经济、政治、文化建设，实现经济发展和社会全面进步。协调发展，就是要统筹城乡发展、统筹区域发展、统筹经济社会发展、统筹人与自然和谐发展、统筹国内发展和对外开放，推进生产力和生产关系、经济基础和上层建筑相协调，推进经济、政治、文化建设的各个环节、各个方面相协调。可持续发展，就是要促进人与自然的和谐，实现经济发展和人口、资源、环境相协调，坚持走生产发展、生活富裕、生态良好的文明发展道路，保证一代接一代地永续发展。”〔2〕

科学发展观，包含四个方面的具体内涵。第一，科学发展观坚持发展的基本立场，始终把发展作为党执政兴国的第一要义。第二，科学发展观认为，发展的目的是以人为本，必须坚持以人为本的发展目的，这是科学发展观的核心所在。科学发展观的实质就是要把实现好、维护好、发展好最广大人民的根本利益作为

---

〔1〕 武艳红：《党群干群关系存在问题的原因分析》，《山西高等学校社会科学学报》2004 年第 11 期，第 37—40 页。

〔2〕《十六大以来重要文献选编》上册，中央文献出版社 2005 年版，第 850 页。

党和国家一切工作的出发点和落脚点。发展的最根本或终极的目的是人民的福祉和人的全面发展。第三，发展的路径是全面协调可持续的发展路径。所谓“全面”是指发展内容的统筹性，“协调”是指发展空间的统筹性，“可持续”是指发展时间的统筹性。第四，发展的方法是坚持统筹兼顾。“统筹兼顾”，指的是对不同发展利益及其关系的平衡，统筹个人利益和集体利益、局部利益和整体利益、当前利益和长远利益，充分调动各方面的积极性。既要总揽全局、统筹规划，又要抓住牵动全局的主要工作、事关群众利益的突出问题，着力推进、重点突破。对发展战略的调整是中国共产党深刻认识和把握社会发展规律的体现，也是执政党在领导全国人民建设中国特色社会主义进程中与时俱进的具体展现。科学发展是中国特色社会主义现代化建设中又一次重大的战略调整，其着眼点是使人民群众共享改革发展的成果。应该说，这是广大人民群众的呼声和要求，也是改善党群、干群关系的必然选择。

5. 习近平时期的发展战略对干群关系的影响

科学发展观是我党在领导全国人民建设中国特色社会主义进程中与时俱进的具体展现。以习近平总书记为核心的新一代领导集体，审时度势、与时俱进，提出了“四个全面”的战略举措，这成为科学发展观的最高准则。2014 年 12 月 13 日，习近平在江苏调研时首次提出“四个全面”战略布局和战略举措。他指出，“要全面贯彻党的十八大和十八届三中、四中全会精神，落实中央经济工作会议精神，主动把握和积极适应经济发展新常态，协调推进全面建成小康社会、全面深化改革、全面推进依法治国、全面从严治党，推动改革开放和社会主义现代化建设迈上新台阶”。

四个“全面”是以习近平为总书记的党中央在国内外环境持续发生深刻“裂变”、经济社会发展进入新常态的时代背景下，对党和国家的发展愿景进行审慎研判和科学把握的基础上，从不同的战略层面，对在新的历史起点上坚持和发展中国特色社会主义这一重大理论和实践问题做出的科学回答。全面建成小康社会是坚持和发展中国特色社会主义的战略目标；全面深化改革是坚持和发展中国特色社会主义的根本路径；全面依法治国是坚持和发展中国特色社会主义的法治保障；全面从严治党是坚持和发展中国特色社会主义的组织保证。这四个全面是统一于党治国理政伟大历史实践进程中的“四个全面”，是党在新时期治国理政方略的新思考、新要求、新部署，是马克思主义中国化的新飞跃，是坚持和发展中国特色社会主义的时代航标。[1]

之后，新一代领导集体继续在科学发展观的道路探寻上不断前进。习近平总书记在中国共产党十八届五中全会中，深刻分析了我国当前发展过程中的机遇和挑战："'十三五'时期是全面建成小康社会的决定性阶段，'十三五'规划必须紧紧围绕实现这个奋斗目标来制定。当前，和平与发展的时代主题没有变，我国经济发展进入新常态，我国发展既面临大有作为的重大战略机遇期，也面临诸多矛盾相互叠加的严峻挑战。必须坚持以经济建设为中心，从实际出发，创新和完善宏观调控方式，保持经济中高速增长，迈向中高端水平，推动实现更高质量、更有效率、更加公平、更可持续的发展。"以此为基础，总书记提出了全面建成小康社会的奋斗目标，推动经济社会持续健康发展，必须坚持的六个原则。即：坚持人民主体地位，坚持科学发展，坚持深化改革，坚持依法治国，坚持统筹国内国际两个大局，坚持党的领导。

同时，在该会议上习近平同志还提出了五个发展理念。习近平强调"实现'十三五'时期发展目标，破解发展难题，厚植发展优势，必须牢固树立并切实贯彻'创新、协调、绿色、开放、共享的发展理念'"。这将成为贯穿"十三五"时期我国经济社会建设的重要思想，这五个理念是对科学发展观"以人为本、全面、协调、可持续"理念的进一步深化发展超越和完善，把科学发展观理念提高到新的高度和新的水平。五个发展理念，其中四个"创新、绿色、开放、共享"是对科学发展观最新超越，是对当前我国经济社会建设总体环境与实际效果的突破。这五大理念是关系到我国发展全局的一场深刻变革，具有重大现实意义和深远历史意义。[2]"六个坚持"和"五个理念"，是党在新形势下对于科学发展观的最新阐释。

自上述发展理念提出以来，各级党和政府积极贯彻实施，陆续推出了一系列改善民生、加强社会建设的具体措施。但真正确立并落实科学发展观、建成惠及十几亿人口的全面小康社会仍需时日，党群、干群矛盾的化解还需要一个较长的过程。

---

〔1〕王永贵：《"四个全面"：坚持和发展中国特色社会主义的时代航标》，《学海》2015年第5期，第5—9页。
〔2〕刘德林：《科学发展观的深化与升华——习近平发展思想研究》，《辽宁行政学院学报》2016年第2期，第16—23页。

6. 当下我国干群矛盾产生的发展战略根源

如前所述，处在关键发展阶段的我国社会不仅矛盾多发，而且各类社会矛盾往往汇聚于干群关系这个焦点上。从发展战略的视角分析，引发当下我国干群矛盾的原因大致源于以下几个方面：

第一，重经济建设轻其他建设。处于社会主义初级阶段的我国，主要矛盾是人民日益增长的物质文化生活需要和落后的社会生产之间的矛盾。无论在理论上还是社会实践中，很多人把社会生产简单地理解为物质资料的生产，继而把“以经济建设为中心”简单归结为主要搞经济建设，从而忽略了搞好其他建设以满足人民日益增长的各种需要。习近平在中国共产党第十八届中央委员会第五次全体会议中指出，“坚持发展是第一要务，以提高发展质量和效益为中心，加快形成引领经济发展新常态的体制机制和发展方式，保持战略定力，坚持稳中求进，统筹推进经济建设、政治建设、文化建设、社会建设、生态文明建设和党的建设，确保如期全面建成小康社会，为实现第二个百年奋斗目标、实现中华民族伟大复兴的中国梦奠定更加坚实的基础”。这种统筹发展战略要求五大建设不可偏废。客观地说，改革开放前二十五年间，我国的“五大建设”都取得了巨大的成就；但与经济建设相比，其他四大建设的滞后还是相当明显。正是这种滞后，使得广大群众民主政治生活、文化生活、教育卫生等需要得不到充分满足，这成为新时期群众对政府和干部不满、干群关系紧张的深刻根源。

第二，侧重“先富”兼顾“共富”。基于对我国国情全面深刻认识的基础上，邓小平提出了部分先发展先富裕，由先富带动后富，最终达到共同富裕的战略构想。邓小平说：“在经济政策上，我认为要允许一部分地区、一部分企业、一部分工人农民。由于辛勤努力成绩大而收入先多一些，生活先好起来。一部分人生活先好起来，就必然产生极大的示范力量，影响左邻右舍，带动其他地区、其他单位的人们向他们学习。这样，就会使整个国家经济不断地波浪式地向前发展，使全国各族人民都能比较快地富裕起来。”[1]毋庸置疑，“部分先富”战略在推动我国经济发展上产生了重要作用。然而经过20多年的发展，在我国实现了总体小康之后，“共富”的实施还是差强人意。这主要有三点表现。

第一，贫富差距过大。首先是城乡居民收入差距不断扩大。据统计，城乡高

〔1〕《邓小平文选》第2卷，人民出版社1993年版，第152页。

低各20%居民之间的收入差距在21.5倍，而城乡高低各10%居民之间的收入差距已达55倍，农民社会地位和生活质量都与城市有较大差距。城乡居民收入分配差距一直保持在3.2倍左右。[1]其次，地区差距过大。2006年全国城镇人均可支配收入最高（上海20667.9元）和最低（新疆8871.3元）的省份（包括直辖市和自治区）之间人均收入差距是2.33倍；农村人均纯收入最高（上海9138.7元）和最低（贵州1984.6元）差距已扩大到4.6倍；东部、中部和西部地区GDP的比值是3.26∶1.09∶1，上海人均75990元，而贵州只有5750元。[2]再次，群体差距过大。2005年城镇最高10%与最低10%收入户的人均收入之比为9.2倍，农村高收入户人均纯收入与低收入户人均纯收入之比为7.3倍。最后，行业差距拉大。2005年全国收入最高行业与最低行业人均工资水平之比，已经从2000年的3.63∶1扩大到2005年的4.88∶1。2005年上半年城市10%高收入者拥有45%的财富，而10%的低收入者只有1.4%的财富。

第二，绝对贫困依然存在。尽管我国基本实现了小康，但贫困人口基数依然较大。世界各国在进入人均GDP1000美元后，贫困人口开始减少，可基本消除每人每天收入低于1美元的人口，但我国则不然。习近平总书记在关于制定“十三五”规划建议的说明中指出，“我们不能一边宣布全面建成了小康社会，另一边还有几千万人口的生活水平处在扶贫标准线以下，这既影响人民群众对全面建成小康社会的满意度，也影响国际社会对我国全面建成小康社会的认可度”。马克思说：“按照我们的观点，一切历史冲突都根源于生产力与交往形式之间的矛盾。此外，对于某一国家内冲突的发生来说，完全没有必要等这种矛盾在这个国家本身中发展到极端的地步。”[3]虽然从理论上说，在中国共产党执政的社会主义中国，执政党代表着最广大人民的根本利益，社会群体间不存在根本的利益冲突。但是这种现实存在的贫富差距以及贫困人群的现实贫困，如果得不到遏止并改观就会带来诸多消极后果。这一方面无法体现中国共产党的执政宗旨，另一方面在那一部分先富（且不论以什么途径致富）人群的炫富压力下，贫富之间的裂痕不可避免。而由这种裂痕产生的矛盾最终必将转化为党群矛盾，并以干群矛盾的形式呈现出来。

---

〔1〕国家发改委：《中国居民收入分配年度报告（2006）》。
〔2〕袁柏顺：《政府调节不力差距扩大，96.5%公众对工资不满》，《第一财经日报》，2007年2月1日。
〔3〕《马克思恩格斯选集》第1卷，人民出版社1972年版，第81页。

第三，重积累轻民生。为了保持经济高速增长，我国在收入分配领域一直实行重积累轻分配、重投资轻消费、重财政轻民生、重企业轻居民的政策。这种政策最突出的表现就是居民工资性收入增长长期低于经济增长速度。很长一个时期以来，物价在涨，垄断行业和管理者薪酬越来越高，而一般职工工资却“原地不动”甚至下降。据统计，2000 年到 2009 年间，中国的人均产出增长了 53.9%，超过了印度的 36.9% 和东盟的 13.5%。中国职工工资总额并没有随着经济增长而保持同步增长，工资总额占 GDP 的比重从 1978 年的 15.61% 下降到 2008 年的 10.99%，呈现直线下降的趋势；实际工资增长速度与 GDP 增长速度之比从 1978 年的 1.62% 下降到 2008 年 1.03%，实际工资总额增长速度与 GDP 增长速度之比呈现出“U 型”曲线的特征；从 1978 年到 1997 年，实际工资增长速度与 GDP 增长速度之比持续下降，1997 年实际工资增长速度只有 GDP 增长速度的 53%。这表明公民没有充分分享到劳动生产率提高的成果。[1]据此，新华网 2010 年 9 月份的调查显示，96.5% 的民众对其时工资状况不满意。这表明，在经历市场化改革近 30 年后，民众对工资性收入增长长期低于经济增长速度的不满情绪的确客观存在。

人的解放、人的全面自由发展是马克思主义者的终极追求。而人的全面发展，是指每个人的发展，是“社会全体成员的普遍发展”[2]，而不是某个人、某些人的发展，更不应该是以牺牲一些人甚至大多数人的发展为条件的发展。习近平总书记多次指出，“我们党和政府做一切工作出发点、落脚点都是让人民过上好日子”，“推进改革的根本目的，是要让国家变得更加富强、让社会变得更加公平正义、让人民生活得更加美好”，“实现我们的奋斗目标，开创我们的美好未来，必须紧紧依靠人民、始终为了人民，必须依靠辛勤劳动、诚实劳动、创造性劳动”。[3]马克思主义者、中国共产党人之所以崇尚人的全面自由发展，强调人民的现实福祉，首先是因为共产党人的远大理想和坚定信念，同时也对某些历史政策的矫正。特定历史阶段那种重积累轻分配、重投资轻消费、重财政轻民生、重企业轻居民的发展策略，在一定程度上使广大人民对幸福的期待打了折扣，而

---

〔1〕 曹洋：《工资增长对经济增长过程的作用机制研究》，《劳动保障世界（理论版）》2011 年第 1 期，第 34—38 页。

〔2〕《马克思恩格斯全集》第 46 卷上，人民出版社 1979 年版，第 104 页。

〔3〕 窦孟朔、张瑞：《论习近平的民生幸福观》，《科学社会主义》2015 年第 5 期，第 54—59 页。

且在一定程度上影响着社会主义和谐社会的构建。

（三）化解干群矛盾的发展战略调整

由发展战略导致的干群矛盾是深层次的，必须通过发展战略的调整才能化解。虽然在调整过程中依然会纠结许多矛盾，甚至比之前的矛盾更复杂更深刻。但从根本上说，提出并实施科学发展战略符合我国社会发展规律、符合最广大人民的根本利益，因而也从发展战略层面为消解干群矛盾创造了条件。

1. 依托科学发展，化解干群矛盾

首先，把发展作为党执政兴国的第一要义，是化解干群矛盾的物质基础。满足人民的基本需要，既是执政党执政合法性的基础，也是解决党群、干群矛盾的基础。在我国，经济利益的调整所引发的矛盾归根结底是经济发展不充分的结果。只有大力发展生产力，创造丰硕的物质财富，才能有经济实力满足最广大人民生活和发展的需要，才能为人民普遍富裕、幸福的生活奠定坚实的物质基础。审视当前的许多矛盾，如城乡二元结构没有根本改变，地区差距扩大趋势没有根本扭转，贫困人口依然为数不少，就业形势仍然严峻，社会保障普及率有待提升，教育卫生文化事业相对滞后等，其根本原因还在于我国现在达到的小康依然是低水平、不全面、不平衡的小康。改变这个面貌最离不开的是雄厚的财力和国力。因此，加快发展才是解决问题的硬道理。

其二，以人为本、民生优先是践行党的宗旨、密切干群关系的根本途径。所谓民生问题是与广大人民群众密切相关的问题，主要表现在衣、食、住、行、养老、就业、医疗、子女教育等方面的基本生活问题。民生问题是关系国家稳定发展全局的大问题，也是人民群众最关心的直接现实利益问题。一方面，党领导人民进行社会主义现代化建设的最终目的是满足人民日益增长的物质文化生活需求。而满足人民的需求要落到实处，就必须想群众之所想，急群众之所急，努力发展关涉人民群众生产生活和发展的各项事业。另一方面，以人为本、民生优先符合人民的意愿。大量的历史经验表明，政之所兴在顺民心，政之所废在轻民生，执政党只有不断给人民提供切实的实惠，才能真正体现为人民服务的宗旨，才能赢得民心。可以说，是否顺民心，关系着人心向背、关系着党群干群关系，当然也关系着社会主义和谐社会的构建。著名学者胡鞍钢在《改善民生是政府的最大政绩》一文中指出："改革开放以来，我国保持了很高的增长率，但同时却出现了经济增长的悖论，即民生问题越来越突出，这包括失业问题、教育问题、卫生问题、环境问题，等等。”〔1〕确实，反观当下的许多社会矛盾，包括干群矛盾，往往都与民生条件欠缺相关。所以，温家宝说：“关注民生、重视民生、保障民生、改善民生，是我们党全心全意为人民服务宗旨的要求，是人民政府的基本职责。”〔2〕

其三，全面协调可持续发展是优化干群关系的基本要求。社会是一个有机体，社会的发展自然是经济、政治、文化、社会、环境的全面发展，而且这样的发展是可持续的健康的发展。同样，站在全面发展的立场上，人的发展所需要的条件也是全方位的。随着社会的不断进步，人的发展要求在不断提高，单向度的发展越来越不能满足人民的需要。而需要与满足需要之间的紧张，必然会折射出干群关系的紧张。因此，仅仅从优化干群关系的角度都需要调整发展战略，坚持全面协调可持续发展。随着“总体小康”的实现，人们的社会性需求在不断拓展。比如，人们更加注重生活质量的提升，对非实物性的消费需求不断上升，对民主的需求在广度深度上不断提高，对依法治国、政治体制改革提出了更高的要求，对教育和精品文化的需求不断增加，等等。这些社会性需求的扩张是我国新一轮发展的现实基础，也是发展战略调整的现实基础。所以党的十六大提出了全面小康的奋斗目标：经济更加发展、民主更加健全、科教更加进步、文化更加繁荣、社会更加和谐、人民生活更加殷实。可以想见，循着这样的发展目标实施的发展战略调整，可以从根本上改变需要与满足需要之间的紧张，对党群干群关系的优化必将产生深远的影响。

其四，统筹发展是优化干群矛盾的基本策略。所谓统筹发展就是统筹城乡发展、统筹区域发展、统筹经济社会发展、统筹人与自然和谐发展、统筹国内发展和对外开放。统筹发展归根结底是要缩小各种差距，改变各种不平衡状况，其重点是要消除现实生活中的各种不公平。在高度发达的生产力发展基础上消灭一切不公平的社会现象，追求人类的彻底解放，是马克思主义的首要价值和基本目标。虽然在社会主义初级阶段完全消除不公平并不现实，但相对的公平是社会主义的本质要求。邓小平说，“我们允许一些地区、一些人先富起来，是为了最终

〔1〕 胡鞍钢：《改善民生是政府的最大政绩》，《文汇报》，2007年3月19日。
〔2〕 温家宝：《在2007年春节团拜会上的讲话》，《中华人民共和国国务院公报》，2007年10期。

达到共同富裕，所以要防止两极分化，这就叫社会主义”，“社会主义不是少数人富起来，大多数人穷，不是那个样子，社会主义最大的优越性就是共同富裕，这是体现社会主义本质的一个东西”。[1]在现实生活中，发展战略是社会公平最根本的制衡者，只有坚持统筹发展，为社会成员提供平等的机会，形成公平合理的竞争环境，并为在市场竞争环境下陷入困境的人群分解风险，提供保障，才能真正体现公平。只有相对公平了，才能消除由不公平带来的怨愤，构建起和谐的干群关系。

2. 推进共同富裕，密切干群关系

长期以来，我们把实现社会主义现代化作为奋斗目标和历史任务。这没有错，但是我们忽略了实现社会主义现代化与实现共同富裕的统一性，忽略了实现共同富裕与实现人、社会、自然全面协调发展的统一性。如此，我们在制定经济社会发展战略和目标时没有直接、明确、具体地部署共同富裕问题，甚至把共同富裕作为一个纯粹的经济问题或作为遥远未来的一个目标。应该说这与邓小平关于社会主义的目的、目标、本质、原则和最大优越性的论述是不相符合的，与邓小平关于社会主义现代化的战略构想也是不相符合的。在邓小平那里，只有坚持并实现共同富裕，“才能说真的搞了社会主义，才能理直气壮地说社会主义优于资本主义”[2]。邓小平的设想是从20世纪末达到小康水平的时候，就要把它作为经济社会发展的“中心课题”“突出地提出和解决”[3]。晚年的邓小平依然反复强调、高度重视共同富裕问题，他多次强调共同富裕是一个关系社会稳定的“大问题”，解决不好，就可能出乱子。“要利用各种手段、各种方法、各种方案来解决。”[4]

可见，在邓小平的构想中，共同富裕是一个重大战略问题。所谓“出乱子”，绝不仅是一个简单的发展问题，而是政治和社会稳定出了问题，也就是说执政党的地位和社会主义制度要出问题。因此，实施科学发展战略，就要加快推进共同富裕，从而化解干群矛盾和社会矛盾。诚如有的学者所言，“两极分化是现实和今后深层次矛盾的主要根源，实现共同富裕则是破解这一切矛盾的总钥

[1]《邓小平文选》第3卷，人民出版社1993年版，第195、364页。
[2]《邓小平文选》第3卷，人民出版社1993年版，第225页。
[3]《邓小平文选》第3卷，人民出版社1993年版，第364、374页。
[4] 冷溶：《邓小平年谱》下，中央文献出版社2004年版，第1364页。

匙”[1]。全面小康是共同富裕的基础和准备，却不能代替共同富裕的目标和任务；共同富裕是社会主义和谐社会的基础、前提和必然要求，没有共同富裕，就没有社会主义和谐社会。共同发展、共同享有、共同富裕是现阶段中国经济社会发展的主题和迫切要求，各级党和政府须旗帜鲜明地把实现共同富裕作为现阶段落实科学发展观、密切党群干群关系、化解社会矛盾、构建和谐社会的“中心课题”加以部署和解决。

3. 干部发挥作用，化解干群矛盾

发展战略的转型，为干群矛盾的化解提供了必要的时代背景和政策条件，但真正实现干群关系的优化还需要各级政府和广大干部做出积极而艰苦的努力。在干群矛盾中，干部往往居于矛盾的主要方面。因此，落实科学发展观、推进共同富裕，干部必须充分发挥其积极的主导作用。干部不仅要积极推进改革、努力发展社会生产力，还要努力做到如下几个方面。

第一，加强学习，准确理解和把握科学发展观的内涵和实质。科学发展观是笼统的战略层面的理论，而理论到实践的转化要经过许多环节，这些环节要由各级政府和党政干部来主持完成。要真正落实科学发展观，就容不得对科学发展观的误读误解。否则科学发展观必然沦为非科学发展的标签甚至遮羞布，不仅不能实现发展战略转型，无法解决非科学发展带来的问题和矛盾，而且有可能进一步激化矛盾。在现实生活中，我们经常可以看到，一些非常英明的党的方针政策被一些“歪嘴和尚”念歪了，不仅不能让党的方针政策很好地贯彻落实，而且往往适得其反，影响恶劣。因此，各级党政干部准确理解和把握科学发展观是决不可姑且的事情，而必须从能否真正实现战略转型的高度加以对待。

第二，固守以人为本的执政理念，自觉维护人民利益。新时期发展战略最鲜明的特点就是执政为民，大力改善民生。这是中国共产党光荣传统的延续，也是中国共产党永葆执政力的源泉。同样，要改善和维系党群之间、干群之间的良好关系，消除行政过程中难以消解的干群矛盾。作为矛盾主导方面的党政干部，首先必须放低身段，站在人民的立场上审视人民的需求和困难，真正以公仆的心态和精神诚心诚意地解决人民的实际困难，维护人民的利益。要相信人民在本质上

[1] 杨承训：《“共同富裕”是根治深层次矛盾之本——重温邓小平“消除两极分化”的思想》，《毛泽东邓小平理论研究》2012 年第 1 期，第 18—24 页。

是善良的，通情达理的，只要领导干部真正从国家和人民的利益出发，人民是会理解的。

第三，加强自身修养，塑造良好的干部形象。加强干部队伍建设，是进一步密切干群关系的重要前提。当前，确实有不少干部放松甚至放弃自身修养，无论在品格、道德、学识、能力等方面都不能与干部要求相匹配。造成在群众中信誉、威望扫地的境地，严重损害了干部的整体形象。因此从干群关系的角度看，迫切需要干部加强自身修养，重塑良好的干部形象。首先，要抓好作风建设和廉政建设。作风问题，是事关形象和生死存亡的重大问题，对密切干群关系作用重大。作风正，干群关系就密切，党和政府就会受到人民群众的拥护；作风不正，干群关系就紧张，人民群众对党和政府就有意见。加强廉政建设关键是反腐败。腐败问题是当前群众反响最为强烈、对干群关系影响最大的问题之一。要坚决贯彻从严治党的方针，不断加大惩治力度，建立教育、制度、监督三位一体的惩治和预防体系。

第四，坚持科学决策和依法行政，减少干群之间不必要的摩擦。从生成角度看，许多干群矛盾生成的关键在干部，在行政执法者。有些地方政府在决策方面比较随意，既不考察决策的科学性合理性，更不关心决策与人民群众的利益关系，甚至不惜牺牲群众的利益为纯粹基于政绩而做出的决策开道。其结果既损害了人民利益，也损害了政府形象，加剧了干群矛盾。还有些地方政府或行政部门在执法中违法甚至犯法，极大地毁坏了政府和干部形象，严重地伤害党群关系。如前所述，城管与民众的争执，往往是由于城管暴力执法而引发，而暴力执法显然不是法律法规所允许的。

第五，做好宣传沟通工作，争取群众的理解和支持。在群众对干部不信任程度很高的情况下，确实有不少群众对干部的真诚、对干部就某些问题的处理、对某些事情的真相抱有天然的不信任或猜忌的态度。少数别有用心的人也会借机把事情弄得扑朔迷离，引发不明真相的民众对干部的不满和反对。因此，党的干部做好解释宣传沟通工作，对还原真相、消解群众的疑虑非常重要。首先，要让各阶层群众充分表达自己意见和情绪。言路不通会形成隔阂，加剧矛盾。社会矛盾积聚实际上是不稳定能量的积聚过程，需要建立调控的“安全阀”进行化解、舒缓和排放。而拓宽社情民意表达渠道，形成科学有效的利益诉求表达机制是沟通的最有效方法。其次，实现对抗性矛盾向非对抗性矛盾转化。通过沟通、疏导和控制，通过民主的、说服的方法做好细致的释疑解难工作，引导人们达成共识，避免矛盾的升级。再次，实现利益整合达成社会和谐。利益关系调整非常敏感，各利益群体对自身诉求都十分关切。表达渠道不畅便会化为牢骚；沟通顺畅，引导得当，使之推己及人，就可形成有利于改革的社会舆论氛围。最后，通过信息反馈预防矛盾激化。沟通是要使各阶层、各领域和各部门的信息都能通过畅通的渠道得到客观准确的反馈，在第一时间传递到预警系统的终端，达到化解矛盾、解决纠纷的目的。[1]

三、行政公正与干群矛盾的化解

政治是国家意志的表达，行政是国家意志的执行。关于“行政”的含义，虽有不同回答，但一般而言，行政应当包括将战略思想及其谋划付诸实践、化为现实的执行过程。因此，发展战略确定之后，行政便成为决定性的因素。发展战略的效果如何，在很大程度上取决于行政落实的结果如何。行政执行工作由广大干部所承担，行政得当，好的发展战略就可以收到社会和谐发展、天下归心、干群党群关系和谐的良好局面；行政懈怠而腐败，好的发展战略落空，人民没有实惠，邪恶盛行，民心丧失，必然导致干群党群矛盾的上升和激化。社会稳定与和谐，根本问题仍然是利益的分配问题。政府部门是利益分配的权威部门，政府部门如何在社会利益的分配中发挥正确的作用就成为问题的核心。国家行政机关要在管理国家事务和社会事务的过程中，确保利益的合理分配，就必须深刻理解和把握公平正义的价值导向及其作用。这对于政府管理，乃至社会管理，都具有重要意义。

（一）公平正义：首要的社会道德和价值

一个社会的维系和存在，是经济、政治、文化等诸多因素相互作用的结果。公平正义无疑是贯穿经济、政治、文化等各因素中的一个宏观的根本的价值，因而也是现代社会得以维系、存在和发展的最重要的社会道德。

---

〔1〕 耿相魁、侯晚梅：《社会主义和谐社会视阈的人民内部矛盾及其解决策略》，《当代社科视野》，2011 年第 3 期，第 13—18 页。

1. 公平相对于效率的优先性

公平，首先是个伦理学概念，其最初的本质含义是“一视同仁和得所当得”〔1〕。用智者学派的话来说，“正义就是给每个人以适如其分的报答”〔2〕。麦金太尔（Macintyre，A.）也认为：“正义是给每个人——包括给予者本人——应得的本分。”〔3〕用中国俗语来说，就是“善有善报，恶有恶报”。公平是有善要奖，有恶须罚，缺一不可。而如果两者都没有实现，那社会就处于高度扭曲异化状态。慈继伟认为：“正义不同于仁爱或其他纯粹利他主义的德行。”〔4〕公平是一种对等性，一种等利害交换，大致平衡的以牙还牙是公平的，只是这种社会关系中的报复性正义已经由国家代为操作而已。公平正义并不是仅仅给予善而不给予伤害，合理的惩罚也是正义，是公平正义不可或缺的一面，并且是维护公平正义局面和社会秩序的重要手段。正因为如此，惩罚的正义是一种“矫正的正义”〔5〕。公平意味着社会生活中人们的创造力及其成效与他们获得的社会回报之间、权利与义务之间、行为与责任及其赏罚之间的适当平衡状态，因此也被视为符合人的本质需要和为社会认可的应当具有的状态。作为衡量社会关系是否适当的道德评价标准，公正的是善，不公正的是恶。公正与正义、公平、公道常常同义。〔6〕

有论者以相互联系相互作用的哲学话语来说明公平与效率的关系，并得出两者都重要、两者都要抓的结论。这种哲学阐释没有能够很好地说明相互之间的作用点在哪里，其结论是模糊的。亚当斯（J. S. Adams）的公平激励理论能够在微观层面深刻而精当地说明公平与效率之间的关系。亚当斯认为，当一个人做出成绩取得报酬后，他会通过比较来确定自己所得报酬是否合理，比较的结果影响今后工作的积极性。一种比较是横向比较，把自己获得的报酬（包括金钱、工作安排、赏识等）与自己的投入（包括教育程度、努力程度、工作所花的时间精力和其他无形损耗）的比值与其他人做比较。只在比值相等时，他才认为是公平的。如公式所示：$OP/IP = OC/IC$

其中，OP——对自己所获报酬的感觉；OC——对他人所获报酬的感觉；

---

〔1〕 朱贻庭：《伦理学大辞典》，上海辞书出版社 2002 年版，第 45 页。
〔2〕 柏拉图：《理想国》，郭斌和、张竹明译，商务印书馆 2002 年版，第 7 页。
〔3〕 阿拉斯戴尔・麦金太尔：《谁之正义？何种合理性?》，万俊人译，当代中国出版社 1996 年版，第 56 页。
〔4〕 慈继伟：《正义的两面》，生活・读书・新知三联书店 2001 年版，第 19 页。
〔5〕 伦纳德・霍布豪斯：《社会正义要素》，孔兆政译，吉林人民出版社 2006 年版，第 100 页。
〔6〕 罗国杰：《中国伦理学百科全书・伦理学原理卷》，吉林人民出版社 1993 年版，第 418—420 页。

IP——对自己所作投入的感觉；IC——对他人所作投入的感觉。

当感觉公平时，他会保持工作的积极性和努力程度；如果 OP/IP > OC/IC，他会在开始时多投入一些，不久就会心安理得，投入又回到原来的水平；如果 OP/IP < OC/IC，他的工作积极性就会下降，就会减少自己的投入。通过和自己收入状况的纵向比较也得出同样的结论。[1]

亚当斯虽在激励的意义上谈公平，却道出了公平与效率的关系问题。效率问题其实就是人的积极性问题，公平通过作用于人的积极性而作用于效率。一定的制度和社会结构，通过作用于人而产生一定的社会结果。因此，研究人的行为而不是社会结果本身，就成为理解制度和社会结构的关键。换言之，理解社会制度与社会结构是否合理有效，就是要看这种制度和社会结构能不能对人的心理和行为产生良好的影响。从方法论上来说，从人的心理和行为机制的角度论述公平与效率之间的关系是精当的。亚当斯的公平理论告诉我们，公平本身就是一种激励，只要公平，就会有效率；不公平没有激励意义，即便回报已经超过应得报酬，也没有真正的积极性和效率。垄断国有企业就是例证。公平可以带来效率，但有效率不一定有公平，不公平的效率又一定是短命的，不公平还会严重损害效率。因此，公平应该优先于效率。必须明确的是，公平是一种比例的平等，即"分配的公正在于成比例"[2]。

比例关系平等意义上的公平，符合公平的各得其所的本质含义。报酬总量的平等是平均主义，而不是真正的公平。与效率相矛盾的是结果的总量的平等，而不是公平。真正意义上的公平与效率没有冲突。学界在公平与效率的关系上有两种倾向，一种是矛盾论或优先论，即公平和效率是矛盾的，只能根据形势的需要，或效率优先，或公平优先；另一种是并重论，即效率与公平可以相互协调，并重而行。矛盾论的误区主要在于把公平等同于结果的平等，等同于平均主义，是平均主义而不是公平损害了效率；并重论源于相互联系相互作用的模糊性阐释，实践中也难以操作。根据亚当斯的公平激励理论，政府工作的重心是维护社会公平，而不是直接干预效率问题。公平首先要平等地对待每一个人，具有质的规定性；而效率常常是一个量的概念，主要是一种工具性价值，高效率并不一定

〔1〕 杨忠：《组织行为学——中国文化视角》，南京大学出版社 2006 年版，第 100—101 页。
〔2〕 亚里士多德：《尼各马可伦理学》，廖申白译，商务印书馆 2005 年版，第 135 页。

带来社会生活的幸福。从人文精神的角度看，效率远不及公平。

公平促进效率，是公平的、合理的差距带来效率，而不是悬殊的差距带来效率；但有效率却不一定有公平。公平内含对他人的尊重，公平本身就可以带来精神愉悦，是人类社会具有目的性的价值；而效率则是工具意义上的价值。因此，公平优先于效率。

2. 公平与自由的相容性

自由是一个具有道德色彩的目的性价值。要定位公平的价值，绕不开公平与自由的关系这个话题。有自由主义者认为平等和自由并不总是相容的，也有认为平等自由并不总是相冲突的。而一些新左派和激进的理论家则明确地以平等否定自由，认为自由会导致平等的丧失，要求扩大政府干预，以减少财富、收入、教育等方面的差距。[1]也有以自由否定平等与公平的。如诺奇克（Robert Nozick）认为，按照道德、需求、努力程度或上述总的因素的平衡来分配，都是模式化的原则，必然导致对自由的破坏。[2]

学者论及公平与自由的关系时，常常转换成平等与自由的关系，这种论述有一定的道理。因为，公平就是一种平等，只是公平强调的平等是成比例的特殊的平等。人的基本的政治、经济和社会权利是平等的，因为人生下来就是平等的缔约者。人们争取更多的收入、升迁到更高的社会地位等的权利是非基本权利，这些权利按照比例平等的原则“按劳分配”，这也是公平的。公平不是一种结果的总量的平等，要求经济收入结果总量的平等是违背公平本质含义的，势必会破坏市场经济原则，带来无限的政府干预，回到平均主义的老路上。至于诺奇克，他主张最小限度的国家，强调公民的权利，从而对各种公平的分配过于敏感。应该认识到，公平是有量的限度的，公平分配本身是要有程序保障的，公平分配并不意味着国家就一定过度干预。不仅如此，公平对自由具有重要作用和意义。

萨托利（Sartori. G.）认为，自由观念来自平等权利，即参政权的学说。只有“我们是平等的”这个说法才能被理解为“没有人有权利命令我”。正是根据平等的要求，才能推导出某种摆脱外物的自由。[3]在柏林（Isaiah Berlin）看来，“自由的平等性；希望别人怎样对待自己，就应该怎样对待别人；回报那些只有

〔1〕 顾啸：《自由的基本理念》，中央编译出版社 2003 年版，第 90—93 页。
〔2〕 诺奇克：《无政府、国家与乌托邦》，何怀宏等译，中国社会科学出版社 1991 年版，第 162 页。
〔3〕 乔·萨托利：《民主新论》，冯克利、阎克文译，东方出版社 1998 年版，第 348 页。

他们才使我的自由、繁荣或开明成为可能的人；最简单与普遍意义上的公正——这些东西是自由主义的道德基础”[1]。也就是说，公平所强调的平等性是自由的基础，没有公平，也就没有自由。或者说，承认自己的自由，就必须承认别人同等的自由；否认别人同等的自由，自己的自由也得不到别人的承认，也就否认了自己的自由。没有公平，就没有普遍的自由——公平与自由之间并不矛盾。

从公平与自由的诉求上看，公平是应得的权利（desert），这个权利是有合理性规定的。而自由是法律范围内享有的权利，两者都是有限度的权利。公平和自由在终极追求上都把人权作为目标，目的诉求是一致的。比例上的平等激励善的行为，给予善以极大的自由空间和创造激励，并通过惩恶来保护善的自由。

3. 公平是社会道德建设的关键

公平首先是一个道德范畴，是道德行为规范本身。不仅如此，公平对于其他道德规范具有重要作用和意义。公平正义就是要平等地对待每个人，使人们得到该得到的奖励，并得到理应受到的惩罚。公平正义就是要实现行为与回报的均衡，正义的原则与制度具有约束和激励双重功能——抑恶扬善。如果社会不能基本实现“善有善报，恶有恶报”的正义要求，人们就会弃善从恶，普遍采用不道德的手段来获取自己的利益。这不仅引发劣币淘汰良币的现象，社会的道德状态也会崩溃。事实上，社会道德状况的滑坡，最直接最主要原因是没有很好地实现社会公平。

传统美德伦理学认为，公平正义主要是人的品德公道和人格正义。传统社会生活公共化程度不高，人际交往以自然人伦与人际直接交往为主。人际交往的规范主要不是诉诸公共制度，而是风俗、习惯和人际伦理惯例。个人品质的公道正直与否，直接决定了人际交往的公正程度。[2]现代社会的公共生活，主要靠法律制度的维护，个人道德品质的作用大为降低。但是，社会规则和社会道德状况是各种行为互动的结果：个人的行为直接或间接地参与了社会互动，个人也就事实上地参与了社会建构。在这个意义上，个人的公道正直与否仍具有重要意义。

在罗尔斯（John Rawls）看来，良好秩序的社会，其合作条款具有互惠性（reciprocity）和相互性（mutuality）[3]，而公平恰恰是“对人们彼此关系中根本

[1] 以赛亚·伯林：《自由论》，胡传胜译，译林出版社 2003 年版，第 193 页。
[2] 万俊人：《义利之间》，团结出版社 2003 年版，第 74 页。
[3] 约翰·罗尔斯：《作为公平的正义——正义新论》，姚大志译，上海三联书店 2002 年版，第 11 页。

对等性的认同……这个对等性并非在于所有一切的简单同等性，而在于非对等性必须得到辩白”[1]。公平，首先是一种平等待人的正义态度，其次是做事的原则。平等待人，利益共享，民主表达，是人本精神的体现，符合社会文明的发展潮流和发展趋势，是社会团结的基本前提。

公平理念“提供了相互承认的观点。从这种观点出发，公民们能够相互判定他们在其政治制度中拥有什么政治权利，或者反对什么政治权利”[2]。公平为人们提供行为知识和行为规范，这是社会合作所必需的认知和价值判断。公平正义具有双重秉性，即既重视道德义务，又重利益的满足。[3]“满足个人的合理需要和主张，并与此同时促进社会进步和提高社会内聚性的程度——这是维续文明社会生活所必需的——就是正义的目标。”[4]加强社会稳定与合作的因素不是利益的增长，而是共同利益的增长和共同体内利益的公平分配。

简言之，平等待人的态度和利益上的共享，是公平的核心内容。只有坚持社会公平，才能增强社会凝聚力，加强社会成员之间的信任与合作。公平不同于一般道德的秉性，它表达了道德情感，又要求不偏不倚地处理利益问题。公平是道德情感的有克制的表达，相较于仁爱，公平更是一种现实主义的美德。撇开公民基本权利不论，单从公平的本质含义出发，我们也可以重新阐释对弱势群体的社会保障与社会福利。对弱势群体提供的社会保障和社会福利，有道德情感的成分，但也有社会合作和社会和谐方面的利益考量。由于弱势群体忍受了贫困，提供了社会合作，成全了社会和谐，理应获得和平红利——这是公平的。富有阶层，他们获得更多的利益，更多地利用了社会合作和社会资源，应该上交较多的税收——这也是公平的。即便出于同情怜悯而向弱势群体提供了义务以外的福利帮助与支持，会收获精神崇高、心情愉悦或良心的安宁，这种道义上的公平也是值得的。当然，这种道义上的公平不具有强迫性。有必要强调的是，那种出于对社会不公的义愤是一种正义的道德情感。这种情感不仅有道德文化的支持，也有抑制不公的效用。

---

〔1〕 罗伯特·施佩曼：《道德的基本概念》，沈国琴译，上海译文出版社2007年版，第36页。
〔2〕 约翰·罗尔斯：《作为公平的正义——正义新论》，姚大志译，上海三联书店2002年版，第15页。
〔3〕 慈继伟：《正义的两面》，生活·读书·新知三联书店2001年版，第20页。
〔4〕 埃德加·博登海默：《法理学：法律哲学与法律方法》，邓正来译，中国政法大学出版社1999年版，第252页。

4. 公平价值的首要地位与习惯性认同

公平优先于效率，公平与自由相容，公平与自由价值地位仍可做进一步的排序。我们看到：在目的诉求上，公平与自由是相容的。公平是自由的前提和保障，公平对自由具有重要作用和意义。公平和自由，受制于一定的政治结构、经济基础和文化导向。在一定的社会条件下，公平的发展意味着更多的人享受更多的权利，自由也在同步增长。当然，自由的增长对公平也具有促进作用。在目的和相互作用层面，公平和自由难以区分先后优劣。但如果考虑两者在社会道德与社会合作方面的功效，那么，两者之间的差异就显示出来。良好的价值应该是那些能够促进道德发展的价值观。价值观的排序，应该也必须在道德行为领域比较各价值观的作用和意义。

法不禁止则自由，法律为自由规定了行为底线，没有也不能强制人按照更高的道德标准行为。自由关注的是公民权利不被侵犯，它所要求的首先是国家对个人权利的保护，而个人对他人和社会是否提供社会合作、履行道德义务、表达道德义愤等则是自由和不确定的。一个人或一个群体拥有自由，并不意味着因此而一定做出社会贡献；而一个人或一个组织拥有公平的品质，则一定会在社会建构中发挥良好的影响。

公平与自由在目的诉求上是一致的。公平是自由的基础与保证，公平维系着社会道德局面和社会合作的条件。“就道德境界来说，公正远远低于仁爱和宽恕。然而，就道德的社会效用，即就道德对其目的的效用来说，公正却远远重要于仁爱与宽恕，也重要于其他一切道德：公正是最重要的道德。”[1]也就是说，公平的内在诉求和自由一致；但在道德效用上优于自由，其社会功效更符合人类社会需求。公平优先于效率和自由，公平应该作为社会首要价值。公平作为社会首要价值是一般性结论，并不因为社会变迁而有所改变。

中国文化对公平有着长久的认同。不仅如此，在日常家庭生活和组织生活中，人们也习惯性地对各种事物进行公平与否的评价，并因此影响人们进一步的行动。中国改革开放以来经济高速发展，究其原因，是在以经济建设为中心的过程中贯彻了“按劳分配”的公平原则。而中国当下的社会问题，则主要因为资源分配不公，一些社会公平没有落到实处。社会不公，不仅造成经济发展畸形，

〔1〕 王明海：《公正平等人道——社会治理的道德原则体系》，北京大学出版社2000年版，第9页。

而且导致道德滑坡，社会正常功能受到腐蚀，民众积怨。坚定地以公平作为社会首要价值，必将使经济建设和社会建设获得更进一步的发展。

（二）公平正义：社会主义和谐社会的核心任务

2014年7月8日，习近平总书记在中央政法工作会议上的讲话中指出，“要把促进社会公平正义作为核心价值追求”。总书记还多次强调，“公平正义是中国特色社会主义的内在要求”，“全面深化改革必须以促进社会公平正义、增进人民福祉为出发点和落脚点”[1]，“我们推进改革的根本目的，是要让国家变得更加富强、让社会变得更加公平正义、让人民生活得更加美好”。

社会主义和谐社会在本质上是民主法治社会。和谐社会建设，必须尊重人民群众的创造精神，调动各种积极因素，有效解决各种社会矛盾和纠纷，确保社会的稳定团结；必须要在经济发展的基础上，不断满足广大人民群众日益增长的物质文化需要；必须以人民群众的根本利益作为一切工作的出发点和落脚点，正确兼顾各个方面群众的利益。总之，和谐社会建设必须充分发扬社会主义民主，实行社会主义民主。因此，社会主义和谐社会在本质上是民主社会。民主本身既是目的，也是手段。就目的而言，民主权利是公民权利的重要组成部分。保有民主，即便不积极行使，也可以减少不满，增加和谐。就手段而言，民主的行使可以在根本上解决诸多社会不满和不和谐的问题。当代社会，法治是民主实现的形式与保障。民主和法治是一体的，不可分割。在制度形态上，首先是民主的法治，其次是法治的民主。民主法治，要体现公民权利，尤其是民主权利；法治的民主，在当代社会首先是程序民主和程序正义，是程序公平。

追求公平正义是人类社会发展中的一种进步的价值取向，是社会主义和谐社会形成的重要前提和基本特征。习近平同志在讲话中强调，“加紧建设对保障社会公平正义具有重大作用的制度，逐步建立以权利公平、机会公平、规则公平为主要内容的社会公平保障体系”[2]。这对当前社会主义和谐社会的构建具有重要的指导意义。政治家已经在社会现实的层面看到了公平的重要性，而学界关于公平价值重要性的论证显得犹豫、徘徊、不力。根据上文论证，我们认为公平应

---

〔1〕《习近平谈治国理政》，外文出版社2014年版，第13、96、147页。

〔2〕《切实把思想统一到党的十八届三中全会精神上来》，《人民日报》，2005年1月1日。

该是社会的首要价值，传统是，当代也是。不能因为社会条件，诸如经济落后等原因就改变公平的价值地位。公平状况是历史的，受生产力等因素影响，但公平作为首要价值观是应然的。事实证明，经济发展和效率的提高，乃至道德的提高，是由于贯彻了公平的原则，实现了社会大致公平。

在庞元正看来，公平正义是现代社会进行制度安排和制度创新的重要依据，是协调社会各个阶层相互关系的基本准则，也是一个社会具有凝聚力、向心力和感召力的重要源泉。在进行制度安排和制度创新的过程中，只有遵循公平正义的原则，才能取得社会各个阶层的共识和认同，出台的措施才能获得最广泛的社会支持，从而得以顺利实施。在调节各种不同利益关系的过程中，只有遵循公平正义的原则，使绝大多数社会成员都受益，才能取得社会不同利益群体的广泛支持和接纳。这样，社会各种资源和力量才能够得到有效地整合，社会的团结与合作才能够较好地实现。在为实现国家整体目标而奋斗的过程中，只有遵循公平正义的原则，才能使广大人民群众看到希望，并自觉自愿地为之奋斗和献身。〔1〕

公平正义不仅广泛涉及上层建筑领域中的问题，也大量涉及生产关系问题，是直接关系全体人民经济权益和政治权益的重大问题。坚持公平正义，才能使社会不同利益群体各尽其能、各得其所，和谐相处。各级政府只有坚持公平正义，才能得到人民群众的衷心拥护，干群关系才会融洽。〔2〕和谐社会是追求公平正义的社会，构建社会主义和谐社会必须大力促进社会公平正义。目前，在我国社会生活的各个领域存在着不同程度的社会不公现象，如贫富差距、城乡差距、区域差距拉大，经济社会发展不协调等。这些因素直接或间接影响了社会和谐。在一定程度上，不是发展，而是发展过程的不公平，以及发展成果享有的不公平导致了社会不和谐。因此，促进社会公平正义，是社会主义和谐社会建设的核心任务。

当前，促进社会公平正义，应着重解决好以下两个问题。第一，是要高度重视公平正义在社会发展中的重要地位和作用。在促进发展的同时，把维护社会公平放到更加突出的位置。社会公平是衡量社会全面进步的重要尺度。维护和实现社会公平，涉及社会生活的各个领域，关系最广大人民的根本利益。分配的公平属于生产关系领域的问题，权利平等和司法公正主要属于上层建筑领域的问题。历史唯物主义认为，生产关系与上层建筑如果适应生产力的状况，就会促进生产

〔1〕〔2〕 庞元正：《怎样理解社会主义和谐社会是公平正义的社会》，《人民日报》，2005 年 4 月 6 日。

力的发展；反之，就会阻碍生产力的发展。因此，一个社会的公平状况如何，对生产力的发展具有巨大的反作用。当然，社会公平又有其相对独立的价值。公平正义作为社会广大成员普遍接受的价值目标，它能够为整合社会各种力量提供强大的动力，也是坚持立党为公、执政为民的必然要求。第二，要引导广大干部群众树立科学的公平观，切实促进社会公平正义。促进社会公平正义，需要防止两种倾向：一种是把公平等同于绝对平均主义，一种是脱离具体历史条件去追求公平。公平是历史的，是说公平总是受生产力的发展水平和具体制度安排的制约。在不同的历史条件下，公平实现的方式和手段都是不同的。公平是相对的，是说公平不是无条件的，它总是相对某种规则或相对某种不公平状况而言的。公平并不是否认差别，更不是绝对平均主义。〔1〕

诚信友爱，就是全社会互帮互助、诚实守信，全体人民平等友爱、融洽相处。一个和谐的社会，必然是一个诚信友爱的社会。然而，社会交换理论同时告诉我们，人们之间的社会交换是需要回报的。社会交换不要求等价交换，但要求大致的平衡。否则，社会交换也会终止。诚信友爱的道德付出，需要有相应回报，同样遵循公平原则。好有好报，否则，诚信友爱也无法实现。

充满活力，就是要使一切有利于社会进步的创造愿望得到尊重，创造活动得到支持，创造才能得到发挥，创造成果得到肯定。社会主义和谐社会应当是一个充满活力的社会，一切积极因素得到最广泛最充分的调动，各行各业人们的创造活力得到充分激发，社会的开放性和竞争的活力在政策上制度上得到保证，劳动、知识、技术、管理和资本的活力竞相迸发，一切创造社会财富的源泉充分涌流，全体人民各尽所能、各得其利，又和谐相处。上文公平激励理论已经说明，人们的积极性主要来自于公平激励。在现今，道德理想和意识形态的激励作用已经大为降低，公平激励的重要性显得极为重要。

安定有序，就是社会组织机制健全，社会管理完善，社会秩序良好，人民群众安居乐业，社会保持安定团结。安定有序是和谐社会的首要标志，从宏观上讲，它是指政治、经济、文化以及意识形态诸方面的稳定和有序；从微观上讲，它是指政治、经济、文化、环境等内在结构各个要素的相互协调和交融。社会主义和谐社会所体现出来的重要特点，就是在全面建设小康社会过程中的宏观结构

〔1〕 庞元正：《怎样理解社会主义和谐社会是公平正义的社会》，《人民日报》，2005 年 4 月 6 日。

与微观结构各要素的稳定和协调。人与自然和谐相处，是指生产发展、生活富裕、生态良好。生产发展是实现生活富裕的条件，离开发展，富裕就无从谈起；生活富裕是发展的目的，脱离这个目的，发展就失去了意义。保持良好的生态环境，则是实现生产发展和生活富裕必须坚持的前提和不可缺少的保证。无论是安定有序，还是人与自然和谐，最终是要实现宏观与微观、政治与社会、国家与公民、人与自然交流与交换的公平。

实现民主法治、诚信友爱、安定有序、人与自然和谐，必须实现社会公平公正。公平公正是社会主义和谐社会的基础和根本，也是社会主义和谐社会的核心任务。

（三）行政公正：化解干群矛盾的关键

关于行政公正的含义，主要有以下几种观点。第一种，是在道德伦理层面的理解。“行政公正又叫行政公道、行政公平，是行政机关及其工作人员在行政过程中必须遵循的价值尺度和道德标准。行政公正作为重要的行政行为原则，应贯穿行政的全过程。”[1]第二种，主要从程序角度论述行政公正。“程序公正原则是指行政机关在进行行政行为时需要在程序上平等地对待各方，排除各种可能造成不平等或偏见的因素。”[2]在缺乏程序法治的国家，强调程序正义是十分必要的。但把行政公正等同于程序公正却有些片面，行政公正还应该包括实体正义。第三种，在法律原则层面的阐述。“行政公正是确保行政机关行使行政权的过程和结果可以为社会一般理性人认同、接受所需遵循的基本原则。”[3]依据上文关于公平公正的概念，以及学者们关于行政公正的界定，我们认为：行政公正指的是国家行政机关在国家事务和社会事务进行管理的过程中，按照公平程序合理地进行利益分配，使各方各得其所，得所当得。这一表述，不仅兼顾了公平公正的程序性界说，也从结果上对行政公正有限制性表述。

当前，行政不公有诸多表现。首先表现在制度规定上，程序性规定仍然不够，信息公开不够，问题的处理仍有许多暗箱操作现象，结果也就难以公平。其次，表现在办事程序上，不严格依照按程序办事。一些问题的处理上，不进行、

---

〔1〕 孟华：《论行政公正》，《地方政府管理》，1998 年第 3 期，第 30—31 页。
〔2〕 王连昌、马怀德：《行政法学》，中国政法大学出版社 2002 年版，第 279 页。
〔3〕 章剑生：《论行政公正原则》，《法商研究》，2001 年第 5 期，第 86—93 页。

很少进行或虚假进行听证，以长官意志决策执行。这不仅严重影响行政公正，而且破坏了程序性规定，损害了制度权威。再次，表现在结果上就是利益分配不公。有些该受到惩罚的行为没有受到惩罚，该得到奖励的没有得到，拉关系走后门现象仍然比较普遍。当下，贫富差距过大就与行政不公有着直接的联系，也是导致社会积怨的一个重要原因。行政不公不仅导致行政自身的腐败，同时导致社会不公，引发社会道德滑坡。每一次行政不公，都会导致干群关系紧张，民怨四起。通过现代媒体网络，这种怨声被传播扩散。被曝光的行政不公现象，如不能及时治理，其影响极其负面。

中国是有着明显行政化倾向的国家，各单位和组织管理，都有着很强的行政色彩。行政原则和行政作风对社会管理具有明显的示范效应。行政公正，无论在哪个层面展开，对社会都具有重要意义。在伦理层面和价值观层面，行政公正可以促进公正价值导向，并逐渐形成新的公正习惯与习性，形成新公正文化。传统朴素公正的文化历经社会变迁，受到来自政治和行政的影响，公正价值导向曾严重偏离。公平或者异化为平等，或位居效率等价值观之后。但社会经过一段时间的发展与沉淀之后，公正价值导向再次显示出其重要意义。新时期的行政公正，融合了程序正义与实质正义、分配正义与矫正正义、机会公平与结果公平等诸多内涵。虽然在行政过程难以同时实现全部公平内涵和要求，但行政公正在价值观和文化层面的意义重大。行政公正在公正价值观和公正文化建设中具有示范引导作用。

在程序层面，行政公正要求政府管理严格遵循法律制度程序，这对于国家法治建设具有极为重要的意义。虽然实质正义为许多人期待，但实质正义需要依靠程序正义来实现。在道德状况堪忧的状况下，没有程序正义，实质正义基本没有实现的可能。德治与法治、实质正义与程序正义，是目的与手段的关系。在目的明确、方向正确之后，如何实现目的就成为关注的重点。在目的实现的过程中，方法得当是国家治理的核心问题。当下中国，法治和程序正义的重要性，相对于德治和实质正义而言已经居于首位。行政公正不仅对法治建设，对于各单位部门的规范化管理与制度化管理都具有示范意义。这不仅能够促进国家在各个层面与各单位管理中的正义行为，还可以促进社会正义形势的形成。每一次具体的程序正义并不能够保证结果公平正义，但所有程序正义会促成正义的最终形成。

在法律原则层面，行政公正的实现，需要各方力量的参与，需要社会民主和社会监督。法律原则层面的行政公正，不仅可以带来法律制度的发展，还可以促进社会民主建设。行政公正会得到更多的政治认同，增强政府和政治的合法性基础。这对于国家和社会的凝聚力具有重要意义。在经济成效合法性效益递减的状况下，以行政公正增强政府和政治合法性，既符合传统和现代文化的要求，也符合社会的需要。

行政公正事关政府角色的转换和政府职能的转变，需要政府从具体的事务中抽身出来，主要充当裁判员，而不是运动员的角色。故此，需要重新界定政府和市场的关系：政府主管社会公正，市场主攻效率，政府的公正执法对市场的过程公正和市场效率具有双重意义。减少经济干预，不仅有利于市场经济的正常发展，也有利于减少行政腐败现象。这必定有助于重塑政府形象、构建和谐的干群关系。行政公正涉及每个单位和个人行为方式的转变。这不仅能够促进利益的公平合理分配，缩小贫富差距，激发社会成员的积极性，还能够促进公正文化及社会道德的建设和发展，从而增强国家和社会的凝聚力，有利于和谐社会的构建。

综上，实现行政公正、化解干群矛盾，至少要从如下几个方面着手。首先，要重新认识并深刻领会公平公正的意义。公平公正是社会的首要价值，行政公正、社会公正，不仅有利于经济发展，而且对社会和谐的构建具有极其重要的意义。其次，要抓紧制度建设，尤其是行政程序建设，完善行政程序，严格依照行政程序办事。再次，要加强民主建设和民主监督，加强民主建设。发扬民主，不仅能够提高民众积极性，也是增强民众政治认同与社会和谐之必须，更是保证行政公正不可或缺的重要力量。

四、创新社会管理与干群矛盾的化解

社会管理，一般是指政府和社会组织为促进社会系统协调运转，对社会系统的组成部分、社会生活的不同领域以及社会发展的各个环节进行组织、协调、指导、规范和监督的过程。社会管理有广义和狭义的区分和研究视野。广义的社会管理，可以等同于政府管理，是政府对包括政治、经济、思想、文化和社会生活在内的全社会所进行的系统管理。狭义的社会管理主要是针对社会生活领域的管理，即对人们的日常生活、社会行为进行组织、协调、监管和服务的过程。无论哪个层面上的社会管理，其基本任务都包括协调社会关系、规范社会行为、化解社会矛盾、促进社会公正、应对社会风险、维护社会和谐，从而实现社会发展进步和人民的幸福自由。

社会管理如果科学、规范、有效，经济社会发展自然呈现出健康稳定、持续高效的良好态势，人民群众也将获得幸福安康、文明和谐的美好生活。反之，社会管理如果僵化落后、混乱低效，不仅经济社会不能健康发展、人民群众不能幸福生活，还可能导致政治瘫痪、社会动乱，乃至民族分裂、国家解体、民不聊生的悲惨结局。由于社会管理通常都是由执政党及其政府机关和广大干部所主导的社会治理行为，因而高效的社会管理反映在党群和干群关系层面必然是和谐有序的，而低效的社会管理反映在党群和干群关系层面必然是紧张对立的。可以说，改革创新社会管理的过程就是改善党群、干群关系的过程，而党群、干群关系的改善与和谐，又必将促进社会管理水平和效率的提高。

固然，社会是不断发展的，问题和矛盾是长期的和复杂的，不可能被完全消灭。处在社会转型期的当下中国社会，问题和矛盾不仅多发，而且具有不断变化的特性。为此，必须针对新情况新问题不断创新社会管理，研究探索社会管理的新思路和新举措。近年来，越来越多的学者主张以“治理”代替“管理”，借此淡化自上而下的“管”，突出自上而下与自下而上“共治”的理念。2013 年中共十八届三中全会更是明确提出推进国家治理体系和治理能力现代化的改革目标，其出发点和着力点无疑是正确的。但如果说“管理”过时了，甚至将“管理”误解为不民主、统治、专制，恐怕也是错误的。孙中山先生在解读“政治”时曾说，“政”是大家的事，“治”就是“管理”，可见“管理”和“治理”在概念和内涵上未必有本质的区别。更何况这些概念都是相对的、中性的，既有广义和狭义之分，也有正确和谬误之分。我们总不能说科学、规范、高效的“管理”也是过时的，而盲目、混乱、低效的“治理”也是先进的。

因此，创新社会管理，就是要围绕国家经济社会全面发展的目标和任务，运用现有的各种资源和力量，以先进有效的社会管理理念、方法、手段、体制和机制，对陈旧落后、不合时宜的管理模式、方式、方法进行改造、改进和改革，形成适应形势发展变化和需要的新型社会管理机制。这种社会管理机制的转变，与党中央关于推进国家治理体系和治理能力现代化的部署是完全一致的。从化解干群矛盾、构建社会主义和谐社会的层面看，创新社会管理的意义更是十分重大。

（一）社会管理困境对干群关系的影响

1. 社会管理的困境对干群关系的影响

第一，多元的利益诉求导致干群矛盾激化。从本土特质来看，当前中国社会正处在快速转型的过程中。经济体制转轨和社会结构转型相互交织，加剧了社会分化的趋势，利益多元化格局已经形成而且还在不断深化。在这种情况下，我国的社会矛盾几乎都涉及不同的利益关系和利益诉求。这表现在诸如国有企业的改制重组破产引发的职工下岗失业、农村土地征用造成的农民失地、城市房屋拆迁导致的居民失房等多种问题，以及由这些问题引发的大量社会冲突。随着城市化的扩张，流动人口、弱势群体利益维护问题也引起了社会矛盾。这些矛盾无一例外地都涉及干群关系的处理问题。领导干部在制定和执行上述政策时如有不当，很容易产生干群矛盾。在我国当前多元化的社会利益格局下，各主体利益诉求内容的异质性和多样性、诉求行动的动态性和不确定性、诉求方式的竞争性和博弈性更让干群矛盾的解决变得困难。特别是某些政府官员成为利益集团与民争利的时候，更容易激化干群矛盾，引起社会冲突。

第二，政府公信力下降导致干群关系紧张。尽管党和政府一再强调群众工作是社会管理基础性、经常性和根本性的工作，密切联系群众是我们党最大的优势，但是一些地方政府和干部在实际工作中仍可能违背中央精神以致损害群众利益。结果，便出现了一种值得特别警惕的现象，即群众对政府和干部的质疑心态。无论政府和干部说什么做什么，有些群众总是不理解、不信任，政府的公信力下降。这种现象如果得不到有效的遏制，就会出现所谓“塔西佗陷阱”的恶性循环。塔西佗陷阱，通俗地讲就是指当公权力遭遇公信力危机时，无论说真话还是假话，做好事还是坏事，都会被认为是说假话、做坏事。信任是一种非常可贵的社会资源。如果政府和领导干部得到公众的信任，即使政府在某些公共政策考虑不周全，也能得到群众的谅解，由此产生的矛盾也相对好解决。有了对政府的信任，群众认为政府有纠正政策偏差的能力并会付之行动。反之，如果老百姓不信任政府及其领导干部，再好的公共政策也难以贯彻。在利益分化日益多元化的背景下，任何小矛盾都可能被激化为大冲突，使得干群关系更为紧张。

第三，社会风险叠加引起社会管理难度增加。我国当前社会转型的非均衡性和社会极化的形成并强化，导致了“社会结构紧张”和社会矛盾增多，直接威胁到社会和谐稳定。面对全球化风险加剧的时代背景，我国社会失控也将随之加剧。各种风险交错叠加，严重威胁社会安全，公共安全、食品安全、金融安全等问题日渐凸显。虽然这些冲突的性质多为经济利益型冲突，属于人民内部矛盾范围。但是随着我国转型加速，利益关系调整的范围和力度有限，社会冲突的烈度将会逐步加大，社会风险将不断积累。这不仅削弱社会整合，更会影响社会稳定。这些变化都给社会管理增加了难度。特别是当管理工作量大，管理者不能很好针对这些风险提出相应解决措施的时候，群众对政府及其领导干部的意见就会增加，对他们的管理能力就会产生质疑，干群矛盾就会加深。

2. 创新社会管理、化解干群矛盾的必要性

创新社会管理的大背景，是指现有社会管理的理念、模式与方法已经不适应新形势下社会发展和各类社会矛盾化解的需要。而社会的稳定与秩序的获得，要求管理主体在一系列社会政策和法律规范的指导下，不断调整各类社会利益关系，积极回应社会诉求，妥善化解社会矛盾，维护社会公正、社会秩序和社会稳定。具体来说：

第一，这是巩固党和政府执政地位的需要。党和政府只有始终高度重视社会管理，努力形成和发展适应我国国情的社会管理制度，并在此基础上不断进行探索和实践，才能实现社会的长治久安，才能兑现对人民群众的政治承诺，从而巩固执政的合法性。改革开放以来，党和政府根据国内外形势的发展变化，不断加强和改进社会管理，有力地推进了社会管理的改革创新。新形势下党和政府遇到了新的问题，及时通过创新社会管理体系来解决新出现的干群矛盾等社会矛盾，是摆在各级管理机构面前的当务之急。今后很长一段时期内，我国所面临的社会矛盾和社会问题将会更为复杂，更为突出，也更为集中。在这种情况下，必须从社会管理的体制机制、社会政策以及突出的社会焦点问题入手，着力把握新形势下人民内部矛盾的特点和规律，着力解决好群众最关心、最现实、最直接、诉求最强烈的民生问题，着力维护社会公平正义。

第二，这是推行政府行政管理体制改革的需要。干群关系紧张，很大程度上因为政府行政管理体制出现了问题。在体制不顺、机制不活、法制不严的情况下，非常容易激化干群矛盾，产生社会不稳定因素。因此，要从根本上改革政府行政管理体制，就必须先从政府的社会管理职能上进行改变，打破行政体制中权力过大、不受监督、效率低下、人浮于事等失调与失衡的现状，减少政府对社会

自治的干预，尽快完成服务型政府职能的转变。从根本上看，如果政府行政体制改革缓慢，其他领域的改革进程也会受到阻碍，已有的改革成果也难以有效巩固。因此，需要政府进一步加强对社会管理体制改革领域重大问题的探索和研究，深化思想，积极推进，从社会管理体制改革入手，促进整个行政体制的改革不断深化。

第三，这是维护人民根本利益、实现人民安居乐业的需要。党和政府一贯致力于实现和维护广大人民群众的根本利益。但是在新时期，由于各种原因，人们群众的某些利益还是会受损，甚至严重受损，某些地区的群众诉求长期得不到重视和回应。结果，这些地方上的干群矛盾日益凸显，甚至存在着进一步恶化的风险。因此，必须从社会长治久安的战略高度认真对待这个问题，将关涉人民利益的社会管理做好。社会管理牵涉人民群众方方面面的利益，创新社会管理，是回应和满足人民群众新要求新期待的一项重要举措。社会管理与人民群众生活密切相关，直接关乎服务民众、改善民生、促进民和、维护民利、保障民安。随着经济社会发展，人民群众越来越期待社会和谐、社区平安、民生改善。社会管理创新，就是要使人民群众安居乐业，让人民群众通过高效有序的社会管理，感受到社会的和谐稳定和文明进步。

（二）创新社会管理体制，建立公共服务体系

关于社会管理体制的创新，中央的基本要求是“党委领导与政府负责”。坚持中国共产党的领导是构建和谐干群关系的根基，也是整个社会管理体制的核心。这与我党一直以来坚持走群众路线，为群众服务的宗旨是一脉相承的。坚持党委的领导作用，既要发挥好党委总揽全局、把握方向、整合力量、统筹各方的领导核心作用，又要组织动员基层党组织和广大党员积极投身社会管理和服务活动，直接服务群众。[1]各级党委要把领导社会管理工作放在更加突出的位置，科学决策，引导社会各方面积极参与社会管理和服务，提高引领社会、组织社会、管理社会、服务社会的能力。

党的领导是通过政府履行其职能实现的。政府负责，就是要发挥政府主导作用，强化社会管理和公共服务职能，建设服务型政府，提高服务型政府的管理能

〔1〕 裴智勇:《标本兼治创新社会管理》,《人民日报》, 2011 年 4 月 8 日。

力。长期以来，我国社会管理重在控制协调，重在维护国家集体利益、维护社会稳定，这些都是完全必要的。但必须看到，随着经济社会的发展，群众对于社会管理的个性化、多元化、精细化需求在不断提升。这就要求我们更新管理理念，改变管理方式，将管理和服务联系起来。以服务促管理，寓管理于服务之中，将管理的重点由防范控制转向人性化服务。对于应该由政府负责的社会管理和公共服务，政府必须担负起应有的责任，敢于把更多的财政资金用于社会建设和社会服务，以形成惠及全民的基本公共服务体系。如此才能提高社会管理成效，将干群矛盾化解于政府的用心服务之中。

创新社会管理体制，需将社会管理的重心下移，真正实现“两级政府、三级管理、四级网络”的社会管理模式。应合理制定基层政权的分权体制，以法规的形式明确省（市）、县（区）、街（乡）的职能分工。在科学划分不同层级行政主体责、权、利的前提下，进行合理的人、财、物等行政性资源的配置，进而在法制的框架内高效运行行政权力。省（市）领导机关作为决策层，主要负责省（市）、跨部门跨地区性等重大事项的决策、协调和组织实施，研究制定全省（市）性的宏观政策法规和标准，并加强监督、指导和考核。县（区）一级政府则作为执行层而不是中间层，具体负责辖区内经济发展、社会管理工作，具体抓好管理措施的组织与实施，提升公共服务水平，并接受省（市）政府的指导和监督。街道（乡镇）则回归其作为县政府的派出机构的本来面目，依法开展辖区内的居民工作、社区服务、社会管理和城乡其他重要事务的管理工作。

省（市）级政府突出职能的宏观性、全面性以及社会经济社会发展的统筹性；县（区）级政府的职能中心则突出其执行性，即在辖区内执行市级政府的宏观社会经济发展决策、城乡功能规划等决定，工作重心是城乡经济、社会事务管理；街道（乡镇）作为县级政府的派出机构，突出其协调性、辅助性和监督性，作为政府与社区组织和居民联系的纽带和桥梁；社区则突出其自治性，充分体现多元化主体参与社区治理的格局。

各级政府的工作重点逐渐从直接代表人民利益向注重各个社会阶层、群体、个人利益的整合协调转变。其领导职能不是直接指挥和具体操作，更多应是引导和服务，努力建立科学的利益协商沟通机制以整合各方面利益需求。习近平总书记曾指出：“要按照建立中国特色社会主义行政体制目标，建设职能科学、结构优化、廉洁高效、人民满意的服务型政府。”无论是部门职责界定，还是机构调整整合，都要有利于政府履行职能。切实解决政府管理的越位、缺位、错位，以及职能交叉、权责脱节、推诿扯皮、效率低下等突出问题，推动科学发展，更好地实现和维护人民群众的根本利益。具体来说，加快转变政府职能，就是实现政企分开、政社分开，调整行政组织结构；就是要加强宏观调控部门，减少专业经济部门，适当调整社会服务部门；就是要加强执法监督部门，培养和发展社会中介组织；就是要在重心上由注重政治统治向社会管理、经济建设职能转变。

在理顺管理格局的基础上，各级政府应加强公共服务体系建设，提高政府提供公共服务的量和水平，推进城乡基本公共服务均等化。第一，要加强和完善服务型政府的建设。服务型政府也就是为人民服务的政府，就是政府以公民利益为本位，以公共需求为尺度，尽最大可能地有效地为公民提供满意的、高质量的公共产品和服务。其本质就是建立在公众利益之上，为公众服务。服务型政府是在公民本位、社会本位理念的指导下，在整个社会民主秩序的框架中，把政府定位于服务者的角色，并通过法定程序，按照公民意志组建起来的以为人民服务为宗旨，以公正执法为标志，并承担着相应责任的政府。〔1〕

第二，要加强和完善基层社会服务的功能和作用。改革开放以来，我国社会主义市场经济逐步确立，城市的单位人逐步转变为社会人。社区服务功能的重要性日益凸显，加强和完善基层生活的服务功能，既有助于促进社会转型期间的建设发展和和谐稳定，又可以提高居民生活质量，促进社区进步，扩大社区福利，增进社区就业，推动社区经济的发展。管理基层社会要更好地面向基层群众，完善服务职能。既要维系弱势群体的社会尊严和生存权利，限制不平等的差距，维护社会公平正义和稳定和谐；又要满足社区居民的公共利益需求，提升居民的福利水平和生活质量；还要促进社区的人际交流沟通，改善社区的人文环境，提高居民的道德文化修养等。

第三，要切实采取措施加强公共服务。首先，应将公共服务的重心下移，把行政资源逐步向政府与居民群众密切联系的城乡社区倾斜，加强基层的服务功能。凡是面对居民群众、市场组织、社会组织的行政事务都要下沉到社区，使居民在家门口就能办理行政事务，实现社区生活需求。其次，要建立服务队伍，实

---

〔1〕 刘熙瑞：《服务型政府一经济全球化背景下中国政府改革的目标选择》，《中国行政管理》2002 年第 7 期，第 5—7 页。

现人性化、专业化、个性化和便捷化的管理服务。根据行政服务对象的需求，把服务划分为政务办理、社区综合服务、信访维稳、行政执法几大类，整合行政机构，重组业务流程，重塑内部关系，提供就近服务。再次，以家庭、特殊群体、流动人口等人群为核心服务对象，以社区居民实际需求为导向，设计建立覆盖全体社区居民的综合服务中心。通过政府购买服务的形式，引入民办社会服务机构，向社区居民提供专业化、个性化、综合性的社区服务。此外，还须加强电子化服务平台建设，使社区居民充分享受现代科技带来的高品质生活。电子化环境建设的目标，是建成有效连接政府和群众的社区管理服务信息平台，整合各部门延伸到街道社区的管理和服务事项，以一站（政务服务网站）、一网（省—县—街—居四级政务信息网络）、一台（社区管理服务信息平台）、一库（社区管理服务共享数据库）为载体，建成统一协同、高效便民的政务服务体系，为基层实现综合管理、精细化管理提供全方位的信息支撑，形成覆盖全面、连接顺畅、信息互联、资源共享、管理有序、服务完善的社区信息化综合管理服务体系。

随着社会的发展和进步，基层民主政治的逐步完善，公民素质逐步提高，政府的社会管理职能还要充分发挥公民自我管理的积极作用，在一定条件下推进社区自治。政府要把基层政权的工作中心切实转移到社会管理和公共服务上来，并通过制度设计和机制创新，分清政府管理和社区自治的界限：把凡是居民、社会组织等能够自我管理好、服务好的工作，都交由居民和社会组织去承担，政府提供必要的支持和协助；在保障基本公共服务均等化的前提下，积极引导市场组织参与社区有偿（或低偿）服务工作，发挥市场机制的作用，满足居民不同层次的社区服务需求；凡是居民、社会组织和市场不能提供的或无法做好的公共服务工作——如为弱势群体和特殊群体提供保障性服务等——必须由政府承担，方式以购买服务为主、自我经营运行为辅，切实承担政府兜底的职责。

（三）推进民主法制建设，完善矛盾化解机制

1. 培育社会组织，拓宽公民政治参与

中央在关于社会管理创新的要求中强调社会协同，就是要发挥人民团体、基层自治组织、各类社会组织和企业事业单位的协同作用，推进社会管理的规范化、专业化、社会化和法制化。这就需要大力培育社会服务组织，不断扩大公民参与社会管理的机会。随着社会主义市场经济发展，政府供给公共服务的职能将

不断强化，政府职能的履行方式也需要不断创新。在这种情况下，政府直接提供公共服务的比重将逐步缩小，通过政府转移职能和购买服务的比重将逐步扩大。与此同时，需要扩大公众参与，广泛动员和组织群众依法有序地参与社会管理。培养公民意识，履行公民义务，实现自我管理、自我服务、自我发展。当前，要扩大基层民主，扩大公民有序政治参与，深化政务公开，拓宽群众参与渠道，健全群众参与机制。具体的工作，需要做到以下几个方面。

第一，转变政府看待社会组织的态度。社会事务千头万绪，政府大包大揽的做法，既做不到，也行不通。大量社会性、公益性社会管理职能，如果全部由党和政府来管，成本太高效率也低下。在社会协同中，需要大力发展和引导各类社会组织。政府从过去“不该管、管不了、管不好”的领域逐渐退出，把该市场做的事还给市场，把该社会做的事交给社会。政府应当把社会组织看成是政府从事社会管理的重要助手，强化规范引导。“管住一小撮，放开一大片”，大力支持其充分发展，充分发挥社会组织在构建社会主义和谐社会建设中的积极作用。

第二，逐步放开对社会组织的限制。为了发挥社会组织参与社会管理、化解干群矛盾的积极作用，须改革现有的财政体制和社团登记管理模式。除了极少数可能会影响社会稳定的政治组织需要给予相应的法律限制外，应鼓励从事公共服务和社会管理的公益性社会组织的发展；建立各级“枢纽型”社会组织管理体系，对各类社会组织进行分类管理；通过制定优惠的税收政策、积极购买它们提供的公共服务，引导和促进社会组织“管办分离”，进一步激发社会组织的活力。2013 年在全国“两会”上，国务院提出“重点培育、优先发展行业协会商会类、科技类、公益慈善类、城乡社区服务类社会组织。成立这些社会组织，直接向民政部门依法申请登记，不再需要业务主管单位审查同意”。这项政策的变化为激活社会组织，发挥其社会管理功能奠定了制度基础。

第三，完善政府购买社会组织服务的机制。通过探索实行政府购买社会组织服务，广泛动员社会组织参与社会建设和社会管理。政府购买社会组织服务项目的承接单位，主要是针对各类公民组织和社会组织。购买社会组织服务，可以采用项目化的运作方式，按照项目申报、审批、实施、验收考核和监督检查的流程进行管理，明确相关单位的职责。项目内容既可以包括养老助残、困难群体帮扶等公益服务类项目，也可以涵盖社会纠纷调解、社会心理干预、社区矫正、“枢纽型”社会组织管理、志愿服务管理、虚拟社会管理、政策咨询等综合管理类项目，以及社会组织孵化器、专业社工岗位等基本建设类项目。

第四，健全公众参与机制。随着社会主义市场经济体制的逐步形成，社会管理体制改革创新已成为当前工作的重心，多元化主体参与的基层社会治理模式已成为发展的必然趋势。扩大居民参与的实现路径主要有三条。首先，培育居民的参与意识。培养和树立坚持党的领导、依法办事和发扬民主三者有机统一的意识，培养和树立权利义务相统一的意识，培养和树立当家做主的主人翁意识。其次，拓宽居民参与的渠道。居（村）民委员会和其他基层社会组织是居民参与的组织形式，民主选举、民主决策、民主管理和民主监督是公民参与的实现路径。要进一步拓宽参与渠道和范围，建立健全政府决策的专家咨询和论证制度、社会公示和听证制度、群众来信来访等制度。集中民智民力，反映社情民意，解决民生、落实民权，维护民利。再次，规范居民参与的行为。发挥法律和道德的规范和约束作用，使居民以积极、负责、合法和理性的态度有序参与基层社会管理。

2. 健全法律法规，规范权力运行

依法管理是创新社会管理、促进社会和谐稳定的源头性、根本性和基础性工作。目前，我国有关社会管理的法制建设仍显滞后。有些领域存在法律空白。譬如，对于社会组织管理、规范信访行为、新兴媒体管理、城市管理、社会保障权益等方面，都缺乏位阶较高、效力较大的法律规定。有些法律法规滞后于形势发展的要求。譬如，有关社会保障方面的立法，已不适应当前形势变化的要求，需要修改和完善。还有些问题亟须立法。譬如，精神病人的治疗、管理、保障等新的社会问题不断涌现，迫切需要加紧立法。

完善基层社会管理的法律规章建设，首先要把社会管理纳入法制化的轨道，加快立法和有关法律法规的修订完善，提高依法管理基层社会的水平。建立健全规范我国社会领域行为的法规制度体系，消除社会管理的体制性障碍，巩固和提高社会管理创新的效果。要以立法的形式明确新时期城市各级政府及行政组织的责、权、利；要严格界定各级政府及其派出机构履行社会管理的职权边界和职责范围，规范政府在实施社会管理中的行政行为。加强政府宏观指导、政策调控和维护社会公平正义的职能，倡导政府、社会和市场共同合作的社会治理格局。在政府发挥主导性作用的基础上，鼓励和支持基层社会形成自我管理、自我完善、自我实现的自治模式。凡是社会组织自身能够完成的、或者市场机制能够实现资源有效配置的，应交由社会和市场去运作；政府负责完成社会和市场做不到、做不好的社会公共事务。

其次，应完善地方各级行政组织法规。在法规中确定市辖区的设置条件，确定市和市辖区行政分权的基本模式，以明确责任，实现科学合理的分权。建立决策权、执行权和监督权既相互协调又适度分离的权力分配和运行机制。可根据城市的管理面积、地缘位置、人口、经济总量、社会管理复杂度等因素，通过立法的形式明确设立市辖区的条件。同时明确市辖区和市本级的职能分工：原则上涉及城市整体规划、统一调配、跨区域管理等决策性事项由市本级决定；涉及本区域内的经济发展、社会管理、城市管理等执行性和区域性事项交由市辖区办理，由市本级的专门部门执行对市本级职能部门和市辖区政府行政执行情况进行监督和检查。这样就能够将各项权力在各部门或各机构间合理配置，在市、区两级政府和政府部门之间构建决策权、执行权和监督权适度分离的组织结构，清晰划分部门间及部门内设机构的职能边界，避免政府及政府部门之间职能出现缺位、错位或越位的情况。

再次，全面加强依法行政建设。很多时候，有法不依、执法不严是社会管理中最容易激起民愤、导致干群关系紧张的原因。因此，必须更加规范权力运行，严格实现依法行政，保证宪法法律在执法、司法等关键环节的有效实施和落实。推进依法行政，就要进一步健全和完善行政决策程序，使之更加规范化、科学化。创新社会管理过程中，涉及决策层面的工作有很多，一旦决策失误甚至决策错误，可能会产生难以想象的负面影响，最终还可能危及社会的和谐稳定。必须把规范政府决策行为作为创新社会管理的一项重要工作来抓。坚持科学民主决策，着力建立健全专家论证、集体决定、公众参与、合法性审查等一系列科学的决策程序机制，全力推动政府依法行政进程。改进政府管理的依法作风，还需要加大对违规、违法管理的问责力度。推进行政问责制度，根本目的在于进一步强化行政监督，切实提高政府的执行力与公信力。问责必须涉及两方面：对政策执行不力、消极怠工的，必须进行问责；对在创新社会管理过程中因工作不到位而引发恶性事件影响社会和谐的，必须进行问责。总之，要通过推进行政问责的制度化规范化，进一步明确问责范围和问责程序，加大问责力度，增强行政问责的针对性、操作性和时效性，为创新社会管理提供有力的制度保障。

3. 建立矛盾化解机制，积极改善干群关系

我国正处于经济的高速发展期，也是各类社会矛盾的凸显期。化解社会矛盾

是各级政府社会管理中的头等大事。从性质上看，我国当前凸显的干群矛盾依然属于人民内部矛盾。人民内部矛盾从总体上说，是根本利益一致的非对抗性矛盾，坚决防止用处理敌我矛盾的办法来处理人民内部矛盾。对于人民内部矛盾，需要采用经济、民主、综合等的处理方式。党的十六届六中全会通过的《关于社会主义和谐社会建设若干重大问题的决定》指出，适应我国社会结构和利益格局的发展变化，形成科学有效的利益协调机制、诉求表达机制、矛盾调处机制、权益保障机制。化解干群矛盾，改善干群关系，应着重从以下三个方面加大工作力度。

首先，要在社会管理上建立健全干群矛盾的预警机制。建立一套高水准、可操作的预警预测体系。建立干群矛盾发生、处置的相关数据库，建立动态的干群矛盾监控系统。跟踪社会各个群体对某些问题的态度，重点搜寻可能酿成大害的社会问题。分析以往干群矛盾发生的原因、频率、发展趋势，力求在干群矛盾处于潜伏时期就能及时察觉、预报迹象，提请有关决策部门引起注意。这样，我们才能采取相应的对策措施防微杜渐，使有些问题在萌芽状态就得到有效遏制。这样，我们才能把干群关系紧张造成的负面效应和消极影响降低到最低限度，努力掌握调节矛盾的主动权。

第二，要完善政府对社会矛盾化解的调处机制与权益保障机制，有机结合干群矛盾的常态管理与应急处置。健全完善社会治安防控机制，做好矛盾纠纷排查调处工作。妥善处置群体性事件，推进依法治理，把握正确的舆论导向。落实领导工作责任，提供物质技术支持。同时健全社会舆论调节机制，加强政府对社会舆论的引导作用，营造积极健康的社会舆论氛围。建立有效的社会支持系统，特别是要加强对社会弱势群体的精神慰藉和心理帮助。在突发事件、群体性事件和公共安全事件发生时，应及时采用应急措施稳定社会秩序。对受害人提供直接救助，切实提高处置干群矛盾有关事件的效率，并在事后启动心理干预及回访工作，确保干群矛盾调节的长期功效。政府应将社会矛盾的常态管理与应急处置有机地结合起来，坚持做好深入细致的思想政治工作，综合灵活地运用好各种手段。在社会矛盾激发之时，应调动整个社会力量，提高应急效率，发挥社会组织在应急中的重要作用。同时要健全社会矛盾调节的监督、考核和问责机制。

第三，要进一步发挥公共政策在社会矛盾调节中的积极作用。应当不断完善公共教育政策、充分就业政策、社会政策、反贫困政策，加大政府在就业、住房、医疗等方面公共政策的创新力度，以有效控制社会矛盾产生的源头。要在制度上保证群众都能共享到改革发展的成果，保证利益的权威性分配更加公平、公正、公开，从而有效地发挥公共政策调节社会矛盾的功能。正视改革过程中客观存在的各个利益团体，在公共政策制订的过程中，充分发挥公共政策的利益协调功能，使各个利益团体都在社会矛盾调节中发挥自己的积极作用。鉴于当前社会不公正现象所造成的负面效应逐渐呈现加速扩展的态势，政府关注的焦点应当从强调效率优先转向社会公平上来。政府工作的重点应更多地转向劳动就业、社会保障、环境保护、公共教育、医疗卫生保障、公共交通建设等公共产品和公共服务领域，让全体人民都能享受到社会经济发展的成果。

当中国进入经济市场化、政治民主化、文化多元化、社会层级化的发展新阶段，干部群体与执政党将长期面临复杂而严峻的“执政考验、改革开放考验、市场经济考验、外部环境考验”。这些考验也可以视为四大危险，即“精神懈怠危险、能力不足危险、脱离群众危险、消极腐败危险。”[1]经验表明，这些考验和危险绝不亚于革命战争年代！那些在战场上没有被敌人炮火打倒的共产党员，完全可能在“官场”“商场”“情场”以及其他名利场上被打倒。革命党在台下，脱离群众后的生死存亡近在眼前，是显而易见的一个现实问题，因而党及其干部更容易与群众保持血肉联系。执政党在台上，权力、资源在手，很容易形成超越群众的“主人意识”“英雄意识”，以为天下是自己打下的，群众只是平庸的工具，自己理应坐拥天下、坐享天下。此时脱离群众后的生死存亡问题不再像战争年代那样显性、那样紧迫，变成了一个不易察觉的潜在问题。可见，成为执政党后的干群关系所面临的脱离群众的考验和危险，更加严峻、更加长期，也更加难以防控。因此，执政党不仅要在思想、政治、组织和发展战略上，也要在制度、体制和社会管理层面，与时俱进、不断探索、不断创新，找到化解干群矛盾、和谐干群关系乃至建构和谐社会的一套行之有效的路径和方法。

---

〔1〕《中国共产党第十八次全国代表大会文件汇编》，人民出版社 2012 年版，第 45—46 页。

参考文献

中文参考文献

1. 阿尔蒙德等:《当代比较政治学——世界展望》，朱曾汶、林铮译，商务印书馆 1993 年版。

2. 阿拉斯戴尔 · 麦金太尔:《谁之正义？何种合理性?》，万俊人译，当代中国出版社 1996 年版。

3. 阿马蒂亚 · 森:《理性与自由》，李风华译，中国人民大学出版社 2006 年版。

4. 阿马蒂亚 · 森:《以自由看待发展》，任赜、于真译，中国人民大学出版社 2002 年版。

5. 阿马蒂亚 · 森:《正义的理念》，王磊、李航译，中国人民大学出版社 2012 年版。

6. 阿瑟 · 刘易斯:《经济增长理论》，梁小民译，上海三联书店 1994 年版。

7. 埃德加 · 博登海默:《法理学：法律哲学与法律方法》，邓正来译，中国政法大学出版社 1999 年版。

8. 埃德蒙 · 柏克:《美洲三书》，缪哲译，商务印书馆 2003 年版。

9. 埃米尔 · 诺埃尔:《今日达尔文主义》，朱晓洁译，北京大学出版社 2000 年版。

10. 埃斯平 · 安德森:《福利资本主义的三个世界》，苗正民、滕玉英译，商务印书馆 2010 年版。

11. 艾伦 · 布坎南:《伦理学、效率与市场》，廖申白等译，中国社会科学出版社1991年版。

12. 艾瑞克·霍布斯鲍姆:《帝国的年代》，贾士蘅译，江苏人民出版社1999年版。

13. 艾瑞克·霍布斯鲍姆:《革命的年代》，王章辉译，江苏人民出版1999年版。

14. 安德鲁·韦伯斯特:《发展社会学》，陈一筠译，华夏出版社1987年版。

15. 安东尼·哈尼:《发展型社会政策》，罗敏等译，社会科学文献出版社2006年版。

16. 安体富:《公共服务均等化：理论、问题与对策》，载《财贸经济》2007年第8期。

17. 巴里·诺顿:《中国经济：转型与增长》，安佳译，上海人民出版社2010年版。

18. 巴林顿·摩尔:《民主和专制的社会起源》，拓夫译，华夏出版社1987年版。

19. 白津夫:《构建和谐社会应当重视提高生活质量》，载《学习与探索》2007年第1期。

20. 柏拉图:《理想国》，郭斌和、张竹明译，商务印书馆2002年版。

21. 伯纳德·曼德维尔:《蜜蜂的寓言》，肖聿译，中国社会科学出版社2002年版。

22. 布小林:《立法的社会过程》，中国社会科学出版社2007年版。

23. 蔡定剑:《中国人民代表大会制度》，法律出版社2003年版。

24. 蔡昉:《收入差距缩小的条件——经济发展理论与中国经验》，载《甘肃社会科学》，2007年第6期。

25. 蔡昉等:《户籍制度与劳动力市场保护》，载《经济研究》2001年第12期。

26. 蔡昉:《城乡收入差距的政治经济学》，载《中国社会科学》2000年第4期。

27. 曹沛霖:《政府与市场》，浙江人民出版社1998年版。

28. 曹洋:《工资增长对经济增长过程的作用机制研究》，载《劳动保障世界（理论版）》2011年第1期。

29. 曹玉涛:《分析马克思主义的正义论述评》，载《哲学动态》2008年第4期。

30. 曾宪影:《公共财政视角下中国农村社会保障问题研究》，博士学位论文，南京农业大学农业经济系，2011 年。

31. 查尔斯·蒂利:《欧洲的抗争与民主：1650—2000》，陈周旺等译，格致出版社、上海人民出版社 2008 年版。

32. 查尔斯·蒂利:《社会运动，1768—2004》，胡位钧译，上海人民出版社 2009 年版。

33. 常光民、王传志:《如何做好新形势下的群众工作：访中共浙江省委书记习近平》，载《求是》2005 年第 17 期。

34. 陈从阳、桂莉:《从皇帝到礼仪元首：从德国国家元首地位的嬗变看德国政治民主化》，载《武汉大学学报》2009 年第 6 期。

35. 陈洪泉:《社会发展的主体目的论维度》，载《中国海洋大学学报（社会科学版）》2006 年第 5 期。

36. 陈朋、齐卫平:《后税费时代农民政治认同类型的实证分析》，载《社会科学》2008 年第 2 期。

37. 陈剩勇:《协商民主理论与中国》，载《浙江社会科学》2005 年第 1 期。

38. 陈恕祥:《美国贫困问题研究》，武汉大学出版社 2000 年版。

39. 陈伟东、李雪萍:《社区治理与公民社会的发育》，载《华中师范大学学报（人文社会科学版）》2003 年第 1 期。

40. 陈文通:《如何科学认识社会主义市场经济》，载《科学社会主义》2008 年第 1 期。

41. 陈晓律、于文杰、陈日华:《英国发展的历史轨迹》，南京大学出版社 2009 年版。

42. 陈晓律:《法制化、民主化、社会保障化：英国发展经验的启示》，载《探索与争鸣》2009 年第 6 期。

43. 陈晓律主编:《英国研究》第 1 辑，南京大学出版社 2009 年版。

44. 陈晏清:《关于建立社会主义市场经济的代价问题》，载《求是》1994 年第 23 期。

45. 陈振明:《当代资本主义的再认识：西方马克思主义对发达资本主义社会的批判》，载《理论学习月刊》1997 年第 5 期。

46. 程竹汝、杜连梅:《论非典事件对我国政治的影响》，载《政治与法律》2003 年第 6 期。

47. 楚成亚:《农民公共权力观念分析》，载《中国农村观察》2001年第6期。

48. 楚成亚:《农民公共权利力观念分析》，载《中国农村观察》2001年第6期。

49. 慈继伟:《正义的两面》，生活·读书·新知三联书店2001年版。

50. 崔树义:《当代英国阶级状况》，浙江大学出版社2006年版。

51. 戴维·尹斯顿:《政治生活的系统分析》，王浦劬译，华夏出版社1999年版。

52. 戴小江:《论我国政党制度的三大特征》，载《广西社会科学》2006年第5期。

53. 德沃金:《认真对待权力》，信春鹰、吴玉章译，中国大百科全书出版社1998年版。

54. 邓大松:《论战后德国社会保障制度发展及其意义》，载《经济评论》1998年第3期。

55. 邓双双:《促进我国居民收入分配公平的税收政策研究》，硕士学位论文，集美大学财政学系，2012年。

56. 《邓小平文选》，人民出版社1983年版，第2、3卷。

57. 丁建定、杨凤娟:《英国社会保障制度的发展》，中国劳动社会保障出版社2004年版。

58. 丁建定:《从济贫到社会保险：英国现代社会保障制度的建立1870—1914》，中国社会科学出版社2000年版。

59. 丁建定:《西方国家社会保障制度史》，高等教育出版社2010年版。

60. 丁建定:《英国现代社会保障制度的建立1870—1914》，载《史学月刊》2002年第3期。

61. 丁建定:《英国在西欧现代保障制度建立过程中的历史地位》，载《欧洲》2000年第2期。

62. 窦孟朔、张瑞:《论习近平的民生幸福观》，载《科学社会主义》2015年第5期。

63. 杜卫华:《经济增长会带来生活质量的提高吗？——对近20年来中国数据的经验透视及解释》，载《上海经济研究》2005年第6期。

64. 杜赞奇:《文化、权力与国家》，王福明译，江苏人民出版社1995年版。

65. 段会平:《第一次世界大战前工党社会保障思想》，载《消费导刊》2008年第3期。

66. 段会平:《英国工党社会保障政策研究》，硕士学位论文，新疆大学政治学系，2004 年。

67. 段忠桥:《社会主义及其未来：约翰罗默访谈录》，载《马克思主义与现实》2002 年第 1 期。

68. 段忠桥:《约翰罗默的非劳动价值剥削理论》，载《马克思主义研究》2006 年第 3 期。

69. 恩格斯:《反杜林论》，人民出版社 1993 年版。

70. 范志杰:《发展文化事业促进文化产业政策研究》，博士学位论文，财政部财政科学研究所，2013 年。

71. 费孝通:《乡土重建》，上海观察社 1948 年版。

72. 风笑天:《生活质量研究：近三十年回顾及相关问题探讨》，载《社会科学研究》2007 年第 6 期。

73. 付康:《发展价值的哲学研究》，博士学位论文，中共中央党校哲学系，2012 年。

74. 傅衣凌:《明代江南市民经济试探》，上海人民出版社 1957 年版。

75. 高凤群:《公平的二重性：工具性与目的性》，载《理论学刊》2008 年第 6 期。

76. 高国希:《走出伦理困境——麦金太尔道德哲学与马克思主义伦理学研究》，上海社会科学院出版社 1996 年版。

77. 高瑞泉:《平等主义的纲领及其衍绎：〈大同书〉〈仁学〉的一种解读》，载《社会科学》2011 年第 11 期。

78. 高英彤:《帝国夕阳：日渐衰微的不列颠》，吉林人民出版社 1998 年版。

79. 耿相魁、侯晚梅:《社会主义和谐社会视阈的人民内部矛盾及其解决策略》，载《当代社科视野》2011 年第 3 期。

80. 龚维斌:《本地人与外地人：一个新的二元社会在形成》，载《人民论坛》2008 年第 1 期。

81. 顾銮斋:《如何认识宪政讨论中纳粹上台与现代民主的关系》，载《文史哲》2010 年第 3 期。

82. 顾啸:《自由的基本理念》，中央编译出版社 2003 年版。

83. 顾昕:《公民社会发展的法团主义之道》，载《浙江学刊》2004 年第 6 期。

84. 顾炎武：《顾亭林诗文集》，中华书局1959年版。

85. 桂莉：《简论德意志第二帝国的社会保障制度》，载《武汉大学学报》2005年第5期。

86. 郭华茹：《论人的需要与改善民生》，载《学术论坛》2008年第2期。

87. 郭小沙：《看施罗德如何走出地雷阵：解读3月14日德国政府声明》，载《德国研究》2003年第3期。

88. 国家发展改革委价格司课题组：《通货膨胀问题研究（上）》，载《中国物价》2005年第1期。

89. 国家经济体制改革委员会办公室：《经济体制改革文件汇编（1977—1983）》，中国财政经济出版社1984年版。

90. 哈贝马斯：《在事实与规范之间》，童世骏译，生活·读书·新知三联书店2003年版。

91. 哈刚：《沃尔泽多元主义正义观及其局限》，载《宁夏党校学报》2008年第5期。

92. 韩淑丽、安鑫辉：《和谐社会中的居民生活质量宏观因素分析》，载《财经问题研究》2005年第10期。

93. 韩永文：《我国农业在国家工业化建设进程中的贡献分析》，载《当代中国史研究》1999年第2期。

94. 韩毓海：《五百年来谁著史：1500年来的中国与世界》，九州出版社2011年版。

95. 何怀远：《“生产主义批判的”的历史逻辑》，载《哲学动态》2006年第1期。

96. 贺雪峰：《乡村秩序与县乡村体制》，载《江苏行政学院学报》2003年第4期。

97. 亨廷顿等：《难以抉择——发展中国家的政治参与》，汪晓寿等译，华夏出版社1988年版。

98. 侯建新主编：《经济社会史评论》第1辑，三联书店2005年版。

99. 胡鞍钢：《中国发展战略的历史演变》，载《中国乡镇企业》2009年第12期。

100. 胡财珍、吴友法：《浅析第二次世界大战后德国民主化的内因》，载

《教学与研究》2004 年第 4 期。

101. 胡锦涛:《高举中国特色社会主义伟大旗帜，为夺取全面建设小康社会新胜利而奋斗》，人民出版社 2007 年版。

102. 胡钧:《不断深化和完善社会主义市场经济体制的认识》，载《政治经济学评论》2010 年第 1 期。

103. 胡美灵:《当代中国农民权利的嬗变》，知识产权出版社 2008 年版。

104. 胡荣等:《现阶段我国高等教育机会阶层辈出率研究》，载《厦门大学学报（哲学社会科学版)》2006 年第 6 期。

105. 胡筱秀:《正确认识西方政党制度》，载《江苏社会主义学院学报》2002 年第 1 期。

106. 黄安年:《当代美国社会福利保障政策的历史演进》，载《史学月刊》1996 年第 1 期。

107. 黄今年:《当代美国社会保障政策》，中国社会科学出版社 1998 年版。

108. 黄今年:《富兰克林・罗斯福和 1935 年社会保障法》，载《史学月刊》1993 年第 5 期。

109. 黄宗羲:《明夷待访录》，岳麓书社 2011 年版。

110. 霍华德・威亚尔达:《民主与民主化比较研究》，榕远译，北京大学出版社 2004 年版。

111. 吉尔伯特・罗兹曼主编:《中国的现代化》，国家社会科学基金“比较现代化”课题组译，江苏人民出版 1995 年版。

112. 江光荣:《社会变革与人的适应》，载《华中师范大学学报（哲学社会科学版)》1995 年第 6 期。

113. 江华:《中国城乡社会保障公平判别体系构建、验证及路径选择》，硕士学位论文，重庆理工大学劳动经济系，2009 年。

114. 江泽民:《全面建设小康社会，开创中国特色社会主义事业新局面》，人民出版社 2002 年版。

115. 姜涌:《马克思的分配正义思想》，载《理论探讨》2009 年第 2 期。

116. 蒋阳飞:《我国就业公平及其制度保障研究》，博士学位论文，中南大学伦理学系，2010 年。

117. 金建萍:《人的发展和社会发展的一致性研究》，博士学位论文，西北师范大学政治学系，2010 年。

118. 金姗姗：《政治参与行为对政治效能感的影响》，载《甘肃行政学院学报》2012 年第 2 期。

119. 金重远：《战后西欧社会党》，上海人民出版社 1997 年版。

120. 卡尔·波兰尼：《大转型：我们时代的政治与经济起源》，刘阳、冯钢译，浙江人民出版社 2007 年版。

121. 凯·尼尔森：《马克思、恩格斯和列宁的正义观（下）》，傅强、李文雯译，载《国际学术交流》2008 年第 5 期。

122. 柯燕：《从生活质量指标看澳门和谐社会构建的难度与方案》，载《西北人口》2007 年第 4 期。

123. 科恩：《论民主》，聂崇信译，商务印书馆 2005 年版。

124. 克里斯蒂安·安斯贝格：《“资本主义道德化”问题初探：民主实验主义和规范的共同演化现象》，张大川译，载《国际社会科学》2006 年第 3 期。

125. 肯尼斯·摩根：《牛津英国通史》，王觉非译，商务印书馆 1993 年版。

126. 《论语》，中华书局 2006 年版。

127. 莱斯特·瑟罗：《资本主义的未来》，周晓钟译，中国社会科学出版社 1998 年版。

128. 莱因哈特本迪克斯：《马克斯·韦伯肖像》，刘北成译，上海人民出版社 2002 年版。

129. 《老子》，中华书局 2006 年版。

130. 冷溶、汪作玲：《邓小平年谱》下册，中央文献出版社 2010 年版。

131. 李成贵：《国家、利益集团与“三农”困境》，载《经济社会体制比较》2004 年第 5 期。

132. 李工真：《德国魏玛时代社会福利政策的扩展与危机》，载《武汉大学学报》1997 年第 2 期。

133. 李广：《中国乡村治理中的政治传播与控制》，山东大学出版社 2011 年版。

134. 李济时：《英国民主制度建立的方式与条件研究》，博士学位论文，山东大学社会主义科学系，2008 年。

135. 李竟能：《对现阶段社会主义市场经济的考察和反思》，载《南开学报》

2000年第3期。

136. 李静娟:《辩证看社会主义市场经济的代价》，载《学术交流》2006年第10期。

137. 李培林:《法国福利体制的危机原因何在》，载《中国社会保险》1997年第8期。

138. 李普塞特:《对民主政治的社会条件的比较分析》，载中国社会科学杂志社主编《民主的再思考》，社会科学文献出版社2000年版。

139. 李强:《社会转型期我国心理健康问题的成因与干预》，载《理论与现代化》2003年第6期。

140. 李清华:《中国劳动收入份额的国际比较研究》，载《当代财经》2013年第3期。

141. 李实等:《中国居民财产分布不均等及其原因的经验分析》，载《经济研究》2005年第6期。

142. 李薇:《论城乡最低生活保障制度结构体系的整合》，载《探索》2013年第5期。

143. 李小岗、王珊:《战后美国社会福利政策的发展》，载《陕西师范大学学报（社会科学版）》1992年第4期。

144. 李鑫、曹德林:《论群体性事件与干群关系的重构》，载《行政与法》2011年第1期。

145. 李姿姿:《法国社会保障制度变迁中国家作用及其启示》，载《欧洲研究》2008年第51期。

146. 理查德·威尔金森、凯特·皮克特著:《不平等的痛苦：收入差距如何导致社会问题》，安鹏译，新华出版社2010年版。

147. 梁晨等:《无声的革命：北京大学与苏州大学学生社会来源研究》，载《中国社会科学》2012年第1期。

148. 《列宁选集》第3卷，人民出版社1995年版。

149. 林尚立:《基层群众自治：中国民主政治建设的实践》，载《政治学研究》1999年第4期。

150. 刘波:《当代英国社会保障制度的系统分析与理论思考》，学林出版社2006年版。

151. 刘成、刘金源：《英国：从称霸世界到回归欧洲》，三秦出版社2005年版。

152. 刘成：《英国工党与公有制》，江苏人民出版社2003年版。

153. 刘德林：《科学发展观的深化与升华——习近平发展思想研究》，载《辽宁行政学院学报》2016年第2期。

154. 刘晶：《城市居家老人生活质量评价指标体系研究》，博士学位论文，华东师范大学人口学系，2005年。

155. 刘熙瑞：《服务型政府——经济全球化背景下中国政府改革的目标选择》，载《中国行政管理》2002年第7期。

156. 刘小川：《个人所得税公平功能的实证分析》，载《税务研究》2008年第1期。

157. 刘欣：《由教育政策走向教育公平——我国基础教育政策的公平机制研究》，博士学位论文，华中师范大学教育经济系，2008年。

158. 刘祖云、曲福田：《由"碎片化"走向"组织化"》，载《社会科学》2007年第6期。

159. 鲁鹏：《公平问题三思》，载《江海学刊》2013年第1期。

160. 伦纳德·霍布豪斯：《社会正义要素》，孔兆政译，吉林人民出版社2006年版。

161. 罗伯特·勒纳、斯坦迪·什米查姆、爱德华·伯恩斯：《西方文明史》第2卷，王觉非译，中国青年出版社2003年版。

162. 罗伯特·诺奇克：《无政府、国家和乌托邦》，何怀宏等译，中国社会科学出版社1991年版。

163. 罗伯特·施佩曼：《道德的基本概念》，沈国琴译，上海译文出版社2007年版。

164. 罗伯特. A·达尔：《现代政治分析》，王沪宁、陈峰译，上海译文出版社1987年版。

165. 罗尔斯：《正义论》，何怀宏等译，中国社会科学出版社1988年版。

166. 罗国杰：《中国伦理学百科全书·伦理学原理卷》，吉林人民出版社1993年版。

167. 罗建文：《发展价值论的理论论析》，载《湖南科技大学学报（社会科学版）》2009年第4期。

168. 罗纳德·奥克森:《互惠:一种颠倒的政治发展观》,载于奥斯特罗姆编《制度分析与发展的反思》,王诚译,商务印书馆1996年版。

169. 马尔塞拉等编:《跨文化心理学》,肖振远等译,吉林文史出版社1991年版。

170. 马杰、郑秉文:《新中国社会保障制度建立与演变的必然性及其评价》,载朱佳木主编《当代中国与它的外部世界:第一届当代中国史国际高级论坛论文集》,当代中国出版2004年版。

171. 马捷莎:《亚里士多德正义观及其启示》,载《黑龙江社会科学》2006年第1期。

172. 马克·拉普勒著:《生活质量研究导论》,周长城等译,社会科学文献出版社2012年版。

173. 《马克思恩格斯全集》第1卷,人民出版社1972年版。

174. 《马克思恩格斯全集》第2卷,人民出版社1957年版。

175. 《马克思恩格斯全集》第3卷,人民出版社1960年版。

176. 《马克思恩格斯全集》第4卷,人民出版社1958年版。

177. 《马克思恩格斯全集》第10卷,人民出版社1962年版。

178. 《马克思恩格斯全集》第37卷,人民出版社1971年版。

179. 《马克思恩格斯全集》第39卷,人民出版社1974年版。

180. 《马克思恩格斯全集》第40卷,人民出版社1982年版。

181. 《马克思恩格斯全集》第42卷,人民出版社1979年版。

182. 《马克思恩格斯全集》第46卷上,人民出版社1979年版。

183. 马克思:《1844年经济学哲学手稿》,人民出版社1985年版。

184. 《马克思恩格斯列宁斯大林毛泽东论历史唯物主义》,北京师范大学出版社1983年版。

185. 《资本论》,人民出版社2004年版。

186. 马克斯·韦伯:《新教伦理与资本主义精神》,于晓、陈维纲等译,三联书店1987年版。

187. 马歇尔:《公民身份与社会阶级》,郭忠华、刘训练主编《公民身份与社会阶级》,江苏人民出版社2007年版。

188. 马娅:《十九世纪英国现实主义小说与伦理道德》,载《贵州大学学报

(社会科学版)》2005 年第 5 期。

189. 迈克尔·桑德尔:《公正——该如何做是好》,朱慧玲译,中信出版社 2012 年版。

190. 迈克尔·沃尔泽:《正义诸领域——为多元主义与平等一辩》,褚松燕译,译林出版社 2002 年版。

191. 曼瑟尔·奥尔森:《集体行动的逻辑》,陈郁等译,上海三联书店 1995 年版。

192. 毛传清:《论中共社会主义市场经济的六个发展阶段》,载《当代中国史研究》2004 年第 5 期。

193. 毛丹:《乡村组织化和乡村民主》,载《中国社会科学季刊》1998 年秋季卷。

194. 《建国以来毛泽东文稿》第 7 册,中央文献出版社 1992 年版。

195. 《毛泽东选集》第 1 卷,人民出版社 1991 年版。

196. 《毛泽东选集》第 3 卷,人民出版社 1991 年版。

197. 《毛泽东选集》第 4 卷,人民出版社 1991 年版。

198. 《毛泽东选集》第 5 卷,人民出版社 1991 年版。

199. 《毛泽东文集》第 8 卷,人民出版社 1999 年版。

200. 孟华:《论行政公正》,载《地方政府管理》,1998 年第 3 期。

201. 孟钟捷:《试论魏玛“福利国家”的早期时间(1918—1920)》,载《安徽史学》2008 年第 5 期。

202. 孟钟捷:《魏玛德国失业保险体制的兴与衰》,载《武汉大学学报(社会科学版)》2012 年第 6 期。

203. 孟子:《孟子》,中华书局 2010 年版。

204. 米尔斯:《社会保障经济学》,郑秉文译,社会保障出版社 2003 年版。

205. 米格代尔:《农民、政治与革命》,李玉琪、袁宁译,中央编译出版社 1996 年版。

206. 莫于川:《有限政府·有效政府·亲民政府·透明政府——从行政法治视角看我国行政管理体制改革的基本目标》,载《政治与法律》2006 年第 3 期。

207. 牟洪章:《政治人的困境与困境中的政治人》,载《人民论坛》2012 年第 8 期。

208. 尼尔·波兹曼:《娱乐至死》，章艳译，广西大学出版社2004年版。

209. 倪学德:《和平的社会革命：战后初期英国工党艾德礼政府的民主社会主义改革研究》，中国社会科学出版社2005年版。

210. 牛献忠:《人的建设论》，博士学位论文，中共中央党马克思主义哲学系，2002年。

211. 诺奇克:《无政府、国家与乌托邦》，何怀宏等译，中国社会科学出版社1991年版。

212. 诺思:《经济史中的结构与变迁》，陈郁、罗华平译，上海三联书店1991年版。

213. 帕特里克·法罗:《竞争的伦理》，李存山译，载《国际社会科学》2006年第3期。

214. 佩鲁著:《新发展观》，张宁等译，华夏出版社1987年版。

215. 彭昇:《构建和谐社会的分配公平问题研究》，博士学位论文，中南大学政治学系，2010年。

216. 彭小瑜:《“经济利益不是生活的全部”：理查德亨利托尼的资本主义批判》，载《史学集刊》2011年第4期。

217. 皮埃尔·得缪勒那埃尔:《经济行为与资本主义的规范》，秦喜清译，载《国际社会科学》2006年第3期。

218. 皮埃尔·米盖尔:《法国史》，蔡鸿滨等译，商务印书馆1985年版。

219. 钱乘旦、陈晓律等:《日落斜阳：二十世纪英国》，华东师范大学出版社1999年版。

220. 钱乘旦:《英国工党与公有制》，江苏人民出版社2002年版。

221. 乔万尼·萨托利:《民主新论》，冯克利、阎克文译，东方出版社1998年版。

222. 秦志华:《中国乡村社区组织建设》，人民出版社1995年版。

223. 邱卫东:《从幻象到发展：当代资本主义社会财富的哲学批判》，载《西南大学学报（社会科学版）》2012年第2期。

224. 曲夏夏、邢占军:《民主与生活质量》，载《国外社会科学》2013年第3期。

225. 曲夏夏:《生活质量提升与和谐社会构建》，载《理论学刊》2013年第

11 期。

226. 任继愈：《中国哲学发展史（先秦）》，人民出版社 1983 年版。

227. 任俊：《积极心理学思想的理论研究》，博士学位论文，南京师范大学心理学系，2006 年。

228. 汝信、陆学艺、李培林：《2007 年：中国社会形势分析与预测》，社会科学文献出版社 2006 年版。

229. 汝信、陆学艺、李培林：《社会蓝皮书（2007 年）》，社会科学文献出版社 2006 年版。

230. 阮宗泽：《第三条道路与新英国》，东方出版社 2001 年版。

231. 塞缪尔·亨廷顿：《变化社会中的政治秩序》，王冠华等译，三联书店 1989 年版。

232. 桑德尔：《自由主义与正义的局限》，万俊人等译，译林出版社 2001 年版。

233. 桑玉成、袁峰：《自治与基层民主政治》，载汤庭芬主编：《基层民主与基层组织建设》，人民出版社 2001 年版。

234. 桑玉成：《利益分化的政治时代》，学林出版社 2002 年版。

235. 邵沁妍：《社会转型期我国干群关系问题研究》，博士毕业论文，中共中央党校政治学系，2010 年。

236. 申治安、王平：《阿格尔对当代资本主义的多维度批判》，载《毛泽东邓小平理论研究》2012 年第 2 期。

237. 十八大报告起草组：《中国共产党第十八次全国代表大会文件汇编》，人民出版社 2012 年版。

238. 石仲泉：《“南方谈话”与社会主义市场经济的建立和未来发展：纪念邓小平“南方谈话”发表 20 周年》，载《毛泽东邓小平理论研究》2012 年第 2 期。

239. 时勘：《危机突发事件的社会心理预警研究》，载《北京社会科学》2003 年第 4 期。

240. 《斯大林全集》第 13 卷，人民出版社 1956 年版。

241. 《斯大林文选》，人民出版社 1962 年版。

242. 《斯大林选集》下卷，人民出版社 1979 年版。

243. 斯蒂芬·杨：《道德资本主义：协调私利与公益》，余彬译，上海三联书店 2010 年版。

244. 宋洪远：《关于农村劳动力流动的政策问题分析》，载姚洋编《转轨中国：审视社会公正和平等》，中国人民大学出版社2004年版。

245. 宋延萍：《英国工业资产阶级与英国的民主化进程》，载《徐州师范大学学报（社科版）》2004年第4期。

246. 孙炳耀：《当代英国瑞典社会保障制度》，法律出版社1999年版。

247. 孙炳耀：《乡镇社团与中国基层社会》，载《中国社会科学辑刊》1994年秋季卷。

248. 孙浩进：《我国收入分配公平的制度变迁》，博士学位论文，吉林大学政治经济学系，2009年。

249. 孙洁：《英国的政党政治与福利制度》，商务出版社2008年版。

250. 孙立平：《断裂20世纪90年代以来的中国社会》，社会科学文献出版社2003年版。

251. 孙岩：《论沃尔泽的复合平等观》，载《哲学研究》2012年第6期。

252. 汤普森：《英国工人阶级的形成》（下），钱乘旦等译，译林出版社2001年版。

253. 汤因比：《历史研究》（下），郭小凌、王皖强译，上海人民出版社1997年版。

254. 汤跃跃：《现阶段我国居民消费公平问题研究》，博士学位论文，西南财经大学经济系，2008年。

255. 陶然：《我国政府统计数据公信力问题研究》，硕士学位论文，长春工业大学行政管理系，2011年。

256. 特纳：《公民身份理论概要》，载应奇、刘训练主编《公民身份与社会阶级》，江苏人民出版社2007年版。

257. 托克维尔：《论美国的民主》（上），董果良译，商务印书馆1997年版。

258. 托马斯·雅诺斯基：《公民与文明社会》，柯雄译，辽宁教育出版社2000年版。

259. 托马斯·麦克劳：《现代资本主义》，赵文书、肖锁章译，江苏人民出版社2006年版。

260. 万俊人：《义利之间》，团结出版社2003年版。

261. 万俊人：《道德之维——现代经济伦理导论》，广东人民出版社2000年版。

262. 汪信砚:《构建社会主义和谐社会的价值诉求》，载《马克思主义研究》2005 年第 4 期。

263. 王冬丽、常艳平:《试论新时期干群利益矛盾》，载《石河子大学学报：哲学社会科学版》2006 年第 6 期。

264. 王国平:《法国式民主道路探析》，硕士学位论文，苏州大学政治学系，2001 年。

265. 王海明:《公正平等人道——社会治理的道德原则体系》，北京大学出版社 2000 年版。

266. 王汉生:《改革以来中国农村的工业化与农村精英构成的变化》，载《中国社会科学辑刊》1994 年秋季卷。

267. 王沪宁:《民主政治》，三联书店（香港）1993 年版。

268. 王杰:《德国社会保障制度的建立原因》，载《华章》2012 年第 13 期。

269. 王堃:《促进我国收入分配公平的政策取向研究》，硕士学位论文，沈阳师范大学政治学系，2013 年。

270. 王连昌、马怀德:《行政法学》，中国政法大学出版社 2002 年版。

271. 王明海:《公正平等人道——社会治理的道德原则体系》，北京大学出版社 2000 年版。

272. 王铭铭:《国家与社会关系史视野中的中国乡镇政府》，载《中国社会科学季刊》1998 年总 24 期。

273. 王培刚、李光勇:《和谐社会视野下的生活质量：社会需求与政策回应》，载《社会科学研究》2010 年第 2 期。

274. 王绍光:《大转型：1980 年代以来中国的双向运动》，载《中国社会科学》2008 年第 1 期。

275. 王素萍:《当代中国发展的价值反思与重构——基于马克思发展价值思想研究》，博士学位论文，苏州大学哲学系，2011 年。

276. 王同彤:《工业革命对英国民主化的影响》，载《江苏社会主义学院学报》2007 年第 6 期。

277. 王习明:《中国农村的 NGO 与乡村治理》，载于中国改革发展研究院编《中国农民组织建设》，中国经济出版社 2005 年版。

278. 王习明:《中国农民组织建设的现状——中国农民组织建设入户调查问

卷分析报告》，载《中国软科学》2005年第9期。

279. 王小鲁：《我国收入差距分析及对策》，载《国家行政学院学报》2007年第4期。

280. 王小章：《公民权利、市场的两重性和社会保障》，载《学术论坛》2007年第7期。

281. 王新：《城中村多元矛盾与冲突解决路径探索——以温州为例》，载《城市发展研究》2010年第7期。

282. 王雅林：《农村基层的权力结构及其运行机制》，载《中国社会科学》1998年第5期。

283. 王颖：《新集体主义：乡村社会的再组织》，经济管理出版社1996年版。

284. 王永贵：《“四个全面”：坚持和发展中国特色社会主义的时代航标》，载《学海》2015年第5期。

285. 王泽应、贺汉魂：《民生幸福视域下的效率、公平观探讨》，载《湖南社会科学》2011年第1期。

286. 王振华、刘绯、陈志端：《重塑英国：布莱尔主义与第三条道路》，中国社会科学出版社2000年版。

287. 王振华、刘绯：《变革中的英国》，社会科学文献出版社1996年版。

288. 威廉·曼彻斯特：《大萧条与罗斯福新政》，朱协译，海南出版社2009年版。

289. 韦政通：《荀子与古代哲学》，台湾商务印书馆1992版。

290. 温皓：《论人的需要与社会发展的统一性》，博士学位论文，吉林大学政治学系2013年。

291. 翁定军：《阶级或阶层意识中的心理因素：公平感和态度倾向》，载《社会学研究》2010年第1期。

292. 吴晗：《明史简述》，中华书局出版社1980年版。

293. 吴淑凤：《多元视野中幸福理论及其对主观生活质量研究的现实意义》，载《武汉大学学报（哲学社会科学版）》2004年第5期。

294. 吴文新：《对“和谐”作为辩证哲学范畴的新诠释》，载《淮北煤炭师范学院学报（哲学社会科学版）》2009年第2期。

295. 吴易风：《从社会主义商品生产到社会主义市场经济的理论发展轨迹》，

载《当代中国史研究》2005 年第 5 期。

296. 吴友法：《关于对德国历史进程产生影响的几个问题》，载《武汉大学学报》2004 年第 3 期。

297. 吴友法：《论德国法西斯统治的确立》，载《武汉大学学报》1996 年第 6 期。

298. 吴云勇、李玲：《现阶段我国失业问题的成因及对策分析》，载《中国市场》2011 年第 35 期。

299. 吴忠民：《公正视野中的中国农民》，载《江苏社会科学》2002 年第 6 期。

300. 吴忠民：《社会公正论》，山东人民出版社 2012 年版。

301. 吴重庆、单世联：《经济发展与农村社会组织关系的变迁》，载《新华文摘》1998 年第 1 期。

302. 武艳红：《党群干群关系存在问题的原因分析》，载《山西高等学校社会科学学报》2004 年第 11 期。

303. 习近平：《对发展社会主义市场经济的再认识》，载《东南学术》2001 年第 4 期。

304. 习近平：《习近平谈治国理政》，外文出版社 2014 年版。

305. 夏学銮：《中国社区建设的理论架构探讨》，载《北京大学学报（哲学社会科学版）》2002 年第 1 期。

306. 夏勇：《走向权利的时代》，中国政法大学出版社 2000 年版。

307. 项继权：《短缺财政下的乡村政治发展——兼论中国乡村民主的生成逻辑》，载《中国农村观察》2002 年第 3 期。

308. 邢占军、刘相等著：《城市幸福感——来自六个省会城市的幸福指数报告》，社会科学文献出版社 2008 年版。

309. 邢占军：《城乡居民主观生活质量比较研究初探》，载《社会》2006 年第 1 期。

310. 邢占军：《我国居民收入与幸福感关系的研究》，载《社会学研究》2011 年第 1 期。

311. 邢占军：《沿海某省城市居民主观幸福感纵向研究》，载《心理科学》2005 年第 5 期。

312. 邢占军等：《公共政策导向的生活质量评价研究》，山东大学出版社

2011 年版。

313. 熊唯伊、熊海斌：《提高居民的相对收入水平与消费需求扩张》，载《消费经济》2010 年第 1 期。

314. 熊跃根：《社会政策：理论与分析方法》，中国人民大学出版社 2009 年版。

315. 徐健：《社会国家思想、公众舆论和政治家俾斯麦：近代德国社会保障制度的缘起》，载《安徽史学》2007 年第 4 期。

316. 徐强：《从经济危机到道德危机：论资本主义发展的新困境》，载《江苏社会科学》2008 年第 4 期。

317. 徐勇：《民主化进程中的政府主动性》，载《战略与管理》1997 年第 3 期。

318. 徐勇：《乡村治理结构改革的走向——强村、精乡、简县》，载《战略与管理》2003 年第 4 期。

319. 徐勇：《治理转型与竞争——合作主义》，载《开放时代》2001 年第 7 期。

320. 徐勇：《中国民主之路：从形式到实体》，载《开放时代》2000 年第 11 期。

321. 荀子：《荀子》，中华书局 2011 年版。

322. 亚当·斯密：《道德情操论》，蒋自强、钦北愚等译，商务印书馆 2010 年版。

323. 亚当·斯密：《国民财富的性质和原因的研究》（下），郭大力、王亚南译，商务印书馆 1974 年版。

324. 亚里士多德：《尼各马可伦理学》，廖申白译，商务印书馆 2005 年版。

325. 亚里士多德：《政治学》，吴寿彭译，商务印书馆 1965 年版。

326. 颜晓峰、杨邦荣：《论党的群众工作——重要论述摘编》学习读本，人民日报出版社 2011 年版。

327. 晏辉：《资本原始积累的伦理批判》，载《学习与探索》2007 年第 3 期。

328. 杨宝生：《为什么要不断提高构建社会主义和谐社会的能力》，载《求知》2004 年第 11 期。

329. 杨承训：《“共同富裕”是根治深层次矛盾之本——重温邓小平“消除两极分化”的思想》，载《毛泽东邓小平理论研究》2012 年第 1 期。

330. 杨奎松：《从供给制到职务等级工资制——新中国建立前后党政人员收入分配制度的演变》，载《历史研究》2007 年第 4 期。

331. 杨敏:《作为国家治理单元的社区》，载《社会学研究》2007 年第 4 期。

332. 杨清涛:《试论当前我国干群利益矛盾的表现、特点及其解决途径》，载《郑州大学学报：哲学社会科学版》2009 年第 6 期。

333. 杨圣明:《社会主义市场经济基本理论问题研究》，经济科学出版社 2008 年版。

334. 杨雪东、薛晓源:《第三条道路与新理论》，社会科学文献出版社 2000 年版。

335. 杨忠:《组织行为学——中国文化视角》，南京大学出版社 2006 年版。

336. 姚大志:《何谓正义：当代西方政治哲学研究》，人民出版社 2007 年版。

337. 姚洋:《转轨中国：审视社会公正和平》，中国人民大学出版社 2002 年版。

338. 以赛亚·伯林:《自由论》，胡传胜译，译林出版社 2003 年版。

339. 易松国:《生活质量研究进展综述》，载《深圳大学学报：人文社会科学版》1998 年第 1 期。

340. 印顺:《佛教的财富观》，载《法音论坛》1997 年第 5 期。

341. 于建嵘:《农民有组织抗争及其政治风险：湖南省 H 县调查》，载《战略与管理》2003 年第 3 期。

342. 俞贺楠、方涛:《德国现代社会保障制度建立的历史考察》，载《科学社会主义》2008 年第 4 期。

343. 俞可平主编:《治理与善治》，社会科学文献出版社 2000 年版。

344. 袁恩桢:《社会主义市场经济理论研究》，载《毛泽东邓小平理论研究》2006 年第 6 期。

345. 约翰·罗尔斯:《作为公平的正义：正义新论》，姚大志译，上海三联书店 2002 年版。

346. 约翰·罗尔斯:《正义论》，何怀宏等译，中国社会科学出版社 1988 年版。

347. 约翰·密尔:《代议制政府》，汪瑄译，商务印书馆 1982 年版。

348. 允春喜:《农民政治参与的现状调查与思考》，载《科学与管理》2011 年第 3 期。

349. 臧志风:《社会主义市场经济理论创新》，载《中国中央党校学报》2007 年第 3 期。

350. 詹清荣:《影响收入分配的几大热点问题》，载《发展》2013 年第 7 期。

351. 张邦辉、谭伟、邓淼：《人力资本角度看人均受教育年限对区域收入差异的影响》，载《庄经济学院学报》2007 年第 3 期。

352. 张道全：《发展与公平是构建和谐社会的两大基石》，载《经济问题探索》2005 年第 12 期。

353. 张德瑞：《我国农民平等权利法律保障：回顾、反省与前瞻》，载《河南师范大学学报：哲社版》2005 年第 5 期。

354. 张分田：《儒家的民本思想与帝制的根本法则》，载《文史哲》2008 年第 6 期。

355. 张雷声：《从资本主义基本矛盾运动看资本主义历史走向》，载《中国人民大学学报》2005 年第 3 期。

356. 张立进：《政治学视域的制度文明研究》，博士学位论文，中国社会科学院研究生院，2012 年。

357. 张谦元：《县乡人大代表直接选举的监督研究》，中国社会科学出版社 2005 年版。

358. 张五常：《中国的经济制度》，中信出版社 2009 年版。

359. 张晓霞：《外部因素对我国本轮通货膨胀影响的研究》，硕士学位论文，山东大学经济学系，2009 年。

360. 张艳国：《社区善治：基层民主政治发展途径研究》，载《江西师范大学学报（哲学社会科学版）》2009 年第 6 期。

361. 章剑生：《论行政公正原则》，载《法商研究》，2001 年第 5 期。

362. 赵成涛、李元旭：《收入公平、消费公平与经济增长》，载《社会科学研究》2009 年第 3 期。

363. 赵甲明：《科学发展观对社会主义市场经济发展的意义》，载《中国特色社会主义研究》2009 年第 3 期。

364. 赵素卿：《公平正义是构建和谐社会的必要条件》，载《中共山西省委党校学报》2005 年第 4 期。

365. 赵修义：《公平正义：中国特色社会主义共同理想不可或缺的价值目标》，载《毛泽东邓小平理论研究》2010 年第 11 期。

366. 赵秀玲：《中国乡里制度》，社会科学文献出版社 1998 年版。

367. 郑秉文：《法国高度“碎片化”的社保制度》，载《天津社会保险》

2008 年第 3 期。

368. 郑功成:《从国家—单位保障制走向国家社会保障制》，载《社会保障研究》2008 年第 2 期。

369. 郑岩:《社会保障与公平、效率相关性的理论分析》，博士学位论文，辽宁大学经济学系，2011 年。

370. 《建国以来重要文献选编》第 1 册，中央文献出版社 1993 年版。

371. 《建国以来重要文献选编》第 11 册，中共中央文献出版社 1995 年版。

372. 《十六大以来重要文献选编》上册，中央文献出版社 2005 年版。

373. 《中国农村组织建设》，中国经济出版社 2005 年版。

374. 《农业集体化重要文件汇编》下册，中共中央党校出版社 1981 年版。

375. 《十一届三中全会以来党和国家重要文献选编》，中共中央党校出版社 1998 年版。

376. 钟其:《县域善治；基层社会管理创新的理想模式》，载《浙江学刊》2012 年第 1 期。

377. 周弘:《欧洲社会保障的历史演进》，载《中国社会科学》1989 年第 1 期。

378. 周建明:《社会政策：欧洲的启示与中国的挑战》，上海社会科学出版社 2005 年版。

379. 周琳:《劳务派遣工的主观幸福感对组织公平与组织认同关系的调节作用》，硕士学位论文，吉林大学管理系，2011 年。

380. 周茂荣:《德国社会市场经济与中国经济改革》，武汉大学出版社 1999 年版。

381. 周庆国:《公平的一般含义和基本特征》，载《哈尔滨学院学报》2009 年第 11 期。

382. 周新城:《关于社会主义市场经济几个理论问题的探讨》，载《山西财经大学学报》2007 年第 10 期。

383. 周云红:《美国、德国和瑞典的社会保障建设及启示》，博士学位论文，山东大学社会主义科学系，2012 年。

384. 周长城、饶权:《生活质量测量方法研究》，载《数量经济技术经济研究》2001 年第 10 期。

385. 朱金花:《教育公平：政策的视角》，博士学位论文，吉林大学政治学系，2005 年。

386. 朱菊生：《“分析的马克思主义”对资本主义不公正起源的探讨》，载《求索》2011 年第 5 期。

387. 朱力：《公众信心聚散的社会心理学解读》，载《人民论坛》2013 年第 2 期。

388. 朱凌：《构建和谐社会下的社会保障公平问题研究》，硕士学位论文，南昌大学社会保障系，2007 年。

389. 朱平：《美国的贫困与反贫困斗争：美国社会福利保障制度述评》，载《安徽师范大学学报哲学与社会科学版》1998 年第 1 期。

390. 朱贻庭：《伦理学大辞典》，上海辞书出版社 2002 年版。

391. 《庄子》，中华书局 2010 年版。

英文参考文献

1. Adams，J. S.. Inequity in Social Exchange. In Berkowitz，L.（ed.），Advances in Experimental Social Psychology，Academic Press，New York，1965（2）.

2. Bellamy R.，Rethinking Liberalism，A continuum Imprint，London 2000.

3. Bies，R. J.. The Predicament of Injustice：The Management of Moral Outrage. Research in Organizational Behavior，1987（9）.

4. Bosson J. K.，Swann W. B.，Pennebaker J. W.，Stalking the Perfect Measure of Implicit Self-Esteem：The Blind Men and the Elephant Revisited. Journal of Personality and Social Psychology，2000（79）.

5. Bohman J. and Rehg W.：Deliberative Democracy：Essays on Reason and Politics，The MIT press，1997.

6. Carpenter J. S.，Dorothy Y. Brockopp，Michael A. Andrykowski. Self-transformation as a factor in the self-esteem of breast cancer survivors. Journal of Advanced Nursing，1999（29）.

7. Cremer D. D.，Knippenberg D.，Dijke M.，and Arjan E. R. Bos. How Self-Relevant is Fair Treatment? Social Self-Esteem Moderatex Interactional Justice Effects. Social Justice Research，2004（17）.

8. De Cremer，D.，Sedikides，C. Self-uncertainty and Responsiveness to Proce-

dural Justice. Journal of Experimental Social Psychology, 2005 (41) .

9. Dethloff HC. , Americas and Free Enterprise, New York 1979.

10. Diener, E. Assessing Subjective Well-being: Progress and Opportunities. Social Indicators Research, 1994 (31) .

11. Diener, Eunkook Suh. Measuring Quality of Life: Economic, Social, and Subjective Indicators. Social Indicators Research, 1997 (40) .

12. Folger, R. Rethinking Equity Theory: A Referent Cognitions Model. In H. W. Bierhoff, R. L. Cohen, & J. Greenberg (Eds.), Justice in Social Relations. New York: Plenum Press, 1986.

13. Frey R. S. and Al-Roumi A. , Political Democracy and the Physical Quality of Life: The Cross-National Evidence, Social Indicators Research, 1999 (47) .

14. Gennerster H. . Paying for Welfare: the 1990s Wheatsheaf, 1992.

15. Gerring J. , Shacker SC. , Alfaro R. . Democracy and Human Development, http: //people. bu. edu/jgerring/documents/DemocracyHumanDevelopment. pdf.

16. Gurr, Ted R. , Why Men Rebel. Princeton University Press. 1970.

17. Hadorn D. C. . The Oregon Priority-Setting Exercise: Quality of Life and Public Policy. The Hastings Center Report, 1991 (21) .

18. Hagerty MR. , Cummins R. A. , Ferriss AI. , Kennethland, Michalos AC. , Peterson M. , Sharpe A. , Sirgy J. and Vogel J. . Quality of Life Indexes for National Policy: Review and Agenda for Research. Social Indicators Research, 2001 (55) .

19. Heatherton, T. F. , and Polivy, J. . Development and Validation of a Scale for Measuring Selfesteem J. Pers. Soc. Psychol. 1991 (60) .

20. Heywood A. , Political Theory, NY: St. Martin' s Press, 1994.

21. James C. Scott, Weapons of the Weak: Everyday Forms of Peasant Resistance (New Haven: Yale University Press, 1985); Daniel Kelliher, Peasant Power in China (Yale University Press) 1992.

22. Kees Van den Bos, Reactions to Perceived Fairness: The Impact of Mortality Salience and Self-Esteem on Ratings of Negative Affect. Social Justice Research, 2001 (14) .

23. Koper, G. , Van Knippenberg, D. , Bouhuijs, F. , Vermunt, R. ,

&Wilke, H.. Procedural Fairness and Self-esteem. European Journal of Social Psychology, 1993 (23).

24. Kosack S., Effective Aids: How Democracy Allows Development Aid to Improvement the Qulity of Life, World Development, 2003 (31).

25. Kubiszewski I., Robert Costanza, Carol Franco, Philip Lawn, John Talberth, Tim Jackson, Camille Aylmer. Beyond GDP: Measuring and Achieving Global Genuine Progress. Ecological Economics, 2013 (93).

26. Kubiszewski I., Costanza R., Franco C., Lawn P., Talberth J., Jackson T., Aylmer C.. Beyond GDP: Measuring and Achieving Global Genuine Progress. Ecological Economics, 2013 (93).

27. Lachmann R., Capitalist in Spite of Themselves: Elite Conflict and Economic Transitions in Early Modern Europe, New York: Oxford University Press, 2000.

28. Lane, R. Procedural Goods in a Democracy: How One is Treated versus What One Gets. Social Justice Research, 1988 (2).

29. Leary, M. R., and Baumeister, R. F., The Nature and Function of Self-esteem: Sociometer Theory. Advances in Experimental Social Psychology, 2000 (32).

30. Lester W. Milbrath. Policy Relevant Quality of Life Research. American Academy of Political and Social Science, 1979 (4).

31. London B. and Williams B. A., National Politics, International Dependency, and Basic Needs Provision in Non-core Countries: A Cross-National Analysis. Social Forces, 1990 (66).

32. Mariano R.. The Measurement of Economic Performance and Social Progress Report and Quality of Life: Moving Forward. Social Indicators Research, 2011 (102).

33. Max-Neef, M., Economic growth and quality of life: a threshold hypothesis. Ecological Economics, 1995 (15).

34. McGregor J. A.. Needs, Wants and Goals: Wellbeing, Quality of Life and Public Policy. Applied Research Quality Life, 2009 (4).

35. Michael D. Stroup, Economic Freedom, Democracy and the Quality of Life, http://www.ncpa.org/pdfs/ba695.pdf.

36. Mommsen W. J. , The Emergence of the Welfare State in Britain and Germany, London, 1981.

37. Moon B. E. and Dixon W. J. , Politics, the State, and Basic Human Needs: A Cross-National Study. American Journal of Political Science, 1985 (29) .

38. OECD. Alternative Measures of Well-being. Economic Policy Reforms: Going for Growth, 2006.

39. Schimmack U. , Ed Diener. Predictive Validity of Explicit and Implicit Self-Esteem for Subjective Well-being. Journal of Research in Personality, 2003 (37) .

40. Shambaugh D. , China s Communist Party: Atophy and Adaption, Washing, D. C. , Berkeley, Los Angeles, London: Woodrow Wilson Center Press, University of California Press, 2008.

41. Shroth, H. A. , and Shah, P. P. . Procedures: Do We Really Want to Know Them? An Examination of the Effects of Procedural Justice on Self-esteem. J. Appl. Psychol. 2000 (85) .

42. Shue V. , The Reach of the State: Stretches of the Chinese Body Politic, Stanford University Press1988; Jean Qi, State and Peasant in Contemporary China, University of California Press 1989.

43. Simsek O. F. . Structural Relations of Personal and Collective Self-Esteem to Subjective Well-Being: Attachment as Moderator. Social Indicators Research, 2013 (110) .

44. Solinger DJ. : contesting citizenship in urban china. University of California press. 1999.

45. Spalding N. L. . The Relevance of Basic Needs for Political and Economic Development, Studies in Comparative Inernational Development, 1990 (25) .

46. Suh, E. , E. Diener and F. Fujita. Events and Subjective Well-being: Only Recent Events Matter. Journal of Personality and Social Psychology, 1996 (70) .

47. Szal J. R. (ed.), Popular Participation, Employment and the Fulfillment of Basic Needs, International Labor Review, 1979 (118) .

48. Takayoshi K. Rethinking of Economic Growth and Life Satisfaction on Post-Ww ij Japan-A Fresh Approach. Social Indicators Research, 2007 (81) .

49. Tyler, T. R. , Degoey, P. , & Smith, H. . Understanding Why the Justice of Group Procedures Matter: A Test of the Psychological Dynamics of the Group-value Model. Journal of Personality and Social Psychology, 1996 (70) .

50. Tyler, T. , Degoey, P. &Smith, H. . Understanding Why the Justice of Group Procedures Matters: A Test of the Psychological Dynamics of the Group-value Model. Journal of Personality and Social Psychology, 1996 (70) .

51. Walster, E. , G. W. Walster and E. Berscheid. Equity: Theory and Reaearch. Allyn and Baron, 1979.

52. Wiesenfeld B. M. , Joel Brockner and Valerie Thibault, Procedural Fairness, Managers' Self-Esteem, and Managerial Behaviors Following a Layoff. Organizational Behavior and Human Decision Processes, 2000 (83) .

53. Wickrama K. A. S. and Mulford C. S. , Political Democracy, Economic Development, Disarticulation, and Social Well-being in Developing Countries. The Sociological Quarterly, 1996 (37) .

后　记

《和谐社会构建中的理论与现实问题》是笔者主持完成的教育部人文社会科学重点研究基地重大项目“和谐社会构建中的理论与现实问题”（10JJD710006）的最终成果。从理论问题谈到现实问题，跨度很大，难度很高，挑战颇大。从2010年12月课题立项到2016年6月鉴定验收，这五年多的时间里，课题组成员从全国各地几次齐聚基地所在的山东大学当代社会主义研究所，深入探讨本书涉及的关键性问题，共同攻克每一个难关，大家群策群力、通力合作，最终使研究得以顺利完成。从鉴定通过至今已近一年，课题组又对结题报告进行了反复的修改，希望最终呈现出来的成果能够为本领域提供一些有价值的思考。因为工作岗位变动以及诸多行政事务缠身，时至今日终于付梓，备感欣慰。

从某种意义上讲，一项好的社会科学研究成果应该是理性研究态度和感性人文情怀的综合体。研究者既要保持客观的价值取向，又要体现出强烈的人文关怀。这看似冲突的正负两极其实融合在一起并不困难。《和谐社会构建中的理论与现实问题》一书从对社会极大的关切、关怀出发，着眼于热点、难点、焦点问题，致力于将和谐社会建设中的一些理论和现实问题讲清楚。本项目最终成果的基本框架包含五部分（章）内容，分别对应五个主要的子课题。第一章探讨和谐社会构建的历史与时代动力，第二章考察和谐社会构建中的生活质量问题，第三章论述乡村和谐社会建设的机制，第四章研究收入差距、利益分化与和谐社会构建问题，第五章解析和谐社会构建中的干群矛盾及其化解。

本书提出当前我国和谐社会构建进程中的五个重要问题，包括中国和谐社会构建的动力问题；和谐社会构建中的生活质量问题；乡村和谐社会建设的机制问题；收入差距、利益分化与和谐社会构建问题；和谐社会构建中的干群矛盾与化解问题。以研究的自然逻辑排列成章，形成本书的结构。课题组每一位成员以学者的社会担当和研究激情完成了这本著作，但仍不可避免存在许多缺憾甚至错误之处，我们真诚期待相关领域专家和社会各方的批评指正。

课题组成员根据在课题中所承担的任务分工，完成了相应部分的写作，笔者最后在与各部分撰写者反复沟通中完成了通稿与定稿工作。具体撰写分工如下：第一章：刘建军、张泉；第二章：曲夏夏、邢占军；第三章：楚成亚；第四章：李广；第五章：孙武安、张文军、陈永刚、张乐。

我们真诚地向关心支持课题研究和本书写作、出版的各位朋友表示感谢！本书写作过程中参阅了国内外诸多专家学者的研究成果，不能一一列出，在此一并致以真诚的谢意！

邢占军
2017 年 6 月 7 日
于泉城济南

图书在版编目（CIP）数据

和谐社会构建中的理论与现实问题 ：当代社会主义研究文存 / 邢占军主编. -- 济南 ：山东人民出版社，2017.11

ISBN 978-7-209-10748-8

Ⅰ. ①和… Ⅱ. ①邢… Ⅲ. ①社会主义建设模式－中国－文集 Ⅳ. ①D616-53

中国版本图书馆CIP数据核字(2017)第125434号

和谐社会构建中的理论与现实问题
——当代社会主义研究文存
邢占军　主编

主管部门　山东出版传媒股份有限公司
出版发行　山东人民出版社
社　　址　济南市胜利大街39号
邮　　编　250001
电　　话　总编室（0531）82098914
　　　　　市场部（0531）82098027
网　　址　http://www.sd-book.com.cn
印　　装　山东省东营市新华印刷厂
经　　销　新华书店

规　　格　16开（170mm×240mm）
印　　张　22.5
字　　数　360千字
版　　次　2017年11月第1版
印　　次　2017年11月第1次
印　　数　1-1000
ISBN 978-7-209-10748-8
定　　价　48.00元